U0498958

浙江大学中国语文研究中心

中国语言学前沿丛书

03

汉语字词关系与汉字职用学

李运富　主编

商务印书馆

创于1897　The Commercial Press

图书在版编目 (CIP) 数据

汉语字词关系与汉字职用学 / 李运富主编 . — 北京：
商务印书馆 , 2022（2023.9 重印）
（中国语言学前沿丛书）
ISBN 978-7-100-21732-3

Ⅰ.①汉… Ⅱ.①李… Ⅲ.①汉字—研究 Ⅳ.①H12

中国版本图书馆 CIP 数据核字（2022）第 174538 号

中国语言学前沿丛书
汉语字词关系与汉字职用学
李运富　主编

商 务 印 书 馆 出 版
（北京王府井大街 36 号　邮政编码 100710）
商 务 印 书 馆 发 行
北京虎彩文化传播有限公司印刷
ISBN　978-7-100-21732-3

2023 年 1 月第 1 版　　　开本 880×1240 1/32
2023 年 9 月第 2 次印刷　　印张 14¾

定价：98.00 元

总　序

王云路

　　"中国语言学前沿丛书"是浙江大学中国语文研究中心近期的重要工作。中心的前身是浙江大学周有光语言文字学研究中心,于2015年5月成立,经过六年的建设,基本完成了以"周有光语言文字学"整理与研究为主题的使命。为了适应新形势和中长期可持续发展的需要,实现向语言文字学相关领域拓展和纵深发展的目标,2020年12月,中心正式更名为"浙江大学中国语文研究中心"。

　　语言文字是一个国家、一个民族的灵魂。考察中华文明发展与演变的历史,我们会清楚地看到语言文字研究所起到的巨大的、基础性的作用。语言文字不仅仅是情感交流的工具,更是文化传承的载体,是国家繁荣发展的根基,是民族身份的象征和标志。现在是研究语言文字的大好时机,近年召开的全国语言文字工作会议体现了国家对语言文字工作的高度重视。我们汉语研究者应该更多地立足和回应社会需求,更加积极有为地投身语言文字研究和文化建设。

　　有鉴于此,我们中心新的发展目标是:响应国家以语言文字凝聚文化自信、增进民族认同的号召,充分发挥浙江大学语言学研究重镇的影响力,汇聚全国语言学研究力量,强化语言学全方位的学术研究、交流与合作,着力构建具有中国特色和国际视野的语言学理论体系,打造具有前沿性、权威性、引领性的语言学研究品牌。为此,中心决定启动以学术传承为基调的"浙大学派语言学丛书"和以学术发展为基调的"中国语言学前沿丛书"两个项目。现在出版的"中国语言学前沿丛书"第一辑,正是这一规划的首批成果。

中国语言学是一门古老的学科。传统的中国语言学根据汉语汉字是形音义结合体的特点,形成了训诂学、文字学和音韵学三个学科,统称为"小学"。正如马提索夫所说:"世界上没有别的语言像汉语研究得这么深,研究的时间有那么长。"(《藏缅语研究对汉语史研究的贡献》)可以说,系统总结、反思汉语言文字一直是中国传统语言学研究的优良传统。19世纪末20世纪初,西方语言学思想传入中国,与传统语言学发生碰撞,有识之士便在比较的视野下,开始对中国传统语言学进行反思与总结。比如章太炎先生在《论语言文字之学》中认为,"小学"这一古称应当改为"语言文字之学":"此语言文字之学,古称小学。……合此三种,乃成语言文字之学。此固非儿童占毕所能尽者,然犹名为小学,则以袭用古称,便于指示,其实当名语言文字之学,方为塙切。"这种观念体现出当时学者对传统语言学现代化的思考与尝试,也标志着中国语言学开始走上现代化的道路。

近二三十年来,语言学研究观念不断拓展、理论不断创新、内涵与外延不断丰富,这些都是我们编纂这套丛书的基础。秉承着梳理、总结与审视学术历史发展的传统,我们也需要回顾这一阶段,总结我国语言学研究又有哪些新的起点、新的成果。推出"中国语言学前沿丛书"正是基于这样的考虑:展现当代中国语言学诸领域专家学者的经典论文,让我们重温经典;集中呈现某个领域的进展,让我们深化对学科本质的认识;引入新思想、新观念,甚至新的学科,让我们视野更开阔。我们的做法是:邀请在自己的研究领域精耕细作、有独到见解的专家,挑选并汇总一批在本领域、本选题研究中具有代表性的学术论文。这既是对既往研究的回顾总结，也是为新开端扬帆蓄力，正所谓承前启后、继往开来。同时，通过集中呈现前沿成果，读者能够了解、掌握该研究方向的最新动态和代表性成果，"辨章学术，考镜源流"，得参考借鉴之利。

本丛书编选有三个标准：创新性、前沿性、专题性。这三点同时也是我们编纂这套丛书的目的，更是我们编纂此丛书的难点。编选之难，首先在于鉴别是否具有创新性。陈寅恪先生在陈垣《敦煌劫余录·序》中说："一时代之学术，必有其新材料与新问题。"研究成果必须具备相当的深度和水准，可以代表这一领域的最新进展。学术研究贵在有所创造，周有光先生曾说："学问有两种，一种是把现在的学问传授给别人，像许多大学教授做的就是贩卖学问；第二种是创造新的学问。现在国际上看重的是创造学问的人，不是贩卖学问的人。贩卖学问是好的，但是不够，国际上评论一个学者，要看他有没有创造。"创造绝非无源之水、向壁虚构。创造之可贵，正在于它使得人类已有认知的边界再向前拓展了一步。

编选之难，其次在于如何鉴别前沿性。前沿代表了先进性，是最新的经典研究。时至今日，各学科的知识总量呈指数级增长，更兼网络技术飞速发展，人们获取信息的途径日益便利，使人应接不暇。清人袁枚已经感叹："我所见之书，人亦能见；我所考之典，人亦能考。"如今掌握学术动态的难点主要不在于占有具体的资料，而在于如何穿越海量信息的迷雾，辨别、洞察出真正前沿之所在。我们请专业研究者挑选自己本色当行的研究领域的经典成果，自然可以判断是否具有前沿性。

编选之难，最后在于如何把握专题性。当前国内的语言学研究正处在信息爆炸的阶段。仅以古代汉语的研究为例，近几十年来，无论在研究材料上还是研究方法上均取得了长足的发展。从材料来说：其一，各种地下材料如简帛、玺印、碑刻等相继出土和公布,这一批"同时资料"由于未经校刻窜乱,即便只有一些断简残篇,也足以掀开历史文献千年层累的帷幕,使人略窥古代文献的本来面目;其二,许多旧日的"边缘"材料被重新审视,尤其是可以反映古代日常生活的农业、医药、法律、宗教、经济、档案、博物等文献受到了普遍关注,因而研究结论会更接近语言事实;其三,还有学者将目光投向域外,从日本、韩国、越南、印度,乃至近代欧美的文献记载观察本土,使得汉语史研究不再是一座孤岛,而是与世界各民族的语言密切联系在了一起。从方法和工具上看:其一,由于方法和手段的先进,从田野调查中获得的材料变得丰富和精准,也成为研究汉语的鲜活证据;其二,随着认识的加深,学者对于材料可靠性的甄别日趋严谨,对于语料的辨伪、校勘、考订时代等工作逐渐成为语言研究中的"规范流程";其三,由于计算机技术的发达,研究者掌握大数据的能力更加强大,接受国际语言学界的新理论更及时、更便捷,交叉融合不同学科的能力也越来越强,借助认知语言学、计算语言学等新兴领域的方法也流行开来。由此,鉴别专题性的工作就变得纷繁复杂了。

曾国藩说得有道理:"用功譬若掘井,与其多掘数井而皆不及泉,何若老守一井,力求及泉,而用之不竭乎?"只有强调专题性,才能够鲜明突出,集中呈现某一专题的最新见解。

学术是相通的,凡是希望有所创见的研究者,不但要熟悉过去已有的学问,对于学界的最新动态也要足够敏锐,要不断地拓展思想的疆界和研究的视野。同时,在日新月异的信息浪潮之中,学术的"前沿"似乎也在一刻不停地向前推进,作为研究者个人,或许更便捷的门径是精读、吃透一些专门的经典成果,以此作为自身研究的路标和导航。这也是我们丛书编纂的目的之一。

这是一套开放性、连续性丛书,欢迎中国语言学各领域的学者参与编纂。第一辑我们首先邀请浙江大学中国语文研究中心的专家,让他们从各自的研究领域出发,以独特视角和精心阐释来编辑丛书,每个专题独立成卷。以后会逐步邀请更多学者根据自己的研究专长确定专题,分批出版。各卷内容主要分三部分:一为学术性导言,梳理本研究领域的发展历程,聚焦其研究内容与特点,并简要说明选文规则;二为主体部分,选编代表性文章;三为相关主题的论文索引。最后一部分不是必选项,看实际需求取舍。我们选编文章时将尽可能保持历史原貌,也许与今日的要求不尽相同,但保留原貌更有助于读者了解当时的观点。而且,更加真实地再现作者的研究历程和语言研究的发展轨迹,对于历史文献的存留也有特殊的意义。

这就是浙江大学中国语文研究中心编纂这套"中国语言学前沿丛书"的缘起与思考,也是我们的努力方向。希望本丛书能够兼具"博学"与"精研",使读者尽可能把握特定领域、范畴的最新进展,并对学界的热点前沿形成初步印象。

2022 年 7 月 22 日于杭州紫金西苑

目 录

下　编　汉字职用现象研究

前　言

李运富

汉字的本体属性可以从形体样态、结构理据和使用职能三个角度分别考察,形成汉字形体学(字样学)、汉字理据学(构形学)、汉字职用学(字用学)三维一体的立体汉字学。其中汉字形体学和汉字理据学已经研究得比较成熟,汉字职用学却长期被忽略而未形成体系。其实汉字职用学是汉字学中最重要的一个分支,因为创造汉字、学习汉字、研究汉字都是为了使用汉字,职用是汉字的出发点也是落脚点。不管有没有意识到,实际上任何时候的汉字研究都是无法离开职用的。

所谓"汉字职用",是指汉字的职能和使用。职能就字符立场而言,使用就用字者立场而言。其中的主要问题是如何用字符表达语符或语符如何选用字符,也就是汉字的形体跟语言的音义形成怎样的关系。汉字职用已有悠久的研究历史和丰富的研究材料,只是缺乏理论的提炼和概括,但人们通常意识不到这一点。

例如东汉许慎的《说文解字》(简称《说文》)被学术史充分肯定了其说解汉字形体的方法及对汉字形体的具体解析,因而被看作"形"书。但我们认为,《说文》的更大价值其实在于"字用",其"字用"思想可以从《说文·叙》和《说文》正文对字的解释两个方面考察。在《说文·叙》中,许慎揭示了"六书"之"假借""依声托事"的用字实质;用"古文"概称大篆以前的文字,表面上是字体概念,实际上指的是古文字的形体差异和字料的古文献来源;对文字"前人所以垂后,后人所以识古"功能的表述体现了职用实质；对时人谬解文字的批评，对《说文》编撰目的和编撰原则的说明，也都是从文字使用角度立说的。《说文》正文对每个字的解说首重意义，形体分析只是对意义的印证；《说文》解说中常用"古文以为某"来揭示古代文献不同于汉代的用字现象；《说文》的"重文"如"古文作某""某古文""某或作某"等是对"同词异字"用字现象的描述，而解释某字时用"一曰……"则是对"同字异词"用字现象的客观反映；《说文》还常常引用书例来证明字义，直接提供用字的语言环境。所有这些都说明《说文解字》是为解读经典服务的，它不仅规范字形、分析结构理据，还广泛关注汉字职用的各种问题，实际上已经呈现出"形体、理据、职用"三维一体的汉字研究格局。可惜这种格局长期被所谓"汉字形音义三要素"的观念掩盖。

"汉字形音义三要素"的说法并不符合古人研究汉字的实际，因为古人分析形的目的在求义，分析音的目的也是求义，形音义根本不在一个平面上。其实音义都属于语言范畴，语言的音义在文献中靠形表现出来。古人解读文献，关注的是用什么字形表达了什么音义，音义的结合体即为词，所以古人更重视"字"和"词"的关系。但古人并没有明确的"词"的概念，实际上都是在"用"的层面表述"字"的同用和异用关系，如"重文""异体字""古今字""俗字—正字""通假字—本字"等都是用来表述异字同用关系的，而"假借字""同形字"则是包含两种及以上用法的同字异用现象。从宋代王观国的《学林》，到清代段玉裁的《说文解字注》，凡重要的训诂著作都包含着对文献中汉字形用关系及其变异现象的关注和论述。

现代学者也意识到研究汉字职用的重要，在古人训诂实践的基础上，更加重视字词关系的分析和用字现象的描写解释。李荣先生、裘锡圭先生、王宁先生等有过相关论述，黄德宽、李运富等学者也做了专门阐释。更为可喜的是,近年来一大批年轻学者投身于文献用字特别是出土文献的字词关系、用字习惯或用字现象的研究,产生了许多很有分量的成果(专著或博士论文),如韩同兰《战国楚文字用字调查》(2003)、沈澍农《中医古籍用字研究》(2004)、肖瑜《〈三国志〉古写本用字研究》(2006)、王彩琴《扬雄〈方言〉用字研究》(2006)、元镐永《甲骨文祭祀用字研究》(2006)、韩琳《〈黄侃手批说文解字〉字词关系研究》(2007)、周波《战国时代各系文字间的用字差异现象研究》(2008)、陈斯鹏《楚系简帛中字形与音义关系研究》(2011)、刘君敬《唐以后俗语词用字研究》(2011)、遆亚荣《宋元韵图五种用字研究》(2011)、朱力伟《两周古文字通假用字习惯时代性初探》(2013)、夏大兆《甲骨文字用研究》(2014)、张喆《〈易经〉出土本及今本用字研究》(2015)、李娟《景祐本〈史记〉〈汉书〉用字异文研究》(2015)、周朋升《西汉初简帛文献用字习惯研究》(2015)、田炜《西周金文字词关系研究》(2016)、禤健聪《战国楚系简帛用字习惯研究》(2017)、陈梦兮《楚简"一词多形"现象研究》(2017)、何余华《殷商已见通今词的用字历史研究》(2018)、牛振《近代科技译词用字研究》(2018)、刘艳娟《秦简牍文献用字习惯研究》(2020)、郭敬一《〈石仓契约〉用字研究》(2020)、李美辰《清华简字词关系专题研究》(2020)、翁明鹏《秦简牍字词关系研究》(2020)、朱芳《汉字记词职能转移现象研究》(2021)、孙倩《上古器物类名词名实与用字考论》(2021)、宋丹丹《清至民国岭南杂字文献用字研究》(2022)。至于硕士论文、期刊论文,与汉字职用研究相关的更多,初步统计在 500 篇以上,李运富主编的《汉字职用研究·理论与应用》《汉字职用研究·使用现象考察》就收录了相关论文 80 多篇。这些成果标志着汉字研究从以形体、结构为主要对象发展到了以职用为主要对象,标志着字词关系研究的全面深入和汉字职用学理论的日渐成熟。

　　为了反映语言文字学研究的最新走势和前沿状况,浙江大学王云路教授拟主编一套"中国语言学前沿丛书",嘱咐我就汉字职用研究的情况拟定一个题目,编出一本专题论文集。我觉得这是件很有意义的工作,故欣然受命。汉字职用学主要研究汉字的职能和实际使用情况,包括个体字符的职能变化、个体语符的用字变化、类别材料的用字现象、不同类别用字现象的比较、不同时代的用字习惯与特点、汉字的超语符职用、字词关系和字际关系的描写、汉字职用变化的原因等。其中字词关系的研究是热点,也是基础,有些还不习惯"汉字职用学"这个名称的学者往往就用"字词关系""字形与音义的关系"之类的说法,所以我把书名定为《汉语字词关系与汉字职用学》。

　　如上所述,汉字职用研究的内容非常广泛,成果非常丰富,而丛书分配的论文集篇幅是有限的(20 万—30 万字),所以如何选编是个伤脑筋的事儿。我在 2016 年主编的《汉字职用研究·理论与应用》《汉字职用研究·使用现象考察》两书,主要收录我指导过的学生的论文,算是具有学缘关系的团队成果。现在要编反映学科发展的专题文集,当然不能再限于自己的团队,也最好不跟原来的集子重复。但汉字职用学理论由我们提出,我们团队的主要研究方向正是汉字职用,要完全回避可能不符合"专题"要求,特别是理论方面的文章,如果不收的话,整个学术发展的过程就不清晰、内容就难以全面。所以我们决定理论性质的文章不避重复,即使是在 2016 年的《汉字职用研究》中收录过的文章,需要的话也仍然收入本论文集。而不同类型的描写汉字职用现象的论文除了我们团队的外,还有很多,那么凡在那两个集子中出现过的,本集就不再收录。本集收录的论文大致分为两个方面,一是理论性质的,一是现象描写的。理论发展是渐进的,前期考虑不成熟,后来会不断修正、调整、改善,因而也会不断引述以致部分内容重复,这是收录理论方面的文章所难以避免的。现象描写方面只收具有历时性或类别性的,特定语境中单个字词的训诂式考证暂且不收。其实这些数不胜数的字词考释类论文,虽然不一定标明"用字研究"或"字词关系研究",却属于具体字词关系的考辨,是汉字职用研究理论建构的基石,但篇幅不允许,即使是历时性和类别性考察的论文也挂一漏万。很多好文章因篇幅太长、图形太多、发表时为手写或联系不到作者等缘故而没有收录。还有大量的专著、专论(博士、硕士论文)和散见于其他著作中的有关论述都不在收录范围。所以这个论文集只是汉字职用研究领域极小的一部分,实际上难以反映整个学科的全貌。但我们可以把这些文章作为某个方面、某个角度的代表,大致反映字词关系和汉字职用研究的基本内容和轮廓印象。欲详细了解和深度参与该学科领域的研究,还请由此出发,走进汉字职用学更广阔的天地。

文集编排上,理论性(总体性、规律性、普遍性)的搁在前面,现象描写(针对某种材料、某批或某篇材料、某组相关字词)类的接在后面,大致按文章性质和内容相连成序,考虑的是篇目间的内在逻辑联系。每篇在文章开头脚注标注原载刊物,如有修改,则加说明。注释统一为当页脚注,行文格式也根据出版社的要求做了一些调整,尽量规范。原刊发表为繁体字版的一律转换为简化字版。感谢所有赐稿本集的作者!

上　编

汉字职用理论研究

汉字语用学论纲[*]

李运富

一、建立汉字语用学的学理依据

普通文字学告诉我们,文字是记录语言的视觉符号,是人类交流思想的辅助工具。这种说法当然是正确的,但也是概念式的,过于抽象笼统。实际上"字"的具体所指非常复杂,并非都是同一性质的东西。对"汉字"而言,日常所说的"字",可以指称音节单位,例如说"他咬紧牙一字不吐""你刚才说的话用十个字就能概括";可以指称发音,例如说"咬字很准""字正腔圆"等等。这些"字"都与字形没有直接关系,不是汉字学本身的概念。从字形本体出发,我们所说的"汉字"应该是指记录汉语的视觉构形符号,而它的内涵也不是单一的,至少可以归纳出三种指称:

(一)指称外部形态,即字样。例如说:"泪"字跟"涙"字不同;隶体字是从篆体字演变来的;那个字写得不好看;那副对联的字真漂亮;启功先生的字很值钱。这些加点的"字"指的就是外部形态。在这种情况下,外部形态不同就得算作不同的字。即凡线条、图素或笔画在数量、交接方式、位向或体式等方面具有差异的字样,也就是不能同比例重合

---

* 本文原载《励耘学刊(语言卷)》第 1 辑,北京:学苑出版社,2005 年。编者按:所谓"汉字语用学"易与语言学的"语用学"发生混淆,而且难以涵盖字的职能和词的用字两个方面,故后来作者将其改为"汉字职用学",作为该新建学科的定称。平时可简称为"字用学"。这里保留原文用语,未加改换。

的字,都得算不同的字(形),如"户""戶""戸""户""户""户"算六个字。总体来说,这种"字"是无穷无尽的,无法统计。但针对某种特定的现实字料,也就是在一定范围内,这种"字"也是可以罗列、可以统计的。例如衡阳南岳的"万寿山"上就有一万个"寿"字形。

(二)指称内部结构,即字构。例如说:"泪"字为会意字;独体为文,合体为字;现代的"争"字不好分析。这些加点的"字"指的就是内部结构。在这种情况下,只有内部结构不同的形体才算不同的字,写法或外形不同而结构相同的仍然算一个字,如"泪""泪""泪""泪""淚""淚"等只能算两个字。同形而异构的字也应该算不同的字,如"体"形有两种结构,算两个字:"体₁"从"人""本"声,义音合成字,读"bèn",表示愚笨,是通假字"笨"的本字;"体₂"从"人"从"本",会义合成字,读"tǐ",表示身体,为"體/軆/躰/骵"的简化字。

(三)指称记录职能,即字用。例如说:某篇文章有 8000 字(指称文字记录的音节单位);"泪"跟"淚"是同一个字(指称文字记录的单音词[①]);"创业者的字典里找不到'害怕'这个字"(指称文字记录的多音词);这篇文章"文从字顺"(泛指文字记录的语言单位)。在这种情况下,字数的统计变得异常复杂。当"字"指称多音词和泛指语言单位的时候,字数是无法确定的,实际上这是"字"的临时借用,不是"字"的固定含义,汉字学可以不管。但记录汉语音节和单音词的"字"也是跟字样的"字"和字构的"字"不同的。当"字"指称音节时,记录了多少个语言音节就是多少个字,一篇文章的音节字数跟字样字数不一定相同,因为字样要归纳重合的字形。当"字"指称单音词时,就得注意字跟词的对应关系了。记录同一词的不同字形可算同一字,记录不同词的相同

---

　　①　本文所说的"词"同时适用于"语素",一般情况下不加区别。

字形也可算不同字。如上举"体"可以记录"bèn（愚笨）"和"tǐ（身体）"两个词，当然应该算两个字；"花"可以记录"花朵"和"花费"两个词，也应该算两个字；但"体/體/軆/躰/骵"记录的是同一个词，因而算一个字；"蜚"和"飞"也可以记录同一个词（如"流言蜚语"），有时也算作一个字。这种算法与其说是"字"的统计，不如说是"词"或语言单位的统计。就一定范围的语料来说，字词的对应关系是可以理清的，而对总体字料或语料来说，字词的对应关系是开放的、变动的，所以要从使用功能上来统计字数，事实上是难以做到的。

由上述分析可见，汉字的"字"在不同情况下具有不同的内涵和不同的实质，所指称的对象不同，其个体的确定和数量的统计也不同[①]，由个体组成的系统平面当然也会不同。那么，我们在讨论具体的汉字问题时，首先就得弄明白这里的"字"是属于哪个平面系统的"字"，也就是必须在涵义明确的情况下才能把问题说清楚。正因为汉字的"字"具有不同的内涵和实质，汉字学研究必然要区分不同的观察角度，形成不同的学术系统。根据上面所说的三种指称内涵，汉字的本体研究从学理上来说至少应该产生三种平面的"学"：

（一）从外部形态入手，研究字样涵义的"字"，主要指字样的书写规律和变异规律，包括书写单位、书写方法、书写风格、字体类型、字形变体等等，这可以形成汉字样态学，也可以叫作汉字形体学，简称为字样学或字形学。

（二）从内部结构着眼，研究字构涵义的"字"，主要指汉字的构形理据和构形规律，包括构形单位、构件类别、构形理据、组合模式以及各种

---

①　李运富：《论汉字数量的统计原则》，《辞书研究》第 1 期，上海：上海辞书出版社，2001 年。

构形属性的变化等等,这可以叫作汉字构形学或汉字结构学,简称为字构学。

(三)从记录职能的角度,研究字用涵义的"字",主要指怎样用汉字来记录汉语,包括记录单位、记录方式、使用属性、字词对应关系、同功能字际关系等等,这可以叫作汉字语用学,简称为字用学。

这三个学术系统或学术平面不是并列的,也不是层叠的,而是同一立体物的不同侧面,有些内容彼此关联,相互交叉。字样平面主要是书法和字体问题,成果很多,"书法学""字体学""字样学"之类的书大家不难见到,所以这里不论。字构平面原来有"六书"学,最近十多年,王宁先生对传统"六书"学进行改造,建立了新型的汉字构形学,已正式出版《汉字构形学讲座》①,并用汉字构形学理论指导硕博士生撰写了二十多篇系列论文,蔚然已成显学,因而也无须再说。相对而言,关于汉字职能的研究,目前仍然停留在感知阶段,注重个体字词的考证和训释,也有某些用字现象的归类和指称;但尚缺乏理论的阐发和系统的总结,因而还远没有能够成"学"。这种状况是不符合汉字学的学理要求的。从上面的分析中我们已经认识到,研究汉字的职能和使用是汉字学不可或缺的重要平面,所以我们在此郑重提出,为了汉字学的健全和更深入的发展,我们应该建立科学系统的"汉字语用学"。

二、汉字语用学的学科定义

王宁先生在 1994 年就提出了"字用学"的概念,她说:"汉字学既要弄清一个汉字字符原初造字时的状况——字源,又要弄清汉字在各个

---

① 　王宁:《汉字构形学讲座》,上海:上海教育出版社,2002 年。

历史阶段书面的言语作品中使用的情况——字用。"①"确定了本字,又弄清了它的原初造字意图,便追溯到了汉字的字源。但是,汉字在使用过程中,随时发生着记录职能的变化。汉字字用学,就是汉字学中探讨汉字使用职能变化规律的分科。"②王先生是从个体汉字形义演变的角度来区分字源和字用的,所以她认为确定本字和弄清原初造字意图是"字源学"的事,而根据本字来确定借字或从本字出发探究字的分化孳乳属于"字用学"。这为我们认识字用学、建立字用学打下了很好的基础。

如果把字用学看作汉字学的分支学科,出于学科系统性的考虑,我们认为还可以从平面的角度来看待文献用字。在平面的文献用字中,记录语言不仅仅使用职能发生了变化的借字和分化字,事实上也大量使用本字,因而研究本字也应该属于字用学。这样一来,我们对字用学的理解会更为宽泛一些。如果要下个定义的话,似乎可以这样表述:汉字语用学是研究汉字使用职能和使用现象的科学,也就是研究如何用汉字记录汉语,以及实际上是怎样用汉字记录了汉语的科学。它既有个体的,也有总体的,既有共时的,也有历时的。"字用学"的全名之所以要叫"汉字语用学"而不取"汉字字用学",一是为了显示所谓"用字"就是记录语言或者在语言中使用,离开语言就无所谓"字用",二是为了避免"汉字"跟"字"重复。"汉字语用学"也可以叫作"汉语字用学"。

字用学属于汉字学本体研究的三个平面之一。字用学跟字样学的关系不大,而跟构形学关系密切,因为它要借助构形学来研究字形的本用职能。但字用学并不同于构形学。构形学主要研究汉字的结构系统

① 王宁:《〈说文解字〉与汉字学》,郑州:河南人民出版社,1994年,第34页。
② 王宁:《〈说文解字〉与汉字学》,郑州:河南人民出版社,1994年,第47页。

和结构理据,而字用学主要研究汉字的记录职能和使用规律。虽然结构理据往往暗示字形的本用职能,但不等于汉字的实际使用职能。字用学跟训诂学的关系也很密切,因为它要借助训诂学来确定字形的实际职能,但字用学也并不同于训诂学。训诂学主要研究文献用字的意义,包括探求意义的手段和解释意义的方法。训诂学以文本解读为目的,主要求其"通",一般不管句子之外的字词关系;构形学以分析字形为目的,主要求其"本",一般不管文本用字的变化。字用学需要将两者结合起来,既研究汉字的本形本义,也研究文本用字的实际职能,从而理清各种字词关系及相应的字际关系和词际关系。因此,字用学是介于文字学和语言学之间的桥梁,既有理论体系,也有应用价值,是一门跨领域的具有综合性的学科。

三、汉字语用学的主要内容

根据上面的定性和定义,我们认为汉字语用学应该包括以下主要内容:

首先是考察个体字形可以记录哪些语言单位,或者某个语言单位可以用哪些字形来记录,客观描述各种字词关系以及相应的字际关系和词际关系。汉字作为视觉符号,其职能不像英文那样单纯,英文的单字等于单词,字跟词是严格对应的;而汉字可以记录汉语的音节、词素(语素)和词,并且个体汉字记录哪个音节、哪个词素、哪个词没有固定的对应关系。这是汉字的最大特点,也是汉字难学难用的根本原因所在。字用学首要的任务就是要根据汉字的使用特点来研究字及其所记录的语言单位之间的各种关系,从而为汉字的使用和理解提供理论指导。以字记录语词为例,其中需要研究的关系如下图所示:

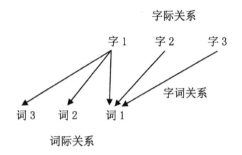

图1　字词、字际、词际关系图示

汉字记录语词所形成的对应关系可能有三种情况,即一字一词、一字多词和多字一词。如果一个字始终都只记录同一个语词,那应该是本字本词的关系。而当一个字记录多个词或者多个字记录一个词的时候,那字跟词的关系就可以是本字记本词,也可以是源字记派生词,还可以是借字记他词。同时又有组合关系与聚合关系之分,几个字分别记录同一词形成聚合,几个字连在一起记录一个词就是组合。这些复杂关系需要逐一确定才能正确使用和正确理解。而且我们要问,一个字为什么能记录不同的词?不同的字为什么会记录同一个词?这些被同一个字记录的不同词语之间有什么关系(如同音词、同源词、同形词等)?用来记录同一个词的不同字符之间又是什么关系(如异体字、同音字,或本字与本字、本字与借字、借字与借字等①)?这些都是需要字用学说明和阐述的。

其次是用字现象的全面测查和描写,包括字量、字频、字用属性(本用/兼用/借用)、同字异词和异字同词的种类及比率等等。测查是以字用属性的确定为前提的,即首先得根据文献语言的实际情况确定某个

---

① 李运富:《论汉字的字际关系》,载刘利民、周建设主编:《语言》第三卷,北京:首都师范大学出版社,2002年。

字符的某项职能及职能属性,也就是记录了哪个词的哪个义项,是本字记本词的本用,还是源字记派生词的兼用,抑或是借字记他词的借用。[①] 有了这样的认读或考释,字用测查才能有效进行。具体的测查对象可以是单字单词,可以是专人专书,可以是共时共域的文本,也可以是历时分域的文本,还可以包括异语言的汉字借用现象。以时间角度为例,可以分为:

1. 历时性测查

1)个体字形或某类字符的全职能测查——如"自"字从古至今的记录职能、"手"部各字的全程职能考察等。

2)特定词项或语义项的用字测查——如表"鼻子"义的词项历时用字考察、常用基本词的历时用字考察等。

3)历时用字比较——如甲骨文用字与战国文献用字比较、战国楚简用字与马王堆帛书用字比较、定州《论语》用字与传世本《论语》用字比较、《史记》用字与《汉书》用字比较或司马迁用字与班固用字比较等。

2. 共时性测查

1)专人专书用字测查——如《左传》用字现象考察、包山楚简用字现象、司马迁用字考察等。

2)某时某地用字测查——如汉代用字测查、战国楚地用字测查、马王堆帛书用字测查、现代常用汉字的职能测查等。

3)共时用字比较——如楚地用字与秦地用字比较、汉代的今古文用字比较、李白与杜甫的用字比较等。

_____

① 李运富:《论汉字的记录职能》(上)、(下),《徐州师范大学学报(哲学社会科学版)》,2003 年第 1,2 期。

3. 泛时性测查

1) 字书收字的职能归纳——如《汉语大字典》的字头与词项的对应关系等。

2) 特殊字用现象——如方言字与新造字问题、地名用字与人名用字问题、非汉字符号与译音用字问题、简化字与错别字问题等。

3) 异语言中的汉字——日语汉字使用情况、谚文汉字使用情况等。

通过全面的不同角度的测查，希望能分类描述各种情况的字用面貌，如用了多少字，哪些字是常用字，哪些字是多职能字，其中本用字占多大比例，借用字占多大比例，兼用的情况如何，分化字的情况如何，组合字符有多少，聚合字形有哪些，各地各时的用字怎么样，系统的用字有无变化，等等，都应该有翔实的数据和立体的展示。

最后是对单字的使用职能和文本的用字现象进行比较分析，总结使用规律，探讨变化原因，进行专题论述。例如记录同一意义的同一词项，不同时代、不同地域的文本却使用了不同的字，这是为什么？既然有本字，为什么要使用通假字？汉字职能分化或并合的条件是什么？文本字词的联系是以义为主还是以音为主，它们对汉字的性质有无影响？制约汉语用字变化的因素有哪些？汉字使用的具体规律和总体趋势是什么？如何规范现代汉语的用字？等等，都是汉字语用学所要探讨的。以汉字记录职能的演变及其原因的分析为例，我们可以总结出如下规律：

汉字记录职能的演变情况[①]：

1. 职能的扩展（兼用扩展、借用扩展）

2. 职能的简缩（异体字分工、母字分化、为派生词另造新字）

---

① 李运富：《论汉字职能的变化》，《古汉语研究》，2001年第4期。

3. 职能的转移（相互交移式、连锁推移式）

4. 职能的兼并（同义兼并、同音兼并）

字用变化的动因：

1. 济文字之穷（借用）

2. 应语言之变（分化）

3. 求书写之便（简化、异写）

4. 为避讳之需（同音避讳、同义避讳、变形避讳）

5. 呈修辞之异（以形寓褒吉、以形示贬凶）

6. 玩游戏之趣（联边、离合字）

7. 讹错误之形（讹变字、错别字）

8. 合规范之制（正字标准、异体字整理）

以上只是我们对汉字语用学的初步想法，要真正建立起这个学科，使之有理论、有材料、有系统，那还需要做很多工作。希望得到大家的批评指正，共同为建立科学的汉字语用学而努力。

"汉字学三平面理论"申论[*]

李运富

从 1996 年开始,我们在许多论著中流露或明确提出汉字的"三维属性",并逐渐以此为基础形成"汉字学三平面理论"①;从 1997 级开始,我先后指导了 50 多篇(部)硕博士论文(含访问学者和博士后)对汉字学三个平面之一的汉字职用平面展开研究(见文末附录),并在 2005 年发表《汉字语用学论纲》,正式提出建立"汉字职用学"②,2012 年出版《汉字学新论》③,初步用"三个平面"思想系统讨论汉字问题,从而构成以"汉字形态""汉字结构""汉字职用"为本体的三维汉字学新体系。十多年来关于"汉字学三平面理论"的探索和实践,已经在学术界产生广泛影响。据不完全统计,专文评论、明确引述和实际运用了"汉字三平面理论"(主要是"汉字职用学")的论著在 300 篇

---

* 本文原载《北京师范大学学报(社会科学版)》,2016 年第 3 期。收入本集时附录略有增补。

① 何余华:《汉字"形构用"三平面研究的回顾与展望》,《语文研究》,2016 年第 2 期。

② 李运富:《汉字语用学论纲》,《励耘学刊(语言卷)》第 1 辑,北京:学苑出版社,2005年。当时叫"汉字语用学",后来改称"汉字职用学"。

③ 李运富:《汉字学新论》,北京:北京师范大学出版社,2012 年。本书作为国家社科基金后期资助项目成果,2014 年获北京市第十三届哲社优秀成果二等奖,2015 年获教育部第七届高等学校科学研究优秀成果(人文社会科学)三等奖。

（部）以上①。但上述"汉字学三平面理论"除了在我们的论著中简单提及和实际操作外，主要是靠讲学的方式传播②，至今没有公开发表专题论文。那么现在，在有了十多年的研究实践后，在已经引起广泛关注和讨论的基础上，我们想用这篇文章对"汉字学三平面理论"做一个延展式的论述，故取名"申论"。

一、"汉字三要素说"的理论缺陷

在我们提出汉字"三维属性"和"汉字学三平面"之前，汉字研究和汉字教学是以"汉字三要素说"作为基本理论支撑的。

所谓"汉字三要素说"，是说每个汉字都由"形、音、义"三要素构成，是"三位一体"的，因此研究汉字也好，教学汉字也好，都必须把这三个要素搞清楚。这种说法源自《说文解字》以来的研究传统。段玉裁注《说文解字》体例说："凡义字有义、有形、有音，……凡篆一字，先训其义，……次释其形，……次释其音，……合三者以完一篆。"③因此研究

---

① 相关评述文章有：陈灿：《"字用学"的构建与汉字学本体研究的"三个平面"——读李运富先生〈汉字汉语论稿〉》，《语文知识》，2008 年第 4 期；张素凤：《内容丰富、观点新颖、学理与史学并重——李运富先生〈汉字汉语论稿〉述要》，《励耘学刊（语言卷）》第 1 辑，北京：学苑出版社，2008 年；张道升：《论李运富对汉字学理论的贡献》，《求索》，2012 年第 9 期；郭敬燕：《汉字研究从"形音义"到"形意用"——读李运富〈汉字学新论〉》，《语文知识》，2013 年第 4 期；赵家栋、殷艳冬：《浅论〈汉字学新论〉之"新"》，《中国文字研究》第 23 辑，上海：上海书店出版社，2016 年。其他论著恕不一一罗列。

② 除本校面向本科生和研究生的课堂讲授外，作为学术讲座先后讲过"汉字研究三平面"和"汉字职用学"专题的单位和会议有：日本东京大学（2002）、日本"中国出土文献研究会"（2002）、北京师范大学"中国传统语言文字学高级研讨班"（2004）、安徽大学（2012）、陕西师范大学"汉语言文字学高级研讨班"（2013）、浙江财经大学（2013）、渤海大学（2014）、唐山师范学院（2014）、湖北大学（2015）、中国人民大学（2015）、成都大学（2015）、西南交通大学（2015）、中国传媒大学（2015）、浙江师范大学（2016）、暨南大学（2016）等。

③ 许慎撰、段玉裁注：《说文解字注》，上海：上海古籍出版社，1981 年，第 1 页。

汉字要"三者互相求"①。王筠也说:"夫文字之奥,无过形音义三端。而古人之造字也,正名百物,以义为本,而音从之,于是乎有形。后人之识字也,由形以求其音,由音以考其义,而文之说备。"②这不仅成为传统公认的研究汉字的法则,甚至也被当作识读汉字的检验标准,所以吴玉章说:"认识一个汉字必须要知道它的形、声、义三个要素,三个中间缺少一个,就不能算做认识了这个字。"③

"汉字三要素说"从古代沿袭到现代,自然有它的实用价值,但理论上的缺陷也无法回避。

第一,它从通过字形解读文献语言的实用目的出发,把文字和语言捆绑成一体,混淆了文字与语言的区别。段玉裁说:"圣人之制字,有义而后有音,有音而后有形;学者之考字,因形以得其音,因音以得其义。"④钱大昕也说:"古人之意不传,而文则古今不异,因文字而得古音,因古音而得古训,此一贯三之道。"⑤这种由文字之"形",探求语言之"音",以获得文献之"义"的层级思路,其"形音义"本来是不在同一平面的,却在客观上形成了"体制学"(形)、"音韵学"(音)、"训诂学"(义)三足鼎立且同属于"文字学"的传统学术格局。所以宋人晁公武说:"文字之学凡有三:其一体制,谓点画有衡(横)纵曲直之殊;其二训诂,谓称谓有古今雅俗之异;其三音韵,谓呼吸有清浊高下之不同。论体制之

---

① 段玉裁:《广雅疏证·序》,载王念孙:《广雅疏证》,南京:江苏古籍出版社,1984年,第2页。

② 王筠:《说文释例》,北京:中华书局,1987年,第2页。

③ 吴玉章:《新文字与新文化运动》,载《文字改革文集》,北京:中国人民大学出版社,1978年,第39页。

④ 段玉裁:《广雅疏证·序》,载王念孙:《广雅疏证》,南京:江苏古籍出版社,1984年,第2页。

⑤ 钱大昕:《小学考·序》,载《潜研堂集》卷二十四,上海:上海古籍出版社,1989年,第3页。

书,《说文》之类是也;论训诂之书,《尔雅》《方言》之类是也;论音韵之书,沈约《四声谱》及西域反切之学是也。三者虽各一家,其实皆小学之类。"①章太炎说:"文字之学,宜该形音义三者。"②齐佩瑢说:"自三代以来,文字的变迁很大。论字形,则自契文、金文、古籀、篆文、隶书、正书、草书、行书。论字义,则自象形、指事、会意、转注、假借、形声,而历代训诂诸书。论字音,则自周秦古音、《切韵》《中原音韵》,而注音字母、各地方音。这种种的变迁,形音义三方面的演变,都应属于文字学研究的范围。"③在民国时代的高校课程中,文字学就包括"中国文字学形篇"(容庚)、"中国文字学义篇"(容庚)、"文字学音篇"(钱玄同)和"文字学形义篇"(朱宗莱)等分支。可见"形音义三要素"说,导致传统文字学与语言学不分,语言的声音和意义被直接纳入文字学范畴,这种包含了"形音义三要素"的文字学,实际上等于"语言文字学"。

把语言的"音、义"当作文字学的内容,显然不符合现代语言与文字属于不同符号系统的认识,据此难以构建起科学的汉字学理论体系,因为文字的"形"与语言的"音""义"根本不在同一层面,不具有鼎立或并列的逻辑关系。20世纪初文字学家开始意识到文字和语言的差别,就逐渐将"音韵""训诂"的研究内容从传统"文字学"中剥离出去,如顾实《中国文字学》(1926)、何仲英《文字学纲要》(1933)等所论的"文字学"即已排除音韵、训诂的内容,至唐兰《古文字学导论》(1935)、《中国文字学》(1949)则旗帜鲜明地提出:"文字学本来就是字形学,不应该包括训诂和音韵。一个字的音和义虽然和字形有联系,但在本质上,它们是属

---

①　晁公武:《郡斋读书志》,载《郡斋读书志校证》,上海:上海古籍出版社,1990年,第145页。

②　章太炎:《国学讲演录》,上海:华东师范大学出版社,1995年,第5页。

③　齐佩瑢:《中国文字学概要》,北京:国立华北编译馆,1942年,第17页。

于语言的。严格说起来,字义是语义的一部分,字音是语音的一部分,语义和语音是应该属于语言学的。"①

第二,现代的"汉字三要素说"造成个体汉字分析跟整体汉字学系统不一致。自唐兰以后,现代文字学已经把音韵学和训诂学的内容排除了,继续沿袭汉字具有"形音义三要素"的学说,而且更明确、更强化了,特别是在汉字教学领域。但仔细分析,现代的所谓"汉字三要素"跟古人的"形音义互相求"其实不完全相同。在古人眼里,个体汉字的"形音义"三位一体,而分开来的学科关系也归结为一体:

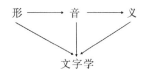

图 1 传统"形音义"三要素的学理关系

即"因形以得其音,因音以得其义",形制学、音韵学、训诂学三者递联、各自独立,而同属于文字学范畴。现代的"形音义"在学科上分属于文字学和语言学,其关系实为对立的两端:

文字学 ← 形 ↔ 音、义 →语言学

图 2 现代"形音义"三要素的学理关系

因而现代的"文字学"已经不包括独立的"音""义"因素,在个体汉字的教学和解说上却仍然要分出"形音义"三个要素,这就势必造成个体汉字的分析和学术系统的不对应。

第三,就个体汉字而言,即使把它跟对应的语言单位捆绑为一体,也未必都能分析出"形音义"三个要素来,因为个体汉字跟语言单位的

---

① 唐兰:《中国文字学》,上海:上海古籍出版社,2005 年,第 4—5 页。

对应关系有三种：形↔音义（结合体）；形↔音；形↔义。这三种关系都是两两对立，根本不存在能够独立鼎足或并列的"三要素"。如果把跟"字"对应的"词"（音义结合体）强行分出"音""义"还勉强能凑出"三要素"的话，那"形↔音""形↔义"对应时就无论如何也分析不出"三要素"来。事实上"音"和"义"对于汉字来说并不是必不可少的，汉字有时可以只表音或者只表义。借用现成汉字音译外来词语是常见现象，也有造出来专表音不表义的汉字，如翻译佛经时在音近汉字上增加构件"口"造出专用新字"噷、嚛、咯、啭"等，或用两个汉字拼合成一个切音字，如"㕧、𰷦、𰻝、𰖷"等①。这些汉字都是为记音专造，"义"不是它们所具有的元素。而像网络用字中的"囧""円""槑""兲"等虽然能表达一定意义，但使用之初并不记录语言中特定的音，实际上不具备"音"的元素。所谓"要素"应该是某个事物必须具有的实质或本质的组成部分，"音""义"既然可缺，就不是所有汉字必备的"要素"。所以梁东汉先生说："过去一般文字学家都把形、音、义看作'文字的三要素'，认为任何一个字都必须具备这三个要素，否则它就不是文字。这种'三要素论'是不科学的，它在某种条件下可以成立，但是当一个字只是代表词的一个音节时，这种说法就站不住脚了。"②

第四，在"形音义"三要素中，"形"是什么，一直没有明确的固定所指。从古代的研究实践看，"形"主要指"结构"，《说文解字》就是专门分析结构的。传统文字学如果排除音韵学和训诂学的话，实际上就是"结构学"。就现代而言，在专家眼里或学术层面，该"形"一般也是指结构。汉字研究基本上就在围绕"汉字结构"的分类和归类打圈圈，外形的书

---

① 郑贤章：《龙龛手镜研究》，长沙：湖南师范大学出版社，2004年，第63—77页。
② 梁东汉：《汉字的结构及其流变》，上海：上海教育出版社，1959年，第3页。

写则被划归为书法学,汉字学著作和教材中的字体演变实为综合性的字料介绍,所以汉字的外形从来没有独立出来成为汉字学的研究对象。但在普通人眼里,特别在基础教育领域,"形音义"的"形"指的却是外形,掌握"形"就是指能够认识某个字形或者写出某个字形,至于这个字形的结构理据一般是不讲或不知道的。这样的"形音义"汉字等于"字典式"汉字,缺乏理据性和系统性,更没有汉字在使用中的动态表现。当然,更多的时候,所谓"形"是模糊的,可能指个体的外形,可能指整体的风格(字体),可能指结构理据,也可能指形体构架,还可能指甲骨文、金文等某种文字材料。概念不清,系统难成,模糊的"形音义三要素"说在一定程度上妨碍了汉字学的正常发展和有效应用。

二、"汉字三维属性"与"汉字学三个平面"

自唐兰以后,大家都认可应该把训诂学(义)、音韵学(音)的内容从文字学中剔除。但这样一来,文字学就只剩下"形"了,而且对"形"的理解模糊,导致现在的所谓"汉字学"大都内容单薄且重点不一,或以"六书"为核心,或以古文字考释为追求,或以当代规范为目标,有的加上字体演变,有的加上"古今字""通假字""异体字"等内容,这些内容着眼于文献解读,实际仍然属于训诂学。所以至今"汉字学"还没有一个符合学理的独立而又完整的体系。

造成这种局面的原因不在于拿掉了"形音义"中的"音""义",而在于对"汉字"的本体属性缺乏正确的认识。剩下来的"形"当然是汉字的本体,但"形"的所指必须明确区分,不能再模糊游移,否则汉字学的立足点就不稳固,许多理论问题也说不清楚。不少学者已经意识到这个问题,主张汉字的"形"应该细分为字体和结构两个方面,如王力指出:

"关于字形,应该分为两方面来看:第一是字体的变迁;第二是字式的变迁。字体是文字的笔画姿态,字式是文字的结构方式,二者是不能混为一谈的。"①王宁先生创建"汉字构形学"②,明确区分"异写字"和"异构字",也体现了"形体"和"结构"不能混同的思想。但学者们把形体和结构区别开来,大都是为了"分类",很少把"形体"和"结构"作为汉字的不同属性看待,因而也很少建立起不同的系统,或者只有结构方面的系统而没有相应的形体系统。

我们认为汉字的外部形态和内部结构不是同一系统中的类别问题,而是不同视角的认知问题,它们反映了汉字的不同属性,因而属于不同的学术系统。如果汉字学包含形体和结构两个互有联系而又各自分立的学术系统,那其内容自然就丰富多了。但这还不是汉字学的全部,汉字作为一种符号,必然有其表达职能,没有职能就不成为符号。离开职能而空谈汉字的"形",或把"形"又分为"形"和"构",都不能算是完整的汉字学。

要讲汉字的职能,是不是又得把"音""义"请回来?当然不是!汉字与语言的"音义"确实密切相关,但从汉字本体出发研究的应该是"字"与"音义"的关系,而不是语言层面的"音""义"本身,更不是语音系统和词义系统。所谓"字"与"音义"的关系是双向的,甚至是多方交错的,包括某"字"可以记录哪些"音义"或"音""义",某"音义"或某"音"某"义"可以用哪些"字"记录,这些在文献中客观存在的各种字词关系、字际关系和词际关系既反映了"字"的职能,也反映了"语言"的用字面貌,我们把它们统称为汉字的"职用"。

---

① 王力:《汉语史稿》,北京:中华书局,1958年,第52—53页。
② 王宁:《汉字构形学讲座》,上海:上海教育出版社,2002年。

汉字的"职用"还有超语符的,也就是可以不记录语言层面的音义,而直接通过汉字形体的离散变异、排序组合等手段实现表情达意的功能。如以笔画表超语符义("丶丁上心禾"表{一二三四五}),以构件表超语符义("吕"表{口对口接吻}),以外形表超语符义("大"形睡姿、"十"字路口),变化字形表超语符义(把"酒"字的三点水加粗放大表示酒里掺水太多)等。①

可见汉字的"职用"并不等于语言的"音义"。语言的"音义"不属于汉字要素,而记录"音义"的职能以及与"音义"无关的超语符职能,还有语言的用字现象等,都应该属于汉字的研究范畴,所以汉字"职用"也是汉字本体的属性之一。

这样一来,我们在理论上不赞成"汉字三要素说",而重新从外形、结构和职用三个不同角度来认识汉字的属性,称之为"汉字的三维属性"。图示如下:

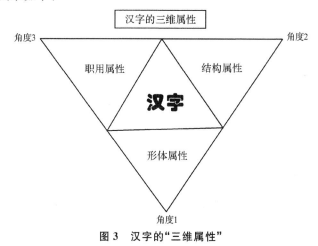

图 3　汉字的"三维属性"

---

① 李运富、何余华:《论汉字的超语符功能》(英文),《世界汉字通报(创刊号)》(韩国),2015 年 10 月。

在排除属于语言层面的语音和语义后,只有分别从形体、结构、职用三个角度对汉字进行独立考察,才能真正认清汉字的本体属性。我们把形体、结构、职用看作汉字的"本体"属性,跟汉字使用者对汉字的感知和理解是一致的。因为我们日常所说的"字"要么指外形,要么指结构,要么指功能,很少用抽象的"符号"意义。例如说"朵字跟朶字不同""这个字写得很漂亮",其中加点的"字"就是指的外部形态。在这种情况下,外部形态不同就得算作不同的字。即凡线条、图素或笔画在数量、交接方式、位向或体式等方面具有差异的字样,也就是不能同比例重合的形体,都得算不同的字(形),如"户""戶""戸"算三个字。如果说"泪字是会意字""泪字跟淚字是不同的字",其中加点的"字"则指内部结构。在这种情况下,只有内部结构不同的形体才算不同的字,写法或外形不同而结构相同的仍然算一个字,如上举的"朵""朶"算一个字,三个"户"形也算一个字,而"泪""淚"则算两个字。但有时我们也可以说"泪和淚是一个字""体可以分为两个字,一记愚笨义,一记身体义",这时的"字"实际上指的是词,是就其记录功能而言的。可见"字"的含义所指实有三个,正好跟我们所说的"汉字三维属性"一致,因此"形体、结构、职用"这三维属性都是汉字的"本体",而独立的"音""义"则不属于汉字。

既然汉字具有形体、结构、职用三个方面的本体属性,那么研究汉字也应该从这三个维度进行。针对汉字的不同属性分别描写汉字的形体系统、结构系统、职用系统,这样就会自然形成汉字研究的"三个学术平面",从而产生汉字形体学、汉字结构学、汉字职用学三门分支学科,正如我们在《汉字语用学论纲》中已经表述的那样:

> 正因为汉字的"字"具有不同的内涵和实质,从而决定了汉字学研究必然要区分不同的观察角度,形成不同的学术系统。根据

上面所说的三种指称内涵,汉字的本体研究从学理上来说至少应该产生三种平面的"学"。即:

(一)从外部形态入手,研究字样涵义的"字",主要指字样的书写规律和变异规律,包括书写单位、书写方法、书写风格、字体类型、字形变体等等,这可以形成汉字样态学,也可以叫作汉字形体学,简称为字样学或字形学。

(二)从内部结构着眼,研究字构涵义的"字",主要指汉字的构形理据和构形规律,包括构形单位、构件类别、构形理据、组合模式以及各种构形属性的变化等等,这可以叫作汉字构形学或汉字结构学,简称为字构学。

(三)从记录职能的角度,研究字用涵义的"字",主要指怎样用汉字来记录汉语,包括记录单位、记录方式、使用属性、字词对应关系、同功能字际关系等等,这可以叫作汉字语用学,简称为字用学。①

后来为了避免跟语言学中的"语用学"混同,也为了兼顾字符的职能和语符的用字两个方面,我们把"汉字语用学"改称"汉字职用学",并且认为汉字职用学还应该包括汉字的超语符职能而不必限于"语用"。但"汉字职用学"仍可简称"字用学"。

汉字形体学、汉字结构学、汉字职用学这三个学术系统不是并列的,也不是层叠的,而是同一立体物的不同侧面,有些内容彼此关联、相互交叉。但交叉是指材料的归属而言,不是指理论系统而言。在理论上三个平面应该分立,具体问题应该放到相应平面讨论,而研究对象的

---

① 李运富:《汉字语用学论纲》,《励耘学刊(语言卷)》第1辑,北京:学苑出版社,2005年。

统一和材料的多属共联,使它们形成三维的一体,分立而不分离。图示
如下:

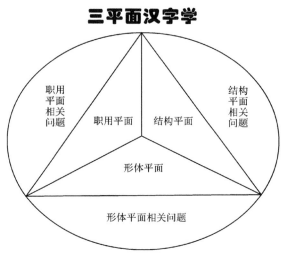

图 4　汉字学的"三个平面"

　　总之,从认识汉字本体的三维属性出发,分别研究汉字的形体、结
构、职用,形成互有联系而各自独立的三个学术平面,从不同角度共同
构建综合的立体式的汉字学新体系,这就是我们提出的"汉字三维属
性"与"汉字学三个平面"。

三、"汉字职用学"是"三个平面"的重点

　　如果说把"形"区别为"形体"和"结构",建立汉字形体学分科和汉
字结构学分科,符合很多人的想法,并且已经有了较好的基础,那么提
出并论证汉字职用学则是我们的贡献,也是"汉字学三个平面理论"得
以形成的关键或标志,因为在此之前的汉字学没有把"职用"当作独立

的系统看待,汉字学始终是以"形"(字体、结构)为核心的。

感谢王宁先生最先提出"汉字字用学"概念,并认为"汉字字用学,就是汉字学中探讨汉字使用职能变化规律的分科"[①]。我们秉承这一思想,发展完善有关理论,建立起系统的"汉字职用学",并自觉把"汉字职用学"当作汉字学的本体,使之成为"汉字学的三个平面"之一[②]。现在我们进一步认为,"汉字职用学"不仅属于汉字学的本体,而且应该成为汉字学的研究重点。这不仅因为"汉字职用学"刚刚提出,还不是很成熟,需要集中力量进行理论完善和职用现象的实际考察,更是因为"职用"在汉字三平面中的重要地位,这一点可以从以下方面得到论证。

首先,虽然形体、结构、职用都是汉字的本体属性,但它们的地位和价值并不完全等同。这牵涉到对事物本质属性的认识问题。属性是指事物本身固有的不可缺少的性质。它是以现实性为依据的,即某个事物实有什么,而不是该有什么。正如"人"除了自然属性外还有社会属性甚至心理属性,汉字的属性也是多方面的,所以把形体、结构、职用都看作汉字固有的本体属性这种做法没有问题。但对使用和研究汉字的人来说,哪种属性更重要些可能看法不一。以前的文字学重视形体、结构,有人甚至把结构上的属性看作汉字的本质属性。当多种属性属于不同角度时,要确定谁是本质、谁是非本质其实很难,汉字的定性存在很多争议就是证明。但在不否定其他属性的前提下,论证谁更重要些还是可以做到的。如果说重要的就是本质的,那汉字的本质属性也是可以论证的,其结论不一定是结构。我们还是拿"人"的属性来比况吧。

马克思主义认为,"有意识的生命活动把人同动物的生命活动直接

---

① 王宁:《〈说文解字〉与汉字学》,郑州:河南人民出版社,1994年,第47页。
② 李运富:《汉字语用学论纲》,《励耘学刊(语言卷)》第1辑,北京:学苑出版社,2005年。

区别开来"①，"人的本质不是单个人所固有的抽象物，在其现实性上，它是一切社会关系的总和"②，"人同自己的劳动产品、自己的生命活动、自己的类本质相异化的直接结果就是人同人相异化，当人同自身相对立的时候，他也同他人相对立"③。可见人的本质由两方面体现，一是人与动物的区别，二是人与人的区别。就人与动物的区别而言，人的本质在于社会劳动，这是人类与动物的根本不同；从人与人的区别来说，人的本质在于社会关系，人们所在的社会集团不同，所处的社会地位不同，因而人与人不同。所以人的最根本的特性是人的社会性。自然属性是人存在的基础，但人之所以为人，不在于人的自然性，而在于人的社会性。

建筑物跟文字的类比可能更切近。建筑物的外形和结构都是本体属性，彼此也都有一定的区别特征，但不是根本性的，因为它们属于自然属性，除了设计者和建造者，人们一般只在欣赏和寻找时才会注意这些。作为建筑物的使用者，人们大都更关注建筑物的功用，也就是建筑物的社会属性，所以学校的建筑物都是根据功用来命名和指称的：图书馆、体育馆、食堂、教学楼、办公楼、学生宿舍等，这是区别建筑物的实用性分类，也是本质性分类。

同样的道理，汉字的本质属性可能也不在自然的形体和结构方面，而在带有社会性的职用方面。因为形体本身有时很难跟别的符号（例如图画、标记）区别，只有创造符号的目的和实际功用才能将文字与非文字区别开来。在文字内部，不同的文字之间，主要的差异或特点不是

————————

　　①　中共中央马克思恩格斯列宁斯大林著作编译局编：《马克思恩格斯选集》第一卷，北京：人民出版社，1995年，第46页。

　　②　中共中央马克思恩格斯列宁斯大林著作编译局编：《马克思恩格斯选集》第一卷，北京：人民出版社，1995年，第56页。

　　③　中共中央马克思恩格斯列宁斯大林著作编译局编：《马克思恩格斯选集》第一卷，北京：人民出版社，1995年，第47页。

形体和结构,而是职用,例如汉字跟东巴文在形体和结构上有很多相同相通的地方,但每个符号所表示的功能并不相同,所以它们是两种不同的文字符号。同种文字的不同字符之间,根本性的差异仍然不是自然性的外形或结构,而是反映造字目的和体现实际功能的职用,所以同样的字形可以根据职用差异区分为不同的字,形体不同的字样如果功能相同也可以归纳为同一个字。而且对具体"字"的命名和指称,一般也是选取功用的角度,如这个"人"字会说成"这个 rén 字",而不说"这个一撇一捺字"。可见从学理上来说,形体的"字"、结构的"字"只是分析字料时对属性的指称,不是作为单个符号的"字",只有带着实际功能的职用"字",才有符号意义上的个体称谓。那么能够区别个体符号的职用当然应该是汉字的本质属性,或者说是相对更重要的属性。

其次,人们学习和研究汉字的目的主要不是写字和分析字,而是用字表达自己的思想和理解别人用字表达的思想。汉字作为一种符号,形体是其存在形式,职用才是它的价值体现,而结构只是联系"体"与"用"的"中介"。正如要认识一个人,重要的不是了解他的自然属性(肉体和组织结构),而是他的社会属性(身份及关系);要使用某个建筑物,重要的不是熟悉它的外形和结构,而是它具有的主要功能。同理,学习和研究汉字重要的也是掌握其社会性的职用,而不宜把主要精力花在自然性的字形和结构上。在某种条件下(例如会打字),字形不会书写没有关系,结构理据不会分析也没有关系,但如果不知道某个字可以记哪些词,或者某个词应该用哪个字,那就根本不会用字。

最后,从学术史的研究实践看,虽然传统文字学理论上以"字体"演变和"结构"分析为主,没有明确把"职用"当作汉字的本体,但实际上汉字研究始终没有离开职用,甚至可以说,"职用"才是学者们真正关注的重点。如《说文解字》被看作研究"形制"的代表,而其主要目的在通过形体分析证明汉字的本用职能，同时用"古文以为某"的方式揭示文献中的借用现象，用"重文"体例归纳异字同用现象，用"一曰"体例反映同字异用现象，可见许慎的目光始终是盯着"用"的。历史上大量的字典辞书、传注笺疏、学术笔记、字词考证等，无不涉及汉字的使用，随处可以找到有关汉字使用现象和使用规律的论述，如"借字""通假字""古今字""正俗字""通用字""某行某废"等术语，其实都是从不同角度对用字现象的指称，郑玄、张揖、颜之推、颜师古、孔颖达、张守节、洪迈、王观国、王楙、顾炎武、王鸣盛、梁章钜、段玉裁、孙诒让、黄侃等学者，其实也都是研究字用的专家。所以古代虽然没有"汉字职用学"的系统理论，但却具有丰富的"汉字职用研究史"，只是这些研究事实和成果都被掩盖在训诂材料中，被当成了训诂学的内容。实际上训诂材料是综合性的，字用研究的内容完全可以从训诂材料中提取出来独立成"史"成"学"。

总之，尽管汉字学的三个平面是从三个不同角度看的，理论上处于同一层级，但实际上地位并不等同，如果要给它们的重要性排个序的话，应该是"形体＜结构＜职用"。看到这个表达式，我们会感到惊讶：原来我们的"汉字学"在理论上竟然把最重要的"职用"给忽略了！

四、"汉字学三平面理论"的意义和价值

"汉字学三平面理论"是从认识"汉字的三维属性"出发的。"三维属性"不是对传统"三要素"的简单分合，而是有着本质差异的两种学术思路。"三要素"的"三位一体"是虚假的，实际上"形"属文字系统，"音义"属语言系统，两者是分离的，语言系统的"音义"结合体也被分离为"音"和"义"，所以它们的关系是"形—（音—义）"，以此为依据建立起来的传统"文字学""音韵学""训诂学"属于不同的学科；现代的"文字学"

只有"形",没有"音""义",而单个汉字仍强调"形、音、义",结果单字要素的分析跟学科体系内容不对应。"三维属性"则是同一事物的不同方面,形体、结构、职用三者分立而不分离,所以它们的关系是"形＋构＋用",以此为基础建立起来的"汉字形体学""汉字结构学""汉字职用学"都属于"汉字学",是立足于汉字本体形成的分立而不分离的三维学术体系。这种以"三维属性"为根基的"汉字学三平面理论"的提出,具有重要的理论意义和广泛的应用价值。

(一)理论意义

第一,"三平面理论"突破了以往跨学科的庞杂汉字学体系和虽属本体但片面薄弱的汉字学体系,既立足本体,又全面周到,从而完善了汉字学体系和丰富了汉字学内容。我们于2012年出版的专著《汉字学新论》正是从汉字的"三维属性"出发,以"形体、结构、职用"三个平面的汉字本体分析为纲,以"汉字属性、汉字起源、汉字关系、汉字文化、汉字整理"等相关问题为纬,尝试创建了立足"三个平面"、多角度讨论问题的立体式研究思路和多维度知识体系。在这个体系中,形体、结构、职用都可以充分展开,形成分科小系统,从此再不用担心"汉字学不研究音义还有什么可研究的"这样的问题。

第二,"三平面理论"保证了单个汉字的属性分析跟学科体系的平面建设的一致性,并且主张把汉字的材料分析和各种具体问题的讨论分别放到相应平面的学术系统中进行,从而避免把不同平面的东西搅和到一个平面而引起种种争议,大大提高了汉字学理论的解释力。例如"异体字",有的认为只要形体不同就是异体字,有的强调只有结构不同的才算异体字,有的说用法交叉的不同词的字也是异体字,这些观点在同一系统中显然不能共存,于是争论不休。如果用"三平面理论"看待这些问题,在形体系统中,可以说功能相同而形体不同的字都是异体字;在结构系统中,可以说功能相同而结构不同的字才是异体字;在职用平面,音义交叉的同源字限定用法相同的义项时也可以说是异体字;它们在相应的平面都是可以成立的,而离开特定的平面系统就不成立,争论在所难免。① 关于汉字的性质也是如此,各种说法林林总总,长期聚讼纷纭,其原因乃在于片面地各执其是。如果从汉字的"形体、结构、职用"三个平面分别观察,则汉字性质问题完全可以统一认识:在形体方面,汉字属二维方块型;在结构方面,汉字以表意构件为主而兼用示音和记号构件;在功用方面,汉字主要记录音节(含语素音节和纯音节),也可超语符直接表意。只要角度明确,说汉字是"方块文字"可以,说汉字是"表意文字"可以,说汉字是"音节文字"也不算错,综合起来说"汉字是用表意构件兼及示音和记号构件组构单字以记录汉语语素和音节的平面方块型符号系统"也行,何必偏执一隅而是此非彼!②

　　第三,"三平面理论"摆脱了汉字必须记录汉语的认识,把只要具有形、构、用属性并且没有时空限制的表意符号都纳入汉字考察范围,较好地解决了史前文字与有史文字的联系问题,对汉字起源问题的解释更合情理。我们认为要争论汉字起源,首先应界定"汉字"的内涵和"起源"的具体所指。汉字起源实际上包括"源出"(汉字形体的来源、创造者、创造方式等)、"源头"(汉字本体的出现时代和初期字类等)、"源流"(由初期汉字发展为功能完备的系统汉字的过程)。其中每一项"源"的认定都与汉字"三维属性"的分析有关。如"源出"的形体,我们不同意"汉字起源于图画"说,而支持"书画同源",即书画都源自对客观事物的

---

　　① 李运富:《关于"异体字"的几个问题》,《语言文字应用》,2006 年第 1 期。
　　② 李运富、张素凤:《汉字性质综论》,《北京师范大学学报(社会科学版)》,2006 年第 1 期。

描摹,其早期的本质区别不在形体而在职用。就"源头"而言,我们认为具备"形、构、用"三维属性的字符早在距今八千年左右就已出现,最初可能产生的是职用度高的数字、名物字和标记字。"源流"是自源而流,主流体系的形成取决于结构方式的高效和职用的满足,因而"形声"构字(利用语言音义直接构造汉字)是形成能够完整记录语言的系统汉字的关键。①

第四,"三平面理论"中的"汉字职用学"开辟了汉字学新的研究方向,同时健全了汉字发展史研究的框架。汉字学研究长期忽略汉字的职用,讲汉字发展史一般也只讲形体的演变,很少有人讲汉字结构的演变,汉字职用的演变更是空白。我们认为,"汉字具有形(形体)、意(构意)、用(功能)三个要素,汉字的本体研究也相应地分为字形(外部形态)、字构(内部结构)、字用(记录职能)三个系统。汉字形、意、用的演变不可能全都同步进行,合在一起叙述有时是说不清楚的,所以关于汉字的演变研究最好也要分为字形的演变、字构的演变、字用的演变三个系统来进行"②。特别是汉字职用演变史应该是汉字发展史最重要的组成部分,离开汉字职用演变史的梳理就不成其为完整的汉字发展史。汉字职用演变史的梳理将打破传统汉字发展史研究的瓶颈,突破汉字发展史即字体演变史的误区,引起汉字发展史研究框架、论证思路的体系性变革,从而重构三维式的完整的汉字发展史。张素凤《古汉字结构变化研究》(2008)、《汉字结构演变史》(2012),黄德宽等《古汉字发展论》(2014)已尝试从"形构用"三维视角考察汉字历史,验证了"三平面理论"对汉字发展史研究的必要性和可行性。

① 李运富:《论"汉字起源"的具体所指》,《民俗典籍文字研究》第3辑,北京:商务印书馆,2006年。
② 李运富:《汉字演变的研究应该分为三个系统——〈古汉字结构变化研究〉是汉字结构系统的重大研究成果》,《唐山师范学院学报》,2009年第1期。

第五，"三平面理论"不仅完善了汉字学自身的体系建设，同时也找到了所有文字共有的属性范畴，从而破解了不同文字间差异比较的难题，为普通文字学和比较文字学做出了贡献。共有属性范畴的比较才是有效比较，通过有效比较才能显示特点。在"形音义"三要素下，汉字跟其他文字的比较点难以确定，因为"音义"每个字都不同，不同的文字之间无法比较，而原来的"形"内涵模糊，比较起来也游移不定，所以汉字的特点至今没有统一的表述。明确"三维属性"以后，就可以从外形、结构、职用三个维度分别比较，有效描述各自的异同和特点。例如汉字跟英文比，外形上汉字呈"平面方块型"，英文属"线型"；结构上汉字以"表意"构件为主，英文以"表音"构件为主；职用上汉字记录汉语的"音节"，字跟词（语素）不一一对应，英文记录英语的"词"，字跟词基本一致。按不同属性分别比较和描述，清晰明白。① 而且汉字可以跟各种不同文字比，比较对象不同，特点的表述也可能不同，例如汉字跟韩文比，结构上汉字以表意为主，而韩文基本是标音的，差异明显，但外形上都是平面方块型的，差异就没有汉字跟英文的大。根据不同对象比较的结果而做出不同描述，不代表汉字的特点或属性变了，正如张三跟李四比属于高个，跟王五比属于矮个，而他自己的身高并没有变化。这说明世界上的文字可能并不是"一分为二"式的简单类型，需要根据不同的属性分别比较而进行多维度分类。"三平面理论"可能成为世界文字科学分类的突破点。

（二）应用价值

汉字"三平面理论"，特别是其中的重要平面"汉字职用学"理论，被广泛运用于汉字本体研究之外的其他领域，涉及疑难字词考释、古籍整

---

① 李运富：《汉字的特点与对外汉字教学》，《世界汉语教学》，2015年第3期。

理、字书编纂、汉字教学、汉字规范及其他文字的研究等。

疑难字词考释。这是在传世文献和古文字材料中常见的训诂工作。但传统的"以形索义"往往限于本字本义,古文字考释往往迷信"以字证字",即追求相当于后世的某个字。使用中的汉字训诂意义虽然单一,而要考证这单一的意义却会牵涉所用字的各种属性及字词关系的众多成员,这就需要借鉴"汉字三平面理论"特别是"汉字职用学"理论,包括形体演变分析以确定字种,结构理据分析以确定本用,字符曾用状况的全面调查以提供该字可能具有的职能,然后才能根据语境的用字要求,在合理的字词关系和字际关系中确定该语境中该字符的实际职用。只有对"字"的各种属性及其跟语境的关系都做出合理解释,也就是"字用"和"用字"合理对接,形成严密的不存在断环和反证的"证据链",才算靠得住的"完全考释"。现在的古文字考释有许多属于"不完全考释",需要将"三平面汉字学"跟"训诂学"结合起来进行补证或重证。[①]

古籍整理。这主要属于文献学的范畴,"汉字三平面理论"的应用价值体现在两个方面,一是将古籍文本整理为当代文本时,有个文字转换问题。古籍整理的文字转换必须保证表达功能不变(讹误校勘除外),这是个刚性原则。但根据不同的整理目的,在功能不变的情况下用字可以不同,因此文字转换可能出现三种情况:(1)形体对应转写。即按照线条、笔画、形状进行转写,转写的字形跟原字形基本相当,结构和字种都无变化。(2)结构对应转写。即忽略外部形态而按照原版字形的结构进行构件对应和同质组合转写,转写的字形跟原字形笔画数

---

① 李运富:《论出土文本字词关系的考证与表述》,《古汉语研究》第2期,北京:商务印书馆,2005年。

量和交接样态可以不同甚至差异很大,但结构属性相当,字位仍然同一。(3)功能对应转写。即不仅忽略字形也忽略结构属性,而仅仅按照职用功能相当进行转写,转写的字跟原字可以是结构不同的异体字,甚至可以是不同的字种(如用本字替换通假字)。这三种转换正好跟汉字属性的三个平面对应。① 第二个方面的价值是利用汉字的属性考察判定文本的书写年代或校正文本的改字讹字现象。传世文献由于种种原因可能出现文字的失真,如果是讹误引起了文意理解的障碍,通常可以用校勘法予以纠正,但如果是后人因为当代的用字习惯而有意无意地把某字改了且并不影响文意,那往往不会引人注意,从而掩盖文本失真现象。发现这类失真现象并恢复古籍的本来用字面貌,比较有效的办法就是考察字符的出现时代和职能演变情况,以及特定范围的用字习惯。② 对那些时代不明的文本,也可以考察其中的汉字属性,包括字形特征和用字习惯,然后放在历史演变的链条上,这样就有可能判断该文献的书写或刻版时代,但不一定能判断文献的著作时代。

字典的编纂修订。传统的大型字书基本上只提供"形音义三要素","形"还往往只有字头。现代的《汉语大字典》才开始罗列有代表性的各种古文字字形,同时转录《说文解字》等对结构做简单说明,主要内容则是众多的音义项。但这些音义项大都由历代字书累积而来,并未做全面彻底的文献测查和系统的字词关系整理,因而存在收字原则不明确、职用时代不清晰、字词关系和字际关系欠沟通等问题。例如收字的随意性大,没有对"字"的单位进行界定和归整,许多字头仅仅是另一

---

① 李运富:《谈古籍电子版的保真原则和整理原则》,《古籍整理研究学刊》,2000 年第 1 期。

② 裘锡圭:《简帛古籍的用字方法是校读传世先秦秦汉古籍的重要根据》,载《中国出土古文献十讲》,上海:复旦大学出版社,2004 年;李运富、李娟:《传世文献的改字及其考证》,《文献语言学》第 2 辑,北京:中华书局,2016 年。

字头的异写或讹变,甚至包含大量的古文字笔画转写字形,如果依此为准则,那字典的收字是无穷尽的。从汉字的"三维属性"看,字典不应该是形态平面的个体汇集,而应该是有结构差异的字位收录。字位的职用情况则应该表现为字典中音义项的有序排列和字头间的相互沟通,职用的时代是否清晰和项别是否齐全是衡量大型字典质量高低的标准,但符合这些标准的字典目前还没有出现。汉字职用学要求对个体字位历时记录过的词项、个体词位历时使用过的字形进行穷尽性分析与研究,这种通史性的全面测查可以帮助字书编纂逐步达到完善的程度,避免该收未收或不该收却误收的现象。而且,随着单字职用、单词用字、汉字职用断代描写的成果不断涌现,我们也可以编纂一些新型工具书,如"汉语单音词用字汇纂""汉字职用断代语料库"等。①

汉字教学与规范。汉字教学,包括对外汉字教学,一直受到"形音义三要素"束缚,形成"字典式"的教学模式,机械呆板,缺乏动态感和系统性,而且在字形书写和结构类型上过度规范,如笔顺规范和独体合体规范等,对与学习汉字根本目的直接相关的"职用"却不重视,结果教学效果自然不佳。我们认为,在汉字教学中过度强调形体规范,连一笔一画的书写顺序都要固定,其实并没有多大意义,因为对汉字职用的认知是不考虑书写顺序的,事实上人们使用汉字时也很少严格按照"书写规范"写字,而且现代的信息技术可以使全字一次性呈现,根本没有书写过程,所以形体上只要能够区别为不同的字就行。至于结构理据分析,相对比较重要一些,但实际上也是为掌握职用服务的,目的在于说明形体与职用的关系,对一般使用者而言,不知道结构理据也不是什么大问

---

① 徐加美:《现代汉语字典中的字用学概念和研究内容》,《语文学刊》,2011 年第 18 期,与此节内容相关,可以参阅。

题,而且结构理据如何分析很多时候是由职用决定的。如此看来,汉字教学的重点应该在职用,结合语言来说,就是要重视字符与语符的对应关系。人们总以为汉字的难教难学是由于汉字字数多、笔画多,因而把主要精力花在写字、认字上,其实这是把汉字跟外文的"字母"比较产生的误区。例如汉字相对于英文而言,主要难点应该在职用,因为英文在职用上是表词文字(分词连写的一串"字母"相当于汉语的一个"字"),字词严格对应,字符与语符的掌握是同步的,所以容易;而汉字在职用上是音节文字,字跟词不一一对应,同字异词、同词异字的现象普遍存在,所以认识再多的字,如果不掌握字词的对应关系,照样读不懂文章。当然,汉字教学注重职用,并不是就可以忽视字形和结构,事实上这三个方面是相互为用的,掌握字形属性的各种区别要素,可以有效识别不同的形体;分析结构属性的理据关系,可以了解字符的构造意图和文化背景;沟通字词的不同对应关系,可以减少使用汉字的错误和提高解读文章的能力。[①]

其他文字研究。前面说过,所有文字符号都具有形体、结构、职用三维属性,因此我们的"三平面理论"也可以用来研究其他文字。王耀芳曾运用"汉字三平面理论"探讨东巴文的整理与研究,取得了理想成果[②]。那么,西夏文、藏文、蒙古文、彝文、壮文、江永女书等境内较少使

①　李运富:《汉字的特点与对外汉字教学》,《世界汉语教学》,2014 年第 3 期。运用"三平面"理论讨论汉字教学问题的文章还有:张素凤、郑艳玲:《汉字学理论在识字教学中的应用》,《唐山师范学院学报》,2010 年第 3 期;张秋娀:《汉语国际教育中的汉字教育散论》,《汉字汉文教育》(韩国)第 30 辑,2013 年 1 月;张喆:《基于"汉字三平面"理论的对外汉字教学》,载张建成主编:《理念与追求:汉语国际教育实践探索集》,北京:中国社会科学出版社,2015 年。

②　王耀芳:《东巴经〈超度死者·献肉汤〉(下卷)字释选释及文字研究》,西南大学硕士学位论文,2014 年;《汉字字用学理论对东巴文研究的适用性探究》,《学行堂语言文字论丛》第 4 辑,成都:四川大学出版社 2014 年。

用的文字,甚至韩文、日文、泰文等境外文字,运用"三维属性"和"三平面理论"去研究也应该是可行的,希望有人尝试。

附　录

李运富指导的与汉字职用相关的论文:

赵菁华《郭店楚简〈老子〉与马王堆帛书〈老子〉用字比较研究》(1997级硕)、肖晓晖《战国秦楚玺印文字比较研究》(1997级硕)、刘畅《〈包山楚简〉字用研究》(1998级硕)、叶峻荣《定州汉墓简本〈论语〉与传世〈论语〉异文研究》(1998级硕)、张晓明《〈说文解字〉小篆重文研究》(1998级硕)、李玉平《郑玄〈周礼注〉对字际关系的沟通》(2000级硕)、王旭燕《〈说文解字〉部首字中头部字的职能演变考察》(2000级硕)、赵莲峰《现代政区地名非常用字整理研究》(2001级硕)、温敏《现代汉语常用字职能属性测查》(2001级硕)、韩琳《黄侃字词关系研究》(2002级博)、王丽《〈郭店楚墓竹简〉异体字研究》(2003级硕)、李京勋(韩)《〈论语〉异文研究》(2003级博)、刘琳《〈说文段注〉古今字研究》(2004级博)、苏天运《张揖〈古今字诂〉研究》(2006级硕)、喻英贤《〈论语〉字用研究》(2006级硕)、关玲《颜师古"古今字"研究》(2006级硕)、李秀林《内蒙古集宁区公共场所用字情况的调查研究》(2006级硕)、曹云雷《王观国〈学林〉对汉字使用问题的探索》(2007级硕)、于笑妍《宋代碑刻字书未收字研究》(2007级硕)、张长弘《宋代碑刻楷书异体字研究》(2007级硕)、蒋志远《王筠"古今字"研究》(2008级硕)、刘姗姗《〈集韵〉古文研究》(2008级硕)、朱莉《〈广韵〉异体字研究》(2010级硕)、姜雯洁《"取"字职用研究》(2011级硕)、时玲玲《"内"字职用及相关字词研究》(2011

级硕)、蒋志远《唐以前"古今字"学术史研究》(2011 级博)、雷励《〈集韵〉异体字研究》(2011 年博士后)、张道升《〈五侯鲭字海〉研究》(2011年博士后)、张喆《〈易经〉出土本及今本用字研究》(2012 级博)、李娟《景祐本〈史记〉〈汉书〉用字异文研究》(2012 级博)、何余华《汉语常用量词用字研究》(2012 级硕)、武媛媛《数词{三}的用字演变研究》(2012级硕)、吴国升《春秋出土文献用字研究》(2012 年访学)、张青松《〈辞源〉字际关系用语研究》(2012 年访学)、钟韵《清代"古今字"学术史研究》(2013 级博)、韦良玉《太平天国文献特殊用字研究》(2013 级硕)、刘琼《民国〈申报〉异形同用字研究——论民国用字特点和原因》(2013 级硕)、徐多懿《〈清华简·系年〉用字研究》(2014 级硕)、朱赛《〈孙子兵法〉简本与传世本用字比较研究》(2014 级硕)、温敏《近现代"古今字"研究综论》(2014 级博)、殷宏雁《〈红楼梦〉结构助词"de"的用字调查》(2014 年访学)、黄甜甜《从文献用字看历代字书中的"古文"》(2014 年博士后)、何余华《殷商已见通今词的用字历史研究》(2015 级博)、牛振《近代科技译词用字研究》(2015 级博)、王安琪《礼记用字研究》(2015级硕)、程慧《魏晋南北朝洛阳碑刻异形同用字研究》(2016 级硕)、桂柳玥《文字学范畴的"古文"所指研究》(2016 级硕)、宋丹丹《清至民国岭南杂字文献用字研究》(2017 级博)、王胜华《康熙御批文稿用字研究》(2017 级硕)、蔡宏炜《放马滩秦简字词关系及相关问题研究》(2017级硕)、涂彝琛《北大汉简〈妄稽〉篇字词关系及相关问题研究》(2017 级硕)、朱芳《汉字记词功能转移现象研究》(2018 级博)、孙倩《上古名物类名词名实与用字考论》(2018 级博)等。

论汉字职用的考察与描写[*]

李运富

汉字职用学是汉字学新体系的三个平面之一^①，它要以全面考察汉字的"职能"演变和汉字的"使用"现象为基础来建立。汉字的"职能"是指汉字本身所具有的表示各种信息和情感的能力，如汉字可以通过构造理据表达相关的事物或记录语言的某个单位，也可以通过外形来显示某些信息和意图。汉字的"使用"是指用字者根据表达需要把汉字当作符号来加以利用的行为，有的使用跟汉字的构造目的一致，是为"本用"；有的使用不能直接体现汉字的构意但跟构意相关，是为"兼用"；有的使用不是从汉字构造出发，而是利用汉字已有的音义功能来表达另一同音（以声托事）或同义（同义换读）的对象，是为"借用"；如果仅仅利用汉字的外形或全字中的部分形体表示某些特定含义，则为"偏用"。"偏用"往往是超语符的，不跟语符单位的具体音义对应。

汉字的"职能"和"使用"是从不同的主体来表述的，实际上它们既有联系又有区别，有的职能是构造汉字时赋予的，有的职能是在使用中产生的。我们在不加区别的时候统称为"职用"。汉字的职用情况很复

　* 本文原载《上海师范大学学报(哲学社会科学版)》，2017 年第 1 期。为国家社科基金重大项目(13&ZD129)相关成果。
　① 李运富：《"汉字学三平面理论"申论》，《北京师范大学学报(社会科学版)》，2016年第 3 期。

杂,考察与描写需要真实有效的材料、关系清晰的术语、合适可行的视角和丰富实用的内容。

一、汉字职用的考察材料

要考察汉字的职用,材料必须真实有效。我们看到的汉字材料大致有三种类型:一是文献文本中的使用文字;二是字典辞书中的贮存文字;三是艺术作品中的艺术文字。考察职用的主要材料当然是第一种。第二种虽然收集排列了个体字符的某些职用项别,但它属于第二手材料,可能存在集项不全、来源不明、解释不准、字形讹变、书证错误等问题,因此应该谨慎利用,最好有文献实例用来验证。第三种也能体现汉字的某种职用,如艺术欣赏价值和偏用修辞效果等,但属于特殊领域,范围有限,不是汉字职用学考察的主要对象。所以下面主要讲文献文本中的文字材料。

文献是比较笼统的说法,具体呈现则是一个个文本。文本可以从文字形成的角度分为手写本和铸刻本等,也可以从载体的角度分为甲骨本、简本、帛本、石碑本、纸本等,还可以从时代的角度分为唐写本、宋刊本等。广义地说,文字的所有载体形式都可以称为文本,包括青铜器、玺印、砖瓦等。称文献的时候,着重于内容,提供的是语料;称文本的时候,着重于文字,提供的是字料。字料跟语料不同,语料反映的是话语,只要话语的结构和意义不变,用字可以不同;字料反映的是文字现象,要求记录语言的文字保持原形原貌。① 现在研究语言的历史,有

---

① 李国英、周晓文:《字料库建设的必要性与可行性》,《北京师范大学学报(社会科学版)》,2009 年第 5 期。

许多的语料库可供利用;而研究汉字的使用历史,却缺乏保持了原形原貌的字料库。有的所谓"字料库"只是单字形体的集合,脱离了使用环境,那也是不能用来考察职用的。所以我们考察文字职用情况,目前条件下只能利用书写时代明确的文本。

关于文献材料,太田辰夫《中国语历史文法·跋》中有"同时资料"和"后时资料"的说法:

> 所谓"同时资料",指的是某种资料的内容和它的外形(即文字)是同一时期产生的。……不过即使不是这样严格地考虑,粗略地说,比如宋人著作的宋刊本,姑且看作同时资料也可以。语言的大变动大约是和朝代的更迭一起产生的,因此,可以认为,如果是同一朝代之内,某种资料外形即使比内容产生得晚,两者的差距也不会太大的。
>
> 所谓"后时资料",基本上是指外形比内容产生得晚的那些资料,即经过转写转刊的资料,但根据对同时资料的不严格的规定,后时资料的内容和外形间有无朝代的差异就很重要。比如唐人集子宋刊本就是后时资料。中国的资料几乎大部分是后时资料,它们尤其成为语言研究的障碍。①

太田先生是就语言研究而言的,注重的是文献内容的时代性和真实性,利用"后时资料"的目的仍然在于研究文献内容所代表的时代的语言现象,而不是文献形式(文字)产生时代的语言现象。但就文字研

---

① 太田辰夫:《中国语历史文法》,蒋绍愚、徐昌华译,北京:北京大学出版社,2003年,第374—375页。

究而言,文献内容的时代性并不很重要,文字书写使用的时代才是最重要的。只要文献的文字形式形成的时代明确,无论是"同时资料"还是"后时资料",都可以用来研究文字形成时代的职用现象,即利用"同时资料"可以研究文献内容形成时代(当然也是文字形式形成时代)的用字现象,而利用"后时资料"也可以研究"后时"(文本形成时代)的用字现象。因为研究汉字职用主要看字符跟语符的对应关系,而不是字符跟文章的关系,所以不受文献内容的局限。比如《老子》这部文献,假设其成书在战国时期(其实可能在春秋末),那郭店楚简中的简本《老子》可以看作"同时资料",根据郭店简本可以研究战国时期的语言现象和用字现象;后来又有西汉马王堆帛书本《老子》,当然属于"后时资料",它不能据以研究西汉的语言现象,却可以用来研究西汉的用字现象;同理,现代的简化字版本《老子》当然不代表现代的语言,但也可以用来研究现代的用字。因此对汉字职用研究来说,文献内容的时代性虽然可能对后时文献的用字产生影响,但考察文献内容的语言现象跟考察文字的使用现象并不是一回事,要区别对待。考察文字的职用当以文字的书写使用时代为准,而不以文献内容的形成时代为据。事实上,即使"同时资料"对"后时资料"产生影响,一般也是指文本用字上的影响,而不是文献内容的影响。

如此说来,汉字职用研究在材料上主要关注文本。通过原始文本和后出文本(抄本、翻刻本和重排本等)及其相互关系,来研究不同个体文本、不同时代文本、不同地域文本的文字职用情况及其演变关系。所以,考察和研究汉字职用应该具有版本学知识。

如果某种文献只有后出文本流传,而我们希望研究该文献产生时原始文本的用字面貌,并考证流传文本和后出文本中的改字现象,那最有效的材料不是该文献的内容,也不是该文献的后出文本,而是与该文献同时代产生的其他文献的同时文本。例如西汉形成的文献《史记》已经见不到"原始文本",那如果要考察《史记》原文的用字情况,就应该借助西汉时期形成的各种文本,如西汉的简帛文本、碑刻文本、青铜文本、玺印文本等,这些文本可以是"同时资料"(文献内容是西汉产生的),也可以是"后时资料"(文献内容是秦代以前的),只要文本的书写时代是西汉(如先秦文献的西汉抄本等),就是有效的。我们可以通过这些材料考证西汉时代的已有字符和用字习惯,从而判断《史记》后时文本中不合西汉文字情况的用字,以求尽量恢复《史记》原本的用字面貌。当然,《史记》的后时资料,以及与《史记》文献同时的其他文献的后时资料并非毫无用处,通过后时资料中用字现象的大数据统计,也可以发现原文献时代的用字习惯,从而帮助判断原文献的用字真伪。

　　在考证文献的原始文本用字和后出文本改字情况时,古代的某些文献注释材料也是可以利用的。因为原文献的用字一经注释家选为注释对象而出注,就相当于加了一层保鲜膜,通常能体现用字的原貌。例如今本《史记》:"岂敩此啬夫谍谍利口捷给哉。"我们判断其中的"谍谍"原本应该是"喋喋",根据主要是古人的注释。因为南朝刘宋时的裴骃在给《史记》做集解时引用了晋朝晋灼《汉书音义》中的"喋,音牒",说明他所见到的《史记》文本用字是"喋"而非现在所见的"谍",否则他不会引用晋灼的这条注音。而到唐代司马贞作《史记索隐》时早已改成了"谍"字,因为司马贞的注释说:"《汉书》作'喋喋'。喋喋,多言也。"这说明司马贞见到的《史记》文本已经是改用"谍"字了,否则他没有必要拿《汉书》作异文出注。[①]

---

　　① 李运富、李娟:《传世文献的改字及其考证》,《文献语言学》第 2 辑,北京:中华书局,2016 年。

二、汉字职用描写的用语

　　时代明确的文本字样是考察汉字职用的基础材料,从基础材料中归纳离析出字符单位和语符单位,并建立相关的一套术语,实际的职用情况才能被清晰地描写出来。

(一)字符单位

　　作为符号使用的文字叫作"字符",这是个泛称,其中包括"字样""字位""字种"等不同的指称单位。"字样"是文本中自然呈现的一个个独立的形体,将构形属性相同的字样归并到一起,就形成字符的基本单位"字位"。如果字样之间具有构形属性的差异(包括构件类型、构件数量、构件分布、构件功能、构件关系、构件变异等),就区分为不同的字位。如"世""卋""𠀑"虽然外形不同,但构形属性相同,应该归纳为同一个字位;而"世"与"也"构形属性不同,就应该区别为两个字位。同一个字位内部具有不同形体时,可以根据某种原则任选其一作为这个字位的"基形",其余则称为这个字位的"变形"。如"世"作为基形的话,则"卋""𠀑"可称变形。不同的字位如果构形指向的表达功能基本相同,就可能形成更大的字符单位,即"字种"。一个字种可以有多个字位,也可以只有一个字位。如"衣"作为字种,从古到今虽然有许多变形,但基本上都属于一个字位;而"裤"这个字种,则有"裤""绔""袴"等多个字位。同一个字种具有多个字位时,多个字位之间可以互称"异构字",也可以根据某种原则任选其一作为这个字种的"代表字",其余则称为这个代表字的"异构字"。如"裤""绔""袴"是一组异构字,而假定"裤"为代表字的话,则"绔""袴"为"裤"的异构字。

（二）语符单位

文本的表面是字符，而字符的背后是语符。语符的基本单位有"词音""词项""词位"和"词族"。"词音"是某个词中的特定音节（不等于泛音节），词音带有某项意义时就成为"词项"，意义上具有关联的若干词项构成"词位"，源自同一词位而发生音变或形变的亲缘词位形成"词族"。如"斯大林"的{斯 0}（{}表示语符单位，0 表示无义）是特定词里一个没有意义的音节；《诗经·陈风·墓门》"墓门有棘，斧以斯之"的{斯 1}是表示劈砍义的词项；而词项{斯 1}（劈砍）、{斯 2}（分散）、{斯 3}（离开）（1、2、3 表示不同义项）等属于同一词位{斯}；由词位{斯}派生出{撕}{嘶}{澌}等新词位，则形成一个词族{斯＋}（＋表示派生）。词族不是汉字职用考察的直接对象，只用来说明词位关系。通常讲的某"词"在没有区分需要的情况下既可以指词项，也可以指词位，但不能指称词族和词音。

（三）字符与语符的关系

文本的字符记录着承载内容的语符。如果某字符是为某语符专门构造的（形体与语符的音义密切相关），那该字符就是该语符的"本字"，该语符就是该字符的"本词"，用本字（包括变形和异构）记录本词（同一词位中跟字符形体密切相关的词项）的用法称为"本用"。用本词的本字记录同一词位的其他相关词项以及分化为不同词位的派生词项的用法叫"兼用"，用甲词的本字去记录没有意义关联而音同或音近的乙词的用法叫"借用"，甲词的本字相对于乙词而言叫作"借字"。

如果以"字位"作基本字符单位，以"词音"和"词项"作基本语符单位。那字符与语符可能构成如下关系：

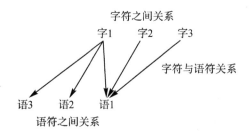

图 1 字词、字际、词际关系图示

当一个字符对应一个语符时,那可能是"1 字位(1 字种)—1 词音",如"噢—{噢 0}";也可能是"1 字位(1 字种)—1 词项(词位)",如"鄚—{鄚}(地名)"。如果考察的文本材料充足,这种单一对应的情况其实是很少的。

当多个字符对应一个语符(词音或词项)时,那多个字符之间的关系可能是:

本用—本用。即记录同一语符的字都是这个语符的本字,包括"异构字"和"源本字—分化本字""古本字—重造本字"。"古本字"和"重造本字"也是异构关系,只是具有明显的时间先后和字形孳乳关系,如"云、雲—{云彩}""戉、钺—{钺斧}""莫、暮—{暮晚}"等。

本用—借用。即记录同一语符的几个字位,有的是这个语符的本字,有的是这个语符的借字。包括"本字—通假字"和"假借字—后起本字"。前者如"伸、信—{伸展}",后者如"采、彩—{彩色}"。

借用—借用。即记录同一语符的字都是这个语符的借字。包括"假借字—假借字"和"通假字—通假字"。前者如"女、汝—{汝}(你)""斯、史—{斯 0}(斯坦福)";后者如"裁、财、纔—{才}"。

当一个字符对应多个语符(词音或词项)时,那多个语符之间的关系可能有:

无意义关系的同音(音近)语符(词音或词项),如"史—{历史}{史丹福}""信—{信任}{伸展}"。

有引申关系的同位语符(词位),如"节—{竹节}{关节}{节气}{节操}{节制}{节约}{调节}"。

音义皆有关系的同源语符(词族),如"斯—{撕}{嘶}{澌}{廝}"等。

采用上述名称术语及关系类型,庶几能将文本中实际存在的字符和语符的各种复杂现象描写清楚。[①]

三、汉字职用的考察视角与基本内容

汉字数以万计,汉字的使用历史悠久,异时异地变化多端,要一下子呈现所有汉字的职用情况是不可能的。有效的办法是化整为零,从个体、类别、局部入手,积累材料,汇聚现象,总结规律,比较异同,最后才能获得汉字使用的总体面貌和贯通历史。就个体的考察而言,大致有两个角度:一是从字位出发,考察某个字位自产生以后记录职能和表达使用的变化情况;二是从词位出发,考察某个词位产生以后人们使用过哪些字来记录它。以这两个视角的个体考察为基础,就可以将所有文本材料根据需要按人、按时、按地、按题材等分类进行局部考察和描写。

(一)字符的职能考察

我们以字位作为字符职能的基本考察单位。一个字位的产生,必然具有某种表达职能。在记录语言的前提下,初生的字位只跟某个语

---

　　①　李运富:《论汉字的字际关系》,载刘利民、周建设主编:《语言》第三卷,北京:首都师范大学出版社,2002年;《论汉字的记录职能》(上)、(下),《徐州师范大学学报(哲学社会科学版)》,2003年第1、2期。

符单位对应,或是某个音节,或是某个词位。如果某个词位具有多个词项,那初生的字位通常只跟其中的一个词项(偶尔也有两个词项的)对应。考证初生字位对应的语符单位(跟形体密切相关的词项),就是考证字位的本用,这是字符职能考察的起点,是非常重要也很不容易的一项工作。字符本用的考证要以字形的构意分析和文本的实际职能为依据。

确定字符的本用职能以后,得考察该字符的职能变化情况。一个字符永远只对应一个语符(音节或词项)的情况是极少的,绝大多数字符的职能都会在使用过程中发生变化。变化的情况通常有三种,一是职能增多(扩展),二是职能减少(简缩),三是时增时减反复交错。这是就特定的某个字符而言。如果涉及两个以上的相关字符,则还有职能转移和职能兼并的情况。①

职能增多的途径不外乎兼用和借用。一个字符本用时通常只对应一个语符单位,但语符单位是不封闭的,随时都在滋生变化,而字符不可能毫无节制地新生,所以利用已有的字符扩展其职用就成为解决字符记录语符矛盾的有效手段。当字符突破本用局限,兼用记录引申词项及派生词位,或借用记录同音词位时,该字符的实用职能就增多了。

字符职能的不断增多,可能影响文本表达的清晰度,于是字符职能在增加的前提下也有减少的情况。除了被记语符单位的自然死亡外,减少特定字符职能的手段主要是把某项职能分工或转移给别的字符承担,如同字种的不同字位各自分担某种职能、改变原字形产生新字位或重新另造字位分担原字符的某项或某几项职能,从而使原字符的记录职能得以减少。

---

① 李运富:《论汉字职能的变化》,《古汉语研究》,2001年第4期。

字符职能的增减往往涉及别的字符。例如一个字符增加了某项职能，那这增加的职能所对应的语符单位是新产生的，还是原来就有的？如果是原来就有的，那原来是由哪个字符记录的？原来的这个字符跟换用的现在的字符是什么关系？为什么要换用？如果是新产生的，那它跟这个字符原来记录的语符之间是什么关系？为什么还可以用这个字符记录而不产生新的字符？又如一个字符减少了某项职能，那这种减少是因为所记录的语符死亡了，还是把职能转移给别的字符了？如果是转移给了别的字符，那这别的字符跟原字符是什么关系？别的字符接受转移来的新职能后，原职能有无变化？是否引起连锁反应（互换职能或多位传递）？凡此等等，在进行字符职能考察时都是应该详细描写和逐项解释的。

最后，我们希望能用一个总表直观地全面反映每个被考察字符的职能演变情况。例如"两"字职用情况一览表：

表1　"两"字职用情况一览表

用字（相关字）	记录词项	义值	词项关系	使用属性	字际关系	使用时代										
						殷商	西周			战国	秦汉	魏晋	唐宋	元明	清	现代
							早	中	晚							
两	〔两1〕	马二匹	本词	本用			+	+								
两（辆）	〔两2〕	车一辆	由1引申（派生）	兼用	源本字	+	+	+	+	+	+					
				本用	分化本字								+	+	+	+	+
两	〔两3〕	军队编制单位	由2引申	兼用			+	+								
两	〔两4〕	数词二	由1引申	兼用						+	+	+	+	+	+	+
……																

说明：表中的"＋"号表示该时代使用了该字，加粗则表示为主用功能。

（二）语符的用字考察

语符的考察单位可以是"词音"，也可以是"词（词项或词位）"。如"斯大林"的｛斯｝用过哪些字、"葡萄"的｛葡｝用过哪些字，属于词音用字的考察；"吃饭"的｛吃｝用过哪些字、"饮食"的｛饮｝用过哪些字属于词项或词位用字的考察。

语符用字考察的第一步是确定词或词音的产生时代及最初用字。最初用字可能是这个语符的专造本字，也可能是原有字的借用（借字）。

一个语符单位从产生开始，一直使用同一个字符的情况很少，往往都先后使用过多个字符。在确定语符的最初用字后，还需要把该语符在历史上用过的所有字符都考辨出来；进而分析每个字的来源和彼此之间的属性关系，说明为什么同一个语符可以用不同的字符来记录，解释每次历时替换用字的原因。如果同一语符共时使用了不同字符，也得说明不同字符之间的关系。除了说明历时用字和共时用字的各种关系，还得测查不同字符的历时分布和共时分布情况，用数据频率反映哪个字是主用字、哪个字是陪用字、哪个字是偶用字等。不同的字符记录同一个语符，表达功能是不是完全相等，有没有选择用字的主观心理和特殊用意，这些也是需要注意考察的。例如"异体字"通常被认为"任何时候都可以互换"，但理论上讲，如果异体字的使用功能真的完全相同，就没有同时存在的价值。可历史上所谓"异体字"却是大量长期共时存在着，而且许多异体字是明知有别的字仍特意另造出来的。这些"异体字"在古代文献中能否被统一规范？古籍整理时若全部替换为当代通行字，这样做也许会丢失古人选择用字时的某些语用信息。其实"异体字"的价值在"同用"而不在"异体"，书面上的"异体字"相当于语言中的"同义词"，同义词可供选用，异体字也是可供选用的。之所以要选，就说明同中有异。那么考察同一语符的不同用字、留意不同用字的功能之异就是理所应当的。

最后,我们也希望能用一个图表直观地展现某个语符单位的全部用字情况。例如数词{三}的用字情况:

表2　数词{三}的用字情况表

所用字位	字位变体	字形分析	使用属性	字际关系	使用时代											
					殷商	西周	春秋战国	秦汉	魏晋六朝	隋唐	五代十国	宋辽金	元	明	清	民国
1三		从三一	本用	本字	+	+	+	+	+	+	+	+	+	+	+	+
2参	叁	象参宿三星形,彡声	借用	1—2本字借字		+	+	+	+							
3品	晶	截取参字上部象征三数	本用	1—3异构本字 2—3借字本字			+									
4叁	叁	改造专用字。三表义,"参"省声	本用	1—4异构本字 2—4借字本字 3—4异构本字						+	+	+	+	+	+	+

(三)文本用字考察

文本用字考察面对的不是一字一词,而是构成文本的所有字词。虽然个位字数构成的文本也叫文本,但单个文本的职用考察一般要求字位数在100个以上,低于100个字位的文本缺乏系统描写价值,可以作为单字考察的材料或进行文本归类考察。文本职用考察的具体内容应该包括：

1.字样数、字位数、字种数。字样数是文本中自然书写的可见字符单位，基本相当于文献内容的音节数。文本中的合文可以拆开为单文计算，重文符号可以重复单字计算。字位数是根据结构属性对字样进行的归纳，结构属性以直接构件为分析对象，直接构件的功能相同、组合关系和布局位置也相同的算作一个字位，同一字位中不具有结构功能区别价值的间接构件和具体写法可以不同。一个词位对应的专造字符称为一个字种，几个不同的字位如果都是为了记录同一词位而造，结构属性不同而表达对象相同，可以归并为一个字种。

2.词音数、词项数、词位数。根据文本内容，将不能独立表义但有一定音节的语言单位析出为词音，几个词音的连缀才能表达某个意义单位；将有意义内涵而表达功能相同的最小语言单位归纳为词项，词项处于语言的组合之中；语音相同、意义相关的若干词项可以聚合为一个词位，词位处于语言的系统之中。特定文本中的词位不一定呈现完整系统。确定词音、词项和词位的数量，字符的职用才可以对应说明。

3.字频统计。字频统计的对象是字位。一个字位使用次数的多少，可以反映它在文字系统中的地位和使用者的用字习惯。通常把全部用字中见次率排在前10％的字叫高频字，见次率排在后10％的字叫低频字，其余为中频字。为什么有些字频次高、有些字频次低，需要从多方面考察解释原因。

4.字符职能。根据字位跟语符（词音、词项、词位）的对应关系，找出单用字，归纳多用字。一个字位记录多个语符项时，应该说明所记多个语符项之间的关系，区别同位词、同族词、同音词等。

5.语符用字。根据字符单位跟语符单位的对应关系，反向考察每

个语符单位的用字情况。有的语符只用一个字位记录,有的语符会用
多个字位记录。对一个语符使用了多个字符的,要进一步考察多个字
符的分布及其关系,细致分析选择不同字符使用的心理因素和附加
效能。

6.使用属性。根据使用字符跟所记语符之间有无构意目的关联,
定性每个字属于本用还是借用,分别统计本用和借用的数量和占比,从
而分析该文本用字是以本用为主还是以借用为主,为什么会如此。

7.用字现象的归纳讨论。在上述考察基础上,对文本中带有规律
性、普遍性和有探讨追究价值的用字现象进行专题讨论。

(四)类别材料的用字比较考察

以上考察角度无论是从"字符"出发,还是从"语符"出发,或者着眼
于文本的"字一词"综合,都是就单一的对象而言(一个字符单位、一个
语符单位、一个语篇的文本单位),其实这些单一的对象又都是可以扩
展成"组""类"来进行考察的。如"独体字"的职用考察、"常用词"的用
字考察、甲骨文用字考察、战国楚简用字考察、汉赋用字考察、韩愈诗文
用字考察、清代御批文档用字考察等等。类别材料的考察以单一材料
的考察为基础,除了单位数量的增多外,基本考察方法和考察内容大致
相同。但有了类别考察,才会有同一类别各成员之间的比较和不同类
别之间的比较。

类别比较是发现某类材料职用特点和观察汉字职用发展演变的有
效途径。比较考察可以按照各种标准分类进行。同一标准划分的各类
别材料的比较,在比较单位、参数设置、概念内含、指称用语等方面应该
一致。下面举例说明一些主要的比较形式(可类推):

独体字符的职能与合体字符的职能比较。理论上讲,独体字是汉

字系统的基础,产生时代通常较早,使用历史往往较长,记录职能一般
都比较丰富且变化较多,跟其他字符的职能关系更为复杂。合体字,特
别是分化专用字,由于出现时代较晚,使用范围有限,职能的复杂程度
一般不及独体字。但实际情况如何、各种不同类型的字符之间有无使
用职能的明显差别,需要分类考察和系统比较才能清楚。

自源语符的用字跟他源语符的用字比较。自源语符指汉语自身的
词项、词位和词音,往往有专门构造的本用字符(本字),有些临时借用
的字符后来也大都分化出专用本字,长期借用的情况当然也是存在的。
他源语符指来自其他语种的词项、词位和词音,这些词语的用字应该会
跟自源语符的用字有很大不同,特别是音译时的用字,有的专门新造音
译字,有的借用已有同音字。如果借用同音字,初期选字的分歧和后期
逐步的规范,这样的用字过程和有关现象是很值得考究的。

同一文献不同文本的用字比较。同一种文献在流传过程中往往会
产生不同的文本,后出的文本除了抄写或翻刻时无意识的错讹外,还往
往受当代用字习惯和个人用字爱好的影响而有意改换前文本的用字。
如果将同一文献的不同文本进行比较考察,就会发现各文本的用字变
化。例如《老子》一书成于春秋末年,现在能看到的各种文本很多,如战
国郭店竹简本、西汉马王堆帛书《老子》甲乙本、西汉竹书本(又名北大
竹简本)、汉严遵《老子指归》本、汉河上公本、魏晋王弼本、唐初傅奕本、
唐景龙碑本、唐敦煌手抄本、宋徽宗《老子注》道藏本、元刻老子道德经
麻沙本、明刊薛蕙《老子集解》本、清世祖御注道德经《四库全书》手抄本
等等,这些不同的版本或全或残,章节和文字数量也不完全一致,但主
要内容相同,绝大多数的词语可以对应,将它们按时代先后串起来,比
较各自的用字情况,就能展现同一文献的用字变化情况,考证文献的早
期文本面貌和后世的改字换字过程。

　　不同时代的用字比较。历时比较是汉字职用发展研究的必由之路。为了说明汉字发展跟社会形态的关系,汉字职用的历时考察可以按照一般的历史朝代划分。先把每个朝代的文本集中或抽样,考察该时代材料范围内的字位、字种、词项、词位、字符职能、语符用字、字频、字符使用属性、用字现象和用字习惯等,然后将不同时代的各项参数进行比较,看后代新增了哪些字位和字种、消失了哪些字位和字种、字符职能有无增减调整、一字多用和多字同用现象有无变化、本用和借用的属性占比有无变化等等。通过这样的历代比较,汉字职用的发展历史才能贯通,各时代的汉字使用习惯和特点才能显现,与汉字发展相关的各种理论问题才能得到实事求是的解释。

　　不同地域的用字比较。战国文字曾作为文字具有地域区别的典型,但现在提供的各地域系别的"文字特点"其实并非"特点",而只是该地文字具有的一些现象,这些现象在别的地域也可能出现。要真实反映战国文字有无地域特点,应该拿各地域的文字现象进行全面的属性比较,通过比较显示的各地差异才能算是特点。地域特点应该对本地具有普遍性,对别地具有排他性。战国文字的地域特点也可以从用字角度进行考察,看同样的语符单位在不同地域是否习惯用不同的字符表达。① 实际上,地域文字的比较不限于战国时期,任何时代的不同地域都可以进行比较,例如春秋时代的不同诸侯国、三国、南北朝、北宋南宋、江南江北、关内关外、国内国外等。比较不等于差异,没有差异也可能成为比较的结果。

　　不同作者的用字比较。用字是人为现象,除了社会的约定俗成,个人爱好也会有所体现。例如司马迁和班固的用字就不完全相同,故有

---

　　① 李运富:《战国文字"地域特点"质疑》,《中国社会科学》,1997 年第 5 期。

"班固好古文"之说;章太炎先生喜欢初文本字,所以他的用字风格也跟他所处时代的整体用字习惯不同。通过比较来认识这些现象,是很有意思的。

不同社会集团的用字比较。某个集团建立特有的用字规则,集团中的个人用字服从于集体规则的话,就会形成某个集团或某个行业的用字特点。如王莽篡汉、武则天治唐,都曾新造一些字符、颁行一些特殊用字规则,因而王莽政权和武则天政权下的汉字使用与前代不尽相同。再如太平天国作为一个临时的小政权,也有自己的语言文字政策,因此太平天国的文献用字不同于同时的清代社会用字。还有一些行业,如古代的布业、盐业、粮业、医药业,甚至某些丐帮、黑帮、土匪等特殊集团,都有自己的一些用字规则,形成集团用字特征。

除上述以外,凡不同性质的文献,其用字现象都是可以比较的。如出土文献与传世文献用字比较,官方文书与民间文书用字比较,手写文献和版刻文献用字比较,韵文诗赋和小说散文用字比较,等等。

总之,用字材料的考察角度多种多样,有效比较的用字材料也多种多样,可根据研究汉字职用的目的需要自由选择考察对象和材料范围。如果每个或大多数的字符和语符的职能及用字情况都得到考察,每个或大多数的类别和断代的用字现象都有较客观的描写和比较,那汉字职用的历史就会清晰地呈现,汉字职用学理论的完善就会得到事实的支持和验证。

论汉字的记录职能[*]

李运富

汉字是记录汉语的视觉符号系统,个体汉字主要用来记录汉语的单音节语素(包括单音节词),有时也记录多音节语素的音节。就造字阶段来说,单字与语素的对应关系应该是有理据的,用什么字记录什么语素是固定的,这种固定的理据对应关系反映了汉字的本来用法。但由于种种原因,在实际使用汉字的时候,字形与语素的初始对应关系往往被打破,汉字的记录职能也因此变得复杂起来,于是又出现兼用和借用的现象。"本用""兼用""借用"是汉字记录职能的三种基本情况[①],本文拟对这三种概念和一些重要问题加以阐述。为了照顾习惯和行文方便,在没有必要区别的时候,我们把汉字记录的对象统称为词或语词。

一、本用

所谓本用,是指用本字来记录本词的用法。本字的构形是以本词的音义为理据的。立足于某词,根据该词的音义而造专用来记录该词

---

* 本文原分上下两篇载于《徐州师范大学学报(哲学社会科学版)》,2003年第1、2期,与本集所收《论汉字职能的变化》和《论汉字的字际关系》是系列论文,原来由于字数限制等原因打乱了发表顺序,为保持单篇的相对完整,导致个别地方略有重复,谨此说明。

① 李国英《小篆形声字研究》(北京:北京师范大学出版社,1996年)中提到汉字的"本用、转用、借用",但没有详细论述,而且所指实际内容跟我们有些不同。

的字形叫作该词的本字;立足于某字,与该字的构形理据密切相关的语词就是该字本来应该记录的本词。本词中与本字构形理据直接相关的义项叫作本义,以本义为起点派生发展或与本义有密切联系的其他义项叫作引申义。本字的本用包括记录本词中与本字构形密切相关的本义以及与本义密切相关的引申义。

　　某字形之所以能够记录某语词,是因为该字形与该语词之间具有特定的音义联系。但由于语言成熟得比较早,文字产生得比较晚,在语词已经有很多意义的情况下,字形跟语词的联系不可能是全面的,而通常只跟其中的某一个义项发生联系。比如说,语词甲有义项一、义项二、义项三,那么字形甲可能跟其中的义项二或者义项一或者义项三发生联系。我们把跟字形有密切联系的义项叫作本义,本义所在的语词叫作该字的本词。相应地,这个字能够反映这个语词的某一个义项、跟某一个义项有直接的联系,我们也就把这个字当作这个语词的本字,就是说这个字生来就是为了记录这个语词的,因此它是这个语词的本字。由此看来,我们所说的本义,不一定是语词的最早意义或最基本的意义,而是语词的实际义项中与字形密切相关的意义。它有三个要点:一是形义相关,二是文献中实际存在过,三是能够独立成为义项。义项是属于词的,但本义既然是字词相关的义项,所以既可以叫某词的本义,也可以称某字的本义。称某字的本义时,实际上是指跟该字形相关的某个词义。例如"扁",小篆字形从户从册,是个会意字。《说文解字》三卷下:"扁,署也。从户册,户册者,署门户之文也。"就是解释"扁"字本义的。《后汉书·百官志五》:"皆扁表其门,以兴善行。"其中的"扁"正是它的本来用法。

　　本义是跟字形有密切联系的词义,但对这种联系的理解不宜拘谨,也就是不能把字形的结构意义等同于词语的实际意义。通过字形分析所得的结构理据关系称为"造意",而结构理据所反映的实际词义叫作"实义"①。汉字是据义构形的,所以字形结构的造意与它所记录的词语的实义通常是一致的,这就是所谓"形义统一"原则。上举"扁"字就符合这一原则。再如"涉"字从"水"从"步"会意,表现"在水中步行"的造意,而"爬山涉水"的实义也正是在水中步行;"崇"字从"山""宗"声,"宗"又有高远义,故其造意在表现"山大而高"(《说文解字》),而"崇山峻岭"用的正是山大而高的实义。但字形的结构造意跟它的记词实义毕竟不是同一概念,它们虽密切相关,却也有不一致的时候。这时候就需要严格区分,以免误将造意当实义。例如"大"的古文字形像正面站立的人形,"高"的古文字形像墙台上的亭阁,但它们的记词实义并非指人、指亭阁,而是分别指正面人形和墙上亭阁的某种特征:大小的"大"和高矮的"高"。"又"像右手之形,而文献中的"又"却不表示右手义。凡此都说明造意不等于实义。《说文解字》是专门讲解本字本义的,但其中也有一些仅仅是造意而不是实义,要想从字形说解中得到词的本义,还得再以加抽象概括。例如"塵,鹿行扬土也",这在解释字形从"鹿"从"土"的造意,而文献中的"塵"一直当"尘埃""尘土"讲,并不专用在鹿扬起的尘土上,"鹿行扬土"只是"尘土"义的形象化,取鹿而不取其他,是古代狩猎生活的反映,鹿扬之土只是尘土表现形式的一个代表而已。

"造意只能解释文字,实义才能解释词语。造意与实义之间,不是引申关系。段玉裁《说文解字注》常把造意与实义的关系说成引申,是不妥当的。因为造意不是词的某个独立的义项,只是某个义项适应文

---

①　有关"造意"和"实义"的概念,参见陆宗达、王宁:《训诂与训诂学》,太原:山西教育出版社,1994年;王宁:《训诂学原理》,北京:中国国际广播出版社,1996年。

字造形需要而进行的形象化处理。"①也就是说,造意属于构形系统,而实义属于字用系统。汉字的职能是在使用中体现的,所以我们通过字形寻求字符的本用职能时一定要以实义为根据,要有文献的实际用例做证明才能算数。例如段注云:"颇,头偏也,引申为凡偏之称。""烦者,热头痛也,引申之凡心闷皆为烦。"而实际上所谓"头偏""热头痛"等"本义"文献无征,文献用例能够证明的是所谓"引申义",那么我们应该把这个既与字形有联系又有文献证明的所谓"引申义"直接当作本义,而把那个虽然与字形密切相关却无文献用例的所谓"本义"看作字形结构的造意。再如"莫"的古文字形从日在草或木中,表示太阳处于草木之中(也就是接近地面位置)的时辰,但这个不确定的时间意义只能是字形造意,符合这种造意的可以是傍晚黄昏时候,也可以是黎明日出时候,而在实际文献中,"莫"常用来表示黄昏,却从不具有记录早晨的意义,所以只有黄昏的义项才是"莫"的实际本义。可见字形是确定本义本用的必要条件,但不是充分条件。只有字形分析与文献用例相映证,才能确定实际本义。也许文献中确曾用过跟造意相当的义项,只是因为材料湮灭,我们无缘见到而已。这种可能性当然是存在的,但可能的东西太多,眼见为实,见到了再承认也不迟,在无法找到例证的情况下先暂时不看作本义是比较谨慎的态度。

　　字形造意是不是有了文献用例就一定要看作本义呢?也不见得。因为文献所显示的意义有时只是词义适应具体语境的局部内容,并不一定是具有概括性的独立义项。例如"牢"字在甲骨文中或从羊,或从马,或从豕,而文献用例有时候也确实是指羊圈、猪圈或马圈,如"亡羊补牢"的"牢"当然是指羊圈而言,那能不能说从宀从羊的字本义是羊

---

① 王宁:《训诂学原理》,北京:中国国际广播出版社,1996年,第44页。

圈、从宀从豕的字本义是猪圈、从宀从马的字本义是马圈,而"牢"的本义是牛圈呢? 当然不能。因为从牛从羊只是造字对构件的选择不同,找个牲畜做代表而已,其实这些字记录的是同一个词,而这个词在文献中所表示的羊圈、牛栏之类的意义只是语境义,并没有独立的义项资格。"láo"这个词语的义项,应该概括为表示圈养牲畜的棚栏。只有具有概括性和独立资格的实际义项,才能算作本义。

　　既然我们把与字形相关联的具有概括性的文献实义当作本义,那么如果所记词语有多个义项都与字形直接相关的话,就应该都看作该字的本义。这是符合逻辑的推论,也是有事实根据的结论,因此我们不得不承认一个字形通常只有一个本义,但有时也可以有多于一个的本义。例如:

　　"雨"字甲骨文由象征天幕的横画和雨点会合而成,从字形分析,可以表示雨水自天而降,也可以表示自天而降的雨水。从文献用例看,这两个意义都是实义,因而都可以看作"雨"的本义。动词降雨义见《诗经·小雅·大田》:"雨我公田,遂及我私。"名词雨水义见《诗经·小雅·甫田》:"以御田祖,以祈甘雨。"

　　"受"字甲骨文由上下两只手(爪、又)、中间一个舟(即盘)会合而成,从字形分析,既可以是上面的手拿着东西授予(交给)下面的手,也可以是下面的手从上面的手中接过东西。从文献用例看,授予义和接受义都是实义,因而都可以看作"受"的本义。《韩非子·外储说左上》"因能而受官"用的是授予义;《诗经·大雅·下武》"于万斯年,受天之祜"用的是接受义。

　　"从"字甲骨文由两个左向相随的人形会合而成,从字形分析,可以说后面一个人跟随前面一个人,也可以说前面一个人带领后面一个人。从文献用例看,带领和跟随两个义项都是实义,因而都可以看作"从"的本义。《史记·项羽本纪》："沛公旦日从百余骑来见项王。"其中的"从"为本用带领义。《论语·公冶长》："道不行,乘桴浮于海,从我者其由与!"其中的"从"为本用跟随义。

"兵"字甲骨文由左右两手和一个表示斧头的斤字会合而成,从字形分析,可以表示拿在手里的斤(武器),也可以表示手里拿着斤的人(士兵),还可以表示手里拿斤的有关动作,但从文献用例看,"兵"字一般不用来记录握持、砍杀之类的动词义,却常见表示武器、士兵的用法,因而武器、士兵都可以看作"兵"字的本义。

"议"字从言义声(繁体为"義"声),所记词义只要跟言语直接相关,应该都可以算作"议"的本义。如"商议、讨论"义和"评论、议论"义,很难说谁是谁的引申义,其实都应该是本义。前者用例有《史记·孝武本纪》"上与公卿诸生议封禅";后者用例有《论语·季氏》"天下有道,则庶人不议"。

"体"字的形体结构可以有两种分析法,一是"从人本声"的形声字,音"bèn",表示愚笨。《广韵·混韵》:"体,粗貌。又劣也。"《正字通·人部》:"体,别作笨,义同。"毛奇龄《越语肯綮录》:"(体)即粗疏庸劣之称,今方言粗体、呆体,俱是也。"二是"从人从本"的会意字,音"tǐ",表示人的身体,即"體"的简化异体。文献中这两个义项都独立用过,且都与字形理据密合,因而都是"体"的本义。

"隻"字从又(手)持隹(鸟),也可以做出两种理据解释,亦即有两个本义。一如《说文解字》所释:"隻,鸟一枚也。从又持隹,持一隹曰隻,二隹曰雙。"这是当量词"只"讲,音"zhī"。另一种解释是当动词"获"讲,音"huò"。罗振玉《增订殷虚书契考释》:"此从隹从又,象捕鸟在手之形,与许书训'鸟一枚'之隻字同形。得鸟曰隻,失鸟曰夺。"李孝定《甲骨文字集释》按语:"卜辞隻字字形与金文小篆相同,其义则为获。

捕鸟在手,获之义也,当为获之古文,小篆作获者,后起形声字也。'鸟一枚者',隻之别义也。"所谓"别义"实指另一种本义。至于马叙伦《读金器刻词》:"隻为禽获之获本字。《说文》'获,猎所得也',乃此字义。字从手持鸟,会意。今《说文》隻训'鸟一枚也',而雙训'鸟二枚也',皆非本义,亦或非本训也。"将训获、训只二义对立起来,只承认获为本义,而否定鸟一枚也是本义,似未显宏通。

上述各字代表着几种不同情况。"雨"的两个本义属于名动相依关系;"受""从"的不同本义属于对立统一的两个方面;"议"的不同本义反映了同一范畴内可能存在的多项内涵;其余各字反映了构件功能及其组合关系的多解性。另外,前面五字属于同一词位的不同本义,本义之间有着必然的音义联系;而"体""隻"二字实际上是不同的词位共用同一形体,即所谓"同形字",字形反映的是不同词位的不同本义,本义之间没有必然的音义联系。

一个字形可以联系两个以上的本义,反过来看,一个词语也可以有两个以上的本字。本字即用来记录词语本义及其引申义的字。根据同一义项而构造的不同字形,即所谓"异构字",都是所记本词的本字。异构本字可能是共时的,也可能是历时的,一般情况下没有必要区分。例如"泪—淚""裤—绔—袴""袜—帓—襪—韤"等组的字都是分别为同一个词而造的,本用完全相同。有的字构形取意似有不同,而实际用法并无区别,应该仍是同词同义的本字,如前面所举甲骨文中的"牢",或从羊,或从马,或从豕,但并非从牛的只记录牛圈义,从羊的则记录羊圈义,从马、从豕的又专指马圈、猪圈,而是可以同用的;语言中的牛圈、羊圈、马圈、猪圈等并不是各自独立的义项,而应该进一步概括为"关养牲畜的圈",在为该词制造字符时或从牛,或从羊、马、豕,只是任取一种牲畜做代表而已,由此产生的异构字都是该词的本字。甲骨文中"牝"

"牡""逐"等字也有类似情况,都应该看作同字符异构本字。有时,几个不同的字形在用法上有分工互补的关系,但语言中这些不同的用法实际上仍属同一个词,因而也应该看作同一个词或语素的本字,如战国楚文字的"邑"指城邑,而在"邑大夫""邑司马"等官名中的"邑"上面要加个"宀",但这是用字的分工而并非语词的分工,"邑大夫"的"邑"作为一个语素仍然是城邑的意思,语言中跟其他用法的"邑"仍属同一词,因而加"宀"和不加"宀"的"邑"都是同一词的本字。现代汉语中的"你""妳"和"他""她""牠"也是如此,用字上分工互补,在语言上并没有分化为不同的词,因而它们属于同一词的不同本字。本词所用的本字由于兼有其他功能而另造新的本字加以分化,从而造成一个语词前后使用了不同的本字,我们把原来的本字叫"古本字",后造的以分化为目的的本字叫"分化本字"。例如"莫"的本义是黄昏,是具有黄昏义项的"mù"词的本字,但"莫"同时兼记无指代词和否定副词,为了区别记词,另造"暮"字专用于记录"莫"的本词,这样,黄昏义的本词"mù"就先后拥有了古本字"莫"和分化本字"暮"两个本字。这两个本字通常情况下不会同时使用,但有时也可以同时使用。类似的字例有"它—蛇""州—洲""然—燃""奉—捧"等。有的词语原有本字却很少使用,文献中曾用通假字表示,后来又在通假字的基础上加义符另造本字以分化通假字的职能,而对原有本字来说,它们都是为同一词语而造,从而也造成了一个语词前后使用不同本字的现象,这样形成的先后两个本字我们也归入"古本字"和"分化本字"的关系中,只是这样的古本字一般并未兼有其他功能,从而大多成为死字。例如"猒"是具有满足义的"yàn"词的古本字,文献常借用"厌"(压迫)字表示,后另造分化本字"餍","猒"遂成死字;表示箭袋意义的词在甲骨文中有个象形本字,文献则常借用"服"字,后来干脆另造分化本字"箙",原象形本字遂成死字。古本字与分化本字的关系实际上也可以看作历时异构字的关系。

　　本字当然要记录本词的本义，同时也可以用来记录本词的引申义。引申义跟字形的联系可能比较疏远，但跟本义密切相关，也是本词自身所固有的意义，所以以本字记录本词的引申义自然也应该算是本用。引申义并不一定都是在本义之后产生的，造某字形来记录某词的时候，虽然是以本义为依据建立联系，但应该包括该词本身所有的意义，因此本字是对词而言，它可以记录词的本义，也可以记录该词跟本义密切相关的引申义。引申义必须在本义明确的前提下才能成立，没有本义也就没有引申义。例如"间"的本义是门缝，《战国策·齐策》有"自门间窥之"的用例，而《左传·曹刿论战》"肉食者谋之，又何间焉"的"间"用为参与义，显然是"门缝"本义的引申，这两种用法都属于本用。

二、兼用

　　所谓兼用，是指用本字记录另一个跟本词有音义联系的派生词的现象。词义引申如果伴随读音或字形的变化，往往会派生出新词。派生词可以另造新字记录，也可以仍然用源词的本字来记录，这就是本字的兼用。例如长短的"长"引申为生长的"长"（植物生长以枝茎叶增长为标志，动物生长以增加身高或身长为特征），读音由"cháng"变化为"zhǎng"，这就意味着派生出了新词，但并未另造新字，而是兼用源词的本字来记录派生词，即字符"长"除了记本词长短的"长"，还兼记派生词生长的"长"。

　　兼用是解决汉语字词矛盾的有效手段，词语不断派生，文字不可能毫无节制地重造，最简单的办法就是扩展现有字符的职能，使其身兼数职。一般所谓"多音字"，除了异读、又音和借用破读、同形异音外，多音而又多义者,如果各项音义之间有某种内在的联系,大都是源词与派生词共用一字的现象。例如"传"(传递之"chuán",传记之"zhuàn")、"弹"(弹弓之"dàn",弹力之"tán")、"冠"(冠冕之"guān",冠军之"guàn")、"度"(度量之"dù",揣度之"duó")、"读"(读书之"dú",句读之"dòu")、"奇"(奇特之"qí",奇偶之"jī")、"少"(多少的"shǎo",少年的"shào")等等。

其实不只是读音不同才算兼用,许多派生词并没有读音的变化,它们跟源词共用字符是普遍现象,人们习焉不察,以为还是本用,但严格说来,也应该算是本字的兼用。例如"以"原为动词,后虚化为介词,又虚化为连词,又虚化为助词。虚化也是一种派生,它们不再是同一个词,但读音没有变化,也都用源词的本字来记录,一个字符"以"记录了意义相关的几个词语,这就是文字的兼用。

兼用的字形跟词义仍然具有一定的联系,只是已经很遥远,一般难以察觉。如果该派生词没有造别的本字的话,我们可以把兼用的字形也看作派生词的本字,为了跟本词的本字相区别,可以称之为源本字。因而宽泛地来说,兼用也可以归入本用。汉字记录职能具有本质差别的只有本用和借用两种。

三、借用

所谓借用,是将字形当作语音符号去记录与该字形体无关但音同音近的语词。这样使用的汉字原非为所记语词而造,所以不是所记语词的本字,而是借用音同音近的别词的本字,我们称之为借字;借字所记的语词不是自己构形理据的本词,我们称之为他词;借字所记他词的义项我们称之为借义。借用不只是针对他词的本义而言,记录他词引申义的也叫作借用。所以就他词来说,自有本义(相对于另一个本字而言)、引申义之分,而就借字来说,它所实际记录的义项都是借义,不管原来是本义还是引申义。

汉字的借用是以语词的音同音近为条件的。判断音同音近应该以借字产生时的音系为根据,由于语音的演变不平衡,后世相沿承用的借字不一定跟所记语词的读音还相同相近。从理论上说,凡是音同音近的字都可以借用。但实际上"借用"是个历史性概念,要从文献实例中去考察发现,而不能想当然。我们今天讨论汉字的借用现象是为了解读文献,而不是要学会使用。

汉字借用现象比较复杂,可以从多个角度分类考察。一般根据借字所记他词是否拥有自己的本字,将借用分为无本字的借用和有本字的借用两类。

(一)无本字的借用——假借

语言中原有某词,当需要用文字来记录的时候,不是根据它的意义替它创制专用形体,而是根据它的声音,借用某个音同音近的现成字,这种用字现象就是无本字的借用,也就是许慎《说文解字》中所说"本无其字,依声托事"的"假借",被借用的字称为"假借字"。

假借字往往久借不还,从而成为记录他词的专用字。例如:

戚,本词为具有"斧头"义项的"戚",借用来记录他词亲戚的"戚"。《史记·秦本纪》:"法之不行,自于贵戚。"

须,本词为具有"面毛"义项的"须",借用来记录必须、须要的"须"。《汉书·冯奉世传》:"不须复烦大将。"(胡须词曾另造"鬚"字记录,今又复用"须"。)

以上借用字不管其本用是否同时存在,也不管其本用是否另造本字,都始终用来记录某一固定的他词,实际上是为没有本字的他词配备了一个专用字符。正因为如此,有人认为假借也是造字法,是用音符造字的方法,可以称为"音本字"。但假借并不产生新的字形,而且相当多的假借字后来补造了本字,归还了原借字的本用,可见古人并不认为假借字就是所记他词的本字。补造本字的如:

胃,本用是肠胃的胃,借用为言说的谓,如《长沙楚帛书·乙篇》"是胃孛岁""是胃乱纪""是胃德匿"。"谓"是后来补造的记录言说词的本字。

辟,本用是刑法的辟,借用为手臂的臂,《墨子·备城门》:"城上二步一渠,渠立程,丈三尺,冠长十丈,辟长六尺。""臂"是后来补造的记录手臂义的本字。

而且从理论上说,一切音同音近的字都可能成为某个无本字词的借用字,那它就可能拥有数十上百个音本字,这是难以接受的。事实上,不少词确实同时或先后借用过几个音同音近的字,这些字不可能都是有意"造"的,不可能都是"音本字"。例如:

女,本词为具有女性义项的"女",借用为第二人称代词"女"。《诗经·魏风·硕鼠》:"三岁贯女,莫我肯顾。"后来"女"字一般不再借用,而另借汝水的"汝"字作第二人称代词用,《世说新语·排调》:"昔与汝为邻,今与汝为臣。"

可,本词为认可、许可的"可",借用为疑问代词"可",《石鼓文·汧沔》:"可以橐之? 隹(唯)杨与柳。"又借用本词为负荷的"何"记录疑问代词"何",《论语·颜渊》:"内省不疚,夫何忧何惧?"

犹豫,"犹"所记本词为犹狙,"豫"所记本词为大象,合并借用为表迟疑不决义的双音词"犹豫",《楚辞·离骚》:"欲从灵氛之吉占兮,心犹豫而狐疑。"但"犹豫"一词又可借用"犹预""犹与""由豫""由与""容与"

等字来记录,《辞通》《骈字类编》等多有其例,此不赘。

另外,一个字也可以同时或先后借用为几个词的记录符号,似乎也不应该把一个字形看作几个词语的"音本字"。例如:

之,本义训往,所记本词为动词。然文献中的"之"可借用为代词,《诗经·周南·关雎》:"窈窕淑女,寤寐求之。"可借用为连词,《左传·成公二年》:"大夫之许,寡人之愿也。"可借用为助词,《孟子·梁惠王上》:"天油然作云,沛然下雨,则苗浡然兴之矣。"

其,本义训箕,所记本词为名词。然文献之"其",或借用为代词,《论语·卫灵公》:"工欲善其事,必先利其器。"或借用为副词,《左传·僖公十年》:"欲加之罪,其无辞乎!"或借用为助词,"极其落后""尤其可怕"。

音义具有联系的同源词如果都没有本字,可以借用同一个字形,也可以分别借用不同的字形。前者如困难的"nán"借用鸟名的"难(難)"记录,而困难词又引申派生出灾难一词,读音变化为"nàn",没有另造新字,仍然借用鸟名的"难(難)"字记录,则借字"难"分别记录了困难和灾难两个词。而汉语里表示否定意义的"不""弗""母"(后已造专用字"毋")"勿""否""非""靡""莫""无""亡""没""别"等词语音义相关,应该同出一源,可至今没有本字,却分别借用了不同的字形来记录,这些字当然都不是特意为它们造的。

综上所述,我们认为假借是一种用字现象,而不是造字方法。

假借也可能确实跟造字有关,例如造某个字或图形就是为了记录另一个跟此字形或图形无关的同音词,而并不马上用来记录形义相关的本词。著名作家高玉宝小时候没有读什么书,在部队入党时要亲自写入党申请书,可他只学会几个字,写不成一句话。折腾了半天,他终于交出了入党申请书:"我虫心眼梨咬鱼铛。"其中"虫"画的是一条虫子,表示的是"从"这个词,"心眼"也是画一颗心和一只眼的图形,"梨"画的是一个梨子,表示"里"的意思,"咬"借用为"要","鱼"画条鱼形,表示"入"这个词(他的方言鱼入同音),"铛"画个铃铛,表示"党"这个词。这些图形都是高玉宝所造的"字",除"心眼"形义一致,可以算是本字本用以外,其他的图形跟句中表示的词并没有形义联系,但有声音联系,实际上属于音同音近的借用。可这种借用是跟造字同时发生的,因为在此之前,高玉宝并不知道"虫""梨""鱼""铛"等字的写法,他并不是借现成的字来用,而是临时造字,一造出来就借用,或者说为了借用表示某个词才造这些字。那他为什么不直接造"从""入"等形义相关的本字?因为这些概念太抽象,他没有办法让它们在形义上建立联系,只好选择同音或音近的词来造字,以便借用。高玉宝所造的这些象形字虽然并没有成为真正的"字",但它们确实完成了交际任务,在特殊条件下体现了自己作为字符的使用价值。由此启发我们认识到,造字之初可能就有字符的借用现象,说明假借跟造字确实可能发生关系。但即使是这种情况,我们仍然可以说虫子的图形记录的本词应该是"虫",只是它还来不及发挥自己的本用职能就被借用为"从"了,而这种借用的关系造字者心里应该是明白的,他必须先有表示"虫子"概念的词音,才可能用虫子的图形来记录"从"的音义。所以实质上用"虫"记录"从"还是一种用字的假借(高玉宝并不知道"从"有本字),只不过被借的字是临时赶造的而已。

(二)有本字的借用——通假

语言中的某词,本来已有专为之所造的本字,但实际记录该词时,有时并不写它的本字,而是借用另一个音同音近的别字,这就是有本字的借用,为了跟无本字的借用相区别,一般称有本字的借用为"通假",

被借用的字为"通假字"。

通假字是针对本字而言的,没有本字就无所谓通假字。先通行某字,后来换用另一音同音近字,看起来像是本字与通假字的关系,但如果先通行的某字并非本字,那后借用的字也不宜当作通假字,例如前面提到的记录第二人称代词的"女"与"汝",虽然后世文献大都以"汝"代"女",但由于"女"本身就是借用,所以"汝"不是"女"的通假字,它们都是假借字。某词通常用甲字记录,偶尔借用了音同音近的乙字,如果常用的甲字并非本字,那偶尔借用的乙字也不是通假而是假借。例如《孟子·公孙丑上》:"以齐王,由反手也。""由"表示譬况之词,通常用"犹"字,所以有人认为"由"是"犹"的通假字。其实"犹"的本义是指"玃属"之兽,记录譬况词时属于假借用法,因而"由"用作譬况词时没有对应的本字,它也只能算作譬况词"yóu"的另一假借字,而不是通假字。

既然有本字,为什么不用本字而要用通假字呢? 这里面的原因当然会很复杂,主要的可能有这么几种:

1. 因习惯或有意存古而用通假字

有些所谓本字是后来补造的,在此之前人们已经用惯了某些假借字,所以当新造的本字出来后,人们一方面使用后造的本字,一方面可能不自觉地沿用原来的"假借"字,甚至有意怀旧仿古而使用原来的"假借"字,但由于已经造了本字,这"假借"字实际上也就转化成了通假字。例如:

采—寀、綵、彩、睬。后面四个字先秦时代还没有产生,它们所代表的语词原都是假借采摘的"采"字记录的。但这些本字产生以后,仍然有借用"采"字来记录"綵、彩、睬、寀"等语词的,那就是习惯或仿古所致的通假了。"寀"字已见于《说文》新附和《尔雅》,表示封邑采地,而《风俗通·六国》"封熊绎于楚,食子男之采"仍借用"采"字。"綵、彩"已见于《玉篇》,而唐刘肃《大唐新语·极谏》:"太宗曰:'善。'赐采三百疋。"仍用"采"为"綵",指彩色丝织品。《明史·文苑传·孙蕡》:"诗文援笔立就,词采烂然。"此用"采"为"彩",指文采,当是彩色义的一个引申义项。"睬"字见于明代的《字汇补》,而《儒林外史》二十七回:"王太太不采,坐着不动。"仍用"采"为"睬",表示理睬。

为母字的假借用法分化出后造本字,其后造本字与原借用母字往往会混用一段时间,有的可能长期并用,这种由原假借用法而导致的通假现象占有相当比重,是不容忽视的。

现代成语中保留着相当一批通假字,尽管人们已经知道它的本字,但仍然照用不改,这也是习惯和存古意识的反映。如"流言蜚语","蜚"的本字应作"飞"而一般不改用"飞";"内容翔实"的"翔"本应作"详"而一般并不改用"详";"发聋振聩"的"振"本字应当是"震"而习惯上仍然保留通假字。

2.为了某种特定的目的而用通假字

有的可能是为了简便,特意选用笔画少且容易写的音同音近字。如《诗经·鄘风·柏舟》:"之死矢靡它。""矢"的本字当用"誓"。《商君书·错法》:"法无度数,而事日烦,则法立而治乱矣。""烦"的本字当用"繁"。通假字"矢""烦"分别比本字"誓""繁"笔画或线条简单,容易书写。上面提到为母字的假借用法补造本字后仍有借用母字的现象,如用"胃"为"谓"、用"土"为"杜"等,这除了出于习惯和存古的意识外,母字大都比后补本字简单恐怕也是一个原因。现代简化字也有用通假字的,如用"后"取代"後"、用"余"取代"餘"、用"斗"取代"鬭"等等,都是以追求简便为目的的。

有的可能是为了避讳或出于委婉、典雅等修辞需要而特意选用别的音同音近字。如"屎""尿"二字,早在甲骨文中就已产生,像人拉屎撒屎的写意图形。这种事情的象形字给人的感觉不太雅，所以古书中很少直用本字，而往往借用"矢"字和"溺"字。后来字形虽然不再象形，而通假已经成习。《史记·廉颇蔺相如列传》："廉将军虽老，尚善饭，然与臣坐，顷之，三遗矢矣。""矢"即通"屎"。毛泽东的诗词《送瘟神》"千村薜荔人遗矢，万户萧疏鬼唱歌"也还保留着这种用法。《庄子·人间世》："夫爱马者，以筐承矢，以蜄盛溺。"《史记·扁鹊仓公列传》："中热，故溺赤也。""溺"都是"尿"的通假字。用"矢"代"屎"，用"溺"代"尿"，显然都是为了避免不雅。旧时代卖旧衣服的故衣铺都把"故衣"写作"估衣"，则是为了忌讳不吉利，因为人死了可以称"故"，"故衣"容易让人联想起死人的衣服。也有刻意追求典雅而用通假字的，如古代诗文有用"棣"代"弟"的现象，后人的信札中也常把"贤弟"写作"贤棣"，这除了声音近同的通假条件外，显然与《诗经·小雅·常棣》是讲兄弟友爱的诗篇有关，通假的同时暗含了典故。为了尊敬某人，避讳用其姓名字，遇到需要避讳的姓名字时就改用别的音同音近字代替，这也是通假用字的一种成因。如以"邱"代"丘"，是为了避圣人孔丘的名讳，以"元"代"玄"，是为了避康熙皇帝玄烨的名讳等。

有的可能是为了分化高频多功能字或区分形近字而故意选用别的低频少功能或区别度比较大的音同音近字。如"何"的本用是记录本词负荷，同时又借用为疑问代词，而且疑问代词的使用频率极高，大概正因为如此，人们在记录负荷语词的时候不再使用本字"何"，而借用出现频率不太高的荷花的"荷"来记录负荷一词，以便让"何"能比较专职地记录高频疑问代词。上文提到有的语词曾先后假借几个字来记录，某个语词既然已经有了假借的固定字符，为什么后来又要再假借别的字呢？其中有一部分可能也与职能的多少和使用频率的高低有关，如第二人称代词"rŭ"先是借用"女"字，后来另借了一个笔画多的"汝"，恐怕就是因为"女"字常用作男女之女,容易发生混淆,而表示专名汝水的"汝"功能单一,使用频率又不高,借它来取代"女"字的代词用法,两个字的职能配置和使用频率就比较平衡合理了。当然,作代词用的"女"与"汝"不是通假关系,这里只是用来类比一种道理而已。就是说,有些通假字的使用是为了避免本字的职能混淆。如果本字的形体易与他字混淆,也可以借用区别度大的音同音近字代替。如先秦以来用"方"代"囗",用"員"代"○"(后另造"圆"),用"四"代"三",用"左""右"代"ナ""又"等;秦人曾以"尊"代尺寸之"寸"(见商鞅量铭文及睡虎地秦简《日书》);唐代前后的量词多以"觔"代"斤"、以"硕"代"石"、以"勝"代"升"[1]。这些通假字都比原字笔画多,区别度大,不易产生混淆和发生误解。

3.因不知本字而误写别字

高亨先生说:"文字既多,人不能全数识别,亦不能全数记忆,当其人撰文之时,某事物虽有本字,其人或竟不知,或知之而偶忘,自不免借用音近之字以当之。况古代经传,多由先生口授弟子,弟子耳闻之,手书之,依其音,书其字,仓卒之间,往往不能求其字之必正,但求其音之无误而已。郑康成曰:'其始书之也,仓卒无其字,或以音类比方假借为之,趣于近之而已。'(《经典释文·叙录》引)。"[2]这就是今天所说的写别字。不过古人所写的别字往往相沿成习,不必规范,这是跟今天写别字须纠正有着本质不同的。写别字固然是造成通假字的主要原因之一,但究竟哪个通假字是在不知道本字的情况下借用的却很难断定。大凡没有分化关系而又说不出什么特殊理由的通假字都可以归入此

---

① 裘锡圭:《文字学概要》,北京:商务印书馆,1988年。
② 高亨:《文字形义学概论》,济南:齐鲁书社,1981年,第261页。

类。例如：《左传·昭公二十五年》："戮力壹心。""戮"本义为杀，此指并力、尽力，本字当用"勠"。《史记·项羽本纪》："旦日不可不蚤来见项王。""蚤"本义为跳蚤，此指时间早，本字当用"早"。《汉书·高帝纪》："亦视项羽无东意。""视"本义为瞻、为看，此指表示、显示，本字当用"示"。

音同音近字之间的通假借用大多是单向的，但也有双向的。所谓"双向"，即甲字可以借用来记录乙字的本词，乙字也可以借用来记录甲字的本词。例如：

《说文解字》："修，饰也。从彡，攸声。""脩，脯也。从肉，攸声。"可见"修""脩"二字的本义本词不同，但文献中可以互借。唐《封氏闻见记·第宅》："宰辅及朝士当权者，争脩第舍。"明《古今小说·赵泊昇茶肆遇仁宗》："我脩封书，着人送你同去投他。"这两个"脩"都用作动词，分别为修建、写作的意思，是"修饰"的引申义，其本字当用"修"。明《儒林外史》第五十五回："有个人家出了八两银子束修，请他到家里教馆去了。"清蒲松龄《慈悲曲》："书修多添两吊钱。"其中的"修"都是指送给老师的薪金，乃《论语》"束脩"的引申用法，本字当作"脩"。

除了"双向"，还可能发生"多向"关系，即一个字可以借用为多个通假字从而记录多个他词。例如前面提到的"采"，在分化本字造出之后，仍然可以代替"寀、綵、彩、睬"等字使用，实际上就是充当了多个本字的通假字。借用多个通假字来记录同一个词的情况也很普遍。例如具有"刚刚""仅仅"等含义的副词"cái"，其本字当用"才"，《说文》："才，艸木之初也。"由初始义自然可以引申出刚才、仅只等义。但文献中该副词"cái"有的通假"纔"来表示（《汉书·晁错传》："远县纔至则胡又已去。"）；有的通假"财"字表示（《汉书·杜周附孙钦传》："高广财二寸。"）；有的通假"裁"字记录（《汉书·王贡两龚鲍传》："裁日阅数人。"）。

把借用分为"假借"和"通假"两类,有一定的理论价值。但不少语词是否有本字,以及本字究竟产生在借字之前还是之后,实际上很难考证清楚。如果要确定每个实用借字是假借还是通假,往往要费很多精力,分清了也没有什么实际作用,得不偿失。因此,如果不是做文字学的理论研究,一般情况下也可以不必区分假借和通假,特别是因后出本字而先属假借后又属通假的现象。

论汉字职能的变化 *

李运富

  汉字是用来记录汉语的符号。所谓汉字的职能,是指汉字作为字符所记录汉语的功能。原始汉语的语素或词位(为了称说的方便,下文在没有必要区分时,将语素和词位统称为语词或词)都是单音节的,与之相适应,汉字也是单音节的,一个单音节的汉字正好可以用来记录一个单音节的语词。后来由于音节的衍分和音译外来语,汉语出现了多音节(主要是双音节)语词,而汉字仍然是单音节的,要完整地记录一个多音节语词,就得同时用多个汉字,这时每个汉字所记录的就仅仅是一个音节而不是语词。因此,从总体来看,个体汉字记录的主要是单音节语词,有时也用来记录某个无意义的音节。

  汉字的构形是有理据的,即根据该字所要记录的语词的意义或读音来创制或选择构件,使每个构件都具有一定的功能。就造字阶段来说,单字与语词的对应关系应该是一对一的,用什么字记录什么语词是固定的,这种固定的理据对应关系反映了汉字的本来用法,我们称之为"本用"。换句话说,所谓"本用",就是用本字来记录本词的用法。本字的构形是以本词的音义为理据的。立足于某词,根据该词的音义而造专用来记录该词的字形叫作该词的本字;立足于某字,与该字的构形理据密切相关的语词就是该字本来应该记录的本词。本词中与本字构形

---

  * 本文原载《古汉语研究》,2001 年第 4 期。

理据直接相关的义项叫作本义,以本义为起点派生发展或与本义有密切联系的其他义项叫作引申义。本字的本用包括记录本词中与本字构形密切相关的本义以及与本义密切相关的引申义。

据词构字,用本字记本词,字词相应,这是初始状态下的理想模式。但在实际使用汉字的时候,由于种种原因,字形与语词的单一对应关系往往被打破,汉字的记录职能除了"本用"之外,还有"兼用"和"借用"等情况,所以事实上用什么字来记录什么词,因时因地因人而有所不同,可以说汉字的职能是一个动态系统,经常处于变化之中。从变化的结果来看,主要有以下几种情况。

一、职能的扩展

在创制某个字符的时候,该字符的功能应该是确定的。字符最初的功能往往是单一的,即通常情况下,一个字只记录一个词(可以有多个义项)。后来,为了表达的需要,一个字变得可以同时或历时地记录几个词,这种现象就是汉字职能的扩展。如果把"本用"看作字符最初的职能,那"兼用"和"借用"就是字符职能扩展的两条主要途径。

(一)兼用扩展

所谓"兼用",是指用本字记录另一个跟本词有音义联系的派生词的现象。某个字原定记录某个词,而这个词由于词义引申并伴随读音的变化,就会分化出新的词,如果同时分化新字来记录新词,那仍然是一字一词的对应关系,职能并没有扩展,像"朝(zhāo)"派生出"潮(cháo)"就属这种情况;但如果不另造新字记录新词,而仍然用源词的字符来兼记派生词,那实际上就等于扩大了源词字符的职能,使它既能记录源词,又能记录派生词,一字而能记录多词,这就是引申派生所造成的汉字职能的扩展,也就是我们所说的"兼用"。如"朝(zhāo)"派生出"朝(cháo)"时,就没有另造新字而是用原字兼职的,因此"朝"这个字符由原来只能记录"zhāo"一个词扩展到了能记录"zhāo"和"cháo"两个词。又如长短的"长"引申为生长的"长"(植物生长以枝茎叶增长为标志,动物生长以增加身高或身长为特征),读音由"cháng"变化为"zhǎng",这就意味着派生出了新词,但并未另造新字,而是兼用源词的本字来记录派生词,即字符"长"除了记本词长短的"长",还兼记派生词生长的"长",其职能得到了扩展。

兼用是解决汉语字词矛盾的有效手段,词语不断派生,文字不可能毫无节制地重造,最简单的办法就是扩展现有字符的职能,使其身兼数职。一般所谓"多音字",除了异读、又音和借用破读、同形异音外,多音而又多义者,如果各项音义之间有某种内在的联系,大都是源词与派生词共用一字的现象。例如"传"(传递之"chuán",传记之"zhuàn")、"弹"(弹弓之"dàn",弹力之"tán")、"冠"(冠冕之"guān",冠军之"guàn")、"度"(度量之"dù",揣度之"duó")、"读"(读书之"dú",句读之"dòu")、"奇"(奇特之"qí",奇偶之"jī")、"少"(多少的"shǎo",少年的"shào")、"王"(国王的"wáng",称王的"wàng")等等。

其实不只是读音不同才算是兼用,许多派生词并没有读音的变化,它们跟源词共用字符是普遍现象,人们习焉不察,以为还是本用,但严格说来,也应该算是本字的兼用。例如"以"原为动词,后虚化为介词,又虚化为连词,又虚化为助词。虚化也是一种派生,它们不再是同一个词,但读音没有变化,也都用源词的本字来记录,一个字符"以"记录了意义相关的几个词语,这就是文字的兼用。文字兼用必然导致汉字职能的扩展。

（二）借用扩展

所谓"借用"，是将字形当作语音符号去记录与该字形体无关但音同音近的语词。这样使用的汉字原非为所记语词而造，所以不是所记语词的本字，而是借用音同音近的别词的本字，我们称之为"借字"；借字所记的语词不是自己构形理据的本词，我们称之为"他词"；借字所记他词的义项我们称之为"借义"。借用不只是针对他词的本义而言，记录他词引申义的也叫作借用。所以就他词来说，自有本义、引申义之分；而就借字来说，它所实际记录的义项都是借义，不管原来是本义还是引申义。

汉字的借用是以语词的音同音近为条件的。所谓"音同"，指音节的声韵调全同；所谓"音近"，包括双声（声母相同）、叠韵（韵部相同）、旁纽（发音方法相同而发音部位相近）、邻纽（发音部位相同而发音方法相近）、旁转（韵尾相同而韵腹相近）、对转（韵腹相同而韵尾相近）以及介音和声调略有不同等。判断音同音近应该以借字产生时的音系为根据，由于语音的演变不平衡，后世相沿承用的借字不一定跟所记语词的读音相同相近。

汉字借用现象比较复杂，可以从多个角度分类考察。如果根据借字所记他词是否拥有自己的本字，我们可以将借用分为无本字的借用和有本字的借用两类。

借用甲词的本字"A"来记录乙词，不管乙词有没有自己的本字，对于"A"来说，它原来只能记录甲词，通过借用，它又能记录乙词，甚至丙词、丁词……它的职能无疑得到了扩展。例如"匪"字①，它由原来只能

_____

① 　本文字例主要参考了裘锡圭先生《文字学概要》（北京：商务印书馆，1988 年），有的直接取用，有的做了改写，有的受其启发。文中不作一一注明，谨此致谢。

记录筐筐一词,通过借用的手段,又先后可以记录"非""彼""斐""分""骒"等词,从而扩展了自己的职能。

借用的字一旦跟某词发生固定关系,它就负载了该词的全部义项,如果该词的某个义项派生为新词而仍然用原借字记录的话,那也是原借字的兼用。例如困难的"nán"借用鸟名的"难(難)"记录,而困难词又引申派生出灾难一词,读音变化为"nàn",但没有另造新字,仍然用原借字记录,则原借字"难"兼记了困难和灾难两个词。由此可见,"兼用"只是一字兼记几个音义相关的词,而不管这个字是本字还是借字。本字可以兼用,借字也可以兼用。

正是由于"兼用"和"借用",汉字在"本用"的基础上,职能得到充分的扩展,极大地缓和了汉语字词之间的矛盾,使得数千汉字能够基本满足不同时代不同地域记录汉语的需要。如果排除时地的限制,从总体上来考察某个字符所记词语的多少,我们会发现大部分字符的原始职能都有所扩展,有些字符曾经记过的词语的数量大得惊人,这当然不会是同时共域的现象,而往往是职能不断扩展并加以积累的结果。例如"干"字,根据《汉语大字典》《汉语大词典》等工具书和有关文献用例的归纳,它竟然可以记录 18 个以上不同的语词(或语素)。

(1)具有"干犯、干扰、干预、干求、干涉、干系"等义项的"干",例多见。

(2)当"盾"讲的"干"。《诗经·大雅·公刘》:"干戈戚扬。"郑玄笺:"干,盾也。"

(3)用作旗杆的"杆"或"竿"。《诗经·鄘风·干旄》:"孑孑干旄。"毛传:"注旄于干首,大夫之旃也。"

(4)用作捍卫的"捍"。《诗经·周南·兔罝》:"赳赳武夫,公侯干城。"毛传:"干,扞(捍)也。"

(5)用作树干的"榦"。《淮南子·主术》:"枝不得大于干,末不得强于本。"引申有主干、骨干等义。

(6)古代筑土墙用的夹板。《尚书·费誓》:"峙乃桢干,甲戌,我惟筑。"

(7)表示干支的"干"。天干地支。

(8)用作河岸的"岸"。《诗经·魏风·伐檀》:"置之河之干兮。"毛传:"干,厓(涯)也。"

(9)用作涧水的"涧"。《诗经·小雅·斯干》:"秩秩斯干。"毛传:"干,涧也。"

(10)用作动物的"豻"。《仪礼·大射》:"大侯九十,参七十,干五十。"郑玄注:"干,读为豻。豻侯者,豻鹄豻饰也。"

(11)用作乾湿的"乾"。《庄子·田子方》:"老聃新沐,方将被发而干。"又"干塘(把塘里的水放净)、干杯、干净、把钱花干、外强中干""饼干、葡萄干、豆腐干、面包干""干笑、干嚎、干爹、干女儿、干着急、干瞪眼、干打雷不下雨"等等都可以看作该词的引申义。有的说已派生出新词也未尝不可。

(12)用作干事的"干"。引申有事务、才干、干部、打斗等义。

(13)用作沙石的"矸"。《荀子·王制》:"南海则有羽翮齿革曾青丹干焉,然而中国得而财之。"杨倞注:"干读为矸。"

(14)表示若干,这干的"干"。"一干人等"。

(15)表示阑干的"干"。

(16)表示国名的"干"。《墨子·兼爱中》:"南为江、汉、淮、汝,东流之注五湖之处,以利荆楚干越与南夷之民。"孙诒让《墨子间诂》:"干,邗之借字。《说文·邑部》云:邗,国也。今属临淮。"

(17)表示姓氏的"干"。晋有《搜神记》作者姓干名宝。

(18)表示训斥、让人难堪。《儿女英雄传》二五回："干了人家一句。"艾芜《海岛上》："你把人家干在这里做什么？"

据《说文》，第(1)个用法为本用，其余为兼用或借用；有人认为第(2)个用法才是本用，《汉语大字典》就是把"盾"的义项摆在第一的；还有人提出"干"应是旗杆的象形字，那么它的本用应是第(3)个用法。即使这三种用法都算作本用，那剩下的十五项职能也应该是扩展积累而成的。由此可见，就汉字存在的全过程来说，汉字的使用主要靠职能的扩展，或兼用，或借用，真正本字本用的情况恐怕并非主流。

二、职能的简缩

由于兼用和借用，个体字符的职能得到充分扩展，完全能够满足记录汉语的需要，这是字符表达律的成功。但随之产生了另一方面的问题，即字符职能的不断扩展造成字词对应关系的模糊，从而给文献阅读的分辨理解带来困难。也就是说，如果汉字只有本字本用，什么字记录什么词一目了然，书写符号跟语言实际基本一致，那阅读起来就容易理解；而当一个字能够记录多个词的时候，它在实际使用中究竟记录的是哪个词，从书面符号本身很难看出来，往往需要借助别的条件加以分辨确定，这当然就增加了阅读理解的难度，影响了文字记录语言的效果。为了克服这一弊端，有必要对汉字职能的扩展加以适当限制。已经扩展了的，如果影响职能分辨，也可以减少其中的一项或几项职能，这就是汉字职能的简缩。汉字职能的简缩是就个体字符而言，不是指汉字系统，整个汉字系统的职能是无法简缩的，它必须跟整个语言系统相对应。因此，汉字职能的简缩不是将汉字的某种职能废除不要（除非语词语义本身死亡,但那已非用字问题了),而是把原来由某个字符承担的某项职能分给另一个字符来承担,这"另一个字符"可以是原有的某个字符,也可以在原字基础上分化字符,还可以干脆另造一个新的字符。因此,汉字职能的简缩大致可以归纳为三种情况:异体字分工、母字分化和另造新字。

(一)异体字分工

异体字虽然字形不同,但属于同一个字符,因为它们的本用是记录同一个语词。异体字的职能也是可以扩展的,或兼用,或借用,同一字符的不同形体都增加了负担,具体语境中的表义功能变得模糊,这时就有必要加以分工,使原来属于同一字符的不同形体分化为不同的字符,从而达到单个字符记词职能减少的目的。例如:

史—事—吏。甲骨文有"史"字,或繁写为"事",又简写为"吏","史""事""吏"原属同一字符的不同写法,都可以用来记录"史"词,也都可以记录"史"词的派生词"事"词和"吏"词。"古之大事唯祀与戎",而记载祀与戎这类大事的人就是史,实施这类大事的人就是吏,故"史""事""吏"三词同源,最初兼用"史""事"或"吏"来记录。这样,"史""事"和"吏"作为异体字就都兼有三种职能,既可记录史册的"史"词,又可记录事务的"事"词,还可记录官吏的"吏"词。后来为了表词明确,人们对这组异体字做了分工,习惯用"史"字专记"史"词,"事"字专记"事"词,"吏"字专记"吏"词,因而它们各自减少了两项职能①。

享—亨。这也是一组写法不同的异体字。它们原本兼用,即都可以记录祭享的"享"词及其派生词亨通的"亨"。如《易·大有》九三爻

---

① 马叙伦:《说文解字六书疏证》卷六,上海:上海书店出版社,1985年,第81—82页。

辞："公用亨于天子。"东汉刘熊碑："子孙亨之。""亨"所记录的是"享"词。马王堆帛书本《周易·乾卦》："元享利贞。"东汉张公神碑："元享利贞。""享"所记录的是"亨"词。但后来这两个字有了明确分工："享"专用于记录享受的"享"词，"亨"专用于亨通的"亨"词，各自的职能都得到了减少。

犹—猷。这是一组偏旁位置不同的异体字，所记本词为表示玃属兽的"犹"。后来都可以借用为谋猷的"猷"、犹如的"犹"和犹可的"犹"。如《诗经·小雅·小旻》："谋犹回遹。"《尔雅·释言》："猷，若也。""猷，肯，可也。"银雀山竹简中"犹""猷"的用法毫无区别，《说文解字》只收"犹"字，说明它们确为同字符异体。后来记录谋猷词时专用"猷"，记录其他词则用"犹"，各自都减少了部分职能。

雅—鸦。这是一组表义构件不同的异体字，所记本词为乌鸦的"鸦"。职能扩展，又都可以记录雅致的"雅"。《集韵·马韵》："雅，正也。或从鸟。"《篇海类编·鸟兽类·鸟部》："鸦，娴鸦也。"后来规定用"鸦"记本词乌鸦，用"雅"记他词雅致、高雅的"雅"。这样，"雅"减少了本用记乌鸦词的职能，"鸦"简缩了借用记雅致词的职能。

来—麦。《说文》："来，周所受瑞麦来麰也。""麦，芒谷。"李孝定《甲骨文字集释》："来、麦当是一字，犮本象到（倒）止形，于此但象麦根。以来假为行来字，故更制繁体之麦以为来麰之本字。"

上述前两例是为兼用异体字分工减负，后三例是为借用异体字分工减负。类似的例字还有"乌—於""糸—幺""雠—售""句—勾""邪—耶""箸—著—着""沈—沉"等。异体分工是减少个体字符职能、明确字词关系的有效措施，但不是主要措施，因为它受到必须有异体字存在这一先决条件的限制。

（二）母字分化

某一字符由于兼用和借用扩展了记词职能，为了增强表词的明确性，可以以原字符为母字，通过变异笔画、增加或改换构件等方式分化出新的字符来分担原字符的某项或某些职能。

1. 变异分化

即通过改变母字的笔画或形态来分化新字符。这种情况跟上述异体字分工的情况有时难以辨清，因为有些笔画或形态的变异最初可能只是作为异写存在，后来才被有意识分工的。例如：

陈—阵。先秦只有"陈"字没有"阵"字。"陈"字既记录陈列义，又记录战阵义，后义实为前义的引申。汉字隶变过程中，毛笔书写左右两点笔可以连作一横写，横笔也可以分作左右两点笔写，所以马王堆帛书中的"陈"常常写作"阵"。后来人们利用"阵"与"陈"笔画上的差异，有意识地把"阵"跟"陈"分化成为两个字符，用"陈"记录陈列义，用"阵"记录战阵义（这时实际上已派生为另一个词，读音也有所改变）。由于"车"正好跟战阵相关，所以一般认为"阵"字是改换"陈"字的右边构件而成。

小—少。"少"作为独立的单词是从"小"派生出来的。古文字的"小"可以写作品字形的三个小点，也可以写作上下左右相对的四个小点。后来人们把四点"小"字的下面一点改成一撇，从而分化出"少"字专门记录派生词"shǎo"和"shào"。

荼—茶。"荼"字从艹余声，本义指一种苦菜，后来兼用记录茶叶的"茶"。大约在唐代，人们把"荼"字减去一个横笔，造出新字"茶"，专用于记录茶叶一词，这样一来"荼"就只用作苦菜名了。当然也还有些习惯用法或仿古用法,如钱大昕《十驾斋养新录》卷十九"于頔茶山诗述"条引瞿镜涛云:"袁高、于頔两题名,茶字凡五见,皆作荼。唐人精于六书,不肯轻作俗字如此。"其实,若以六书而言,"茶"字之所以要减去"荼"的一横,可能也是有意识地让这个字下部从"木",那么我们可以把它理解为"从木荼省声"。"茶"字有个异体左从木右荼声,声旁不省,构字思路正是一致的。

　　母—毋。"母"字甲金文从女而标识其乳,显然是记录母亲一词的本字。当时语言中有个表示否定的副词"wù",未造本字,其读音跟"母"相近,所以假借"母"字记录。如陈侯午敦"永枼母忘","母忘"即"毋忘"。后来(战国时期)为了区别,把标识母乳的两点改为一横,分化出"毋",专用于记录否定词。"母"字由于习惯影响,有时还继续记录"毋"词,但秦汉以后基本上就不再记录否定词了。

　　气—乞。"气"本是云气、气流的象形字,文献中又常借用为乞与、乞求的"乞"。《广韵·未韵》:"气,与人物也。今作乞。"很明显,"乞"字是从"气"字通过减少一横而分化出来的。一旦分化出"乞",母字"气"的职能就简缩了。

　　类似的例子还有很多。如"电"与"申"、"巳"与"已"、"足"与"疋"、"刀"与"刁"、"洗"与"冼"、"余"与"佘"、"辦"与"辧(办)"等等,每组的前字都是因为用变异方法分化出后字而减少了职能的。

　　2.增旁分化

　　即在母字的基础上增加表义或示音的构件,也就是通常所说的形旁或声旁,从而造出分化字以承担母字的某项或某几项职能,这样母字的职能自然就减少了。例如:

　　辟—避、僻、嬖、躄、壁、璧、臂、闢、繴、譬、擗、擘、甓。"辟"字甲金文形体从"卩"(后变为"尸")从"辛","〇"(璧的象形字)声,本义指刑法,

"大辟"就是最高的刑罚,君王是国家刑法的代表,因而君王也可以叫作"辟"。在古文献中,"辟"字的用法十分广泛,除本用外,还兼用或借用记录过"避"等十多个语词,上举"避"等十多个字符就是在"辟"的基础上先后增加表义构件而各自分化出来的。下面是它们的用例。

《左传·宣公二年》:"(晋灵公)从台上弹人,而观其辟丸也。""辟"引申表逃避义,后来增加"辵"旁分化出"避"字。

《左传·昭公六年》:"叔向曰:楚辟,我衷,若何效辟?"杜预注:"辟,邪也;衷,正也。"邪僻义大概又是从逃避义引申出来的,后增加"人"旁分化出"僻"字。

《荀子·儒效》:"事其便辟,举其上客,倔然若终身之虏而不敢有他志。"杨倞注:"便辟谓左右小臣亲信者也。"这个意义后来增加"女"旁分化出"嬖"字。"嬖"大概是由"僻"派生出的一个词。

《荀子·正论》:"不能以辟马毁舆致远。"杨倞注:"辟与躄同。""躄"的意思是跛脚,原来借用"辟"字,后加"足"旁分化出"躄"字。

《逸周书·时训》:"小暑之日,温风至,又五日,螳螂居辟。""辟"指墙壁,"壁"是"辟"增加"土"旁分化而成。

《诗经·大雅·灵台》:"於论鼓钟,於乐辟廱。"朱骏声《说文通训定声》:"辟,假借为璧。"后加"玉"旁分化出"璧"字。

《墨子·备城门》:"城上二步一渠,渠立程,丈三尺。冠长十丈,辟长六尺。"孙诒让《墨子间诂》:"辟,《备穴篇》正作臂……其横出之木也。"这是手臂义的引申用法。手臂之"臂"原借用"辟"字,后加"肉"旁分化为"臂"字。

《荀子·议兵》:"故辟门除涂以迎吾入。""辟门"即开门,这个意义后来加"门"旁分化为"闢"字,现代简化字又返回去借用"辟"字了。

《墨子·非儒下》:"盗贼将作,若机辟将发也。"孙诒让《墨子间诂》:

"机辟盖掩取鸟兽之物。"即捕鸟兽之网。又比喻陷害人的圈套。《楚辞·九章·惜诵》:"设张辟以娱君兮,愿侧身而无所。"王念孙《读书杂志》:"辟,读机辟之辟。"这个词语后来分化出本字"繴",在"辟"字下部增加了形旁"糸"。

《墨子·小取》:"辟也者,举他物而以明之也。""辟"记录这个意义属于借用,后来加"言"旁分化出专用字"譬"。

《诗经·邶风·柏舟》:"静言思之,寤辟有摽。"毛传:"辟,拊心也。"陆德明《经典释文》:"辟字宜作擗。""擗"是"辟"的加旁分化字。

《礼记·丧大纪》:"绞一幅为三,不辟。"孔颖达疏:"辟,擘也。言小歛绞全幅析裂其末为三,而大歛之绞既小,不复擘裂其末,但古字假借,读辟为擘也。""擘"可能是先借用"辟",后才加"手"旁分化为"擘"的。

《汉书·尹赏传》:"修治长安狱,穿地方深各数丈,致令辟为郭。"颜师古注:"令辟,墉甎也。"孙诒让正义:"阮元云:古甓字多作辟,今金石犹有存者。"在这个意义上,"辟"为借字,"甓"为加旁分化字。

"辟"字还有一些别的用法,不再一一列举。就此可见分化字对于明确字词关系的重要了。"辟"的众多分化字都是用来记录"辟"词的派生词(原兼用"辟"字)和同音词(原借用"辟"字)的。类似的例子可以说是举不胜举,如"景"与"影"、"取"与"娶"、"昏"与"婚"、"反"与"返"、"舍"与"捨"、"采"与"彩""菜""睬"、"牟"与"眸""麰""侔""恈"等都是。

增旁分化字也可以专用来记录母字的本词,而用母字专门去记录同音别词或派生词。例如"其"的本义是簸箕,同时借用为代词、副词等,且使用频率很高,于是加"竹"旁分化出"箕"专门承担母字的本义,而母字"其"就只记录代词、副词等借词了。"莫"的本义是黄昏,同时借用为代词、否定词等,为了减轻负担,累加"日"旁分化出"暮"字专门记录母字的本词,而母字"莫"则只用于记录代词、否定词了。"奉"的本义是捧,由此引申侍奉、奉承、奉献等义,为了表义明确,累加"手"旁分化出"捧"字专门记录"奉"字原来的本义,而"奉"一般不再记录"捧"词。这类例子也有不少,如"然"与"燃"、"它"与"蛇"、"匪"与"篚"、"匡"与"筐"、"采"与"採"、"韦"与"违"、"北"与"背"、"自"与"鼻"、"止"与"趾"、"州"与"洲"、"责"与"债"、"益"与"溢"、"暴"与"曝"、"禽"与"擒"等等都是。

以上所举都是增加形旁分化的字例,这是分化字的主流。增加声旁的分化字也有,但不多见。例如《礼记·哀公问》:"午其众以伐有道。""午"字借用为"牾",表示牾逆的意思。"牾"字其实就是在母字"午"的基础上加注示音构件"吾"而产生的分化字。在这个字里,"午""吾"都是表示读音的;后来"牾"讹变为"牾",一般就当成从"牛""吾"声的形声字了。又《孟子·许行》:"食于人者治人,食人者治于人。"这两个"食"是供养、喂养的意思,后来增加声旁"司"分化出"飼(饲)"字专门表示此义,"飼"的对象可以是人,也可以是动物,但近代以来一般只用于动物。

3. 换旁分化

即通过改换母字的形旁或声旁分化出新字符,用新字符分担母字的某项或某几项职能,从而达到减少母字职能的目的。一般也是改换形旁,改换声旁的字例比较少。例如:

说—悦、脱。"说"字在先秦除了解说、述说、论说等本用外,还用来记录喜悦、解脱等词义。前者如《论语·学而》:"学而时习之,不亦说乎。"后者如《左传·僖公十五年》:"车说其輹,火焚其旗,不利行师。"后来为了减少"说"字的记词职能,把它的"言"旁换成"心"旁,分化出"悦"字,用以记录喜悦义;又把"言"旁换成"肉"旁分化出"脱"字,用以承担解脱义。

赴—讣。"赴"的本义是趋，即快跑，引申有奔赴告丧之义。如《左传·文公十四年》："凡崩、薨，不赴则不书。"后来这个意义专用"讣"字表示，"讣"是通过用"言"旁改换"赴"字的"走"旁而分化出来的。

潦—涝。"潦"的本义是指雨水大而引起地面积水，又引申为水淹成灾的意思。如《庄子·秋水》："禹之时十年九潦。"后来这个意义专用"涝"字承担，而"涝"字是通过改变"潦"的声旁分化出来的。

类似的例子还有"沽"与"酤"、"適"与"嫡"、"锡"与"赐"、"龤"与"谐"、"澹"与"赡"、"振"与"赈"、"畔"与"叛"、"张"与"胀""帐"、"障"与"嶂""幛""瘴"等，每组"与"后面的字都是以前面的母字为基础，通过改变母字的某个构件而形成的换旁分化字。

（三）另造新字

某个字符的职能多了，除了用上述异体字分工和母字分化的办法来缩减外，也可以干脆替其中的某个义项（实际上是词项）另造一个与原字形体毫无联系或没有直接联系的新字，但这类新字并不多。例如：

亦—腋。《说文解字》："亦，人之臂亦也。从大，象两亦之形。"高鸿缙《中国字例》："（亦）即古腋字。从大（大即人），以八指明其部位，正指其处，故为指事字，名词。后世假借为副词，有重复之意。久而为借意所专，乃另造腋字。"另造的用来专表臂腋义的"腋"字从"肉""夜"声，跟"亦"没有直接关系，但它确实分担了"亦"字的本用职能。

備（备）—箙。"備"的甲金文形体像盛矢的器具，因而"箙"应该是它所记录的本词。但"箙"是个后起字，它跟"備"没有形体上的联系，却分担了"備"的名词职能。"箙"字产生以后，"備"就可以只记录预备、武备、防备、齐备等相关义项了。

蘇（苏）—甦。"蘇"的本义是一种草名，文献中常借用为复苏、苏醒的"sū"。这个意义原无本字,大约到南北朝时期才另造了一个跟"蘇"没有形体联系的"甦"作为复苏、苏醒义的专用字,这样"蘇"就可以不再借用了。但事实上"甦"字并未通行,现行汉字又将它的职能并入了"苏"("蘇"的简化字)字。

鲜—尟/尠。"鲜"的本义应该是新鲜(许慎认为是一种鱼),文献中常借用为鲜少的"xiǎn"。如《诗经·郑风·扬之水》:"终鲜兄弟。"这个意义后来另造了"尟"和"尠"来表示,这两个字在形体上跟"鲜"都没有联系。不过这两个字也是分化不成功的,现行汉字把它们给废除了,"鲜"仍然表示鲜少义。

三、职能的转移

上述两项职能变化情况是就某一个字符而言(分化字是为了分担母字的职能而新产生的,原来并不存在,因而不属于职能变化问题)。有时单个字符的职能变化涉及两个以上现成的字符,这时若只着眼单个字符,那仍然是职能的增减,若着眼两个以上字符之间的联系,那就不是单方面的增减问题了,而往往是有增有减,某项职能从甲字挪到乙字,而乙字的某项职能又可能挪给甲字或丙字。我们把这种多字之间的职能替换现象称之为职能的转移。职能转移主要有下述两种方式。

(一)相互交移式

即甲字的职能交给乙字,乙字的职能交给甲字,甲乙两字的用法倒了个儿。例如:

醋—酢。《说文》:"醋,客酌主人也。"在各切。段玉裁注:"按诸经皆以酢为醋,惟礼经尚仍其旧。后人醋酢互易,犹種種互易。"《诗经·

小雅·瓠叶》传曰："酢，报也。"《诗经·小雅·彤弓》笺曰："主人献宾，宾酢主人，主人又饮而酌宾谓之酬。"是皆用"酢"为"醋"。《说文》："酢，醶也。"仓故切。段注："酢本戴浆之名，引申之，凡味酸者皆谓之酢。……今俗皆用醋，以此为酬酢字。"

穜—種。《说文》："穜，埶也。"段注："丮部曰：埶，穜也。小篆埶为穜，之用切。種为先穜后埶，直容切。而隶书互易之。详张氏《五经文字》。種者，以谷播于土，因之名谷可種者曰種。凡物可種者皆曰種，别其音之陇切。《生民》曰：種之黄茂。又曰：实種实褎。笺云：種，生不杂也。"《说文》："種，先穜后埶也。"段注："此谓凡谷有如此者。《豳风》传曰：后埶曰重。《周礼·内宰》注：郑司农云：先種后埶谓之穜。按毛诗作重，假借字也。《周礼》作穜，转写以今字易之也。"可见汉代用"種"为种植，用"穜"为谷种，两者职能互易。

月—夕。陈炜湛、唐钰明《古文字学纲要》："月和夕呈现着交叉逆向转化，亦即月由夕渐变为月，而夕由月渐变为夕。武丁至祖庚祖甲，月作夕、夕作月是通例，月作月或夕作夕是例外。廪辛至文丁，月、夕均可作夕或月，二者通用无别，是混用时期。到了帝乙帝辛时期，武丁时期的通例就成了例外，而原来的例外却成了通例。《金文编》卷七收月字百余文，作夕者仅三见；收夕者十余文，作月者仅二见，这正是甲骨文演变的结果。至小篆，月作月，夕作夕，二者泾渭分明，其渊源关系便湮没了。"①可见"月"字原是记录"夕"词的，"夕"字原是记录"月"词的，经过用字变化，最后"月""夕"两字的职能完全互换。

童—僮。《说文》："童，男有辠（罪）曰奴，奴曰童，女曰妾。从辛，重省声。"又："僮，未冠也。从人童声。"可见"童"的本义是奴仆，"僮"的本

---

① 陈炜湛、唐钰明：《古文字学纲要》，广州：中山大学出版社，1988年。

义是孩童。但文献中"童""僮"的记词职能开始有些混乱,两个字都可以既用本义,又承担对方的职能,后来逐渐重新分工,"童""僮"的本职用法互相做了彻底交换,所以《干禄字书》"童僮"条说:"上童幼,下僮仆。古则反是,今则不行。"所记用法跟《说文》的训解正好相反。

(二)连锁推移式

即甲字的全部职能或部分职能移给乙字,乙字原有的全部职能或部分职能又移给丙字……丙字或链条最后的字可能是原有的,也可以是新产生的,而甲字则可能废弃,也可能挪作他用。例如:

歬→前→翦→剪。"歬"字从止在舟上,《说文》训为"不行而进",可见是前进的"前"词的本字。后来"歬"字逐渐被废弃,其职能转移给了借字"前"。"前"字从刀歬声,本义应指剪除,当它接受了"歬"的职能后,又把自己的本用职能转移给借字"翦"。"翦"字从羽前声(《说文》作"歬"声),本义指初生之羽或箭矢上的羽毛。后来为了区别,另造了从刀前声的分化字"剪"来表示"前"的本义、分担"翦"的借义。

伯→霸→魄。"伯"的本义是指兄弟之中年长者,引申而为诸侯之长,也就是霸主。为了区别,"伯"的霸主义转移给借字"霸"。"霸"字从月,《说文》训其本义为"月始生魄然也",金文中常有"才生霸"的说法,指一种月相。"霸"字借用为"伯"以后,它的指称月相的本用职能又转移给了魂魄的"魄",《左传》就有"才生魄""死生魄"之类的记载。就"魄"这个单字符来说,它既接受了"霸"字转让的职能,又保留着自己本来的用法,反倒是增加了职能。

讼→颂→容。"讼"既是歌颂之"讼",又是争讼之"讼",二字同形。后来,歌颂之"讼"把职能转移给借用字"颂"。"颂"字从"页"(人头),本义指容貌。"颂"借用为歌颂词后,又把本用容貌义转移给了"容"。

"容"从宀从谷（或说从穴公声），本用是记录容纳、容积等义；借用承担"颂"的容貌义后，也算是职能增加了。

可→何→荷。"可"字从口丂声，本用表示许可、认可。同时文献中又借用为疑问代词"何"。大概是为了区别，"可"的借用职能后来移交给了"何"。"何"字甲骨文像人担物之形，演变为从人可声，仍然表示担负义。《说文》训为"儋也"，徐铉等注云："儋何即负何也，借为谁何之何，今俗别作担荷。""何"字借用为谁何义后，又把原有的负荷义移交给了"荷"。"荷"字从艹何声，本义是荷花，它承担负荷义也是出于借用。

总之，汉字职能的变化情况是相当复杂的，从不同角度去考察会有不同的结果。有的字符既有职能扩展，也有职能简缩，还有职能转移，而且简缩了又扩，扩展了又简，或者转移来，转移去，合了分，分了合，反复无常，并不一定都是单向、单线条地发展变化。因此，我们在考察某个字符的实际职能的时候，既要有整个过程、整个系统的全局观念，又要有某时某范围的条件限制，笼统地说某字的职能如何如何，往往难中肯綮。

论汉字的字际关系*

李运富

汉字在创制之时应该是一形一词（或语素）的，可是一经应用，由于书写的变异和记录职能的变化，字形跟词位或语素（语言中具有一定音义的最小结构单位）的关系就不再是一一对应的了，同字可以记录不同的词位，同词也可以用不同的字形来记录，因而字形与字形之间在表词属性和记录职能等方面可能形成种种复杂的关系。为了表述字形之间的复杂关系，就需要对汉字的属性和职能进行整理、分类、定称。

一

第一个用字典形式整理汉字并揭示汉字之间各种关系的是东汉许慎。许慎编撰《说文解字》，把所收各种字形分为 540 部，每部末尾都用"文若干重若干"注明该部的正体（字头）字数和重文字数，从而揭示了汉字之间的多种重要关系。所谓"文若干"指的是小篆正体，共 9430 个①，它们"分别部居"，同部首的字形义相关。所谓"重若干"，即所谓

---

* 本文原载刘利民、周建设主编：《语言》第三卷，北京：首都师范大学出版社，2002 年。

① 通行的大徐本《说文解字》（影印陈昌治刻本，北京：中华书局，1963 年）叙言自称所收正文字头为 9353 字，段玉裁《说文解字注》统计为 9431 个，今据崔枢华、何宗慧《标点注音〈说文解字〉》（北京：北京师范大学出版社，2000 年）校点为 9430 个。

"重文",指的是相应字头的同职能异形字,共 1278 个①。许慎对每个重文字形都标明了来源或字体属性,计有古文 482 字、籀文 213 字、篆文 37 字、奇字 3 字、秦刻石 2 字、今文 2 字、或体 490 字、俗体 20 字、通人说 18 字、转引文献用字 11 字。这些标注虽然重在交代字形的来源,但已经有了初步的字形类别意识,其中"或体""俗体""古文""今文""奇字"等名称也能反映字形间的某种关系,并对后世产生了一定影响。隋唐出现的韵书如《切韵》《唐韵》等据音系联,把同音的字归到一起,虽然不是有意描述字际关系,但在客观上展示了汉字之间所具有的一种同音关系。

唐代以后的正字书更加重视字际关系的说明。例如颜元孙的《干禄字书》将同职能的异形字分为"俗、通、正"三类,而张参的《五经文字》则有"同、通、借、讹、俗、或、别、古今、相承、隶变、隶省"等说法。特别是五代释行均的《龙龛手镜》,收集了大量的同职能异形字,每字下都注明"正、同、通、俗"等分类属性。根据张涌泉的研究,《龙龛手镜》字例中所用术语的内涵及相互之间的关系如下②:

1.正字例。"正"字通常是指于古有据而当时仍在正式场合通行的字体。

2.同字例。"同"字通常是指变异偏旁或字形结构而形成的异体字。

3.或作例。"或作"的含义与"同"大体相当,也往往是指变异偏旁或字形结构而形成的异体字。

---

① 通行的大徐本《说文解字》叙言自称所收重文为 1163 字,段玉裁《说文解字注》统计为 1279 个,今据张晓明《〈说文解字〉小篆重文研究》(北京师范大学硕士学位论文,2000年)考定为 1278 个。(后张晓明来信说,她重新统计的结果是:段注本重文共 1280 个,大徐本重文共 1272 个。——刊后补记)

② 张涌泉:《敦煌俗字研究》,上海:上海教育出版社,1996 年。

4.古文例。"古文"亦简称"古",是指古代曾经使用而当时已不流行的字体。其中有古代的异体字,也有后世产生的俗字。

5.今字例。"今"相对于"古",是指当时流行的字体。其中多数与俗书有关。

6.通字例。"通"字是指通行已久的俗体字,其规范性较"俗"字为强。"通"字主要是字形演变或声旁改换的结果。

7.俗字例。"俗"字是指社会上流行的不规范的字体。

8.俗通例。"俗通"盖流俗通行之意,"俗通"字大约是兼于"俗"字与"通"字之间的字体。

9.变体例。"变体"是指字形演变或偏旁易位形成的字体。

10.误字例。"误"字是指书写讹变形成的字体。

类似的字际关系的表述在古代的注释书中也有表现,如古注所谓"某,古字""某,今字""某,某,古今字""某,同某""某,通某""某,某之讹""某,俗作某"等等,都是以文献解读为目的而沟通同职能字际关系的。这些名词术语经过历代注释书和辞书的传播,一直影响至今,例如近代学术的先驱黄侃先生在《说文略说·论字体之分类》中也将同职能的异形字分为"正、同、通、借、讹、变、后、别"八类,并分别做了界定或说明:

1.正。今所谓正,并以《说文》正文为主。

2.同。今《说文》所载重文皆此也。

3.通。和、龢、盉各有本义,而皆可通用和;勰、协、恊各有本义,而皆可通用协。此出于转注。

4.借。难易之字不作戁,而作难;厚薄之字不作洦,而作薄。此出于假借。

5.讹。《说文》所举长、斗、虫、苟四字是。后世则如堵作聋、荅作答是。

6. 变。《说文》所举篆籀省改诸文是。后世则如淖为潮，莜为蓧是。

7. 后。《说文》牾下云：贾侍中说，此非古。后世则如从弟有悌，从赴有讣是。

8. 别。《说文》所举今字、俗字，后世则如祝作呪，珨作锵是。

上述描写字际关系的种种概念似乎已成体系，已成定论，因而现在不少的"古代汉语"教材和"文字学"教材都仍然沿用其中的某些概念。但实际上这些概念并不是一个科学的"术语系"，存在着严重的局限。第一，层次不清，即所分各类并非同一平面的东西。如跟"正字"并列的应该是"非正字"（或沿《说文》用"重文"），而"同""通""借""讹"等等实为"非正字"的次类，不应该跟"正"平列。第二，属性不同，即所属各类并非同一性质的东西。如在"非正字"下面，"同、讹、变、别"等跟"正字"属于同一字符，是构形和书写的差异；而"通、借、后"则属于不同的字符，是用字上的差异。它们应该分别为两类，不能混杂并陈。第三，标准不一，即站在不同的角度根据不同的条件划分同层次类别。如"同"是从职能的角度来说，"俗"是用规范的眼光看待，"讹""变"是就形成差异的原因而言，"古""今"则根据时代的先后划分，"通"以音义相关为据，"借"以形义无关为准，因而所谓"古今字""异体字""通假字""同源字""正俗字"等等其实都是交叉的。第四，内涵不定，即某一术语究竟指称哪种性质的文字并不清楚。如黄侃说许慎的"重文"都是"同"字（"今《说文》所载重文皆此也"），又认为"《说文》所举篆籀省改诸文"是"变"字，"《说文》所举今字、俗字"是"别"字，自相矛盾。其实《说文》所举"篆籀省改诸文"及今字、俗字都属于重文。当然把《说文》重文都当成"同"字或"异体字"也不准确，因为许慎所标出的"重文"跟正篆虽然主要是异体字关系，但同时也包括同音字关系（如"变"与"傻"）、同源字关系（如"氛"与"雰"）、同义字关系（如"续"与"赓"）和本来是异体关系但当时已经分化为不同字符的异体分化字(如"冰"与"凝")等①。这说明"重文"的内涵也是不确定的,甚至有同名异实、异名同实的现象。例如"通"在《龙龛手镜》中"是指通行已久的俗字,其规范性较'俗'字为强";而黄侃的"通"从所举例字看应是指"同源通用"现象;古书注释中的"通"或"通用"则似乎无所不包;而现代说古书某字"通"某字时一般是指"通假字"而言。《龙龛手镜》的"变体字""是指字形演变或偏旁易位形成的字体",黄侃的"变"体字实指简化字。凡此,都是同名异实的例子。再如《龙龛手镜》中的"同字例"和"或作例"其实都是"指变异偏旁或字形结构而形成的异体字",黄侃所说的"同字"和"别字"其实也都是指异体字,可见这些术语异名而同实。

现代汉字学有"异体字""同音字""错别字""繁简字""规范字与不规范字"等概念来表达字际关系。其中的"错字"相当于古人所说的"讹"字,"别字"则与黄侃的"别"字同名异实而与所谓"通假字"异名同实。至于"繁简字"其实各朝各代都有,但一般不这么叫。现代所谓"繁简字"是现代汉字规范中具有特定内涵的个性化术语,它以国家公布的《简化字总表》为特定范围,繁体字指对应字组中笔画多的字,简体字指对应字组中笔画少并定为规范的字,没有繁简对应关系和规范意义的不在其中。就繁简字之间的形音义属性而言,有的是异体字,有的是同音字。所谓"规范字"和"不规范字",有点类似古代的"正字"与"俗字"的关系,但标准并不相同。现代"规范字"没有明确的定义,大致是指经过简化和整理的汉字,而"不规范字"则是指繁体字、被淘汰的异体字、生造俗字、错别字及其他不符合国家有关规范标准的汉字。

---

① 张晓明:《〈说文解字〉小篆重文研究》,北京师范大学硕士学位论文,2000 年;黄天树:《〈说文〉重文与正篆关系补论》,载刘利民、周建设主编:《语言》第一卷,北京:首都师范大学出版社,2000 年。

　　总之,无论是古代还是现代,有关字际关系的术语名称虽然不少,也确实能表述某一方面的字际关系,但它们大都出于特定的目的,各自只适用于特定的场合,相互之间没有明确的并列关系和上下位关系,所指现象往往交叉重复而又不能涵盖全部。可见这许多的名称术语实际上并没有构成科学的体系,还难以承担系统地准确地描述汉字之间各种属性关系的重任。因此,我们必须对上述各种概念进行清理,按照汉字字际关系的实际情况重新建构类别系统和术语系统。

二

　　汉字的字际关系可以从不同的角度来认识,也可以按不同的层面来考察,但不同角度的名称和不同层面的类别不能混杂并存,同一角度或同一层面的现象应该按照同一的标准来分类和定称。只有这样,类别之间才能具有逻辑关联,术语之间才能形成科学系统。

　　考察汉字的字际关系必须结合字形的表词职能才有意义。根据汉字的存现环境,我们认为汉字的字际关系应该分别从文字系统(构形系统)和文献系统(字用系统)两个角度来描述。这一节先谈文字系统的字际关系。

　　文字系统是一种贮存状态,个体汉字对应于语言系统中的词位或语素。在文字系统中,个体汉字的职能是靠构形体现的,反映的是字符本义,因而可以说这是构形系统的汉字关系。汉字构形是以汉语词位的音义为根据的,所以每个汉字的属性除了具有形体这个外在的可视物,还负载着某个词位的音和义。如果以汉字的形音义三属性跟所记词位的异同为标准,那么在构形所示音义(也就是本字本词)的条件下,汉字系统中可能形成的字际关系有:

（一）同音字：指读音相同而所记词位不同的字。如"亿义艺刈忆议屹亦异呓邑佚役译易怿诣驿绎轶疫弈羿奕挹益浥逸翌嗌溢肄意毅鹢曀螠翼镱"等字现代都读"yì"，但所记录的都是不同的词位。同音字可以满足记录汉语同音词位的需要，并且能够在字形上起区别同音词位的作用，例如"城市"与"成事"在口语中难以区别，在书面上却一目了然。由于语音的变化，各个时代的同音字是不可能完全一样的，不同时代的同音字应该根据不同时代的语音系统确定。例如上举现代读"yì"的"益肄逸议易"等字在《广韵》时代分别属昔韵影纽入声、至韵以纽去声、质韵以纽入声、真韵疑纽去声、真韵以纽去声，并不同音。

（二）同义字：指义项相同而所记词位不同的字。如"尖"跟"锐"、"舟"跟"船"、"丹"跟"彤"等，它们的本义分别相同，却都属于不同的词。《说文解字》中有 380 个"互训"字①，大都是同义字。如：诣，谍也；谍，诣也。歆，歠也；歠，歆也。追，逐也；逐，追也。桥，梁也；梁，桥也。逢，遇也；遇，逢也。饥，饿也；饿，饥也。以上各组同义字部首相同。部首不同的同义字更多，如：歌，咏也；咏，歌也。束，缚也；缚，束也。头，首也；首，头也。谨，慎也；慎，谨也。邦，国也；国，邦也。逃，亡也；亡，逃也。问，讯也；讯，问也。逮，及也；及，逮也。同义字记录着汉语中的单音节同义词。

（三）同形字：指形体相同而所记词位不同的字。如果一个字形可以记录几个词位，除了临时通假的情况外，我们认为这个字形实际上包含了跟所记词位对应的几个字符。分别记录几个词位的几个字符却共用着同一形体，所以叫作同形字。字典中对同形字的处理应该分立字头或者在同一字头下分词位标注音义。同形字大致有三种情况：

---

① 余国庆：《说文学导论》，合肥：安徽教育出版社，1995 年，第 73 页。

　　1.造字同形。在为不同词位造字的时候,基于各自的理据联系,恰好选用了同样的形体,这样形成的同形字叫造字同形。造字同形当然有故意的,但大多数情况下恐怕只是一种巧合。例如,甲金文中有个"隻"①字,从"又"(手)持"隹"(鸟),表示抓获的意思,显然是记录获得的"获"这个词位的本字。但这个字形的构造理据也可以解释为手里只有一只鸟,所以后来在为量词"只"造字的时候就有意识地借用了这个形体,并且以此类推造出了手里拿着两只鸟的"雙"字。对于量词"只"来说,"隻"也是本字,是特为它而造的。这样一来,先后替动词"huò"和量词"zhī"所造的本字就共用了同一形体,成为同形字。后来为了区别,替动词"huò"重造了本字"獲"(获),"隻"才成为量词"zhī"的专用字。又如甲骨文中的"帚"字,既表示扫帚的"帚",又表示妇女的"妇",但"帚"与"妇"这两个词位既不同音,也不同源,因而用"帚"记录"妇"不可能是同音借用,也不可能是派生词的兼用,那就只能是造字的同形。即用象形的方法替扫帚一词造出本字"帚",而在替妇女一词造字时,也借用"帚"的形体,因为扫帚是妇女日常劳作所用的工具。用扫帚之形来表示持帚之人,犹如用斧钺之形表示持斧之人(王)、用酒坛之形表示坛中之酒(酉),原是构形表义的方法之一。因此,"帚"也应该是妇女的"妇"的本字,跟扫帚的"帚"字同形而已。再如甲骨文中的"舟"实际上也是为两个词位而造的同形字,一个表示"舟船"的"舟₁",一个表示盘子的"舟₂(盘)"。这大概是因为古代的盘子和舟船形体相似,所以用"画成其物"的象形方法造字时造出了同样的形体。"盘"应该是表示盘子的"舟₂"的后起字,在象形的"舟₂"下加了个表示类属的义符"皿"。

---

　　①　此节有些字例参见裘锡圭《文字学概要》(北京:商务印书馆,1988年)"同形字"节,谨致谢意。

甲金文的"受"字中间从"舟"，这个"舟"应是表示盘子的"舟₂"，盘子可以用手授受，如果认为是舟船的"舟₁"，那上面授的手（爪）和下面受的手（又）恐怕都是拿不动的，显然不合字理。

隶变以后所造的字也有同形的，如"甭"字，南北朝时记录"bà（罢）"词（见《颜氏家训·杂艺》），宋代记录"qì（弃）"词（见《龙龛手镜》），现代记录"béng（甭）"词，这三个词意义相近，所以造字时用了同一种会意方法，结果造出三个同形字。"铊"字作为形声字，也先后代表着三个不同的词。《说文》中的"铊₁"读"shé"，指的是一种短矛；近代文献中有一个"铊₂"读"tuó"，指的是秤砣；现代又有一个"铊₃"读"tā"，表示一种金属元素。三个音义都不同的词怎么会造出同一个形体来记录呢，原来"它"是一个多音字，在"铊₁""铊₂""铊₃"中具有不同的示音职能，所以三个读音不同的字符都选它作声旁，结果造成了同形。

现代简化字许多是给原字重造笔画少的异体字，在这一造字过程中，出现了不少跟历史上曾经用过的某个字符恰好同形的字。例如将身体的"體"简化为"体"，用的是会意造字法，即身体为人之本，故字从人本合成。而历史上曾经有一个"体"字，从人本声，是粗笨的"笨"的本字。《广韵》上声混韵："体，粗皃。又劣也。"音"蒲本切"，读"běn"。这样一来，读音为"tǐ"表示身体的"体"跟读音为"běn"表示粗笨的"体"就同形了。再如"僅"的简化字"仅"，是用简化记号"又"取代原字的声符"堇"而造成的义符加记号字，但它恰好跟"付"的异体字"仅"同形。古文字从又、从寸常常互为异体。《正字通》："仅，同付。"《六书故》："仅，从又。授物于人，仅之义也。"在简化字中，还有故意将本为不同字符的两个字简化为同一形体的情况，如将脏污的"髒"和腑脏的"臟"都简化重造为形声字"脏"，因而现代汉字中的"脏"分别代表两个音义不同而形体相同的词,一读"zāng",表示肮脏,一读"zàng",表示腑脏。

2.变异同形。原本不同形的几个字符,由于形体发生变异,也可能造成同形关系。变异可能是无意识的,也可能是有意识的;变异的形体通常不再具有理据。讹异同形有的是甲字不变,而乙字或丙字变得跟甲字同形。如"疋",这个形体本是记录表示脚义的"shū"词的,后来"匹"(pǐ)字讹变,也可以写作"疋"(还有一个来历不明的"疋"字,读"yǎ",用法同"雅"),于是"疋""匹"这两个本来形音义都不同的字由于"匹"字的讹变而同形了。再如《说文》:"萑,艸多皃。从艸,隹声。"读"职追切"。又《说文》:"雈,鸱属。从隹从艹。有毛角,所鸣其民有祸。"读"胡官切"。可见"萑、雈"也是两个互不相干的字符,后来"雈"字的上部讹变为"艹",于是就写得跟"萑"字一样,成了同形字。

有的是甲乙或丙字都变,变成另一个相同的新形体。如"适",这个形体有两个来源,一是由古代的小篆"𠯑"字讹变而成,读"kuò",表示急速的意思;一是由繁体的"適"字简化而来,读"shì",表示往的意思。简化也是一种变异,所以本来不同形的"𠯑"和"適"经过变异成了同形的"适"。又如在古文字中,国王的"王"字本像阔口短柄的斧钺之形,玉石的"玉"字本像系联的玉块之形,两字原不相干,可曾经它们都变成"王"形,难以区别。后来规定表玉石义时加点作"玉",表国王义时无点作"王",并且中间一横稍短,才使这两个字符又从同形的状态下区分开来。

3.派生同形。当一个词语因词义引申而派生新词的时候,没有为新词另造记录字符,而是仍然用源词的本字形体来记录,就源词的本字形体来说,它既记录源词,又记录派生词,所以在职能上是兼用。例如长短的"长"引申为生长的"长"(植物生长以枝茎叶增长为标志,动物生长以增加身高或身长为特征),读音由"cháng"变化为"zhǎng",这就意味着派生出了新词,但并未另造新字,而是兼用源词的本字来记录派生词。但如果从字词的对应关系上来说，"兼用"现象也可以理解为派生词的字符跟源词的字符同形，也就是说实际上为派生词造了一个字，只不过这个字是借用了源词本字的形体而已，我们把这种因派生词兼用源词字符的形体而造成的同形称为"派生同形"，如"长"字既表示长短的"cháng"，又表示生长的"zhǎng"，与其看作一个字符记录了两个词，不如认为是两个字符共用了一个字形，即"长"这个字形包含两个字符：字符一"长₁"读"cháng"，表示长短之义；字符二"长₂"读"zhǎng"，表示生长之义。这种字例很多，所有的"兼用"字都可以当作"派生同形字"，只是立论角度不同而已。如"传"（传递之"chuán"，传记之"zhuàn"）、"弹"（弹弓之"dàn"，弹力之"tán"）、"冠"（冠冕之"guān"，冠军之"guàn"）、"读"（读书之"dú"，句读之"dòu"）、"少"（多少的"shǎo"，少年的"shào"）等等。

（四）同形同音字：指形体、读音都相同而所记词位不同的字。这一类本来也可以并入上面的"同形字"，只是因为它们既同形又同音，所以单独列出来，以便定义。同形同音字也有造字形成的和变异形成的两种情况。如"枋"形，在同一个"fāng"的读音下能作四个不同词语的本用字符，分别表示树木名、方形的木材、用于防堰的木料、用木材扎成的木排等。这四个义项没有必然的引申关系，通常认为属于四个不同的词位，而记录它们的字形都是从木方声，构字方法相同，但由于"木"这个义符可以表示多种相关的意义，所以能跟多个词语发生形义联系，即使完全同音也仍然有构意上的差别，应该看作为不同词位分别造的本字。又如读音为"zhòu"的"胄"其实也是两个词位的同形字符，"胄₁"在《说文》中是"兜鍪也，从冃（帽）由声"，读"直又切"；"胄₂"则是"胤也，从肉由声"，也读"直又切"。这是两个虽然同音而并不同词的字，本来形体也不同，但隶变以后，"胄₁"所从的"冃"变成"月"，"胄₂"所从的"肉"

也变成"月",结果两个字形都变成了上由下月的"胄"了。再如当驿站和递送讲的"郵"本为从邑(都城)从垂(边陲)的会意字,现代简化为"邮",从阝(邑)由声,是用形声方法重造而成的,但这个形体恰好跟古书中作地名用的形声字"邮"既同形又同音。现代将古书中表示量具的"鐘"简化为"钟",把古书中表示乐器的"鍾"也简化为"钟",于是现代的字形"钟"也成了同形同音字。

上面提到的"派生同形"是指读音也发生变化的情况,如果派生词并没有读音的变化,它们跟源词共用字符更是普遍现象,只是人们习焉不察,以为还是一字一词,但严格说来,其实也应该将它们看作异词同形,并且还同音。例如"以"原为动词,后虚化为介词,又虚化为连词,又虚化为助词。虚化也是一种派生,它们不再是同一个词,但读音没有变化,也都用源词的本字形体来记录,因而属于同形同音字。

某词没有本字,借一个现成的同音字形来记录,并且久借不还,使该字形除了原来的本字职能外,同时成为某个或某几个别词的固定字符,这从用字上来说属于"假借"现象,而从字词的固定关系上看,也可以理解为数字同形现象。我们可以不承认"假借"是一种造字现象,因为它没有构造新的形体;但我们可以认为假借方法替本来没有字符的词语配备了可用字符,从而建立了字词的固定对应关系。如果这样,我们把一个字形的本用和假借用法看成几个字符共用一个字形也是说得过去的。例如"花"这个形体,实际上就是两个字符,对应着两个词语:一个是"花"形的本用,表示植物的花朵,它是用形声的造字法则构成的,可以标记为"花₁";一个是"花"形的借用,表示花钱、花费,它没有构造新字,而是借同音的表示花朵的花的现成形体来作字符,有人称之为"音本字",这个音本字可以标记为"花₂"。"花₁"和"花₂"作为两个词位的固定字符共用了同一个形体"花",并且同音,所以属同形同音字。假借字与被借字最初应该都是同音的,不同音的现象(如暮色的"莫"与否定词"莫")大都是后来音变造成的。因此,所有的假借字都可以看作是被借字的同形同音字。至于有本字的临时"通假"则纯属用字现象,当然不在此类。

(五)异体字:指本用职能是记录同一词位(或语素)而形体不同的字。所谓"本用"是相对于"借用"而言的,字形借用不属于异体字范畴。所谓"记录同一词位"是就字符的本质职能而言,只要所记义项属于同一词的意义系统,就可以算是记录同一词位的,而不必每个字形所记录的实际义项完全相同。异体字可能是异时异地的,因而实际读音也不必完全相同。有人界定异体字必须音义完全相同,并且在任何情况下都可以互换,那只是一种理想状态,实际用例未必如此。异体字从形成过程来看,可以分为异构字和异写字两种。

1.异构字,指为同一词位而造但构形属性或理据不同的字。跟理据相关的构形属性包括构件、构件数量、构件职能等。异构字大致有两种情况:

(1)造字方法不同,或者说结构模式不同。如小篆中的"鬲"像三足炊器之形,而另一个异体字则从瓦䓉声。又"看"的小篆是从手在目上会形,而另一从目躯声的字则为异体。再如"泪"(从水从目会意)与"淚"(从水戾声)、"埜"(从林从土会意)与"野"(从里予声)、"豔"(从豐盍声)与"艳"(从丰从色会意)、"鷄"(从鳥奚声)与"鸡"(从鸟加记号又)、"頭"(从頁豆声)与"头"(纯记号)等,都是结构方式不同的异体字。

(2)造字方法相同,而其他属性不同。有的构件数量不同,例如小篆的"得"从寸从貝(贝)从彳会意,另一形则从寸从貝会意,少去表示路的彳构件,而所记词位相同,构成异体字。类似的如"集"(从佳止木上会意)与"雧"(从三佳止木上会意)、"嵬"(从山鬼声)与"巍"(从山鬼声又委声)、"旾"(从日屯声)与"蓍"(从日从艹屯声)等异体字,彼此之间都有构件数量的差异。在甲骨文中,职能相同或相近的构件数量常常不固定,如"中""木""又""鱼""水""彳""止""口"等构件常常或有或无或多或少,但一般并不影响字形的记录职能,因而都可以看作同一字符的异构形体。

有的构件选择不同。如"蚓—螾""綫—線""裤—袴""跡—蹟""猿—猨"等各组异构形声字所选择的声符不同;"绔—袴""跡—迹""杯—盃""雞—鷄""唇—脣"等异构形声字所选择的义符不同;而"迹—蹟""村—邨""绔—裤""响—響""视—眡"等异构形声字则选择的声符义符都不同。不只是形声字有构件选择问题,会意字也可以选择不同的表义构件,如"塵—尘""災—灾""間—閒"等组异构字就是因构件表义不同而造成的。

2.异写字,指结构属性相同而写法不同的字。包括变体字、变形字两种情况。所谓变体字,指结构属性相同而书写体式或风格不同的字,例如"鱼"字,甲骨文写作"𩶁"、金文写作"𩵋"、小篆写作"𩵋"、隶书写作"魚"、宋体写作"魚"等。这些形体的结构属性和记录职能都是完全相同的,只是书写风格和体式不同而已。

所谓变形字,指同一字体中结构属性相同而形态样式不同的字。有的变形字是由于书写时所用笔画或线条的多少、长短、粗细、轻重、曲直和交接、离合、穿插等因素的不同而造成,如甲骨文中的"鱼"字有"𩶁𩵋𩵋𩵋𩵋𩵋"等不同形态,而其结构属性和记词职能是完全相同的。有的是由于写字时构件的摆布不同而造成的,例如楷书和宋体中的"裡—裏、峰—峯、够—夠、氈—氊、期—朞、雜—襍"等,虽然因构件布局不同而引起形体样式不同,但各组字之间的结构属性和记词职能并没有不同。有的是书写过程中将原字的某些笔画或构件有意(出于便写、美观、简化等目的)或无意(错讹)地加以粘连、并合、分离、减省、增繁而形成的,例如"并—並、吊—弔、霸—覇、遊—逰、羑—羗、朵—朶、久—乆、叫—呌、聰—聽、世—丗—卋"等等。这些形体的变异属于书写现象,不影响构形属性,因而不应该算作异构字,而只能算作异写字。

(六)同源字:指记录不同词位而音义相关的字。同源字关系是由汉语同源词的关系所决定的,或音同义近,或音近义同,或音义相通。父子相承是同源,兄弟相亲也是同源。若就同源字的形体关系而言,则有三种情况①:

1.形体无关的同源字。例如"贯(毌)"与"冠"。《说文解字》:"冠,絭也,所以絭发。弁冕之总名也。从冂从元,元亦声。冠有法制,从寸。"许慎认为"冠"的音义来源于"絭",如果能够成立,那"冠"与"絭"也是一组形体无关的同源字。但"絭"的本义是"攘臂绳也",未必与"冠"有直接的联系,所以汉刘熙的《释名·释首饰》提出另外一说:"冠,贯也。所以贯韬发也。"毕沅《释名疏证》:"贯当作毌,《说文》贯乃泉贝之贯,毌则穿物持之也。从一横贯,读若冠。今则通用贯字。"其实毌像宝货相贯之形,贯应是毌的增旁异构字,它们所记录的是同一词位。"冠"与"贯(毌)"古代同音,冠需要用笄横贯才能固定,所以因贯而得名。可见"贯(毌)"与"冠"音义相关,是父子相承的同源字。又如"欺"与"谲"。《说文解字》:"瘷,诈欺也。"又:"谲,权诈也。"《诗经·周南·关雎》序:"主文而谲谏。"郑玄笺:"谲谏,咏歌依违不直谏。"孔颖达疏:"谲者,权诈之名。托之乐歌,依违而谏,亦权诈之义,故谓之谲谏。"可见"欺"是

---

① 王宁:《浅论传统字源学》,载《训诂学原理》,北京:中国国际广播出版社,1996年,第126—143页。

一般的欺骗,"谲"是政治欺骗,即耍弄权谋,采取非常规的手段。它们在意义上有共通的东西,即都是变更常规正道,隐瞒真实情况;声音上"欺"为溪纽哈韵,"谲"为见纽屑韵,溪见邻纽,哈屑旁对转,读音相近。音近义通,实为同根所生,所以是兄弟相亲的同源字。

2.同声符的同源字。源词派生出新词的时候,往往孳乳新字以分化源词和派生词,孳乳字又往往以源词的本字为声符而另加义符构成,于是产生两种同声符的同源字。一种为父子相承关系,如"解"与"懈"。《说文解字》:"解,判也。从刀判牛角。""懈,怠也。从心,解声。"今按,"解"是判分、分解的意思,《庄子·养生主》"庖丁为文惠君解牛"正是用的本义;引申而有解开、放松、松散等义。其中指心理疙瘩的分解(也就是心情上的放松)的义项,派生为新词"懈",而"懈"字形体正是以源词的本字"解"作声符。一种为兄弟相亲关系,如《说文解字》:"癍,散声。从疒,斯声。""澌,水索也。从水,斯声。""凘,流冰也。从仌,斯声。"《类篇》:"撕,折也。""嘶,马鸣。""蕲,山宜切,析也。又相支切,析薪养马者。""籕,竹器也。可以取粗去细。""鐁,平木器。《释名》:'斤有高下之迹,鐁弥而平之。'"今按,这一组字都从"斯"得声,也都含有"分散、分离"的义素,"水索"指小股水流离散消失,"流冰"指解冻后分离的小冰块,"马鸣"声音嘶哑分散,"取粗去细"就是让粗细分离,"鐁"的作用也是刨去高出的木而使木块平整。可见它们声近义通,其实它们都是同一个父亲所生,音义都来源于"斯"。《说文》:"斯,析也。从斤,其声。《诗》曰'斧以斯之'。"

3.同形的同源字。派生新词时没有分化新的字形而是兼用源词的字形,这就造成几个同源词共用一个字形的现象,它们既是同形字关系,又是同源字关系。例如"数"字有四个读音,各自承担不同的义项,实际上代表了四个词位:"数₁"音 shù,基本意义为"数目";"数₂"音

shǔ,基本意义为"计算";"数₃"音 shuò,基本意义为"多次";"数₄"音 cù,基本意义为"细密"。这四个词位读音相近,意义相关,字形相同,所以是同形同源字。前文所论"派生同形字"实际上都可以看作同形同源字,归类角度不同而已。

三

现在来看看文献系统的字际关系。文献系统是一种使用状态,个体汉字对应于言语系统中的词义(义项)。在文献系统中,个体汉字的职能是靠语境显示的,通常只有一个确定的义项。文献系统中的字际关系主要是指字用属性关系和职能对应关系,而不再是汉字的形音义异同关系(否则就与文字系统的字际关系没有区别了)。汉字的使用职能不外乎三种:本用(用本字记本词)、兼用(用本字记派生词)、借用(用借字记他词)。派生词往往是词义引申的结果,在派生词没有专用字的情况下,用源词的本字兼记,实际上也可以算作本用。这样,汉字的职能就可以合并为两种:本用和借用;汉字的使用属性也只有两种:本字和借字。与此相应,文献中的字际关系就职能和属性来说也就只有"本字本用"和"借字借用"两种,例如在"学而时习之,不亦乐乎"这句话中,"学、时、习、乐"属本字本用,"而、之、不、亦、乎"属借字借用,但这样归纳过于笼统,实际意义不大。

研究文献系统中的字用职能,主要是为了解读文献。因此,我们需要知道两方面的情况:一是某个字形可以记录和实际记录了哪些义项,这属于个体字符的职能问题,与字际关系无涉;二是某个义项可以用哪些字记录和实际上用了哪些字记录,如果一个义项可以用或实际上用了不同的字来记录,那这些字相对于同一职能而言就形成了某种字用关系,这种同职能的字用关系正是我们需要重点考察的文献字际关系。在记录同一义项的条件下,所用的不同字形或可能使用的不同字形之间,它们的职能对应关系和字用属性关系如下。

(一)本字—本字

几个字形分别记录同一个义项,而对这个义项来说,这些字形都是它的本字,就这些字形来说,它们所记录的这个义项都属于各字职能的本用。具体包括下面四种情况。

1.异体字—异体字

异体字是记录同一词位而形体不同的字,文献中虽然选用不同形体,而这些形体对于同一词位(义项)而言都是本字。例如,《论语·八佾》第十二章:"祭如在,祭神如神在。"其中的"神"字定州汉墓竹简本《论语》46 号简作"䰡"。今按,"䰡"字即《说文》的"䰠"字,许慎解释说:"䰠,神也。从鬼,申声。"清俞樾《诸子平议补录》:"山䰠也。䰠即神之异文。"这里所谓"异文"其实就是异体字。"䰠"与"神"为义符不同的异体字,"䰠"与"䰡"为构件布局不同的异体字,它们都表"神灵"之义。

2.同义字—同义字

从构形角度看,同义字是指本义相同的字;而从用字的角度看,同义字的范围则要大得多,无论是本义还是引申义,只要有一个义项相同就可以看作同义字。如"治"与"理"、"世"与"代"为引申义项的同义;"元"与"始"、"大"与"京"则是本义跟引申义相同。这些具有相同义项的同义字,在文献使用中表达同一义项时可以互代。同义字所记虽然是不同的词位,但各字对于自己所记的词位来说无论是记本义还是引申义,都属于本字本用。例如,《论语·八佾》:"邦君树塞门,管氏亦树塞门。邦君为两君之好有反坫,管氏亦有反坫。管氏而知礼,孰不知礼?"其中的"邦"字定州汉墓竹简本《论语》59 号简作"国"。《说文解字》:"国,邦也。从口从或。""邦,国也。从邑丰声。"可见"邦"与"国"是本义相同的同义字。《论语·子路》:"斗筲之人,何足算也?"其中的"算"字定州汉墓竹简本《论语》350 号简作"数"。《说文解字》:"算,数也。从竹从具。""数,计也。从攴,娄声。""算"与"数"本义相近,但在此句中都引申为估量、评价之义,应看作引申义相同的同义字。《论语·为政》:"大车无辀,小车无軏,其何以行之哉!"其中的"车"字定州汉墓竹简本《论语》31 号简作"舆"。又《微子》篇:"夫执舆者为谁?"其中的"舆"字定州汉墓竹简本《论语》557 号简作"车"。我们知道"舆"的本义为车厢,并不与"车"同义。但在前例中简文"舆"字以部分代全体引申为"车"义,在后例中简文"车"字词义范围缩小而指"舆",可见这两例中的"车"和"舆"分别为本义和引申义相同的同义字。有些同源字由于词义的引申变化,相互之间也可能造成某些义项相同,文献中如果用异形的同源字表示同一个义项,那也可以看作同义本字关系。如"命"和"令"有时可以互换使用表示派遣、使让之义,就应该看作都是使用本字的同义关系。

3. 古本字——重造本字

某字由于频繁用于记录他词,或本词派生而需要分化,因此为该字的本用义重造一个本字,而原字可以不再本用,只负担借用或兼用的职能,但实际上原字仍然有本用的现象。例如"莫"字,本用表示傍晚黄昏时分,同时借用为代词和否定词。为了区别本用借用,为其本义另造了本字"暮"。又如"益"字,本义是满溢,引申派生为利益、增益。为了区别本用兼用,为其本义另造了本字"溢"。对于傍晚时分这个义项来说,"莫"是它的本字,"暮"也是它的本字;对于满溢这个义项来说,"益"是它的本字,"溢"也是它的本字。我们把最初的本字"莫""益"叫作古本字,把后起的本字"暮""溢"叫作重造本字。古本字跟重造本字都是为了记录同一个语词而造的,它们本用的职能完全相同,只是形体不同,产生的时代先后不同。如果我们只从本用的角度看问题,可以说"莫"与"暮"、"益"与"溢"实际上是两组历时异体字,因而它们在表示本义时都应该算是本字。但是,就重造本字"暮""溢"产生的途径和目的来看,跟下文要讲的后造本字"彩""谓"及分化本字"懈""娶"等除了职能对应关系不同外(重造本字承担母字的本用职能,后造本字承担母字的借用职能,分化本字承担母字的兼用职能),又没有什么实质性的差异,既然"采"与"彩"、"取"与"娶"是异字符,那将"莫"与"暮"及"益"与"溢"看作异字符也似乎未尝不可。那就是说,既然另有专用的本字,那原来的多职能"莫""益"就不应该算是黄昏、满溢词位的本用字符,因而文献中用"莫"记录"暮"词、用"益"记录"溢"词的现象,就都应该算作有本字的借用即通假了。这两种处理方案似乎都有道理,但我们比较倾向前一种,即认为古本字与重造本字应该是历时异体字,属于同一个字符。因为古本字的借用和兼用实际上是几个字符共用了一个形体,即"莫"这个形体可以分为本用的"莫$_1$"和借用的"莫$_2$","益"这个形体也可以分为本用的"益$_1$"和兼用的"益$_2$",那么本用的"莫$_1$"和"益$_1$"跟重造的本字"暮"和"溢"就应该是职能完全相同的异体字。类似关系的字组还有"它—蛇""止—趾""责—债""采—採""奉—捧""然—燃""共—供""酉—酒""员—圆"等等。

4. 源本字—分化本字

前文已经涉及词语派生而引起文字分化的现象。如"赴"由趋奔义引申出告丧义,当告丧义派生为新词时,形式上也分化出新的本字"讣"。对告丧义而言,"赴"是源本字(用本字记录引申义),"讣"是分化本字,形义上都有联系。源本字和分化本字先后记录了同一个义项,甚至在使用分化本字的同时仍然用源本字记录同一义项,所以源本字和分化本字具有同职能关系。再如"取"本义为割取、取得,引申有娶妻义,开始都用"取"记录,《诗经·豳风·伐柯》:"取妻如何?匪媒不得。"后分化为"娶",专用于娶妻义。源本字"取"和分化本字"娶"在记录娶妻义上同职能。具有类似关系的字组还有"知—智""解—懈""昏—婚""因—姻""眉—湄""反—返""禽—擒""内—纳""见—现""臭—嗅/殠""张—涨/胀/帐"等。它们的特点是,源本字和分化本字之间有内在的音义联系,分化本字所代表的词语是从源本字所记词语中派生出来的,因此它们既是同源字,也是同源词。这是文字学和词汇学所要共同研究的现象。

(二)本字—借字

在记录同一个义项的不同用字中,有的是本字,有的是通假字或假借字,因而构成本用与借用或借用与本用的字际关系。具体包括两种情况。

1.本字—通假字

"颂"字从页公声,本义指容貌。"容"字从宀从谷,本义指容纳。这是两个不同的字符。但"容"可以通假为"颂",因而在容貌的意义上,本字"颂"跟通假字"容"形成同职能关系。如《汉书·儒林传·毛公》:"(鲁)徐生以颂为礼官大夫。"韩愈《独孤申叔哀辞》:"如闻其声,如见其容。""颂""容"都是容貌的意思。"容"从容纳义可以引申为容忍、宽容义,如《史记·淮南衡山列传》:"兄弟二人不能相容。"而"颂"也可以通假为"容",同样具有类似意义,如《汉书·刑法志》:"年八十以上、八岁以下,及孕者未乳、师毛儒当鞠系者,颂系之。"颜师古注:"颂读曰容。容，宽容之，不桎梏。"这样一来，在容忍、宽容的意义上，"容"
是本字，"颂"是通假字，它们也构成同职能关系。"颂"还可以通假为
"讼"，"讼"的本义是歌颂（争讼的"讼"为同形字），如《韩非子·孤
愤》："是以诸侯不因则事不应，故敌国为之讼。""颂"也可表示歌颂的
意思，如《荀子·天论》："从天而颂之，孰与制天命而用之。"于是本字
"讼"跟通假字"颂"在歌颂的意义上又同职能。"颂"还可以通假为
"诵"，表示念读的意思，如《孟子·万章下》："颂其诗，读其书，不知其
人可乎。"然则通假字"颂"与本字"诵"也可以同职能。如果继续系
联，我们还会发现"容""讼""诵"作为通假字又会与其他本字构成同
职能异字符关系。

2. 假借字—后造本字

某词原无本字，用假借字记录；后来为了分化假借字的职能，替某
词造出专用本字，原则上不再用原假借字，而实际上原假借字在后造本
字出现以后仍然可能继续它的借用职能。这样，如果从共时的角度看，
可以把它们看作本字与通假字的关系，而如果从历时的角度看，那就是
假借字与后造本字构成了同职能关系。如前文提到的"母"与"毋"、
"气"与"乞"、"蘇（苏)"与"甦"、"辟"与"壁""臂""譬""嬖"、"采"与"彩"
"菜""睬"、"牟"与"眸""麰""侔""恈"等都是。再如"胃"曾经广泛地假
借作言谓的"谓"用，东周时代的吉日壬午剑有铭文"胃之少虡"，战国时
期的长沙楚帛书和西汉前期的长沙马王堆帛书，也多借"胃"字来记录
"谓"词，但秦简已见"谓"字，就是说秦汉之际"胃""谓"在"谓"词上可以
任意选用，而《说文》以后，"胃"就不再借用作"谓"了。那么先秦的假借
字"胃"跟秦汉出现的后造本字"谓"在文献中都可以记录"谓"词，因而
构成同职能关系。

（三）借字—借字

文献中记录某个义项的不同字形都不是该义项的本字，而是通假字或假借字，那几个字形之间相对于这个义项来说就是借用与借用的关系。具体包括两种情况：

1. 通假字—通假字

在某词有本字的情况下，可以分别借用多个通假字来记录该词的现象，例如具有"刚刚""仅仅"等含义的副词"cái"，其本字当用"才"，是由"才"的初始义引申出来的，但文献中该副词"cái"有时通假"纔"来表示，有时通假"财"字表示，有时通假"裁"字记录。"纔""财""裁"尽管本义各不相同，但在实际使用中都可以作"才"的通假字，都表示刚才、仅只等副词意义，因而它们在一定条件下构成了同职能关系。再如前条提到"颂"可以通假为"讼"，表示歌颂义。其实文献中"诵"也可以通假为歌颂义的"讼"，如《史记·秦始皇本纪》："登兹泰山，周览东极，从臣思迹，本原事业，祇诵功德。"这样，"颂"与"诵"都可以通假为"讼"表示歌颂义，因而具有同职能。又"颂"可以通假为"容"表宽容义，其实"讼"也可以通假为"容"，表容受、容藏义，如《淮南子·泰族》："藏精于心，静莫恬淡，讼缪匈中。"高诱注："讼，容也。缪，静也。"柳宗元《宥蝮蛇文》："毒而不知，反讼其内。"此"讼"也是容藏义。容纳、容藏、容受、宽容、包容等都是同一语词"容"的不同义项，可见"颂""讼"作为"容"的通假字也是同职能的。比如文献中"孛""费"都曾通假为"昧"，"矢""逝"都曾通假为"誓"，"李""理"都曾通假为"吏"，等等，它们都分别构成同职能异字符关系。

2. 假借字—假借字

上文提到"女""汝"作第二人称代词用都是本无其字的假借字,它们在文献中记录了同一个词,因而构成异字符同职能关系。类似的例字很多。如无本字的第三人称代词和远指代词"bǐ"(这两个意义是相通的,可以看作一个词),文献中一般假借本义为"往有所加"的"彼"字表示,《孟子·滕文公上》:"彼,丈夫也,我,丈夫也。吾何畏彼哉!"也假借本义为剥取皮革的"皮"字表示,马王堆汉墓帛书《老子》甲本《德经》:"故去皮取此。"又假借本义为筐筐的"匪"字表示,《诗经·小雅·小旻》:"如匪行迈谋,是用不得于道。"还假借本义为被盖的"被"字表示,《荀子·宥坐》:"还复瞻被九盖皆继,被有说邪,匠有绝邪。"杨倞注:"被皆当为彼。"在马王堆帛书《老子》中,还有假借本义为罢免谪遣的"罢"来表示第三人称的用例。这样一来,"彼""皮""匪""被""罢"五个不同的字符由于在文献中先后假借记录过同一个词而形成了同职能关系。

以上我们分"文字系统"和"文献系统"两个大类,结合词位和义项考察了汉字字际之间的种种关系,因为是分类举例,所以每组字例的关系都比较单纯。如果对字组及其相关的字群做全面考察的话,我们会发现字际之间的关系其实是非常复杂的,绝不是用某一种术语就能描述清楚的。例如"箸"字从竹者声,本义为吃饭的工具筷子。另有从竹助声的同职能异体字"筯",又有因书写变异而形成的异体字"著"。"箸""著"都可以假借表示显著的"zhù"及附着、着衣的"zhuó",这样,"箸""著"相互为异体字,而又各自为借用同形字。后来"箸""著"异体分工,"箸"表示原来的本词,"著"则用于假借义,因而变成两个不同的字符。"著"字分立后,又从附着义派生出着落的"zhuó"、土著的"zhù"及助词的"zhe",就是说,"著"这个字形是多个派生词共用的同形字。

"著"字由于书写变异又出现了一个异体字"着"。后来又异体分工,凡原来读去声的各词用"著",凡原来读入声的各词用"着",结果又分化为两个不同的字符。① 如此复杂的字际关系不结合文献实际是很难疏理清楚的。由此可见,字际关系不仅是文字学要研究的对象,也是文献解读所要关心的问题。字际关系不弄清楚,就很容易把本来表义相同的异体字和其他因借用而形成的同职能异形字当作不同的词位,也可能把本来表义不同的几个词位因为表面同形而误会为同一词位。

---

① 裘锡圭:《文字学概要》,北京:商务印书馆,1988 年,第 224—225 页。

从出土文献资料看汉语字词关系的复杂性[*]

黄德宽

　　汉语字词关系的研究,是汉语史和汉字史研究的重要课题,既涉及对汉语字、词等基本概念的科学认识和准确判断,也涉及词汇和汉字系统发展规律和特点的揭示和把握。

　　传统语文学对汉语字词关系的认识总体上还不够深入,前人辨析汉语字词关系的成果,主要体现为历代典籍的训释和字书的编纂。近代以来,随着西方语言学理论的传入,语言文字学界对汉语字词关系的研究才逐步走向深入,认识也更为科学。尽管如此,汉语字词关系的研究一直以来都是汉语和汉字研究较为薄弱的环节。学者不仅对汉语字词关系研究的关注较少,而且在材料运用上更多地还是倚重传世文献和字书,对出土文献的重要性缺乏足够的认识。在方法上,还是以静态的描写分析为主,依据出土文献进行动态考察分析的研究不多,这一点当前尤其需要改进和加强。新发现的历代大量出土文献资料,客观地保存了不同时代字词关系的原貌。通过对这些出土文献资料的动态分析考察,我们可以获得对汉语字词关系复杂性的新的认识,这不仅可能解决一些长期未能解决的字词疑难问题,而且有利于更加准确、科学地认识汉语字词关系的一般特点和主要发展规律。

---

　　* 本文原载《历史语言学研究》第 7 辑,北京:商务印书馆,2014 年。

　　研究汉语字词关系,可以从汉语史立场出发,着重研究词汇系统发展是如何影响汉字系统发展的;也可以从汉字史的立场出发,着重研究汉字系统发展是如何适应词汇系统发展的。下面,我们从汉字发展的角度,依据出土的古文字资料,通过一些字词关系变化的考察分析,来进一步讨论汉语字词关系的复杂性问题。

一、从"多字多词"到"一字多词"

　　在汉字系统中,许多字的义项纷繁复杂,前人训释随文而注,字书编写兼收并蓄,使得字义系统呈现出杂乱无章的状态。这种状态实际上直接影响到人们对汉字形音义关系的判断,而古代汉字的形音义关系大多数情况下也就是字与词的关系。如:"袭"字,《说文解字》曰:"左衽袍也。"[1]宋本《玉篇》收列 6 个义项。[2] 在古代典籍中,"袭"字实际上使用情况相当复杂,如《故训汇纂》汇辑 220 多种先秦至晚清古籍故训材料,"袭"之下收列注项多达 105 个;[3]《汉语大字典》归纳"袭"字义项也有 13 个;[4]即便是想"扩大词义概括性""力求释义简明"[5]的《王力古汉语字典》也列出了 8 个义项。[6] 这些代表性工具书归纳出的"袭"的多种注项或义项,表明这个字在实际使用中呈现的复杂

---

　　① 许慎:《说文解字》卷八上,北京:中华书局,1963 年,第 170 页。

　　② 《宋本玉篇》(根据张氏泽存堂本影印),北京:中国书店,1983 年,第 502 页。

　　③ 宗福邦、陈世铙、萧海波主编:《故训汇纂》,北京:商务印书馆,2003 年,第 2079—2081 页。

　　④ 汉语大字典编辑委员会编纂:《汉语大字典》(第二版),成都:四川辞书出版社、武汉:崇文书局,2010 年,第 3326—3327 页。

　　⑤ 王力编:《王力古汉语字典》,北京:中华书局,2000 年版。

　　⑥ 王力编:《王力古汉语字典》,北京:中华书局,2000 年版,第 1239—1240 页。

面貌。如果我们将"袭"字最基本的义项做进一步的整理,大抵可分列为几组:

(1)名词,衣服类,如"左衽袍""重衣"等;

(2)动词,加穿衣服、重袭、和合、因袭、承受、触及、捃袭、侵袭、进入等;

(3)量词,一套、一副,多用于衣服。

这几组基本义项,按照段玉裁《说文解字注》的看法,实际上包含了"袭"和"褶"两个字的义项。古文字新材料的发现和研究进展,为我们进一步廓清"袭"字各义项的关系提供了可能。根据古文字新材料,我们认为"袭"字多种义项的形成,并不完全是字义自身的引申发展,而是在汉字发展过程中,"袭"字与其他相关字之间的并合造成的结果。在古文字材料中,实际上存在着三个写法不同、读音相同的"袭",即:

(1)左衽袍之"袭";

(2)侵伐之"袭";

(3)重衣之"袭"。

在西周到战国时期的出土文献资料中,三个不同的"袭"记录的是三个不同的词,虽然有时可能混用,但彼此之间是一种清楚的"多字多词"的关系。后来其他两个"袭"字形体废而不用,一个"袭"字承担了原来三个字的功能,形成了"一字多词"现象。这样一来,上古时期存在的字词关系就泯灭不显了,从而使后世文献中的"袭"字的字义系统变得异常庞杂,字词关系难以明了。①

---

① 黄德宽:《"系"及相关字的再讨论》,《中国古文字研究》第 1 辑,长春:吉林大学出版社,1999 年。关于古文字"袭"字合并和调整的研究,我们另有《说"袭"》一文,待刊。

另一个典型的例子是"次"。《说文解字》曰："次,不前不精也,从欠二声。"①段注："不前不精,皆居次之意……当作从二从欠,从二故为次。"②传世文献训释中,对"次"随文训释,《故训汇纂》收注项多达138个。③《王力古汉语字典》归纳为6个主要义项:

(1)次序,位次;

(2)次序在后的,或差一等的;

(3)临时驻扎,停留;

(4)处所;

(5)至,及;

(6)量词。④

根据这些义项之间的关系,还可以分为三组,即(1)(2)项为一组、(3)(4)(5)项和(6)项各为一组,各组义项之间好像有字义引申关系。其实,从出土文献资料来看,"次"也是由"多字多词"发展为"一字多词"的。在甲骨文中,有一个字作"𠂤",义作"𠂤",学者已经证明,这个字就是后世文献中用于军队驻扎的"次"的原字,所以字从"𠂤"(师);西周金文和战国楚简中有一个"从宀㠯声"的"次",应该是表示"处所"的专用字;这两个字与"次"本来各司其职,是记录三个不同的词的不同字,经过归并调整,后来才合而为一,弃用其他形,"次"于是"一字"而记录"多词"。⑤

---

① 许慎:《说文解字》卷八下,北京:中华书局,1963年,第180页。

② 许慎撰、段玉裁注:《说文解字注》卷八下,上海:上海古籍出版社,1981年,第413页。

③ 宗福邦、陈世铙、萧海波主编:《故训汇纂》,北京:商务印书馆,2003年,第1168—1170页。

④ 王力编:《王力古汉语字典》,北京:中华书局,2000年,第535页。

⑤ 黄德宽:《释琉璃河太保二器中的"宋"字》,载张光裕、黄德宽主编:《古文字学论稿》,合肥:安徽大学出版社,2008年。

通过出土文献资料,我们还能发现其他"多字多词"向"一字多词"发展的例子,如"将"也是并合分别表示"将享""将帅""将行"三个不同字的职能而成为"一字"记录"多词"的例子。[①] 类似"多字多词"并合为"一字多词"的现象,实际上与汉字体系总体上"孳乳寖多"向"专字专用"发展的大趋势并不完全一致,其出现的原因也是颇为复杂的。只根据传世文献和已有字书进行静态的考察分析,不仅易于忽视这类现象,而且即便有所察觉,也难以做出准确的解释。

二、从"一字多词"到"一字一词"

汉字发展历史中,字词关系最引人瞩目的变化,当是由"一字多词"向"一字一词"的发展。这种发展是一个漫长的过程,是词汇系统发展变化在汉字系统中的表现。

一种情况是词汇发展导致的"一字多词"现象。随着词义的丰富和引申发展,词汇系统中新的派生词大量出现,同源词族日渐扩大。但是,汉字发展并不是亦步亦趋地适应词汇发展的,新字的产生总是滞后于新词的产生。因此,在派生词产生的初期,往往"一字多词"现象也普遍发生。这种现象不合乎汉字专字专用的构形原则,于是便通过"形声相益"新造大量的专用字以适应记录新词的需要,从而使汉字系统在适应词汇发展的同时也日益发展完善。这表现在汉字系统中就是自西周以降形声字的大量出现和汉字数量的激增。从出土文献资料来看,新字与新词关系的凝固一般要经历一个过程,因此,在由"一字多词"向"一字一词"的转换过程中,出现了普遍的"同声通假"现象,字际关系显

---

① 黄德宽:《说"迟"》,《古文字研究》第 24 辑,北京:中华书局,2002 年。

得杂乱无章。我们认为,这是新生汉字与新词确立关系的初期所出现的必然现象。① 尽管专字专用是汉语字词关系最突出的表现,但并不是新字一经产生就能实现"一字一词"、专字专用目标的,这是由出土文献资料证明的结论。

另一种情况是假借造成的"一字多词"现象。文字发展过程中,"假借"可以济"有词无字"之困,这是文字体系发展完善的重要手段。汉字使用过程中的"假借"现象,还包括不同字之间突破专字专用原则的借用,即所谓的"有字假借"。不论"无字"还是"有字"的假借,客观上都会造成"一字多词"现象的发生,这与汉字专字专用的构形原则相违,因此,为解决由于假借而引起的"一字多词"问题,汉字系统中也产生了一批新字,通过为"假借"义构造书写符号,从而实现"一字一词"、专字专用。出土文献资料提供了大量且丰富的由假借而派生新字的实例。

以上两种情况,在传统语文学和现代语言文字学研究中,都是学者十分关注的课题,成果也非常丰厚。出土文献资料的意义在于提供了更加可靠的一手资料,这些材料显示汉语字词关系的动态发展更加丰富而复杂。比如,在出土古文字文献中,"女"这个字,还作为"母、毋、如、汝"等词的记录符号;"隹"这个字,也是"唯、惟、虽"等词的记录符号;"句"这个字,在楚文字中可以记录"句、后、苟、后、钩、拘、考"等多个词。

有些"一字多词"现象,仅仅用"引申孳乳""同音假借"等理论还不能做出完满的解释,如古文字材料中还有下面一种特殊的"一字多词"现象。在古文字材料中,"夕"与"月"、"卜"与"外"、"士"与"王"、"口"与

<hr />

① 黄德宽:《同声通假:汉字构形与运用的矛盾统一》,《中国语言学报》第 9 期,北京:商务印书馆 2019 年。

"曰"、"立"与"位"、"郭"与"墉"、"逸"与"失"等，都是以前一个字形兼记后一个词，这种"一字多（两）词"现象，有学者称作"一形多读"。① 古文字材料中这类"一字多词"现象，不仅显示了汉语字词关系的复杂性，也为我们探讨汉语字词关系提出了新课题。

在出土古文字资料中，还有一些"一字多词"关系非常复杂，学者认识上存在着较大分歧，需要进一步做深入细致的梳理辨析。如殷商时期，"司"与"后"是否为一同源字，"司"字是否可以用为"后"字，就存在很大争论。有学者根据安阳五号墓铜器所释"后母辛"，进而认为著名的"司母戊"方鼎应改为"后母戊"。这种改动就是建立在"司"一字可记录"司、后"两个词的认识的基础上的。② 甲骨文中的"多毓"确定无疑读作"多后"，表明"毓"字可以记录"育""後"和"后"三个词。如果读"司"为"后"正确的话，那么也就说明殷商时期"后"这个词可以分别用"司"和"毓"两个字来记录。在战国楚简中，"后"则大多使用"句"字记录。就"后"这个词与"司""毓""句"三个字的关系而言，是"一词多字"现象，反过来这三个字又都是以"一字"记录"多词"。出土文献字词关系呈现的这种复杂性确实给研究工作带来许多难题。与"司"字有关，在古文字资料中，还涉及"司""嗣""嗣""罟""辞""乱"等多个相关字词关系的梳理和辨析。

因此，从出土文献资料来看，除学者已经揭示的词的引申、字的借用和派生等原因可以造成"一字多词"现象，还存在类似"一字多读"这样复杂的字词关系。在汉语和汉字发展史上，字词关系实际上是经历了一

① 林沄：《王、士同源及相关问题》，载广东炎黄文化研究会等编：《容庚先生百年诞辰纪念文集（古文字研究专号）》，广州：广东人民出版社，1998年。
② 唐兰、李学勤等：《安阳殷墟五号墓座谈纪要》，《考古》，1977年第5期；朱凤瀚：《论卜辞及商周金文中的"后"字》，《古文字研究》第19辑，北京：中华书局，1992年。

个复杂的变化和调整过程,才逐步实现"一字多词"向"一字一词"转化的,出土文献资料使动态地考察分析这种变化调整的过程成为可能。

三、从"多字一词"到"一字一词"

在汉语字词关系的讨论中,"多字一词"也称作"一词多形"现象,这一现象的讨论往往被学者归到"异体字"范畴。有学者认为,除异体之外,"由于用来表示某一个词的字是可以更换的",如假借字、分化字、同义换读字等,这也是造成"一词多形现象"的原因之一。①"多字一词"向"一字一词"发展,是汉语字词关系发展的基本趋势,也是历代语文规范的一项任务。因异体、假借、分化等造成的"多字一词"现象及其调整,是汉语字词关系发展中较为突出的现象,前人在文献训释和汉字研究中用力颇多,也积累了大量的实例,解决"一词多形"问题也是历代汉字规范的重点。

出土文献资料中保存的"多字一词"资料,不仅反映了这种现象的复杂性,而且也为探讨"多字一词"向"一字一词"的发展提供了难得的历史线索。如古文字资料中,表示师旅的"师"这个词,在出土文献中使用过"𠂤""帀"和"师"三个字。"𠂤"在甲骨文中用作记录"师旅"之"师"和"师次"之"次"两个词,对这个字而言是"一字"记"多词",直到西周晚期(如四十二年逨鼎)、春秋中期(如季子康镈)这个字依然用作记录师旅之"师";"师"在金文中也可以表示"师次"和"师旅"这两个词,相当于"𠂤"字,更常见的是用来记录"师氏""太师""工师"等词,也是一种"一字多词"现象;"帀"既可以用作表示师旅的"师",也可以用作记录"太

---

① 裘锡圭:《文字学概要》,台北:万卷楼,1995年,第290—298页。

师""工师"的"师"。这三个字不仅都是一字司多职,而且在记录师旅之"师"时,又属于"多字一词"现象,典型地体现出汉语字词关系的复杂性。对出土文献资料中这种"多字一词"现象形成的原因,有时并不是很容易就能解释清楚,记录"师旅"之"师"这组字之间的关系,用异体、假借、分化或同义换读等来解释,似乎都不是很妥帖①;从时代或国别用字的差异来解释也缺乏说服力,因为它们自殷商甲骨文到春秋战国一直沿用着,像在清华简《系年》这样同一部作品中,"𠂤""帀"的使用依然不加分别。②

传世文献中,"𠂤""帀"已不再用于表示师旅之"师","师"则"一字多词",兼容以上三个字的相关职能,"𠂤""帀"则分担了其他职能。《说文解字》"𠂤,小阜也,象形",徐铉曰"今俗作堆",将"𠂤"作为"堆"的象形本字,不过在分析"官"从"𠂤"时,许慎却说"𠂤犹众也,与师同意",这个解释表明到东汉时代"𠂤"与"师"还被作为同意关系看待。③《说文》又曰"帀,周也";"师","从帀从𠂤","𠂤,四帀众意也"。④ 从传世典籍的训释来看,"𠂤"基本上用的是《说文》"小阜"及其引申义,也就是"堆"字,"帀"基本上用的是"周"及其引申义,"师"的使用则呈现了多个义项,如《故训汇释》列出了 189 个注项,"盖、帀"的一些用法包含其中。⑤《王力古汉语字典》列"堆""匝"两个后起字代替了"𠂤"和"帀"两个早期字形,但是字义解说与《说文》和传世文献保持了一致;"师"下则列出

①　如段玉裁就曾试图从字义引申的角度来解释"师"的各种用法。见许慎撰、段玉裁注:《说文解字注》六篇下,上海:上海古籍出版社,1981 年,第 237 页。
②　李学勤主编:《清华大学藏战国竹简(贰)》,上海:中西书局,2011 年。
③　许慎:《说文解字》卷十四上,北京:中华书局,1963 年,第 303—304 页。
④　许慎:《说文解字》卷六下,北京:中华书局,1963 年,第 127 页。
⑤　宗福邦、陈世铙、萧海波主编:《故训汇纂》,北京:商务印书馆,2003 年,第 40、662、669—671 页。

"军队、教师、有专门知识技艺的人"三个基本义项和一个借义,同时在"备考"中涉及"长、众"两个义项。① 由此可见,字书和文献用字实际上并没能完全体现出三个字在出土文献中呈现的复杂关系,而只是体现了各个字职能分工调整并合后的关系。

出土的同一时期和类型的文献资料表现出的字词关系,尤其能显示出汉语字词关系的复杂性。如甲骨文资料中出现的"同字异形""异字同形""一字多用""省体"与"合文"等各种现象,不仅客观地反映了殷商时期汉字的形体构造和字际关系,也为探讨殷商时期的汉语字词关系提供了丰富的材料。② 近年来,战国楚系文献发现数量众多,出土楚系文献中的用字现象非常复杂,特点也很突出,开展其用字现象的整理研究是新出楚系文字研究的一项重要的基础性工作,这就涉及出土楚系文献字词关系的研究问题。目前,已有学者对楚系简帛文献中字形与音义关系开展了专题研究,其总结归纳出的各类别字形与音义的对应关系,充分显示了楚系文字字词关系的复杂性。③

以上分析表明,出土文献资料一方面客观地反映了汉语字词关系的复杂性,另一方面也为准确认识汉语字词关系提供了难得的一手资料。目前,已公布的出土文献资料数量巨大,在文字辨识和整理方面也取得了很大成就,利用出土文献资料系统地开展汉语字词关系的研究不但具备了较好的条件,而且有望取得重要突破。有鉴于此,我们期待能有更多的学者致力于基于出土文献的汉语字词关系的动态分析研究,从而改变汉语字词关系研究长期徘徊不前的现状。

---

① 王力编:《王力古汉语字典》,北京:中华书局,2000,第86、160、264页。
② 可参看姚孝遂《古汉字形体结构及其发展阶段》《甲骨文形体结构分析》《再论古汉字的性质》等文,均收入《姚孝遂古文字论集》,北京:中华书局,2010年。
③ 陈斯鹏:《楚系简帛中字形与音义关系研究》,北京:中国社会科学出版社,2011年。

论出土文本字词关系的考证与表述[*]

李运富

一

出土文本的文字考释除了要求有形音义方面的说明外,还需要确认文本中的字词(本文所说的"词"又叫"语词",包括相应的"词素"或"语素")关系;也就是说,不但要知道这是个什么字,还要揭示这个字在具体语境中的实际用法。因此文本文字的一项完整的考释工作,应该在字的"形、音、义、用"四个方面都能做出合理的解释。"形音义"的考证是关于字符构形属性的考证,它的目的是要弄清字符的结构理据及其所负载的本词本义;而"用"的考证是关于字符职能属性的考证,它的目的是要弄清字符在文本特定语境中所实际记录的词语和义项。

在考证某个字符的"形音义"(构形属性)和实际"用法"(职能属性)的过程中,有时会涉及许多相关的字和词,因为一个字符可能记录多个词,一个词也可以用不同的字符来记录,从而形成复杂的字词关系、字际关系和词际关系,如下图所示。

---

* 本文原载《古汉语研究》第 2 期,北京:商务印书馆,2005 年。

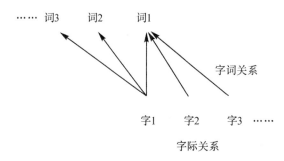

图1　字词、字际、词际关系图示

　　要明确这些复杂的关系,有赖于对相关字符从构形属性和职能属性两方面做系统考证,同时需要有一套术语来加以指称,有若干标准来进行分类,所以需要汉字语用学做专门的理论性研究。通常来说,我们可以使用"本用、本字、本词、本义、引申义;借用、借字、他词、借义"及"异体字、同形字、同义字、同音字、同源字"等术语来指称和描述文本中的字词属性和字词关系(包括字际关系和词际关系,下文同)①。这些术语的界定虽然表述上或有不同,但其内涵和所指大致是得到学术界公认的。我们在文本字词的考释中,应该从字形出发,结合字用,弄清各种字词关系,同时要使用科学术语来正确表述字词关系,使所考字词在"形音义用"各方面都能得到科学合理的解释。例如:

　　包山楚简258号简有个"屣"字,257号简又写作"赑"。原书考释云:"赑猪,赑即庶字(于省吾、陈世辉:《释庶》,《考古》,1959年第10

---

　　①　详参李运富有关系列论文:《论汉字的记录职能》(上)、(下),《徐州师范大学学报(哲学社会科学版)》,2003年第1、2期;《论汉字职能的变化》,《古汉语研究》,2001年第4期;《论汉字的字际关系》,载刘利民、周建设主编:《语言》第三卷,北京:首都师范大学出版社,2002年;《汉字语用学论纲》,《励耘学刊(语言卷)》第1辑,北京:学苑出版社,2005年。

期），借作炙。炙猪即烤猪。"①

　　这条注释的文意理解是对的，但其中的字词关系没有考证清楚，也没有表述正确。

　　首先，说"虎即庶字"，形体上得不到合理解释。原字形 258 号简上石下火，应隶作"炻"，257 号简左石右火，应隶作"砅"，属于异体字。原考释将字形隶定作"虎"，有"广""石""火"三个构件，显然是由"庶"字逆推而产生的错误。其实"庶"字是从"炻"字变来的："石"的"厂"形变成"广"，"口"形变为"廿"，"火"则变成"灬"，于是成了"庶"字。演变前的"炻"与演变后的"庶"形体不同，但记录的是同一个词，也属于异体字关系。这种演变是符合古文字演变一般规律的。同类的演变情况可以举出"席"字和"度"字为证。《说文解字》把"席"字分析为"从巾庶省声"是错误的，它应该"从巾石声"，跟楚简的"筈"和"若"是异体字关系，都从"石"得声。由于"帍"的"石"在上部，"厂"也变成"广"，"口"也变成"廿"，于是成了"席"字。"度"字《说文解字》也说是"庶省声"，同样错误。其实也应该"从又石声"，"夏"变成"度"，过程同"帍"变为"席"。②

　　其次，说庶"借作炙"，不确。原考释采用于省吾、陈世辉说，把"庶"当作"煮"的本字③（其实应该说异体字），所以断定"庶"在该文中"借作炙"。我们认为"庶"的本义就是烧烤，"庶"应该是"炙"的异体字，而不是借字。"庶"（炻）字从火烧石以烤肉，"炙"则直接以火烤肉，都属会意象事，所取构件不同而已。文献常借"炻"字表示众庶义，后来字形讹变

<hr/>

①　湖北省荆沙铁路考古队：《包山楚简》，北京：文物出版社，1991 年。

②　林义光：《文源》，上海：中西书局，2012 年；于省吾、陈世辉：《释"庶"》，《考古》，1959 年第 10 期。

③　除于、陈《释"庶"》一文论证"庶"是"煮"的本字外，于省吾《甲骨文字释林》也说："甲骨文'庶'字是从火石、石亦声的会意兼形声字，也即'煮'之本字。"

为"庶",于是原形消失,"庶"成了众庶义的专借字,而烧烤义就只用"炙"来记录了。我们知道,包山楚简另有"煮"字,从火者声,见于147号简"煮盐于海"。中山王墓也有从火者声的"煮"字,用作人名。可见战国时代已有"煮"字,却没有发现"炙"字,如果把楚简的"炙"释作"煮",一方面不见"炙"的本义用例,另一方面又无法反映理应大量存在的烧烤类食物,而不得不把"炙"讲成"借字"。甲骨文中虽然还没有发现"煮"字,但与其把其中的"炙"释作"煮",仍不如释作"炙"来得合理,因为按照先民的生活条件,无需炊具的烧烤之事必然先于要凭借器皿的烹煮之事,而且表示烧烤的字比表示烹煮的字显然要容易造,那么在用例都能讲通的情况下,我们有什么理由非得让甲骨文先有"煮"字而不见"炙"字呢!甲骨文的"炙"多用作姓名或方国名,只有"炙牛于……"跟食物有关,显然"炙牛"不一定非得释为"煮牛",说是"炙牛"也许更为合理。尽管于、陈二先生申明:"古人炙肉于坑穴或燃石上都叫做煮,煮的初文本作庶。用水煮物叫做煮,用火炙肉叫做炙,系后世孳化分别之文。"①但既然肯定了"炙"的古义是指"炙肉于燃石上",又没有煮、炙二字分化的证据,为什么不直接释义为"炙"而一定要释为"煮"再用分化说来勉强牵合呢!我们说"炙"是"炙"的异体字,其实还有一个很重要的证据,这就是《颜氏家训·书证》篇明确说"火旁作庶为炙字"。"燶"的"火"旁显然属于累增的义符,"庶"字本从火后又增火作"燶",犹"然"字本从火后又增火作"燃"、"莫"字本从日后又增日作"暮",可见"庶"就是"燶",也就是"炙"。作为旁证,我们还可以举出文献中的"蹠"有个异体字正好就作"跠"。《汉书·贾谊传》"又苦跠盩",颜师古注:"跠,古蹠字也。音之石反。"王念孙《读书杂志·汉书》:"《说文》:'跖,足下也。'

---

① 于省吾、陈世辉:《释"庶"》,《考古》,1959 年第 10 期。

作蹠者借字,作跖者别体耳。或从石声,或从庶声,或从炙声,一也。石与炙声相近,石与庶声亦相近,故盗跖或作盗蹠。庶与炙声亦相近,故《小雅·楚茨》篇'或燔或炙'与'为豆孔庶'为韵。"其实,跖、蹠、跖三字都是异体字关系,声符形体不同而已。传世的《庄子·盗跖》篇"或作盗蹠",而江陵张家山汉墓出土的竹简作"盗跖",也正是三字异体而同用的例子①。"庶"与"炙"的关系就其分化之前的本用来说,应该就如同"蹠"与"跖"一样,将它们看作异体关系比看作借字与本字的关系显然更为合理。

经过这样的考证,我们可以把跟"炙"相关的字词的对应关系整理如下:

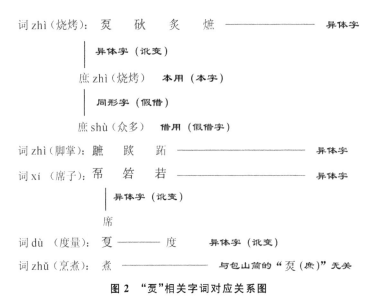

图 2　"炙"相关字词对应关系图

　　① 廖名春:《竹简本〈盗跖〉篇管窥》,《清华大学思想文化研究所集刊》第 1 辑,北京:清华大学出版社,1996 年。

以上所有相关的字词都关系清楚,指称明确,表述科学。这样的文本字词考释叫完全考释。

二

完全考释要求从字形入手或者从用例入手弄清相应字词之间的全部关系并加以正确表述,这是文本字词考释的最高标准。但实际上文本字词的考释不一定都能做到这种程度,有时字形相当清楚,文例的意思也能解释,而其中的字词关系却无法得到合理的沟通,这就叫作"非完全考释",还有待进一步研究。例如郭店楚简中有一个"北"字,大体上有两种用法①,一是当"必"讲,如《唐虞之道》:"北正其身,然后正世。"又"[圣]者不在上,天下北坏。"《语丛二》:"智(知)命者亡(毋)北。"其中的"北"当"必"讲文从字顺。二是当"牝"讲,如《老子》甲:"未智(知)北戊之合然怒,精之至也。"这句话在马王堆帛书《老子》甲、乙篇中都作"未知牝牡之会而朘怒,精之至也",传世王弼本《老子》五十五章作"未知牝牡之合而全作,精之至也",可见郭店的"北戊"应该当"牝牡"讲,这是文例和其他可对照的版本异文所限定了的,不容有太多的争议。既然知道了其中的"北"当"必"讲或当"牝"讲,从文献解读的角度看,可以说是已经解决了问题,但作为字词考释,并没有解决全部问题,因为我们不知道"北"究竟是个什么字,为什么可以用作"必"和"牝"?"北"跟"必"和"北"跟"牝"以及"必"跟"牝"究竟是什么关系。要回答这些问题,取决于"北"的本用是什么,这就有几种可能:

---

① 荆门市博物馆编:《郭店楚墓竹简》,北京:文物出版社,1998年。

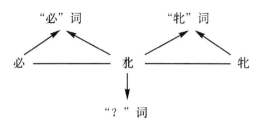

图 3 "牝"相关字词关系

（1）如果"牝"字的本用是记录"牝"词，那么它跟"牝"字是异体字关系，而当"必"词讲时就应该是借用，由于"必"字记录副词时本身也是借用，所以"牝"字跟"必"字在这里是借字跟借字的关系。（2）假如"牝"字的本用是记录"必"词的，那么"牝"字跟"必"字就是本字跟借字的关系，"牝"字跟"牝"字则是借字跟本字的关系。（3）如果"牝"字的本用是记录另一个跟"必""牝"都无关的"?"词，则记录"必"和"牝"词时都是借用，那"牝"字和"必"字就是借字跟借字的关系，"牝"字和"牝"字则是借字跟本字的关系。（4）"牝"字的本用虽为记录"?"词，但如果"?"词跟"必"词或"牝"词有同义（包括同源而同义者）关系，那"牝"字跟"必"字或"牝"字还可能构成同义字关系。现在由于"牝"的本用不明，这些字词之间的关系就无法确定。既然无法确定，我们就不能随便表述。（我们推测第一种可能性比较大，因为"才"为草木之初，跟生育有关，"牝"可能是"牝"的异构字，那记录"必"时就是借字。）

我们看到在文本字词的考释中常有人仅仅根据异文就断言某字是某字的借字（也作"某通某"或"某读作某"），或者仅仅根据形体相近就断言某字跟某字同字或读音相同，其实这很靠不住，即使幸而言中，在论证的逻辑上也是不具备充足理由的。因为异文之间的关系是多种多样的，除了借字跟本字的关系外，还可以是异体字关系、同义字关系、借字跟借字的关系，甚至各自用借字来构成同义字关系。例如包山楚简中用来纪年的句子"东周之客许呈至胙于哉郢之岁",其中的"至"字同书又作"归"字,这是一组很典型的异文材料,但我们不能据此认定"至"就是"归"的借字或者"归"是"至"的通假字。其实这里的"至"和"归"用的都是借字,"至"借为"致","归"借为"馈",然则"至"和"归"是借字跟借字的关系,而各自的本字"致"和"馈"在这里构成同义字(词)关系。至于形体相近就更难以证明字词关系了,即使形体相同,也未必就能证明它们的读音或意义相同,因为汉字中有大量的同形字和同形构件。且不说隶变以后的偏旁混同现象,战国以前同形字和同形构件就已经普遍存在了。如古文字中的"舟"既可以表示船(读 zhōu)也可以表示盘(读 pán),"幺"既可以读"yòu"(幼小)也可以读"sī"(丝线)。楚文字"丑""升"不分,"贝""目"相混,"人""刀"难别,"夕""月"任作。这些字形体相同或相近,而读音和意义并不相同,甚至无关。

　　可见利用异文或语境,只能得出大致相当的意义;利用形体,也只能推测某种可能;单一的证据往往无法确定具体的字词关系,这样的考释通常就属于"非完全考释"。在非完全考释中,由于没有弄清某些字形的本义本词,不宜随便给它们的用法定性,也不宜随便指称某字是某字的借字或本字。否则容易造成众说纷纭的局面,结果仍然无法确定具体字词的实际关系,反而把有关术语给弄混乱了。例如包山楚简和郭店楚简中有许多与"𩿾"相关的字,裘锡圭先生和刘钊先生等对它们做了考证和表述。他们所持的理由主要就是异文和形近。郭店楚简《五行》篇"思不清不𩿾,……清则𩿾,𩿾则安",注释[七]说:"裘按:帛书本与此字相当之字为'察',简文此字似亦当读为'察'。此字在包山简中屡见,读为'察',义皆可通。"又郭店简《语丛四》:"𥝠(窃)钩者戡(诛),𥝠(窃)邦者为者(诸)侯。者(诸)侯之门,义士之所鷹(存)。"该篇注释[七]:"裘按:此段内容与见于《庄子·胠箧》的下引文字基本相同:

'彼窃钩者诛,窃国者为诸侯。诸侯之门,而仁义存焉。'简文第一、五二字左旁,与本书《五行》中应读为'察'的从'言'之字的右旁相近。包山楚简中应读为'察'的从'言'之字,其右旁并有与此字左旁极相似者,可知此字之音与'察'相近。'窃''察'古通,故此字可读为'窃'。"又郭店简《五行》:"心曰唯,莫敢不唯;如(诺),莫敢不如(诺)。进,莫敢不进;后,莫敢不后。深,莫敢不深;![字],莫敢不![字]。"注释[六三]:"裘按:此句(指最后一句)首尾各有一从'水'的相同之字,似当读为'浅'。它们的右旁据帛书本当读为'察'。'察''窃'古通。'窃''浅'音近义通。《尔雅·释兽》'虎窃毛谓之虦猫',郭注:'窃,浅也。'"裘注的"某读为某"实际上是"某借为某"的意思,广濑熏雄引用裘注并直接说"![字]"是"察"的假借字①,反映的正是裘注的观点。刘钊先生认为裘说"有内容相同的帛书或传世典籍的对照,可以肯定是确切无疑的"②。

　　其实裘先生的说法还不能算完全考释,因为它留下三个问题需要进一步证实。第一,如果"![字]"是"察"的借字,那"![字]"究竟是个什么字,它的本义是什么,文献中有这个词的用例吗?第二,如果"![字]""![字]""![字]"中的相关形体(下面用"B"表示)是同一个构件,表示相同或相近的读音,那这个"B"究竟是什么字,本来应该读什么音,这个读音跟"察"相同或相近吗?第三,"![字]""![字]""![字]"中的"B"的各种不同形体是怎么变化来的,为什么会有那么大而整齐的差异?它们跟楚简中已经确释的读"pú"音的"僕"及从"糞(僕)"的字又是什么关系,为什么"言+B"中的"B"总体上会跟已知读"pú"音的从"糞(僕)"的字写法那么一致?这三

―――――――――――

　　①　广濑熏雄:《包山楚简に见える为证据制度について》,载郭店楚简研究会编:《楚地出土资料と中国古代文化》,东京:汲古书院,2002 年。

　　②　刘钊:《利用郭店楚简字形考释金文一例》,《古文字研究》第 24 辑,北京:中华书局,2002 年。

个问题分别反映了义（构形本义）、音、形三个方面，总起来说就是一个字源问题。在没有回答这个问题之前，裘说也只能算是假说。如果仅仅因为帛书本的异文就断定"䚤"当读为"察"，仅仅因为《庄子》的异文就断定"㪐"可读为"窃"，恐怕还难以取信。顺便就可以举出反证：上引《语丛四》"㪐邦者为者侯"，《庄子・胠箧》作"窃国者为诸侯"，"邦"与"国"也是异文，我们能说"邦"是"国"的借字吗？显然不能。而且这段话还见于《庄子・盗跖》篇，作"小盗者拘，大盗者为诸侯。诸侯之门，义士存焉"，然则"㪐"又与"盗"为异文，是否又该说"㪐"应读为"盗"呢？其实刘钊先生自己也明白异文不能证明同音或同字的道理，他曾否定有人根据帛书异文把郭店《五行》篇"不㪏于道"的"㪏"释为"辩"，理由就是"郭店楚简的'察'字在马王堆帛书中作'辩'是同义换用，并不能证明郭店简的'察'也应释'辩'"①，为什么到了"䚤"要读"察"、"㪐"要读"窃"时，就因为"有内容相同的帛书或传世典籍的对照，可以肯定是确切无疑的"了呢？

　　那么，"䚤""㪐""㪏"三个字的偏旁"B"形体相近，是否就一定是同一个声符，它们的读音就一定得相同或相近、因而"䚤"就一定得读为"察"呢？恐怕也未必。首先，这三个字中被看作同一构件的"B"其实形体并不完全相同：左边从"水"的字样右下也明显从"水"；右边从"攴"的字样左下明显从"大（矢）"；左边从"言"的字样则写法较多，其右下部有的从"又"，有的"又"的左向斜笔跟上部的横画相连，有的从"大"（矢），有的从"卅"，有的从"人（刀）"，有的同时从"又"从"人（刀）"。就构形的系统性看，这三组字形中的"B"特别是下部从"水"的"B"形体上是很难认同的。其次，即使这三个字中的"B"形体上可以认同，也不能

---

　　① 刘钊：《释"债"及相关诸字》，见简帛研究网"作者文库"。

证明它们的读音就一定相同或相近,因为汉字中存在大量的同形字和同形构件,它们形体相同而读音和意义并不相同。如果"𧥛"中的"B"因为跟"𤃭"和"𤐩"的"B"形近就应该读音相同的话,那楚简中还有一系列后来读作"pú"的从"菐"的字,如"僕""樸""鄴""镤""纀"等,就更应该读音相同了,因为它们所从的"菐"从总体上来说跟"言+B"中的"B"形体几乎完全相同,那是不是这些公认读"pú"的字也应该读"察"? 既然"僕"等可以跟"𤃭"等读音不同,为什么"𧥛"就一定要跟"𤃭""𤐩"读音相同或相近呢? 最后,即使"𧥛""𤃭""𤐩"三字中的"B"确实读音相同,而且确实"'察''窃'古通,'窃''浅'音近义通",那也只能证明"𧥛"有可能读为"察",而不能证明"𧥛"必然要读为"察"。因为如果"𧥛"是"察"的本字或异体字,那也符合这几个字读音相同相近的条件;如果"𧥛"是"察"的同源同义字(就像"命"跟"令"的关系),那同样符合这几个字读音相同相近的条件;甚至可以反过来,"察"是借字而"𧥛"是本字,那仍然符合这几个字读音相同相近的条件。

　　郭店楚墓竹简《五行》篇"不𤫩于道也"的"𤫩",马王堆帛书有异文作"辩",因而关于这个"𤫩"字的释读就存在两难选择:若强调这个"𤫩"跟"言+B"等字的形体联系而读为"察",就不得不舍弃异文;若强调异文而读为"辩",又不得不放弃跟"言+B"等字的形体联系。结果刘钊先生认为这个"𤫩"就是"𧥛"等合体字中的"B",应该读为"察"。而裘锡圭先生针对原注释[五十]"简文此字当读作察"加按语说:"此字之形与当读为'察'的从'言'之字的右旁有别。帛书本与之相当之字为'辩'。待考。"虽说是"待考",但从裘先生强调"此字之形与当读为'察'的从'言'之字的右旁有别"来看,他其实是不同意"𤫩"读作"察"而倾向于"𤫩"读为"辩"的。既然刘先生认为异文不能证明"𤫩"必读"辩",形近才决定"𤫩"应读"察",而裘先生又倾向形近不能证明"𤫩"必读"察",异文才决定"🌿"当读"辩",那就说明异文和形近字对于判定文字的释读作用都是很有限的。

可见,尽管"🌿"有"察"作异文,"🌿"有"辩"作异文,尽管还有"🌿""🌿"等形近字或同形构件可作旁证,但"🌿""🌿"是否就是"察"或"辨"的借字仍然难定,关键还得从该字本身说明其形音义的来源,只有来源明确,文献中的用法才能确定,只有真正做到"形、音、义、用"都能说明,那才是"确切无疑"的。对某字形、音、义、用的证明和表述不能想当然,也不能把或然说成必然。我们在论证和表述字词关系时,应该提倡系统证据,要像公安局破案一样建立证据链,力求把所有相关的字词关系和用法都说清楚,至少不应该出现矛盾和反证,这样才能避免顾此失彼,增强结论的可信度。上举"🌿""🌿""🌿"等字,根据我们的全面考证,它们所从的"B"其实来源各不相同,因而有关字词的关系都应该重新表述①。

三

现在的出土文本考释工作还有一种不太好的习惯,就是不管字词实际的形义联系,把出土文本中所有跟后代习用字不同而意义相当的字都看作是后代习用字的假借字或通假字。这种做法虽然方便,也不会影响对文本的解读,但并不符合科学的原则,因为不同时代的用字差异并不都是通假关系,更不会全是先代的字借用为后代的字。例如说从户秀声的"扊"字是"牖"的借字、从行从人的"衍"字是"道"的借字、从

---

① 关于这些字的相互关系的认定,详参李运富:《楚简"謨"字及相关诸字考辨》,载中国出土资料研究会:《中国出土资料研究》第 7 号,2003 年。

門串声的"闸"字是"關"的借字,其实它们可能也分别是表示窗户义、道路义和关门义的本字,跟后来习用的"牖"字、"道"字和"關"字各自对应为异体关系;说从日从止从頁的"顕"字是"夏"的借字、从力强声之"勥"字为"强"的借字、从日棗声之"曟"字为"早"的借字,其实正好相反,它们才分别是表示夏天义、强劲义和早晨义的本字,而后来习用的"夏""强"和"早"应该为借字;说"亓"是"其"的借字、"安"为"焉"的借字、"女"为"汝"的借字、"殹"为"也"的借字,其实作为虚词,本无其字,这些字应该都是借字,只是先后借用的字符不同而已;说"成"是"城"的借字、"或"是"域"的借字、"州"是"洲"的借字,其实"成""或""州"是源本字、"城""域""洲"是分化后的分化本字,在"城""域""洲"未分化造字之前,用"成"记录"城"义、用"或"记录"域"义、用"州"记录"洲"义也是本用,不应该被看作借字;说"悁"是"怨"的借字、"懸"是"宽"的借字,其实它们可能分别是同义字。凡此种种不同的字际关系,是不能用"借字"来统称的。

　　这些复杂的字词关系和字际关系,有的是能考证清楚的,有的是暂时阙疑的,有的可能永远也考证不出来。其实,对于文本解读来说,人们最关心的还是字符所负载的意义,只要知道某个不认识或不熟悉的字当什么容易理解的字讲就可以了,并不在乎这些字词之间的实际关系,所以释文中通常只用括号注出对应的字。如果这样的话,我们在注释中需要沟通某两个字或几个字的对应功能时就应该寻求一个既简便而又科学的说法,不宜用已有固定内涵的"借字"或"通假"来统称不属于借用的现象。也许有人会认为这过于较真,只要不影响理解文意,字词关系的表述并不重要。其实不然,文本字词的考释是其他研究的基础,如果表述不科学,往往会影响其材料的利用和有关的后续研究。假如有人编撰"通假字典"一类的书,根据已有的考释成果把那些用"某是某的借字""某借为某"或"某读为某"之类词句表述而事实上又并非通假关系的字都收入通假字典,甚至进而根据这些字的通假关系来研究古代的语音系统,那后果会怎么样? 所以在"非完全考释"的情况下,对无法确定的字词关系不要随便使用有确定内涵的术语表述。文本的解读注释在中国是有悠久历史的,我们可以从传统注释中受到启发。古人遇到这种情况时,通常使用"某某古今字"或"某通某""某同某"的说法,来告诉读者某个字应该当什么字理解。这些说法属于注释家的术语,它能帮助读者按对应字理解文意,又避免了许多麻烦,因为它不是严格的文字学术语,所以不必反映字的使用属性(是本用还是借用)和字际关系(是异体字关系还是本字跟借字的关系等)。我们在文本考释中,如果对字的本用和字际关系不清楚,也可以采用这种跟文字属性无关的说法来表述。但由于"古今字"的说法容易跟指称字体和字系的"古文字""今文字"相混淆,"通"和"同"又被现代人赋予了某种特定的含义("通"被认为指"通假","同"被看成音义全同的异体字,其实并非古人的原意),所以我们不一定要借用这些现成的术语。我们可以换一个说法,例如用"某字相当于某字"或"某字当某字讲"来表述文本中意义相同而用字不同的现象,就是比较简便而又不会影响判断字用属性和字际关系的科学说法。

总之,所谓"借字(通假字)""异体字"等等都是在相关字形本用清楚的情况下才能判定的,如果无法知道(考证不出)或无须知道(尚未考证)相关字形的本用,就不宜随便指称某字是某字的假借字(通假字)或异体字,尽管它可能有异文材料或同声符材料,也符合辞例的语意,因为这些都不是判断字用属性和字词关系的唯一条件或充分条件。当我们遇到一组表义功能相同而暂时不能确定字际关系的字时,可以使用"某字相当于某字"或"某字当某字讲"这样模糊的说法来表述。

汉语字词关系研究之检讨*

李运富

一、"形、音、义"三分不同于字词对应

古人有"字"的概念,但没有明确的"词"①的概念。古人分析和研究"字",针对的是语言中的"音"和"义",所以"字"跟"音"对应,跟"义"对应,而不是跟"词"对应。于是传统语言文字学就形成了"形""音""义"三足鼎立的局面,其目的在于解读经典文献。段玉裁说,"圣人之制字,有义而后有音,有音而后有形",而且汉字"有古形有今形、有古音有今音、有古义有今义",因此,研究汉字要"三者互相求"或"六者互相求"。② 钱大昕说:"古人之意不传,而文则古今不异,因文字而得古音,因古音而得古训,此一贯三之道。"③ 王筠说:"夫文字之奥,无过形音义三端。而古人之造字也,正名百物,以义为本,而音从之,于是乎有形。

* 本文原载《温州大学学报(社会科学版)》,2020 年第 1 期。基金项目:国家社会科学基金重大项目(13&ZD129);河南省高等学校哲学社会科学创新团队支持计划(2018-CXTD-03)。

① 语言中能独立运用的最小的音义结合体。参见李济中、姚锡远:《现代汉语专题》,北京:中国社会出版社,1997 年,94 页。

② 段玉裁:《广雅疏证·序》,载王念孙:《广雅疏证》,南京:江苏古籍出版社,1984 年,第 2 页。

③ 钱大昕:《小学考·序》,载《潜研堂集》,上海:上海古籍出版社,1989 年,第 3 页。

后人之识字也,由形以求其音,由音以考其义,而文之说备。"①"形""音""义"本来不在同一平面,但这种由文字之"形"探求语言之"音"以获得文献之"义"的层级思路,客观上形成了"体制学"(形)、"音韵学"(音)、"训诂学"(义)三足鼎立且同属于"文字学"的传统学术格局。所以晁公武说:"文字之学凡有三:其一体制,谓点画有衡(横)纵曲直之殊;其二训诂,谓称谓有古今雅俗之异;其三音韵,谓呼吸有清浊高下之不同。论体制之书,《说文》之类是也;论训诂之类,《尔雅》《方言》之类是也;论音韵之书,沈约《四声谱》及西域反切之学是也。三者虽各一家,其实皆小学之类。"②章太炎说:"文字之学,宜该形音义三者。"③齐佩瑢说:"自三代以来,文字的变迁很大。论字形,则自契文、金文、古籀、篆文、隶书、正书、草书、行书。论字义,则自象形、指事、会意、转注、假借、形声,而历代训诂诸书。论字音,则自周秦古音、《切韵》《中原音韵》,而注音字母、各地方音。这种种的变迁,形音义三方面的演变,都应属于文字学研究的范围。"④可见,传统的"小学"就是"文字之学",也就是以解读文献为目的的"语言文字学",其书面语言单位被分解为"形""音""义"三者,其对应关系是"形—音—义""形—义""音—义"。在这种学术系统中没有"词"的概念,因而"字—词"关系是模糊的。⑤

①　王筠:《说文释例》,北京:中华书局,1987年,第1页。
②　晁公武:《郡斋读书志》,载《郡斋读书志校证》,上海:上海古籍出版社,1990年,第145页。
③　章太炎:《国学讲演录》,上海:华东师范大学出版社,1995年,第5页。
④　齐佩瑢:《中国文字学概要》,北京:国立华北编译馆,1942年,第17页。
⑤　李运富:《"汉字学三平面理论"申论》,《北京师范大学学报(社会科学版)》,2016年第3期。

二、"词"的意念与字词关系的表述

传统语言文字学虽然没有"词"的概念,但既然要解读文献,事实上就离不开"词"。所谓"音"和"义"无非是把"词"给分解了,背后还是应该有"词"的意识,只是不用"词"来表述罢了。那他们涉及"词"的意念时用什么术语来表示呢？或者我们从哪些说法能看出古人确实研究和谈论了"字"与"词"的关系呢？

戴震云:"经之至者,道也,所以明道者,其词也,所以成词者,未有能外小学文字者也。由文字以通乎语言,由语言以通乎古圣贤之心志,譬之适堂坛之必循其阶,而不可以躐等。"①其中的"词"并不等于我们现在所说的"词",而是相当于"辞",也就是"语句"。用"文字"组成"(书面)语句",又通过"文字"理解"(书面)语句",其中必然包含语言的最小表达单位"词",这里的"文字"既是目视的形体"字",也是组成"词(辞)"的"词"。作为形体的"字"是文字系统中的成员,作为成"词(辞)"的"字",是语言环境中的"词"。戴震的学生段玉裁阐述说:"昔东原师之言,仆之学,不外以字考经,以经考字。"②"凡说字必用其本义,凡说经必因文求义。"③这里"字"与"经"相对,"经"也是指文献语言。"说字用本义"重在构形分析,"说经因文求义"重在分析具体语言环境中的"音义",也就是"词",所以说这里的"字"既不等于今天的"字"也不等于今天的"词",而是"字词"的结合体,即"形音义"三位一体的概念,仍然是

① 戴震:《古经解钩沉序》,载《戴震文集》,北京:中华书局,1980年,第146页。
② 许慎撰、段玉裁注:《说文解字注》,上海:上海古籍出版社,1981年,第789页。
③ 许慎撰、段玉裁注:《说文解字注》,上海:上海古籍出版社,1981年,第426页。

前文所说"文字形音义三要素"认识论的反映。

实际上古人也有单独表述"词"的意思,即不包括"形"的"音义结合体"的时候,这就等于把原来"形音义"三位一体的"字词"分离成了"字(形)"和"词(意义)",遗憾的是古人并没有在术语上将它们分开,仍然都是用"字"来指称。例如:

(1)《周礼·春官·肆师》:"凡师不功,则助牵主车。"郑玄注:"故书'功'为'工'。郑司农云:'工'读为'功'。古者'工'与'功'同字。"①

(2)《说文通训定声·自叙》:"就本字本训,而因以辗转引申为他训者,曰转注;无辗转引申,而别有本字本训可指明者,曰假借……假借数字供一字之用而必有本字,转注一字具数字之用而不烦造字。"②

(3)《说文假借例释》:"何谓本?制字之假借是也;何为末?用字之假借是也,二者相似而实不同:制字之假借,无其字而依托一字之声或事以当之,以一字为二字者也。用字之假借,是既有此字复有彼字,音义略同,因而通假,合二字为一字也。以一字为二字者,其故由于字少;合二字为一字者,其故反由于字多;故曰相似而实不同也。"③

(4)《中国文学教科书·假借释例》:"一曰制字之假借。上古字少,有假他字之义并借他字之声者,故以一字为二字。一曰用字之假借。用字之假借者,既有此字,复有彼字,音形偶同因而通假,合二字为一字者也。一为引申之假借。假借之例,其于音同义异而同用者固谓之假借,即凡字本义之外其余引申之义亦谓之假借。"④

例(1)说"'工'与'功'同字",意思是"工"和"功"这两个词(音义)使

---

① 郑玄注、贾公彦疏:《周礼注疏》,台北:艺文印书馆,2001年,第298页。

② 朱骏声:《说文通训定声》,北京:中华书局,1984年,第11—12页。

③ 刘又辛:《通假概说》,成都:巴蜀书社,1987年,第20页。

④ 刘师培:《假借释例》(上),载《中国文学教科书》,北京:中共中央党校出版社,1997年,第231页。

用同一个"工"字(形)记录。例(2)的"数字供一字之用"意思是几个字(形)供记录一个词(音义)使用;"一字具数字之用",是说一个字(形)供记录多个词(音义)使用。例(3)、例(4)的"一字为二字""二字为一字"分别指"一个字(形)记录两个不同词(音义)""两个字(形)记录同一个词(音义)"。可见古人已经看到了文献中普遍存在的"同字异词"和"同词异字"现象,但在表述用语上没有将"字"与"词"分开。

这种情况甚至延续到现代。吕叔湘说:"语言里的一个字,在文字里可以有几个字形;更多的情况是,文字里的一个字,在语言里该算做两个字。"[①]吕先生显然是区分了语言和文字的,可语言里"词(音义结合体)"和文字里的"字(形体)"他都用"字"来表示,幸好有"语言里""文字里"这样的限定语,显示出他相对于古人的进步。

当然,古人对"词"的表述也有跟"字"用语不同的时候,比如用"言"。东汉郑玄有云:"其始书之也,仓促无其字,或以音类比方假借为之,趋于近之而已矣。受之者非一邦之人,同言异字,同字异言,于兹遂生矣。"[②]这段话中的"言"就相当于"词","同言异字,同字异言"指的实际上也是"同词异字,同字异词"现象。

关于"同字异词"的表述,有"假借₁""同形字"等说法。

先看假借₁。《说文解字·叙》曰:"假借者,本无其字,依声托事,令长是也。"[③]这是借用同"声"字记录没有本字的语言单位的情况,一般认为是"造字假借",也有人称"音本字"。"本无其字"包括无字词和无字义,所以郑樵《通志·六书略》把假借分为"有义之假借"和"无义之假借"[④],

---

①　吕叔湘:《语文常谈》,北京:生活·读书·新知三联书店,1998年,第38页。
②　张能甫编注:《历代语言学文献读本》,成都:巴蜀书社,2003年,第183页。
③　许慎撰、段玉裁注:《说文解字注》,上海:上海古籍出版社,1981年,第756页。
④　郑樵:《通志》,北京:中华书局,1987年,第503页。

所谓"有义之假借"指引申义借用本义之本字。戴震《答江慎修先生论小学书》所指出的"一字具数用者，依于义以引申，依于声而旁寄，假此以施于彼曰假借"①也是包括两种情况的。也有人把假借限制在没有意义联系的用字上，如戴侗《六书故·六书通释》曰："所谓假借者，义无所因，特借其声，然后谓之假借。"②词义引申如果距离本义很远就可能派生出新词，所以"有义之假借"可能导致一个字记录一组同源词；而"无义之假借"则导致一个字记录一组同音词。都属于"同字异词"现象。

再看同形字。裘锡圭说："同形字的性质跟异体字正好相反。异体字的外形虽然不同，实际上只能起一个字的作用。同形字的外形虽然相同，实际上却是不同的字……对同形字的范围，可以有广狭不同的理解。范围最狭的同形字只包括那些分别为不同的词造的、字形偶然相同的字……范围最广的同形字，包括所有表示不同的词的相同字形。按照这种理解，被借字和假借字，也应该算同形字。"③

相对于"同字异词"而言，人们更多关注的是"同词异字"，也就是文献中表达同一个"音义"（相当于词）的不同用字问题。这方面的术语很多：

第一，重文。出于《说文解字》每部后的"文多少，重多少"。一般认为"重文"就是"异体字"，其实不然。沈兼士先生早就提出"重文并不尽是异体字""许书重文包括形体变异，同音通借，义通换用三种性质，非仅如往者所谓音义悉同形体变易者为重文"。④ 可见"重文"应该是同

①　戴震：《答江慎修先生论小学书》，载张能甫编注：《历代语言学文献读本》，成都：巴蜀书社，2003年，第224页。
②　戴侗：《六书故·六书通释》，清师竹斋李氏刻本，第23页。
③　裘锡圭：《文字学概要》，北京：商务印书馆，1988年，第209页。
④　沈兼士：《汉字义读法之一例——说文重文之新定义》，载《沈兼士学术论文集》，北京：中华书局，1986年，第139页。

用字,也就是在文献中可以记录同一语言单位的字。

第二,异形、异体、或体。通常叫作"异体字",包括异构字、异写字,甚至不同字体的字。《说文解字·叙》有云:"分为七国,田畴异晦,车涂异轨,律令异法,衣冠异制,言语异声,文字异形。秦始皇帝初兼天下,丞相李斯乃奏同之,罢其不与秦文合者。"①《汉书·艺文志》有云:"《史籀篇》者,周时史官教学童书也,与孔氏壁中古文异体。"②《说文解字》有"某,或作某""某,或从某""某,或某省"等说字体例,凡"或"出字被称为"或体字"。王筠《说文释例》曰:"《说文》之有或体也,亦谓一字异形而已。"③

第三,古今字。《礼记·曲礼下》有云:"君天下曰'天子',朝诸侯、分职授政任功曰'予一人'。"郑玄注:"《觐礼》曰:'伯父实来,余一人嘉之。''余''予'古今字。"④古今字指不同时代记录同一语言单位所使用的不同字。段玉裁曰:"凡读经传者,不可不知古今字。古今无定时,周为古则汉为今,汉为古则晋宋为今,随时异用者谓之古今字。非如今人所谓古文、籀文为古文,小篆、隶书为今字也。"⑤

第四,假借$_2$、通假、通借。古人在使用文字时,不用表示这个词义的本字,而借用一个与它音同或音近的字来代替,这种现象古人也叫"假借",即所谓"用字之假借",为了区别一般改称"通假"或"通借"。王引之《经义述闻·序》有云:"诂训之旨,存乎声音,字之声同声近者,经传往往假借。学者以声求义,破其假借之字,而读以本字,则涣然冰释,如其

---

① 许慎撰、段玉裁注:《说文解字注》,上海:上海古籍出版社,1981年,第757—758页。
② 班固:《汉书》,北京:中华书局,1962年,第1721页。
③ 王筠:《说文释例》,北京:中华书局,1987年,第121页。
④ 郑玄注、孔颖达正义:《礼记注疏》,台北:艺文印书馆,2001年,第78页。
⑤ 许慎撰、段玉裁注:《说文解字注》,上海:上海古籍出版社,1981年,第94页。

假借之字,而强为之解,则诘籀为病矣。"①章太炎《文学说例》有云:"若《释诂》所陈,三十余言,总持一义,虽多同声通借,而本字亦不少矣。"②

第五,通用。《说文解字·贝部》有云:"贻,赠遗也。从贝台声。经典通用诒。"③裘锡圭说:"文字学上所说的'通用',指不同的字在某种或某些用法上可以相替代的现象。可以通用的字就是通用字。文字学者讲通用,往往着眼于汉字从古到今的全部使用情况……通用字之间的关系大体上可以分成下列四类:本字跟假借字,假借字跟假借字,母字跟分化字,同义换读字跟本字或其他性质的字。"④

第六,正、俗。"俗"是徐铉校注《说文》时使用的术语,如:"邨,地名。从邑屯声。臣铉等曰:今俗作村,非是。"⑤徐指出"俗"字100多个。段玉裁揭发更多,并明确了跟"俗"字相对的叫"正"字,如《说文解字·阜部》"隊"字段注曰:"隊墜正俗字,古书多用隊,今则墜行而隊废矣。"⑥

第七,分别文、累增字。王筠《说文释例》卷八曰:"字有不须偏旁而其义已足者,则其偏旁为后人递加也。其加偏旁而义遂异者,是为分别文。其种有二:一则正义为借义所夺,因加偏旁以别之者也……一则本字义多,既加偏旁则只分其一义也……其加偏旁而义仍不异者,是谓累增字。"⑦王筠的"分别文"和"累增字"都属于"异部重文",实际上就是历时异体字,即不同时代产生的异体字,如爰与援(在引手义上为异体)、冉与髯(在胡须义上为异体)。

---

① 王引之:《经义述闻》,上海:商务印书馆,1936年,第5页。
② 章太炎:《文学说例》,载《新民丛报汇编》,东京:东京译新书社,1902年,第519页。
③ 许慎:《说文解字》,北京:中华书局,2013年,第127页。
④ 裘锡圭:《文字学概要》,北京:商务印书馆,1988年,第264—266页。
⑤ 许慎:《说文解字》,北京:中华书局,2013年,第132页。
⑥ 许慎:《说文解字》,北京:中华书局,2013年,第306页。
⑦ 王筠:《说文释例》,北京:中华书局,1987年,第173页。

第八,繁、省(简)。简体字在《说文解字》里称作"省",省体与繁体是相对而言的,如《说文解字·晶部》有云:"曐,万物之精,上为列星。从晶从生声。一曰象形。曐,古文。星,或省。"①1935年8月国民政府教育部公布了《第一批简体字表》,该表一共收录了324个民间流传最广的俗字、古字和草书字。表中有两个说明:其一,简体字为笔画省简之字,易认易写,别于正体字而言,得以代繁写之正体字;其二,本表所列之简体字,包括俗字、古字、草书等体,俗字如"体、宝、岩、蚕"等,古字如"气、无、处、广"等,草书如"时、实、为、会"等,皆为已有而通俗习用者。

第九,变易。黄侃曰:"《叙》云:'五帝三王之世,改易殊体。'谓之殊体者,其义不异,惟文字异耳。故观念既同,界说亦同,文字之变易也。"②"古今文字之变,不外二例:一曰变易,一曰孳乳。变易者,声义全同而别作一字。"③

还有两个术语情况比较特殊,涉及字词关系的变化情况,而且主要属语言层面的"词与词"的关系。

一个是孳乳。黄侃曰:"最初造字,文字本无多义,然衍之既久,遂由简趣繁,由浑趣析。故观念既改,界说亦异者,文字之孳乳也。"④"孳乳者,譬之生子,血脉相连,而子不可谓之父。"⑤

另一个是同源字。王力认为:"凡音义皆近,音近义同,或音同义近的字,叫同源字。这些字都有同一来源。或者是同时产生的,如'背'和'负';或者是先后产生的,如'斠'和'旄'。同源字,常常是以某一概念

①　许慎:《说文解字》,北京:中华书局,2013年,第137页。
②　黄侃:《文字声韵训诂笔记》,上海:上海古籍出版社,1980年,第29页。
③　黄侃:《文字声韵训诂笔记》,上海:上海古籍出版社,1980年,第34页。
④　黄侃:《文字声韵训诂笔记》,上海:上海古籍出版社,1980年,第29页。
⑤　黄侃:《文字声韵训诂笔记》,上海:上海古籍出版社,1980年,第34页。

为中心,而以语音的细微差别(或同音),同时以字形的差别,表示相近
或相关的几种概念。"①

三、字词关系的类别意识

　　归类和分类是人们认识客观事物的主要方法。古人对语言文字的
认识和表述也常用到类聚类别方法。《说文解字》中的"重文",就可以看
作是对汉字职用关系的一种分类,它把所收的一万多个字形分为"文"和
"重"两大类,而且在每部之后都指出该部"文多少""重多少"。"文"指的
是字头正文,共 9353 个,多为小篆字形;"重"指记词功能重复的字形,凡
1163 个②,包括古文、籀文、篆文、奇字、秦刻石、今文、或体字、俗体字等③。
　　唐代以后对字词关系的分类意识更强烈,分类结果也更趋成熟。
如颜元孙的《干禄字书》将同职用字分为"俗、通、正"三类,张参的《五经
文字》有"同、通、借、讹、俗、或、别、古、今、承、变、省"等类别。释行均的
《龙龛手镜》沿袭唐代的分类思路和表达体系,所用术语大同小异。张
涌泉《敦煌俗字研究》对《龙龛手镜》注明某字属于某类的术语内涵及相
互之间的关系有所介绍,具体如下④:

　　　　正字例。"正"字通常是指于古有据而当时仍在正式场合通行
　　的字体。

---

　　①　王力:《同源字论》,载《王力语言学论文集》,北京:商务印书馆,2000 年,第 533 页。
　　②　通行的大徐本《说文解字》叙言自称所收正文字头为 9353 字、所收重文为 1163
字,但也有其他各种不同的统计数据。
　　③　这些不同名称实际上也反映出另一些角度对文字的分类。
　　④　张涌泉:《敦煌俗字研究》,上海:上海教育出版社,1996 年,第 339—353 页。

同字例。"同"字通常是指变异偏旁或字形结构而形成的异体字。

或作例。"或作"的含义与"同"大体相当,也往往是指变异偏旁或字形结构而形成的异体字。

古文例。"古文"亦简称"古",是指古代曾经使用而当时已不流行的字体。其中有古代的异体字,也有后世产生的俗字。

今字例。"今"相对于"古",是指当时流行的字体。其中多数与俗书有关。

通字例。"通"字是指通行已久的俗体字,其规范性较"俗"字为强。"通"字主要是字形演变或声旁改换的结果。

俗字例。"俗"字是指社会上流行的不规范的字体。

俗通例。"俗通"盖流俗通行之意,"俗通"字大约是兼于"俗"字与"通"字之间的字体。

变体例。"变体"是指字形演变或偏旁易位形成的字体。

误字例。"误"字是指书写讹变形成的字体。

这些类别的划分和名词术语的使用是累积型和多角度的,大部分来源于《说文解字》等历代字书、词典的承传,也有个别取自历代注释书中的相关用语,如"同""误"。这套用来注释同功能字际关系的类别体系被近代学者黄侃继承,但略有调整,他在《说文略说·论字体之分类》中分为"正、同、通、借、讹、变、后、别"八类,并分别做了界定或说明[1]:

---

① 黄侃:《说文略说》,载《黄侃论学杂著》,北京:中华书局,1964年,第14—15页。

正。今所谓正,并以《说文》正文为主。

同。今《说文》所载重文皆此也。

通。和、龢、盉各有本义,而皆可通用和;勰、协、恊各有本义,而皆可通用协。此出于转注。

借。难易之字不作戁,而作难;厚薄之字不作洦,而作薄。此出于假借。

讹。《说文》所举長、斗、虫、苟四字是。后世则如壻作聟、荅作答是。

变。《说文》所举篆籀省改诸文是。后世则如潮为潮,菝为蕧是。

后。《说文》牺下云:贾侍中说,此非古。后世则如从弟有悌,从赴有讣是。

别。《说文》所举今字、俗字,后世则如祝作呪,玱作锵是。

　　黄侃在上述八类之中提到《说文解字》的占六类,没有提到《说文解字》的"通"和"借"其实也就是《说文解字》中的"假借"——包括本无其字的假借(通)和本有其字的通假(借),这进一步证明唐代以后的文字类别观念其实大都源自《说文解字》。

　　现代学者很少有对字词关系的整体类别系统进行描写的,大都只是对某种字词现象进行局部的下位分类。如裘锡圭《文字学概要》第九章第三节分析了"一词借用多字和一字借表多词的现象"[1],其中把"一词借用多字"的情况分为形借、音借和义借三种:"一个词由于为另一个词造的文字的字形对它也适合而借用这个字形,是形借;由于另一个词的音跟它相同相近而借用这个词的文字,是假借;由于另一个词的意义

---

①　裘锡圭:《文字学概要》,北京:商务印书馆,1988年,第191页。

跟它相同相近而借用这个词的文字,是同义换读。假借和同义换读也
未尝不可以称为音借和义借。"①裘先生在同书的另一个地方有类似的
表述,内容略有出入:"同一个词先后或同时有两个以上不同的字可以
用来表示它的现象,是常见的。我们把这种现象称为一词用多字。具
体地说,一词用多字,主要有下列四种情况:一,已有本字的词又使用假
借字;二,同一个词使用两个以上的假借字;三,一个词本来已经有文字
表示它,后来又为它或它的某种用法造了专用的分化字;四,已有文字
表示的词又使用同义换读字。"②较之前面的"形借""音借""义借"来
说,这段表述少了"形借"而多了"分化字",同时把借用造成的一词多字
区分为"本字与假借字""假借字与假借字"两种情况。再如王宁先生把
异体字分为"异构字"和"异写字"③,也属于下位分类。

四、"字词关系"研究的理论局限

(一)"字词关系"的"字词"无法涵盖字符跟语符的单位

我们讨论"字词关系",主观上是想解决汉字跟汉语的对应问题。但
实际上"字"有不同所指,并非只有单一内涵;"词"也只是语言单位之一,
可以跟"字"对应的不只是"词"。所以"字词关系"这种称谓只能算是代
表性的习惯说法,并不能涵盖文字单位与语言单位的所有对应关系。
　　"字"作为符号只是个抽象的泛称,实际所指要么是字的"形体",要
么是字的"结构",要么是字的"职能"。根据字的形体、结构、职能的异

① 裘锡圭:《文字学概要》,北京:商务印书馆,1988年,第221页。
② 裘锡圭:《文字学概要》,北京:商务印书馆,1988年,第258页。
③ 王宁:《汉字构形学讲座》,上海:上海教育出版社,2002年。

同,"字"可以分为"字样""字位""字种"等不同的单位。"字样"是文本中自然呈现的一个个独立的形体,将构形属性相同的字样归并到一起,就形成字符的基本单位"字位"。字样之间如果具有构形属性的差异(包括构件类型、构件数量、构件分布、构件功能、构件关系、构件变异等),就区分为不同的字位。如"户""戶""戸"虽然外形不同,但构形属性相同,应该归纳为同一个字位;而"户"与"尸"构形属性不同,就应该区别为两个字位。不同的字位如果构形指向的表达功能基本相同,就可能形成更大的字符单位,即"字种"。一个字种可以有多个字位,也可以只有一个字位。如"衣"作为字种,从古到今有许多字样,但基本上都属于一个字位;而"裤"这个字种,则有"裤""绔""袴"等多个字位。①

作为语言符号的单位,"词"也还可以细化。语符的基本单位应该有"词音""词项""词位"和"词族"。"词音"是某个词中的特定音节(不等于泛音节),词音带有某项意义时就成为"词项",意义具有关联的若干词项构成"词位",源自同一词位而发生音变或形变的亲缘词位形成"词族"。如"斯大林"的{斯 0}({}表示语符单位,0 表示无义)是该词里一个没有意义的音节,《诗经·陈风·墓门》"墓门有棘,斧以斯之"的{斯 1}是表示劈砍义的词项,而词项{斯 1}(劈砍)、{斯 2}(分散)、{斯 3}(离开)(1、2、3 表示不同义项)等属于同一词位{斯},由词位{斯}派生出{撕}{嘶}{澌}等新词位,则形成一个词族{斯+}(+表示派生)。通常讲的某"词",在没有区分需要的情况下,既可以指词位,也可以指词项,但不能指词族和词音。②

---

① 李运富:《论汉字职用的考察与描写》,《上海师范大学学报(哲学社会科学版)》,2017 年第 1 期。

② 李运富:《论汉字职用的考察与描写》,《上海师范大学学报(哲学社会科学版)》,2017 年第 1 期。

可见字符单位跟语符单位的对应关系不能简单地都看作是"字"与"词"的关系,也可能是"字"与"词音"的关系,也可能是"字"与"词项""词位"甚至"词族"的关系。

(二)"字词关系"的"关系"表述尚欠周全

理论上说,字符跟语符的对应关系似乎应该用下图来表示:

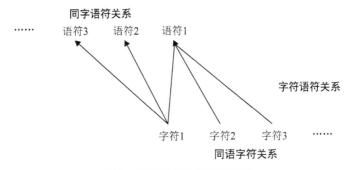

图 1 字符与语符的对应关系

即使为了简便而用"字词关系"代指"字符与语符的关系",那代指"字符与语符的关系"的"字词关系"也应该包括"字词关系""同词异字关系""同字异词关系"三种。但现在谈字词关系,通常是指"同词异字"关系(如"异体字""通假字""古今字")和"同字异词"关系(如"同形字"),实际上就是字与字之间的"字际关系"和词与词之间的"词际关系",很少直接表述"字词关系"。而且对"字际关系"和"词际关系"的表述也大多属于概念称谓,缺乏对彼此属性的异同分析和描写。关系描写应该是双向对应式的,而不应该是单一概念式的。

当一个字符对应一个语符(简称"一字一词")时,字符与语符的关系可能是"1 字位(1 字种)—1 词音"关系,如"噢—{噢 0}";也可能是"1 字位(1 字种)—1 词项(词位)"关系,如"郴—{郴}(地名)"。当然,这种单一对应的情况实际上是很少的,但少也得描述。

　　当多个字符对应一个语符（简称"多字一词"）时，多个字符之间的关系不是一个概念，而可能是：

　　第一，"本用—本用"关系。即记录同一语符的字都是这个语符的本字，包括："本字—异构本字"，如"迹—跡"；"源本字—分化本字"，如"知—智"；"古本字—重造本字"，如"云—雲"。"古本字"和"重造本字"也是异构关系，但具有明显的时间先后和字形孳乳关系。[①]

　　第二，"本用—借用"关系。即记录同一语符的几个字位，有的是这个语符的本字，有的是这个语符的借字，包括："本字—通假字"，如"早—蚤（早晨）"；"假借字—后起本字"，如"胃（言说）—谓"。

　　第三，"借用—借用"关系。即记录同一语符的字都是这个语符的借字，包括："假借字—假借字"，如记录第二人称代词的"皮—彼"；"通假字—通假字"，如记录"才始"义的"裁—财"。

　　当一个字符对应多个语符（简称一字多词）时，多个语符之间的关系可能是无意义关系的音同音近语符（词音或词项）关系，如"史—{历史}{史太林}""信—{诚信}{伸长}"；也可能是有引申关系的同位语符（词位）关系，如"节—{竹节}{关节}{节气}{节操}{节制}{节约}{调节}"；也可能是音义皆有关系的同源语符（词族）关系，如"斯—{斯}{撕}{嘶}{澌}{廝}"等。

　　采用上述关系对应模式和说明性语句，才有可能将文本中实际存在的字符和语符的各种复杂关系描写清楚。[②]

---

　　① 李运富：《论汉字的字际关系》，载刘利民、周建设主编：《语言》第三卷，北京：首都师范大学出版社，2002 年，第 68—87 页。

　　② 李运富：《论汉字的字际关系》，载刘利民、周建设主编：《语言》第三卷，北京：首都师范大学出版社，2002 年；《论汉字的记录职能》（上）、（下），《徐州师范大学学报（哲学社会科学版）》，2003 年第 1，2 期。

(三)"字词关系"的相关概念错综复杂

第一,概念所指无关汉字本体。"字词关系"应该立足于字词的本体属性来表达,但有些概念并非如此。如"古今字"一般认为是用来表述字词关系的,可实际上它跟字词的本体属性无关。古人说"古今字"是指不同时代记录同一语符单位而使用了不同字符,所强调的是使用时代的差异,但记录同一语符的几个字之间究竟是什么关系并不明确。

第二,概念内涵不明晰。如"重文",黄侃说许慎的"重文"都是"同"字,又认为"《说文》所举篆籀省改诸文"是"变"字,"《说文》所举今字、俗字"是"别"字,相互矛盾。其实《说文解字》所举"篆籀省改诸文"及"今字、俗字、或字"等都属于重文。但《说文解字》重文并不都是"同"字或"异体字",也包括同音字关系(如"变"与"傻")、同源字关系(如"氛"与"雾")、同义字关系(如"续"与"赓")和本来是异体关系但当时已经分化为不同字符的异体分化字(如"冰"与"凝")等①,这说明"重文"的内涵是不确定的。

第三,概念不反映对组关系。有些用来表述关系的术语仅指单方,构不成双方关系。如"通假字"就是指的单方,不是组概念。如果要确立组关系,最好说成"本字—通假字"或"通假字—通假字"。可一般直接拿"通假字"跟"异体字""古今字"相提并论。

第四,同名异实。如传统语文学中的"通",有时指假借字与本字的通用,有时指同源词之间的音义相通,有时指某些字的通行程度(正、

---

① 张晓明:《〈说文解字〉小篆重文研究》,北京师范大学硕士学位论文,2000 年;黄天树:《〈说文〉重文与正篆关系补论》,载刘利民、周建设主编:《语言》第一卷,北京:首都师范大学出版社,2000 年,第 157—169 页。

通、俗）。再如"假借"，有的指造字法，有的指用字法，有的词义引申：
"一曰制字之假借。上古字少，有假他字之义并借他字之声者，故以一
字为二字。一曰用字之假借。用字之假借者，既有此字，复有彼字，音
形偶同因而通假，合二字为一字者也。一为引申之假借。假借之例，其
于音同义异而同用者固谓之假借，即凡字本义之外其余引申之义亦谓
之假借。"①

第五，同实异名。如本有其字不用而用同音字的现象或称"假借"，
或称"通假"，或称"借用"。同指笔画相对简单的字，有的叫"简体字"，
有的叫"简化字"，有的叫"省"或"省笔字"。同为形体不同而构意所指
相同的一组字，时而叫"重文"，时而叫"异体字"，时而叫"异构字"或"异
写字"，时而叫"正体字—异体字"，时而叫"正字—俗字"等。

（四）"字词关系"的类别不成系统

古今学者都曾对字词关系的类别进行归纳和分别，但多限于局部
的、对立的划分，缺乏多元的总体关联，还没有形成系统。

第一，层次不清，即所分各类并非处于同一平面。如跟"正字"并列
的应该是"非正字"（或沿《说文解字》用"重文"），"同""通""借""讹"等
实为"非正字"的次类，不应该跟"正"平列。

第二，属性不同，即所属各类并非同一性质。如在"非正字"下面，
"同、讹、变、别"等跟"正字"属于同一字符，是构形和书写的差异；而
"通、借、后"则属于不同的字符，是用字上的差异。它们应该分别为两
类，不能混杂并陈。

第三，标准不一，即站在不同的角度根据不同的条件划分同层次类

---

①　刘师培：《假借释例》（上），载《中国文学教科书》，北京：中共中央党校出版社，1997
年，第231页。

别。如"同"是针对职能而言,"俗"是针对规范而言,"讹、变"是针对形成差异的原因而言,"古""今"则是针对时代的先后而言,"通"以音义相关为据,"借"以形义无关为准,"分化"以字形承变为脉,可见所谓"古今字""异体字""通假字""同源字""正俗字""分化字"等其实在材料上都是交叉的。如果在研究字词关系时对这些概念的内涵外延进行辨析,就理论而言没有意义,就材料而言原本就可以多属,所以永远也辨不清。

第四,类属不全,即现有的概念和类别无法容纳所有的字词关系现象。如当一个字符只记录一个词的音节时(璃),当几个字符组合起来才能记录一个词项时(葡萄),当一个字符能同时记录几个词项时(珽),当一个字符没有确切读音却能表达确切意义时(猍),当一个词既可以用一个字符记录又可以同时用两个字符记录时(茨—蒺藜),这些字词关系用什么术语来表示,处于类别系统的什么位置,目前尚无理想的现成方案。

(五)"字词关系"研究缺乏历时性考察

无论是表述字词关系的用语,还是描写字词关系的类目,大都着眼于共时平面,鲜有研究对字词关系的发展演变进行历时的考察和描述。只有"古今字"算是跟历时变化相关,但"古今字"展现的仅是变化对象和结果(余—予),并未揭示对象之间的属性关系和变化原因。现有的字词关系讨论不仅忽略了关系的历时性,而且过于强调关系的共时性。如"异体字"就被反复强调必须是"共时"的,而且这一点成为异体字区别于"古今字"的标准。其实很多异体字都是历时产生的,也存在历时使用的事实,甚至有的异体字并不共时存在,或者虽然共时存在但用法互补,其中的历时变化因素就是无法回避的,如"𨏥"和"車"、"雅"与

"鸦"。事实上,对于某组字是否是异体字,人们都是根据音义功能而判断的,很少去考察它们的产生和使用历史。一个字由记录一个词发展到记录几个词,一个词由甲字记录变为由乙字记录,这些字词关系变化的过程是需要历时描写和总体展现的,变化的原因是需要分析和解释的。

(六)"字词关系"研究缺乏实用效果考察

现有字词关系的概念术语、对应组员、类别分合,大都出于静态分析,属于对字词本身自然属性和客观现象的描写,很少从使用者的角度研究使用背景和使用心理,很少分析不同用字造成的不同表达效果,很少解释为什么会出现不同的用字现象。实际上用字的不同和字词关系的变化体现了用字者对汉字的选择和对字词关系的调整,很多时候带有主观意图。例如,古代典籍中存在大量"异体字",那么明明有个字符记录某个语符,为什么还要另造异体字呢?几个异体字同时存在,为什么选择这个字而不用那个字呢?这里面一定是有原因的,选用不同的字符一定会有表达效果或表达心理方面的差异的。如果认为异体字的音义完全相同、在任何情况下都可以互换的话,除了无意识写出的不同字形,就无法解释为什么历朝历代会有那么多不同结构的异体字产生,因为没有功能差异的符号大量存在是不符合"经济性原则"的。正如汉语中存在大量"同义词",但同义词实际上都是有表达效果差异的,是有意提供给使用者选择的,所以同义词是不应该也不可能完全取消的。我们认为,"异体字"特别是结构不同的异体字大量存在,也是用字选择的需要,"异体字"并不是任何时候都能够被替换的。例如某个人算八字命中缺水,特意在名字中安个"淼"字,若有人把"淼"替换成异体字"渺",他肯定不乐意。又如章太炎写文章喜欢用古字、用本字,若有人

把他文章中的古字、本字全部换成通行的异体字或通假字（比如把"開
跹"改成"开展"，把"馗书"改为"求书"），那替换后的文章就不像章太炎
写的文章了。有人甚至把古书里的变形避讳字也看作异体字，认为其
功能相同而将其替换掉，那用字者或写字者表达谦敬或遵守当时社会
用字规则的心理就被埋没了。所以研究文字，特别是研究文字的使用，
应该在具体语境或使用环境中考察，既要明确静态的字词关系，也要关
注动态中字词关系背后隐含的特殊意图和效果。

结　语

　　鉴于以上存在的各种问题，汉语字词关系研究需要有新的理论来
提升，来超越。我们认为，建立汉字职用学，从文字与语言的关系中界
定字词关系，从历时发展中描述字词关系，从使用功能上体味字词关
系，进而把字词关系扩展为字符与语符的关系，把个别的、局部的、二元
对立的分散式的字际关系与词际关系描写、完善为类属清晰、层次分
明、角度周全、逻辑严密的系统，应该是字词关系研究发展的趋势和希
望。至于汉字职用学如何完善汉语字词关系理论，另文讨论，此不
赘述。

从楚系简帛看字词关系变化中的代偿现象[*]

陈斯鹏

在汉语字词关系演变过程中,有这样一种现象:本来用以记录某词的字形被用去记录别的词,造成该词的对应字形位置空缺,于是就会用另一个字形来顶替;或者某字形原来对应的词另用新的字形表示,造成该字形对应词位置缺失,于是便可用该字形去表示别的词。我们将这种现象称作代偿。我们在考察战国楚系简帛中字形与词的对应关系时,发现一些具体生动的代偿个案。下面即举数例,略作疏证,希望能引起大家对这种现象更多的关注。

比如"谷",本为表山谷的{谷}而造,而且在西周金文中也多用为{谷}。西周晚期金文开始出现个别借"谷"表{欲}的现象,如师询簋铭(《集成》4342):"谷(欲)汝弗以乃辟陷于艰。"^①而在楚系简帛中,"谷"字形已出现近50次,几乎全部被用来记录{欲},尚未见表{谷}者。这样,{谷}的对应字形出现空缺,于是便用另一字形"浴"来作代偿。{谷}凡十余见,均写作"浴",例如:

(1)江海所以为百浴(谷)王,以其能为百浴(谷)下,是以能为百浴(谷)王。(郭店《老子》甲2—3)

(2)九二:井浴(谷)射鲋,唯敝缕。(上博三《周易》44—45)

---

* 本文原载《中山大学学报(社会科学版)》,2011年第4期。

① 为明确字词区别,本文用"{}"表示词或语素。

（3）《浴（谷）风》卟音；《蓼莪》有孝志；《隰有苌楚》得而悔之也。（上博一《诗论》26）

（4）禹乃从汉以南为名浴（谷）五百，从汉以北为名浴（谷）五百。（上博二《容成》27—28）

（5）民勿用□□百神，山川漊（濑）浴（谷），不钦（禁）之行。（帛书乙篇）

（6）《咎比》《王音深浴（谷）》。（上博四《采风》4）

（7）君子之道，必若五浴（谷）之溥，三☒（信阳1.05）

《老子》《周易》诸例，有今本可资比证，益见"浴"读｛谷｝确凿无疑。《诗论》的诗篇名"《浴（谷）风》"应指《邶风·谷风》，篇名取自首句"习习谷风，以阴以雨"，谷风为山谷之风。《容成》的"名谷"意为给山谷命名，可与《尚书·吕刑》言禹"主名山川"，《淮南子·地形》言禹"以为名山"等相印证。《采风》之"浴"，有学者读为宽裕之｛裕｝，但从楚系简帛用字习惯看，仍当读｛谷｝为妥，而且"深谷"为成词，应可无疑。曲目名"《王音深谷》"疑言王者之音如深谷之洪大深邃。信阳简之"五浴"，过去或谓指五种美德，或以沐浴义作解，皆于文意不合。实则"五浴"应读作"五谷"，简文盖譬言君子之道，其广溥犹如五谷。"五谷"本或指某五个特定山谷而言，但在此则毋宁当作泛称来理解，"三"字后已残，原应再有一譬，言"三某之如何"，以与"五谷之溥"相排比，"三"也作泛数理解为好。

大家熟知，"浴"字形在传世文献中是表示沐浴之｛浴｝的。《说文·水部》："浴，洒身也。从水、谷声。"但在战国以前的古文字资料中，目前尚未发现以"浴"表｛浴｝的例证。从楚系简帛实际情况来看，表｛谷｝之"浴"似不必看作表｛浴｝之"浴"的假借，而完全可以认为是在"谷"字形的基础上，益以义符"水"而成，即为表｛谷｝而造，它与表｛浴｝之"浴"只属同形而已。这种给表意初文增益义符的现象,正合乎汉字演变的普遍规律。而促使楚系简帛中另造"浴"字形表{谷}的,应与"谷"字形被借去表{欲}有直接的关系,这就是我们所说的代偿。

又如终卒之{卒}与隶卒之{卒},在楚系简帛中通常并不写作"卒",而是上加"爪"旁作"卒",例如:

(8)君卒(卒),太子乃无闻、无听,不问不令,唯哀悲是思,唯邦之大务是敬。(上博二《昔者》4)

(9)自荆屈之月就荆屈之月,出入事王,尽卒(卒)岁,躬身尚有咎?(包山197)

(10)《大田》之卒(卒)章,知言而有礼。(上博一《诗论》25)

(11)《大雅》云:"上帝板板,下民卒(卒)瘅。"(郭店《缁衣》7)

(12)《诗》云:"谁秉国成,不自为正,卒(卒)劳百姓。"(郭店《缁衣》9)

(13)尧为善兴贤,而卒(卒)立之。(上博二《容成》13)

(14)王徙处于坪氵(濑),卒(卒)以大夫饮酒于坪氵(濑)。(上博四《昭王》5)

(15)卒(卒)有长,三军有帅,邦有君,此三者所以战。(上博四《曹沫》28)

(16)必訽邦之贵人及邦之奇士从卒(卒)使兵。(上博四《曹沫》29)

隶卒之{卒}与终卒之{卒}关系如何,尚待研究,但楚简中二者使用相同字形,则是与传世文献的情况一致的。

{卒}目前凡30余见,仅在非楚色彩较浓的郭店《唐虞》有1例作"卒"(简18:"君民而不骄,卒王天下而不疑。"),余皆作"卒",可见楚人是把"卒"当作"卒"来使用的。这一点还可从下引简文得到进一步的证明:

(17)君子曰:孝子,父母有疾,冠不奂(绾),行不颂,不卒(卒—猝)

立,不庶语。(上博四《内豊》8)

这里"䘚"记录的是猝然之{猝},显然是由于"䘚"字形在书手心目中就是"卒",故可假借以表{猝}。

在楚系文字中,与以"䘚"为"卒"相类似的,还有以"豪"为"家"、以"霎"为"室"、以"𡨥"为"寇"等。这里边的"爪"旁,很难说有什么具体的音义功能,似可看作楚文字中一个独特的羡符。当然,"卒"之作"䘚",还起到增强与"衣"相区别的特征的作用。

{卒}记作"䘚"的直接后果,就是原本承担{卒}的记录任务的"卒"字形出现职能空缺。于是,它被分配去记录另一个词{衣},达成代偿。例如:

(18)凡盍日,利以制卒(衣)裳。(九店五六 20 下)

(19)长民者卒(衣)服不改,适容有常。(郭店《缁衣》16)

(20)一红介之留卒(衣),帛里。(信阳 2.13)

(21)一灵光之尻,二瑟,皆秋卒(衣)。(望山 2.47)

(22)《鹊巢》之"归",《甘棠》之"报",《绿卒(衣)》之"思",《燕燕》之"情"。(上博一《诗论》10)

不但如此,"卒"字形还可以进而表示{依},如:

(23)文,卒(衣—依)物以情行之者。(郭店《语三》44)

显然,楚人通常已把"卒"当作"衣"字来使用。

另外,楚文字中作为偏旁的"衣"也多作"卒"形。可见"卒"的职能代偿是全方位的,不仅是在记词的层面上。

其次再看"牙"字。西周金文"牙"作 🝔(十三年痶壶,《集成》9723)、🝔(师克盨盖,《集成》4468)、🝔(屍敖簋,《集成》4213)等形,《说文》云:"牙,牡齿也。象上下相错之形。"当为表牙齿之{牙}而造,在金文中正有明确表{牙}者,如师克盨铭"爪牙"等。楚简"牙"作 🝔(郭店《唐虞》

6)、⿱(郭店《老子》乙 4)、⿱(郭店《性自命出》6)、⿱(郭店《语一》110)等形,皆承西周文字演变而成,却不用来表示{牙},而是多记录{與}。例如:

(24)唯與阿,相去几何? 美牙(與)恶,相去何若? (郭店《老子》乙 4)

(25)先圣牙(與)后圣,考后而归先,教民大顺之道也。(郭店《唐虞》5—6)

(26)币帛,所以为信牙(與)证也。(郭店《性自命出》22)

(27)圣牙(與)智就矣,仁牙(與)义就矣,忠牙(与)信就【矣】。(郭店《六德》1—2)

(28)势牙(與)声为可察也。(郭店《语一》86)

(29)牙(與)为义者游,益;牙(與)庄者处,益。(郭店《语三》9—10)

(30)伪斯客矣,客斯虑矣,虑斯莫牙(與)之结。(上博一《性情》39)

在《郭店楚墓竹简》一书的释文中,"牙"字形一共有三种隶释,一是"牙",一是"与",还有一种是直接作"與"①。作"與"只见《老子》乙 4,大概是偶然的疏忽。至于"牙""与"之别,大致是根据原字形下面横笔右端是否出头来区分的,出头者释"与",不出头者释"牙"。这样的处理,可能是想顾及后世文献有"与"字的情况。但从楚简本身来看,"牙"下面横笔右端的出头与否,并不具有区别意义,楚简中"牙"({牙})与"与"({与},即{與})之间自有其区别方式(详下),况且后来从"牙"分化出来的所谓"与"小篆作⿱,也不以下横出头为区别特征,所以无论下面是一横抑或二横,是否出头,还是统一作"牙"字形看待为妥。也许有人会主张统一释作"与",但如结合底下马上要举到的"舌"字诸形来看,则仍以释"牙"更为允当。

---

① 荆门市博物馆编:《郭店楚墓竹简》,北京:文物出版社,1998 年。

"牙"还偶尔可用来表示{举},如:

(31)纵仁圣可牙(举),时弗可及矣。(郭店《唐虞》15)

通常用来记录{與}的"與"字本即从"牙"得声,通常记录{舉}的"舉"(楚文字多从"止"不从"手")与"與"同源,也以"牙"为基本声符,所以假借"牙"来记录{與}、{舉},在音理上完全没有问题。

一方面,"牙"被假借用去表示{與}或{举},另一方面,"牙"字形原来的记录任务,则由另一字形"舀"来承担,于是也达成代偿的效果。例如:

(32)六五:豶豕之舀(牙),吉。(上博三《周易》23)

(33)《君舀(牙)》云:日暑雨,少民隹日怨;晋冬旨寒,小民亦隹日怨。(郭店《缁衣》9—10)

(34)鲍叔舀(牙)答曰:"害将来,将有兵,有忧于公身。"(上博五《竞建》5)

(35)又以竖刀与易舀(牙)为相。(上博五《竞建》10)

"舀"原作如下诸形:🔲(曾侯165)、🔲(上博三《周易》23)、🔲(上博五《竞建》10)、🔲(上博五《鲍叔》6)、🔲(上博五《竞建》1)、🔲(郭店《缁衣》9)、🔲(上博一《缁衣》6)。所从"牙"之横画出头与否无别,可与上文所举独体之"牙"互证。而上下横画或可省者,大概是因为有了"臼"形,足以区别确认,故"牙"形在书写上可稍随意。

上引《周易》文例见于《大畜》卦,"舀",马王堆帛书本和传世本正作"牙",从文意看,无疑表示牙齿之{牙}。《说文》"牙"字古文也作"舀(🔲)",与楚简同。"舀"所从"臼"形实为"齿"之象形初文,故"舀"为"牙"之繁构。《尚书》篇名《君舀》,本于周穆王大司徒君牙之名,见《尚书》序及《汉书·古今人表》,"鲍叔舀""易舀",即传世文献常见之鲍叔牙和易牙(或作"狄牙"),这些用在人名中的"舀(牙)",极可能也是取牙齿之义的。今本《礼记·缁衣》"君牙"作"君雅",反而可能是用了假借字。曾侯简 165 还有一人名"夏啻(牙)坪(平)",以"牙平"为名,盖取牙齿平齐之意,寄托美好愿望。

下面再看另外一组代偿的例子。增益、利益之{益},早期有一本用字形作 益、益①(参看《金文编》344 页),取象于血液溢出器皿,为"益"之异构,即为表{溢}、{益}等词而造。此字历来多直接释作"益",在不需严格隶定的情况下,是可以接受的。但我们考虑到字从"血"作可能是有意让"血"兼起表音作用,则在结构上已与从"水"从"皿"的"益"字有所分别,故而倾向于独立隶释为"盈"。新出西周中期的虢公盨铭有"盈□懿德"句,裘锡圭先生解释为"增益美德",可信。西周金文"盈"字还大量用于人物名号,读为{益}也是合适的。但西周晚期已开始假借"嗌"的象形初文"棘"来表示{益},如敔叔簋盖(《集成》4130)、夷伯簋(《集成》4975)均有"棘(益)贝十朋"的文例。楚简中{益}则更加普遍地用"棘"记录,或加"贝"旁作"賹",例如:

(36)学者日棘(益),为道者日损。(郭店《老子》乙 3)

(37)一命一隁(俯),是谓棘(益)愈。(上博三《彭祖》7)

(38)岂必有棘(益)? 君子以成其孝。(上博四《内豊》8)

(39)賹(益)生曰祥,心使气曰强,物壮则老,是谓不道。(郭店《老子》甲 35)

(40)关雎之改,则其思賹(益)矣。(上博一《诗论》11)

(41)《湛露》之賹(益)也,其犹轮欤?(上博一《诗论》21)

而原本为表{益}而造的"盈",楚简也多见,却从不读{益},而是转而被用来表示重量单位词{镒},因此也形成记词功能的代偿。例如:

---

① 容庚:《金文编》,上海:商务印书馆,1939 年,第 344 页。

（42）鄝莫嚣、左司马殴、安陵莫敖䜌献为鄝貧越异之黄金七益（镒）以籴种。（包山 105）

（43）兼陵攻尹怡与乔尹黄䚟为兼陵貧越异之黄金三十益（镒）二益（镒）以籴种。（包山 107）

（44）正阳莫敖达、正阳陶公䵼、少攻尹哀为正阳貧越异之黄金十益（镒）一益（镒）四两以籴种。（包山 111）

（45）钧（?）□八益（镒）简（? 间?）益（镒）一朱（铢）。（信阳 2.16）

以"益"表｛镒｝也多见于战国时代楚系以外的文字资料，可见此一组字词的代偿运动具有一定的普遍性。

最后再看一组层次稍为复杂一点的字词代偿。无论在传世文献还是在出土文献中，｛则｝这个词通常就写作"则"。在古文字中，"则"本是一个从"鼎"从"刀"的会意字，大概取义于对鼎彝进行刻画、修饬，引申之有规则、法则等意义，即为表法则之｛则｝而造。按照汉字的结构原则，会意字的主要偏旁一般是不可省略的，但在楚简中我们可以发现不少表｛则｝的"则"被省去"刀"旁，写作 （郭店《性自命出》25）、（《六德》48），鼎足部分变作"火"形，或可以"＝"符代替，作 （《老子》甲 35）。这些形体从来源上讲，其实就是"鼎"。以"鼎"表｛则｝颇为特别，特移录若干文例如下：

（46）不克鼎（则）莫知其极，莫知其极可以有国。（郭店《老子》乙 1）

（47）子曰：上人疑鼎（则）百姓惑，下难知鼎（则）君长劳。（郭店《缁衣》5—6）

（48）和鼎（则）同，同鼎（则）善。（郭店《五行》46）

（49）忠积鼎（则）可亲也，信积鼎（则）可信也。（郭店《忠信》1）

（50）喜怒哀悲之气，性也；及其见于外，鼎（则）物取之也。（郭店《性自命出》2）

(51)得其人鼎(则)举焉,不得其人鼎(则)止也。(郭店《六德》48)

"则"之省作"鼎"以表{则},在形和音两方面都不符合文字学一般法则,只能属于一种约定俗成的做法。而这种做法得以流行,有一个重要前提就是"鼎"字形通常已不用来表示{鼎},或者说,{鼎}通常已不记作"鼎",使得"鼎"字形职务空缺,这样它才可以被当作"则"的省体来使用,而不致产生混乱。

古文字中"鼎"本像鼎形,为表{鼎}而造。"鼎"上加"卜"即为"贞","鼎""贞"形音义均有极密切的关系,常可通用,如殷墟甲骨文以"鼎"为"贞"({贞}),《说文》"鼎"字下亦云"籀文以鼎为贞字";而两周金文中则可见不少以"贞"为"鼎"({鼎})的情况[①],与小徐本《说文》"鼎"字下所谓"古文以贞为鼎"相合。战国楚系文字中以"贞"表{鼎}的现象表现得尤为突出,在目前所见的楚简中{鼎}均作"贞",而从不作"鼎"。例如:

(52)☐贞(鼎),一金匕,二酱白之膚,皆雕。(包山253)

(53)一贞(鼎),一金匕,二刀,二酱白之膚,皆雕。(包山254)

(54)☐臣。二合盖,一迻缶,一汤贞(鼎)☐(望山2.54)

(55)一汲坤,一迻缶,一汤贞(鼎),纯有盖。(信阳2.14)

(56)二浅缶,二炉,一☐之麿贞(鼎),二銅,纯有盖。(信阳2.14)

(57)贞(鼎)八。(五里牌1)

这些表{鼎}的"贞"原形作鼎(信阳2.14)、鼎(包山254),鼎足部分有时还未完全变成"火"形。不仅单独的"贞"被当作"鼎"来用,而且作偏旁时"贞"也起着"鼎"的功能,如表示鼎属器名称的即有鼎"鬴"(望山2.46)、"鵤"(望山2.47)、"鵤"(望山2.53)、"舵"(望山2.55)等字形。

这样,我们可以说,由于记录{鼎}的任务为"贞"所取代,"鼎"的职

---

① 容庚:《金文编》,上海:商务印书馆,1939年,第492—494页。

务空缺,所以可用去表示{则},从而达成代偿。

但另一方面,"贞"字形被用来表示{鼎},则它原本所为造的贞卜的{贞}的记录形式是否也出现缺位,而需要用其他字形来代偿呢? 确实如此,不过这一次不是用完全不同的"字",而是将原来的"贞"字形中代表鼎足部分去掉,写作⊟(上博三《周易》24)、⊟(包山 220)、⊟(新蔡乙四 122),为了与表{鼎}的完整的"贞"字形相区别,不妨将表{贞}的"贞"之省体独立隶定作"貞"。兹举若干文例如次:

(58)苛光以长恻为左尹邵𧈝貞(贞):病腹疾,以少气,尚毋有咎?(包山 207)

(59)登逜以小𢾟为悼固貞(贞):既瘥,以闷心,不入食,尚毋为大慭?(望山 1.9)

(60)以长儒为君月貞(贞)。(天星观)

(61)☒长箬为君卒岁貞(贞):居郢,尚毋有咎? 逸占☒(新蔡乙四 85)

(62)六五:貞(贞)疾,恒不死。(上博三《周易》14—15)

(63)九三:良马由(逐),利艰貞(贞)。(上博三《周易》22)

(64)恒:亨,利貞(贞),无咎。(上博三《周易》28)

{贞}在楚简中是一个出现频率极高的词,基本上都写作"貞",可见确实是有意识地专用省足之"贞"来顶替原本该由不省足之"贞"承当的职务。目前所见,只有两处例外,一个是新蔡乙四 35 作⊟,一个是上博四《東大》1 作⊟,虽然鼎足部分不省,但简化成两笔,仍与表{鼎}的⊟、⊟等形略有区别。在⊟、⊟等形中,所从"鼎"形已讹同"贝"形,为小篆"贞"字所本。

通过分析上举几组实例,我们不难发现,所谓代偿现象实质上是汉字记词功能系统内部的一种自我调适。一方面,它在一定程度上起到分化字形职务和语词记法的作用,使得在一定时期里,一字形表多词或一词用多字形的现象不至于无限度地膨胀和扩散。另一方面,它也使得一些字形不至于因其原本所记录的语词改用他字而完全被废弃,从而在一定程度上减少字形的羡余率,维系一定时期里汉字系统的相对稳定性。

代偿现象普遍存在于字词关系史的不同阶段。代偿运动的最终达成,往往需要一个过程,其中究竟哪个环节发生在前,哪个环节发生在后,有时也难以说得十分肯定。上文分析具体例子时,不过是采取一种就现有资料看来可能性较大的讲法,当然还应接受今后更多新资料的检验。代偿运动的结果也往往不是一成不变的,而是可能不断被打破,再不断达成新的平衡。我们看到楚系简帛中有些代偿的具体情形有别于前后时代或其他地域的文献,原因就在于此。

论汉语用字演变过程中新用字符的来源[*]

——以殷墟甲骨文所见传承词为例

何余华

  汉字的发展和使用具有时代性。无论是汉字的记词职能,还是汉语的用字习惯,并非总是保持最初的字词对应状态,汉字和汉语在相互影响中不断发展。裘锡圭认为:"……用字方法,指人们记录语言时用哪一个字来表示哪一个词的习惯。用字习惯从古到今有不少变化。"①以往学界研究汉字更多关注它的形体结构,较少从语言学的视角探讨"汉字是如何记录汉语的""汉语字词的辩证互动关系"。同时性的出土文献不断涌现,为系统考察汉语用字习惯的演变提供了新的契机,近年来已出现不少研究出土文献用字规律和用字特点的成果。

  "(殷墟)甲骨文是一种经历了较长时间发展、功能完备、成熟发达的文字符号体系。它不仅是现在可以见到的最早的成体系的文字符号,也是迄今为止可以确定的汉字进入成熟阶段的体系完整的唯一文字样本;甲骨文不仅体现了殷商文字的基本面貌,而且也全面奠定了西

---

  * 本文原载《温州大学学报(社会科学版)》,2020 年第 1 期。
  ① 裘锡圭:《简帛古籍的用字方法是校读传世先秦秦汉古籍的重要根据》,载曹亦冰主编:《两岸古籍整理学术研讨会论文集》,南京:江苏古籍出版社,1998 年,第 170 页。

周以后汉字发展的基础。"①殷墟甲骨文中存在一批词语,它们历代承袭通用,在现代汉语独立成词,或作为构词语素存在,犹如生物体的"遗传基因",历经三千多年历史变迁而延绵不绝,是联系古今的纽带,我们称之为传承词。研究这批传承词用字习惯的演变历程,不仅有助于呈现殷墟甲骨文在后世的发展及其影响,从语言的角度勾勒汉字文明的传承演变脉络,推进汉字史和汉字职用学研究,而且将进一步开拓汉语字词关系的研究畛域,对出土文献疑难字词考释、古文字源流考索、文本断代、古籍整理与校勘、字词典的编纂等均有助益②。

汉语之中词与所用字符的关系主要有以本字记录和以借字记录这两种类型。从来源看,有的新用字与旧用字可能存在构形上的传承关系;有的新用字则完全是新见的字符,与旧用字之间毫无构形联系。

一、传承旧字构形

在传承的基础上对旧用字构形成分进行改造,是汉语新用字的主要来源。绝大多数新用字与旧用字之间存在千丝万缕的联系。也正因为汉语新旧字之间在构形上存在联系,汉字系统数千年来才能够保持稳定状态。新字对旧字构形成分的传承分为"旧字降格为构形成分参构新字""不同旧字糅合产生新字""旧字简省构形产生新字""旧字置换构件产生新字"等不同情况。

---

① 黄德宽:《古汉字发展论》,北京:中华书局,2014 年,第 119 页。
② 何余华:《殷商已见通今词的用字历史研究》,北京师范大学博士学位论文,2018年,第 358—360 页。

（一）旧字降格为构形成分参构新字

新用字的部分构形成分是由旧用字降级转化而来，换言之，旧用字作为成字构件与其他构件组合便产生了新用字符。与旧字组合成新字的构形成分通常是表音构件、表义构件，少数情况是起区别功能的标示构件。

许多学者对新用字蕴含了早期表意初文的现象都有揭示，如裘锡圭说："在古文字里，形声字一般由一个意符（形）和一个音符（声）组成。凡是形旁包含两个以上意符，可以当作会意字来看的形声字，其声旁绝大多数是追加的。也就是说，这种形声字的形旁通常是形声字的初文……如果不算那些在一般形声字上追加形旁而成的多形形声字……这条规律几乎可以说是毫无例外的。"[①]裘先生提到的是早期表意初文追加声符产生义音合体的新用字，陈剑则论述了在表意初文的基础上追加义符的情况，他说："在古文字发展演变的过程中，有这样一类规律性的现象：一个被淘汰的表意字，其本义往往保存在从它得声的字中。简单地说，这是因为其间经历了一个母字加注意符分化出表示母字的本义或引申义的新字，而后这个分化字又兼并了母字的过程。"[②]也正因新用字的这种特殊来源被越来越多的学者认识到，近年来据新出战国简帛资料释读甲骨金文的成果大量涌现[③]。

第一，在旧字基础上追加义符构成新用字。以传承词｛燎｝为例。

---

① 裘锡圭：《释殷墟甲骨文里的"远""狋"（迩）及有关诸字》，载《裘锡圭学术文集·甲骨文卷》，上海：复旦大学出版社，2012年，第167—176页。

② 陈剑：《释西周金文的"赣"字》，载《甲骨金文考释论集》，北京：线装书局，2007年，第17页。

③ 孙超杰：《新出楚系简帛资料对释读甲骨金文的重要性》，吉林大学硕士学位论文，2017年，第27—98页。

该词主要指"延烧"义,殷墟甲骨文用来表示"燎祭",不同类组卜辞的用字互有差异:自组、自宾间、宾组、自历间、历组、历无名间、妇女类、花东子卜辞等多记作"✳""✳""✳""✳"等,构形像积柴燃之以燎;何组、无名组、黄组卜辞多记作"✳""✳",追加义符"火";午组卜辞和个别自宾间、宾组、圆体类卜辞以"木"记录{燎},当是省减火星之形的结果①。西周金文沿用了殷商从火的字形结构,如西周早期保员簋"唯王既✳(燎)"②、西周早期庸伯取簋"至,✳(燎)于宗周"③等。西汉初期始见在旧用字的基础上追加义符"火"旁的用字情况,如马王堆《天文气象杂占》下5"日景(影)矫✳(燎)如句(钩),是谓暴师,其邦乱"④;也有随文同化作"膫"的用字情况,如马王堆《五十二病方》326"治胕膫(燎)"⑤等。此后,该词用字所从之"木"渐趋变异,整字写作"燎",该字成为习用字沿袭至今。

第二,在旧字基础上追加声符构成新用字。以传承词{外}为例。该词表示与"内""里"相对的方位概念,殷墟甲骨文记作"✶"⑥,隶定作"卜",与占卜义的"卜"字同形。以"卜"记录{外},是古文字典型的"一形数用"现象。{外}在西周以后的用字多是在初文的基础上追加声符"月",上古"月"和"外"同属疑纽、月部,如西周晚期毛公鼎"命汝乂我邦我家内✶(外)"⑦、春秋晚期敬事天王钟"百岁之✶(外)"⑧、郭店《语丛

---

①　王子杨:《甲骨文字形类组差异现象研究》,上海:中西书局,2013年,第112页。

②　陈秉新、李立芳:《出土夷族史料辑考》,合肥:安徽大学出版社,2005年,第475页。

③　唐兰:《西周青铜器铭文分代史征》,上海:上海古籍出版社,2016年,第354页。

④　裘锡圭主编:《长沙马王堆汉墓简帛集成(肆)》,北京:中华书局,2014年,第282页。

⑤　裘锡圭主编:《长沙马王堆汉墓简帛集成(伍)》,北京:中华书局,2014年,第274页。

⑥　刘钊主编:《新甲骨文编(增订本)》,福州:福建人民出版社,2014年,第205页。

⑦　中国社会科学院考古研究所编:《殷周金文集成》第五册,北京:中华书局,1984年,第261页。

⑧　中国社会科学院考古研究所编:《殷周金文集成》第一册,北京:中华书局,1984年,第61页。

一》20"或由ᐛ（外）内（入）"①，九店楚简 56.31 或作"外"②，《说文解字》古文"外"③与之同。西周以后"外"字习用至今。

　　第三，除传承自早期的表意初文外，新用字也可传承自早期的借用字符。以传承词{晦}为例。该词最初指天色昏暗不明、雾气浓重，殷墟典宾类卜辞借用"母"字记录，何组二类与无名组卜辞借用"每"字记录④。战国时期秦系文字{晦}在借字"每"的基础上追加义符"日"另造"晦"字记录，楚系文字则在借字"母"的基础上追加义符"日"另造"晦"字记录，清华简四《筮法》39 也出现追加义符"月"作"🌙"⑤的用字，隶定作"朙"。秦代以后"晦"取得社会习用地位，并沿用至今⑥。殷墟甲骨文表示"后悔"义的{悔}也是借用"每"字记录，如"王其每（悔）""王弗每（悔）"⑦等。春秋战国时期始见在借字"每"基础上追加义符"心"的用字情况，如侯马盟书 35：3"而敢悔（悔）复赵尼"⑧、战国睡虎地《为吏之道》10"及官之败岂可悔（悔）"⑨；战国楚系简帛则多以"悝"记录{悔}，如上博三《周易》26"贞吉亡（无）悝（悔）"⑩等。西汉以后，秦简牍的用字习惯"悔"字沿用至今。

　　①　荆门市博物馆编：《郭店楚墓竹简》，北京：文物出版社，1998 年，第 78 页。
　　②　湖北省文物考古研究所、北京大学中文系编：《九店楚简》，北京：中华书局，1999 年，第 9 页。
　　③　许慎：《注音版说文解字》，徐铉校定、愚若注音，北京：中华书局，2015 年，第 138 页。
　　④　黄天树：《殷墟甲骨文验辞中的气象纪录》，《古文字与古代史》第 1 辑，台北："中研院"历史语言研究所，2007 年，第 35—72 页。
　　⑤　李学勤主编：《清华大学藏战国竹简（肆）》，上海：中西书局，2013 年，第 40 页。
　　⑥　汉初简帛也见借"海"记录{晦}。参见周朋升：《西汉初简帛文献用字习惯研究（文献用例篇）》，吉林大学博士学位论文，2015 年，第 246 页。
　　⑦　朱歧祥：《甲骨文词谱》，台北：里仁书局，2013 年，第 404—405 页。
　　⑧　张领、陶正刚、张守中：《侯马盟书》，太原：三晋出版社，2016 年，第 253 页。
　　⑨　睡虎地秦墓竹简整理小组编：《睡虎地秦墓竹简》，北京：文物出版社，1990 年，第 81 页。
　　⑩　马承源主编：《上海博物馆藏战国楚竹书（三）》，上海：上海古籍出版社，2003 年，第 38 页。

（二）不同旧字糅合产生新字

新用字由早期不同的用字糅合而成，或言，是以不同旧字作为构件组合而成的。以传承词｛台｝为例。该词指高平的建筑物。《花东》502："宣。○𦥑。○𦥑于南。○于北。"姚萱认为该卜辞出现的"𦥑"就是"臺"①字初文，隶定作"㞷"，从宀、之声，"臺"字上古音为定母之部，"之"为章母之部，两者读音相近②。《花东》85："其乎（呼）乍（作）𡶣北。""𡶣"隶定作"㞷"。姚萱认为"𡶣"是"㞷"和"凵"二字合文，"凵"为地名，《花东》85 的辞义是"就台于'凵'地之南北而贞卜"③。蒋玉斌还谈到殷墟甲骨文存在"臺"字的另外两种异体：《甲骨文合集》23704 所见"𦥑"④，从执、臺声，疑是古书表最下级的奴隶的"儓"；《甲骨文合集》18258 和考古资料数字典藏数据库 R37818 所见"𦤧"⑤，从高、之声⑥。李春桃在此基础上考释出金文的｛台｝记作"从高（或从京）、之声"结构的用字，如西周早期臣卫尊"才（在）新𦤧（台）"、西周中期恒簋盖"令女（汝）更𦤧（台）克嗣直畐（鄙）"、春秋晚期无者俞钲铖"𦤧（台）君滹虘"等⑦。可见西周至春秋时期｛台｝的用字沿袭了甲骨文"从高、之声"的结构，"㞷"则是据词语音义信息重造的本字，"高"和"京"的构形都像高台基的建筑

---

①　因学术探讨的需要，全文使用或保留了部分汉字的繁体写法。

②　姚萱：《殷墟花园庄东地甲骨卜辞的初步研究》，北京：线装书局，2006 年，第 124 页。

③　姚萱：《殷墟花园庄东地甲骨卜辞的初步研究》，北京：线装书局，2006 年，第 125 页。

④　郭沫若主编：《甲骨文合集》，北京：中华书局，1982 年，第 3037 页。

⑤　郭沫若主编：《甲骨文合集》，北京：中华书局，1982 年，第 2453 页。

⑥　蒋玉斌：《甲骨文"臺"字异体及"𡎚"字释说》，《古文字研究》第 31 辑，北京：中华书局，2016 年，第 73—79 页。

⑦　李春桃：《"臺"字补释》，《出土文献研究》第 13 辑，上海：中西书局，2014 年，第 318—324 页。

物,花东卜辞的写法未见使用。战国时期{台}在楚系简帛习以"崖"字记录,从室、之声,如郭店《老子》甲 26"九成之 ❀(崖)"①、上博二《容成氏》47"夏❀(崖)之下"②、清华六《子产》7"不建❀(崖)寝"③等。{台}在战国晋系文字作❀、❀,如《货系》2479"平❀(台)"④、侯马盟书 156:7"❀(台)卯"⑤。秦文字则记作"臺",如《秦代印风》186 作"❀"⑥、《傅》986作"❀"⑦等,"臺"字应该是"崖"和"嵩"糅合的结果。西汉以后,{台}在社会通用领域沿袭秦系糅合而成的新用字,但也出现过局部变异写法。宋元时期开始出现借用音近的"台"字记录{台},《简化字总表》最终采用了这种简化用字习惯。

(三)旧字简省构形产生新字

新用字是在旧字的基础上简省其构形成分而形成的,有的是简省笔画,有的则是简省直接构件。如传承词{中}。该词主要指方位中央、里面等。殷墟甲骨文记作"❀""❀""❀""❀"等,字形像旗旒之形。卜辞常见"立中",描述风、日影等现象,如《甲骨文合集》7369:"丙子其立中。无风。八月。"⑧{中}由此引申出"中央"义,如《甲骨文合集》

---

① 武汉大学简帛研究中心、荆门市博物馆编:《郭店楚墓竹书》,北京:文物出版社,2013 年,第 3 页。
② 马承源主编:《上海博物馆藏战国楚竹书(二)》,上海:上海古籍出版社,2002 年,第 139 页。
③ 李学勤主编:《清华大学藏战国竹简(陆)》,上海:中西书局,2016 年,第 88 页。
④ 汪庆正主编:《中国历代货币大系:先秦货币》,上海:上海人民出版社,1988 年,第 586 页。
⑤ 张领、陶正刚、张守中:《侯马盟书》,太原:三晋出版社,2016 年,第 357 页。
⑥ 许雄志主编:《秦代印风》,重庆:重庆出版社,1999 年,第 186 页。
⑦ 傅嘉仪著:《秦封泥汇考》,上海:上海书店出版社,2007 年,第 141 页。
⑧ 郭沫若主编:《甲骨文合集》,北京:中华书局,1982 年,第 1122 页。

28569："中日往□，不雨。"①卜辞的用字也已出现简省字形上下端"游"的写法，作"中"等。西周时期的用字习惯更多地继承了繁体的写法。战国秦系的用字习惯彻底简省了象征旗旒的部分，如睡虎地秦简作"屮"（秦律197）②或"屮"（日甲92背）③等。楚系简帛尚保留更多古意，如新蔡葛陵楚简甲三43作"屮"④，郭店《唐虞之道》16作"屮"⑤。西汉以后，简省笔画的写法"中"习用至今。

又如殷墟甲骨文出现表"车舆总名"的传承词{车}。它在殷墟甲骨文的用字较为多样：有的记作"車"，构形像整车（双轮、双轭、车厢、辕衡俱在）；或省双轭记作"車""車"；有的甚至简省到只有双轮之形，如《甲骨文合集》11456作"車"⑥，《甲骨文合集》13624正作"車"⑦等。{车}在西周中晚期的用字进一步简省作"車"或"車"，春秋战国时期沿袭了这类用字习惯，中华人民共和国成立后简化字"车"成了社会习用字，但现代汉语繁体用字系统仍习用"車"字。

（四）旧字置换构件产生新字

新用字是通过置换早期旧用字的部分构形成分产生的，新用字传承了旧用字的部分构形元素。有的新用字置换的是旧用字构形成分的义符，如传承词{陴}，该词表示"城上矮墙"，这种墙也称作"女墙"，殷墟

———————————

① 郭沫若主编：《甲骨文合集》，北京：中华书局，1982年，第3517页。
② 睡虎地秦墓竹简整理小组编：《睡虎地秦墓竹简》，北京：文物出版社，1990年，第31页。
③ 睡虎地秦墓竹简整理小组编：《睡虎地秦墓竹简》，北京：文物出版社，1990年，第110页。
④ 河南省文物考古研究所编著：《新蔡葛陵楚墓》，郑州：大象出版社，2003年，第375页。
⑤ 张守中、张小沧、郝建文编撰：《郭店楚简文字编》，北京：文物出版社，2000年，第5页。
⑥ 郭沫若主编：《甲骨文合集》，北京：中华书局，1982年，第1641页。
⑦ 郭沫若主编：《甲骨文合集》，北京：中华书局，1982年，第1921页。

甲骨文记作"𣪊"，隶定为从𩫡、从卑的会意字"鞞"，"卑"亦声，《说文解字》籀文"鞞"①与之同。《甲骨文合集》36962："庚辰卜，才甫，[贞]王步于鞞（陴），[亡]灾。"②《甲骨文合集》36775："辛巳卜，才鞞（陴），王步于♪，[亡]灾。"③战国文字用"坤"记录{陴}，"坤"字可以看作"鞞"改换义符的结果，如睡虎地《秦律杂抄》41"乃令增塞坤塞"④、上博五《三德》"坤（陴）墙勿增，废人勿兴"⑤。《左传·宣公十二年》："守陴者皆哭。"杜预注："陴，城上俾倪。"⑥东汉以后，"陴"字成为记录{陴}的社会习用字并沿袭至今，"陴"也可看作是改换义符的结果。《说文解字·𨸏部》："𨾊，城上女墙俾倪也。从𨸏、卑声。鞞，籀文陴从𩫡。"⑦北齐《徐彻墓志》："于是婴城固守，登陴力战。"⑧

有的新用字置换的是旧用字构形成分的声符，如传承词{河}。该词在殷墟甲骨文指"河水""河神"，古文献或专指"黄河"，后世泛指"河流"。卜辞的用字存在类组差异：𠂤组小字类、𠂤宾间类、宾组、出组、历组卜辞多用从水、从"柯"字初文得声的"𣲘""𣲤""𣲖"等字记录；𠂤组肥笔类、无名组、何组卜辞多用从水、何声的"𣶒""𣶖"字记录，该字隶定作"河"；𠂤历组卜辞直接以"何"字记录；黄组卜辞则用从水、冋声的"𣳾""𣲾"等字记录，该字隶定作"洄"。西周周原甲骨延续黄组卜辞的用字

①　许慎：《注音版说文解字》，徐铉校定、愚若注音，北京：中华书局，2015年，第308页。

②　郭沫若主编：《甲骨文合集》，北京：中华书局，1982年，第4597页。

③　郭沫若主编：《甲骨文合集》，北京：中华书局，1982年，第4577页。

④　睡虎地秦墓竹简整理小组编：《睡虎地秦墓竹简》，北京：文物出版社，1990年，第46页。

⑤　徐在国主编：《上博楚简文字声系（1—8）》，合肥：安徽大学出版社，2013年，第1840页。

⑥　《十三经注疏》整理委员会编：《春秋左传正义》，北京：北京大学出版社，2000年，第728页。

⑦　许慎：《注音版说文解字》，徐铉校定、愚若注音，北京：中华书局，2015年，第308页。

⑧　赵超：《汉魏南北朝墓志汇编》，天津：天津古籍出版社，1992年，第405页。

习惯,记作"⿰"(H11:119)①或"⿰"(H11:30)②。西周中期同簋铭文:
"自滆东至于⿰(涮)。"③又如战国时期{河}早期用字的各种声符都被
"可"置换。上博二《容成氏》24:"决九⿰(河)之阻。"④上博三《中弓》2:
"夫季氏,⿰(河)东之盛家也。"⑤《新出土秦代封泥印集》附二195:"清⿰
(河)大守。"⑥西汉以后,"河"字习用至今。"河"字未尝不是旧字"涮"
"涮"省减构形成分的结果。

二、借用他词本字

　　汉语词在后世出现的新用字,有的是借用其他音同、音近的字符,
这使得汉字在发展过程中存在大量的"假借"或"通假"现象。这类新用
字是其他词语的本字,并非为所记词语而造,只因它们与所记词语音同
音近,故而能够被借用。有的借用字高频出现,成为社会习用字形,有
的则昙花一现,很快就被淘汰出通用领域。

　　如传世文献"颠"字。该词可以记录表"头顶"义的{颠₁},如《诗
经·秦风·车邻》"有车邻邻,有马白颠"⑦;也可以借记表"倾倒"义的

---

　　① 曹玮编著:《周原甲骨文》,北京:世界图书出版公司北京公司,2002年,第82页。
　　② 曹玮编著:《周原甲骨文》,北京:世界图书出版公司北京公司,2002年,第26页。
　　③ 中国社会科学院考古研究所编:《殷周金文集成》第八册,北京:中华书局,1984
年,第208页。
　　④ 马承源主编:《上海博物馆藏战国楚竹书(二)》,上海:上海古籍出版社,2002年,
第116页。
　　⑤ 马承源主编:《上海博物馆藏战国楚竹书(三)》,上海:上海古籍出版社,2003年,
第74页。
　　⑥ 傅嘉仪编著:《新出土秦代封泥印集》,杭州:西泠印社,2002年,第195页。
　　⑦ 周振甫译注:《诗经》,南京:江苏教育出版社,2005年,第163页。

传承词{颠₂},如《诗经·齐风·东方未明》"东方未明,颠倒衣裳"①。
{颠₂}的本字作"蹎"或"趈"。殷墟甲骨文已经出现{颠₂}的用法,蒋玉
斌②和谢明文③不约而同地将甲骨文旧释作"隊"或"墮"的"🯄""🯄""🯄"
等改释成"颠陨"之"颠"的用字,"🯄"是在"🯄"字基础上追加声符"丁",
"🯄"则是在"🯄"字基础上追加声符"日","🯄"为{颠₂}的表意初文,他们
的看法正确可从。④《甲骨文合集》18446:"☐求(咎),🯄(颠),☐。"⑤《甲
骨文合集》10405正:"子央亦🯄(颠)。"⑥《甲骨文合集》18789:"有灾,王
🯄(颠)自☐。"⑦战国时期秦系文字暂未见{颠₂}的用例,出现的"颠"字
多是表"头顶"义的{颠₁}。战国时期楚系简帛习用从辵、真声的新造本
字"遉"记录{颠₂},如上博三《周易》25"六四:🯄(遉—颠)颐,吉,虎视眈
眈,其欲悠悠"⑧、上博七《郑子家丧甲本》4"郑子家🯄(遉—颠)覆天下之
礼"⑨;或新借"真"字记录{颠₂},如清华简五《厚父》"🯄(真—颠)覆厥
德"⑩等。西汉初期简帛文献出现的新用字也多是借用的音同音近之
字,如马王堆《养生方》65"用瘨(颠)棘根刌之,长寸者二参,善洒之"⑪、

---

①　周振甫译注:《诗经》,南京:江苏教育出版社,2005年,第128—129页。

②　蒋玉斌:《释殷墟花东卜辞的"颠"》,《考古与文物》,2015年第3期,第107—110页。

③　谢明文:《释"颠"字》,《古文字研究》第30辑,北京:中华书局,2014年,第493—498页。

④　其实,唐兰最早释"🯄"为"颠"。参见唐兰:《怀铅随录》,《考古学刊》,1936年第5期,第143—158页。

⑤　郭沫若主编:《甲骨文合集》,北京:中华书局,1982年,第2465页。

⑥　郭沫若主编:《甲骨文合集》,北京:中华书局,1982年,第1532页。

⑦　郭沫若主编:《甲骨文合集》,北京:中华书局,1982年,第2485页。

⑧　马承源主编:《上海博物馆藏战国楚竹书(三)》,上海:上海古籍出版社,2003年,第37页。

⑨　马承源主编:《上海博物馆藏战国楚竹书(七)》,上海:上海古籍出版社,2008年,第36页。

⑩　李学勤主编:《清华大学藏战国竹简(肆)》,上海:中西书局,2013年,第29页。

⑪　裘锡圭主编:《长沙马王堆汉墓简帛集成(陆)》,北京:中华书局,2014年,第46页。

马王堆《周易》80 上"初六：鼎填（颠）止（趾）"①、阜阳汉简《周易》133"六二：奠（颠）颐，弗经于丘颐，征凶"②等。《说文解字》同时收录｛颠₂｝的本字"蹎"和"趢"："趢，走顿也。从走，真声。读若颠。"③"蹎，跋也。从足，真声。"④但就汉魏六朝的实际用字来说，｛颠₂｝的社会习用字已经改用了新的借字"顚"，如东汉《景君碑》"孝子慘濤，颠倒剥摧"⑤、东汉《石门颂》"上则县峻，屈曲流颠"⑥、东汉《郑固墓碑》"乃遭氛灾，陨命颠沛"⑦、东汉《巴郡胊忍令景云碑》"大命颠覆，中年徂殁"⑧等。直至现代汉语"顚"字被类推简化作"颠"，"顚"才退出｛颠₂｝的社会通用字领域。

又如传承词｛眉｝。该词指"眼上额下的毛"，它应该是汉语史上很早就产生了的基本词。商周时期的"眉"字记作"𦵏""𦵇"，构形像眉毛之形，下部所从之"目"是为突出其上是"眉"而非其他毛发，起附加说明的作用。不过商周出现的"眉"字多用作专名或借记他词，据此推论传承词｛眉｝用的也是象形初文，应该是可以成立的。战国秦系文字出现"从目、从须"表意的新用字，如睡虎地《日甲》60 背贰"人毋（无）故而髮拊若虫及须**𩠐**（眉）"⑨等；也见借用本义指"麋鹿"的"麋"字记录｛眉｝，

① 裘锡圭主编：《长沙马王堆汉墓简帛集成（叁）》，北京：中华书局，2014 年，第 35 页。

② 周朋升：《西汉初简帛文献用字习惯研究（文献用例篇）》，吉林大学博士学位论文，2015 年，第 123 页。

③ 许慎：《注音版说文解字》，徐铉校定、愚若注音，北京：中华书局，2015 年，第 31 页。

④ 许慎：《注音版说文解字》，徐铉校定、愚若注音，北京：中华书局，2015 年，第 41 页。

⑤ 北京图书馆金石组编：《北京图书馆藏中国历代石刻拓本汇编》第一册，郑州：中州古籍出版社，1989 年，第 91 页。

⑥ 方若原著、王壮弘增补：《增补校碑随笔》，上海：上海书画出版社，1981 年，第 60 页。

⑦ 高文：《汉碑集释（修订本）》，开封：河南大学出版社，1997 年，第 218 页。

⑧ 丛文俊：《新发现〈汉巴郡胊忍令景云碑〉考》，《中国书法》，2005 年第 5 期，第 27—34 页。

⑨ 睡虎地秦墓竹简整理小组编：《睡虎地秦墓竹简》，北京：文物出版社，1990 年，第 107 页。

如睡虎地《法律答问》81"缚而尽拔须麋（眉）"①等。② 西汉初期借用习惯占据使用优势，如马王堆《养生方》207"我须麋（眉）既化，血气不足，我无所乐"③、张家山汉简《脉书》15"四节疕如牛目，麋（眉）脱，为厉（疠）"④、阜阳汉简《诗经》69"湔（蝼）首蛾麋（眉）"⑤等。东汉以后，"眉"字才逐渐恢复习用地位。《说文解字·眉部》："𥇖，目上毛也。从目，象眉之形，上象頟理也。"⑥北齐《陇东王感孝颂》："所以敛眉长叹，念昔追远。"⑦唐《王守质墓志》："后夫人北平阳氏秦首蛾眉。"⑧

　　再如传承词{七}。该词表示数词"六加一"，殷墟甲骨文记作"✚"，构形与卜辞"甲"字同形，丁山《数名古谊》认为该字是"切"字的初文，后假借为数名，于是前人加义符"刀"以资区别⑨。战国时期数词{七}与{十}的用字形近易混，于是前人将{七}的用字写得横长竖短，或将竖笔有意曲折，而将{十}的用字写得竖长横短。新莽时期为强化政权的特殊性，废弃习用字"七"而借用本义指"漆树"的"桼"字记录{七}，如《居

───────────────

　　① 睡虎地秦墓竹简整理小组编：《睡虎地秦墓竹简》，北京：文物出版社，1990年，第55页。

　　② 秦代简牍见以"眉"记录{眉}，如放马滩秦简《日乙》231"蔵眉"。参见孙占宇：《天水放马滩秦简集释》，兰州：甘肃文化出版社，2013年，第234页。

　　③ 裘锡圭主编：《长沙马王堆汉墓简帛集成（陆）》，北京：中华书局，2014年，第63页。

　　④ 张家山二四七号汉墓竹简整理小组编著：《张家山汉墓竹简（二四七号墓）：释文修订本》，北京：文物出版社，2006年，第116页。

　　⑤ 周朋升：《西汉初简帛文献用字习惯研究（文献用例篇）》，吉林大学博士学位论文，2015年，第395页。

　　⑥ 许慎：《注音版说文解字》，徐铉校定、愚若注音，北京：中华书局，2015年，第68页。

　　⑦ 北京图书馆金石组编：《北京图书馆藏中国历代石刻拓本汇编》第八册，郑州：中州古籍出版社，1989年，第1页。

　　⑧ 北京图书馆金石组编：《北京图书馆藏中国历代石刻拓本汇编》第二十七册，郑州：中州古籍出版社，1989年，第110页。

　　⑨ 丁山：《数名古谊》，《中央研究院历史语言研究所集刊》，1928年第1期，第89—94页。

延新简》EPF22.468A.B"新始建国地皇上戊二年桼月尽九月"、《汉金文录》卷二216号新莽钟铭"始建国三年桼月工□□□东啬夫□掌护常省"、宋洪适《隶续》卷二"候钲,重五十桼斤,新始建国地皇上戊二年"等①。东汉以后,旧用字"七"的社会习用地位得到恢复,南北朝至隋唐时期则出现新的借字"柒""漆"及其异体记录数词{七},如《干禄字书》"柒漆,上俗下正"②、唐《升仙太子碑》"朔贰拾漆日戊戌水"③、唐《祖威墓志》"春秋漆拾有壹"④等。现代汉语仍以借字"柒"作为数词{七}的大写用字,以防用字篡改。

三、重造全新本字

汉语传承词在后世出现的新用字,有的是根据所记词语的音义重新另造,新字完全抛开旧字,二者之间并无构形上的传承关系。

如传承词{麛}。该词指幼鹿,殷墟甲骨文记作"䍃""𢎫",构形像幼鹿无角之形,如《甲骨文合集》10500"□禽隻(获)燕十,豕一,䍃(麛)一"⑤等。战国时期的秦系文字换用从鹿、弭声的"麛"字记录{麛},如《说文解字·鹿部》"麛,鹿子也,从鹿弭声"⑥、睡虎地《秦律十八种》4"取生荔、麛(麛)䴴鷇"⑦等。西汉初期简帛文献承袭了秦系用字习惯,

---

① 何余华:《新莽时期特殊用字研究》,《汉字研究》,2016年第15期,第147—160页。
② 施安昌编:《颜真卿书〈干禄字书〉》,北京:紫禁城出版社,1990年,第59页。
③ 北京图书馆金石组编:《北京图书馆藏中国历代石刻拓本汇编》第十八册,郑州:中州古籍出版社,1989年,第161页。
④ 郝本性主编:《隋唐五代墓志汇编·河南卷》,天津:天津古籍出版社,1991年,第33页。
⑤ 郭沫若主编:《甲骨文合集》,北京:中华书局,1982年,第1546页。
⑥ 许慎:《注音版说文解字》,徐铉校定、愚若注音,北京:中华书局,2015年,第201页。
⑦ 睡虎地秦墓竹简整理小组编:《睡虎地秦墓竹简》,北京:文物出版社,1990年,第15页。

如银雀山《阴阳时令、占候·禁》1699"大夫不射麑，士庶人不麛不卵"①；"麛"或省减构件"弓"，如马王堆《战国纵横家书》318"𩣑（麞—麛）皮已计之矣"②、张家山汉简《二年律令》249"取产聤（麛）卵鷇"③等。从传世文献和训注材料来看，至晚在隋唐时期应该已经开始用新造字"麑"记录｛麛｝。《论语·乡党》："素衣麑裘。"皇侃疏："麑，鹿子也。"④《国语·鲁语》："兽长麑麋。"韦昭注："鹿子曰麑。"⑤《白虎通·文质》："卿大夫贽，古以麑鹿，今以羔雁。"⑥玄应《一切经音义》卷二十"孤麑"注："上音胡，下五奚反，郑注《礼记》：'麑，鹿子也。'"⑦《说文解字·鹿部》："麑，狻麑兽也，从鹿儿声。"⑧据《说文解字》的训释，"麑"似乎是记录"狮子"义的本字，不过"麑"字结构"从鹿、从兒"表意，将其视作"幼鹿"的专字也未尝不可，疑"麑₁"（狻麑）和"麑₂"（鹿子）可能只是偶然同形。唐初《五经文字》有意强调"麛，莫兮反，鹿子""麑，牛兮反，狻麑兽名"⑨，可能只是为了维护《说文解字》的字用系统。不过现代汉语也是习用"麑"字表达"幼鹿"义的，《现代汉语词典》"麑"释作"古书上指小鹿"⑩。

又如传承词｛虹｝。该词表示"彩虹"义，殷墟甲骨文记作"𦏸"

---

①　银雀山汉墓竹简整理小组编：《银雀山汉墓竹简（贰）》，北京：文物出版社，2010年，第 208 页。

②　裘锡圭主编：《长沙马王堆汉墓简帛集成（叁）》，北京：中华书局，2014 年，第 264 页。

③　张家山二四七号汉墓竹简整理小组编著：《张家山汉墓竹简（二四七号墓）：释文修订本》，北京：文物出版社，2006 年，第 42—43 页。

④　竹添光鸿笺注：《论语会笺》，南京：凤凰出版社，2012 年，第 637 页。

⑤　左丘明：《国语》，南京：凤凰出版社，2009 年，第 61 页。

⑥　陈立：《白虎通疏证》，吴则虞点校，北京：中华书局，1994 年，第 357 页。

⑦　王华权、刘景云编撰：《一切经音义三种校本合刊索引》，徐时仪审校，上海：上海古籍出版社，2010 年，第 417 页。

⑧　许慎：《注音版说文解字》，徐铉校定、愚若注音，北京：中华书局，2015 年，第 202 页。

⑨　张参：《五经文字》，上海：商务印书馆，1936 年，第 40 页。

⑩　中国社会科学院语言研究所词典编辑室编：《现代汉语词典（第 7 版）》，北京：商务印书馆，2017 年，第 949 页。

"🦐"，为象形字，构形像如虫之形的长虹，且虹有两首，如《甲骨文合集》13442 正"有出🦐（虹）自北，[歓]于河"①。殷商时期｛虹｝的象形初文在后世被废弃。汉初的用字面貌较复杂：借"降"字记｛虹｝，如马王堆《刑德乙篇》83"赤降（虹）出，亓（其）短（端）如杵"②；换用从雨、工声之字记录｛虹｝，如马王堆《天文气象杂占》2/37"战从🌧（虹）所"③；换用从虫、工声之字记录｛虹｝，如马王堆《天文气象杂占》6/3"白虹，出，邦君死之"④；或改变"虹"字置向记录｛虹｝，如阜阳汉简《万物》71"☑蚀（虹）出也"⑤。这也说明"虹"字的字形结构在汉初尚不稳定。西汉以后新造用字"虹"字习用至今。

再如传承词｛墉｝。该词指"城墙"。殷墟甲骨文记作"🏯""🏯"；商代晚期金文或作"🏯"，字形像城墙四周各有城楼之形，或省减两城楼形，隶定作"臺"（或释郭），如《甲骨文合集》13514 正甲"基方缶乍🏯（墉）"⑥等。｛墉｝在西周至春秋时期的用字沿袭了殷商的象形结构，不过其表意性在文字线条化的过程中遭到极大破坏，于是西汉以后换用从土、庸声的"墉"字记录｛墉｝，如东汉熹平石经《诗经·韩奕》"实墉实壑"⑦、《说文解字·土部》"墉，城垣也。从土庸声。🏛，古文墉"⑧等。《说文解字》"臺，古文墉"的训释其实已经明确传承词｛墉｝的古今用字变化。

---

① 郭沫若主编：《甲骨文合集》，北京：中华书局，1982 年，第 1889 页。
② 裘锡圭主编：《长沙马王堆汉墓简帛集成（伍）》，北京：中华书局，2014 年，第 46 页。
③ 裘锡圭主编：《长沙马王堆汉墓简帛集成（肆）》，北京：中华书局，2014 年，第 253 页。
④ 裘锡圭主编：《长沙马王堆汉墓简帛集成（肆）》，北京：中华书局，2014 年，第 269 页。
⑤ 周朋升：《西汉初简帛文献用字习惯研究（文献用例篇）》，吉林大学博士学位论文，2015 年，第 225 页。
⑥ 郭沫若主编：《甲骨文合集》，北京：中华书局，1982 年，第 1903 页。
⑦ 刘志基主编：《中国汉字文物大系》第十三卷，郑州：大象出版社，2013 年，第 437 页。
⑧ 许慎：《注音版说文解字》，徐铉校定、愚若注音，北京：中华书局，2015 年，第 289 页。

结　语

　　汉字是根据所记语言的音义创造的,而这种字词对应关系在各种因素的影响下是动态演变的,最主要的表现是汉字记词职能的演变和词语用字习惯的更替[①]。从汉字产生途径的角度来看,汉语用字演变过程中所产生的新用字符主要有传承旧字构形、借用他词本字、重造全新本字这三种来源,而不少词语在用字演变过程中往往存在多种途径交叉的现象。但从社会历史的维度来看,新用字符的来源也存在其他可能,如:有的新字来源于地域用字,后才逐渐进入社会通用领域[②];有的新字可能源于域外汉字或其他民族文字,在文化交流过程中被吸纳进汉字系统等。

---

　　①　李运富:《"汉字学三平面理论"申论》,《北京师范大学学报(社会科学版)》,2016年第 3 期,第 52—62 页。

　　②　何余华:《汉字字符断代论略》,《汉语史学报》第 20 辑,上海:上海教育出版社,2018 年,第 141—150 页。

论汉文佛经用字研究的意义[*]

真大成

文献用字向来备受古今学者关注,时至目前,这方面也已具有相当丰富的研究成果。所谓"文献用字",其实质是指书面文献如何用"字"来记录语言中的"词",换句话说,亦即词在文献中的书写形式①。在已有的文献用字研究成果的基础上,本文提出,还应进一步重视和加强汉文佛经用字研究。汉文佛经用字研究具有重要意义,包括但不限于以下六个方面,兹分述之。

一、有助于扩充用字研究的材料

统观文献用字的研究成果,传统语文学主要关注传世文献的用字状况,目前也不乏这样的研究,如考察《尚书》《墨子》《方言》等先秦两汉典籍的用字情况,比较《史记》《汉书》用字差异,阐述近代汉语时期《金瓶梅》《成化说唱词话》《东游记》等通俗文献的用字特点,等等。20世

 * 本文原载《古汉语研究》第 2 期,北京:商务印书馆,2020 年。为国家社科基金规划项目"基于出土文献的魏晋南北朝隋唐汉语字词关系研究"(18BYY140)成果。本文曾在复旦大学出土文献与古文字研究中心报告过,承蒙各位老师惠予高见,尤其是刘钊教授和张小艳教授多所订正,匡我不逮。业师汪维辉教授和方一新教授曾看过初稿,均有所是正;匿名审稿专家也提出了很好的修改意见,谨统致谢忱。文中尚存问题概由作者负责。
① 这里所谓的"词"有广狭二义,广义是指某一特定文献中所有的词,狭义是指某一特定的词。

纪以来,地不爱宝,出土文献不断涌现。出土文献未经后世传刻改易,保留了当时用字的真实面貌,是此类研究极富价值的材料;因此探讨诸类出土文献用字情况的研究成果层出不穷,蔚为大观。

不过与中土文献相比,以汉文佛经为基本材料测查其用字情况则显得较为冷清。虽然有些考释佛经疑难字、分析佛经异文的论著涉及用字,但其旨趣与文献用字研究还是有所不同,因此总体而言,汉文佛经的用字还未得到应有的重视,还有较大的研究空间。

实际上,汉文佛经的材料性质特殊,用字现象纷繁复杂,研究旨趣丰富多元,是文献用字研究的重要材料,亟应大力关注并充分挖掘其价值。

汉文佛经(包括汉译佛经和中国人撰述的佛教文献)数量庞大,就目前学界最为通行的《大正新修大藏经》而言,其正编部分收录汉文佛经(翻译典籍和中国佛教著述)2206 部,8899 卷,字数应在 7000 万以上。作为研究文献用字的材料,首先应有一定规模的"字料",而汉文佛经卷帙繁多,字量巨大,为调查文本用字提供了字料数量的保障。

汉文佛经文本形态多样,既有写本,也有刻本,还有石本,以及铅字排印本。不同的文本形态,其用字的面貌和特点也有所差异。可以通过比较不同形态的汉文佛经,展现同一文献的不同用字情况。

汉文佛经时代跨度大,既有抄写于六朝隋唐五代的,也有梓刻于宋元明清的,也就是说,从六朝一直延续至清代,前后绵历千年以上。可以通过比较不同时代的汉文佛经,考察用字的历时发展变化。

汉文佛经版本众多①。敦煌莫高窟藏经洞发现的写本佛经,既有抄写于敦煌者,也有一些抄写于南朝;而刻本大藏经可以分为中原、北

———————

① 　这里指广义的"版本",包含写本和刻本。

方、南方三个版本系统。可以通过比较抄写或刊刻于不同地域的汉文佛经,彰显用字的区域差别。

汉文佛经有其文本特性,其中作为主体的翻译佛经乃是自梵文或西域语言移译为汉语的作品,而整体又属宗教文献,与中土世俗文献性质不同,因此用字又有中土文献所不具的现象和特点。

汉文佛经的文本产生场所有异,既有中土抄写刊刻的,也有传写于域外者——如日本所存古写经,可以通过比较本土钞刻佛经与域外传写佛经,探寻中土与域外的用字差异。

总之,汉文佛经是研究文献用字的重要材料,重点关注、全面测查汉文佛经的用字情况可以进一步丰富目前文献用字研究的材料[①],填补这一尚未被学界关注的资料空白,能够更好地利用多时段、多类型的材料开展相关研究,从而呈现更全面的文献用字图景,构建更完备的汉语文献用字史。

二、有助于把握佛经词语书写形式的特性

研究汉文佛经的用字,可以充分认识和把握佛经词语书写形式的特性,了解其多样性、独特性及时代性。

(一)多样性

对于汉文佛经的用字,目前学界主要集中于考辨释读那些奇僻罕见的疑难字;实际上,佛经文本用字灵活多变,很多词语的书写形式是

---

① 所谓"汉文佛经的用字情况",既包括汉文佛经所独有的用字情况,也包括中土文献少见、汉文佛经多见的用字情况,还包括并见于汉文佛经和中土文献的用字情况。

相当丰富的,具有多样性的特点。这里举{堆}的用字情况①,以见多样性之一斑。

汉文佛经中{堆}作名词常指"堆积之物",作动词有"堆积;凸起;压迫"义。最常见的书写形式自然是"堆",也可以写作"塠":

高丽藏本北凉昙无谶译《悲华经》卷三《诸菩萨本授记品之一》:"世界无有山陵、塠阜、大小铁围、须弥、大海,亦无阴盖及诸障阂烦恼之声。"

高丽藏本《经律异相》卷三六《须檀子贪财杀弟》:"即执弟手,上至绝崖,便推置底,以石塠之。"

资福藏本隋阇那崛多译《佛本行集经》卷五一《尸弃本生品下》:"所有丘墟悉平满,山陵塠阜皆坦然。"

"堆",古作"自"。"塠"为"自"的增旁异体字。

又可写作"阜":

资福藏本元魏毗目智仙等译《三具足经忧波提舍》:"又复往作华德王时,白净无垢犹如雪阜。"

"阜",高丽藏本作"堆"。慧琳《一切经音义》卷四七《三具足经忧波提舍》音义"雪堆"条:"经作埠。"②

也可写作"埠":

高丽藏本元魏吉迦夜译《称扬诸佛功德经》卷下:"设使纵广百由延中一大埠沙,取一沙著一佛刹,如是悉著诸佛刹中悉令沙尽。

---

① 本文以{X}表示词,与之相对应,以"X"表示书写形式。

② 匿名审稿专家指出"'阜'和'堆'是同义词,可以换用,《三具足经忧波提舍》作'犹如雪阜'也合乎文意,这个'阜'未必一定就是'堆'的俗字异体,即便《慧琳音义》卷四七说'经作埠',但是这个'埠'也可能是'阜'的增旁俗字,虽然'埠'也可以作为'堆'的俗字使用",这个意见是很有道理的,感谢审稿专家指示我考虑未周之处;不过这里"阜"可能记录{堆},也可能记录{阜},那么不如两存,以待进一步研究。

高丽藏本姚秦竺佛念译《出曜经》卷十二《信品》："岂当以萤火之光与日竞明，田家<u>埠阜</u>欲比须弥。"

亦可写作"崒"：

高丽藏本湛然《法华文句记》卷八："即执弟手，将至悬崖，推弟崖底，以石<u>崒</u>之，即便命终。"

还可写作"庰"：

高丽藏本《法苑珠林》卷五九引《兴起行经》："摩提即执弟手上山，将至绝高，便推崖底，以石<u>庰</u>之。"

"庰"，今本《兴起行经》作"塠"。

又可写作"塠"：

高丽藏本后秦鸠摩罗什译《大智度论》卷八："今世病有二种：……二者，外病，奔车逸马，<u>塠</u>压坠落，兵刃刀杖，种种诸病。"

高丽藏本《佛本行集经》卷七《树下诞生品上》："平治道路，除却一切荆棘沙砾粪秽土<u>塠</u>。"

"塠"当是"埠"的改换声旁异体字。

有时也可见"搥"或"槌"：

高丽藏本北凉昙无谶译《大般涅槃经》卷三一《师子吼菩萨品之五》："譬如坏瓶，不耐风雨、打掷<u>搥</u>押。"

资福藏本萧齐昙景译《未曾有因缘经》卷下："或于高树以绳系脚而自倒悬，或卧刺棘、抱石<u>槌</u>胸，有如是等种种苦行。"

"搥""槌"应是"塠"的讹变。

也可写作"磓"：

高丽藏本东晋佛陀跋陀罗共法显译《摩诃僧祇律》卷二九《明杂诵跋渠法之七》："儿在前行，道中有石，作是念：'我当除道使净，令婆路醯行无所碍安乐来上。'便转石。石下<u>磓</u>杀摩诃罗。"

高丽藏本姚秦竺佛念等译《鼻奈耶》卷五《僧残法之三破僧戒》:"时佛出石室将经行,调达共此四人山上下石磓如来。"

"磓"应是在"塠"的基础上产生的,佛经中常见表现以石堆压的语境,因此在记录{堆}时自然将堆压的工具要素体现于书写形式,又由于{堆}可以记作"塠",在此基础上进一步产生"磓"。

偶尔也能见到写作"推"的例子:

高丽藏本西晋竺法护译《修行道地经》卷三《地狱品》:"譬若拔丛树,相推压如是。"

资福藏本《大智度论》卷十:"外者,寒热、饥渴、兵刃、刀杖,坠落、推压,如是等种种外患,名为恼。"

"推"当即"堆"的讹变。

由此可见,汉文佛经中{堆}有"堆""垍""阜""埠""庫""崒""塠""搥""槌""磓""推"等用字形式,可以说是相当丰富的,异体和讹变是导致这种状况的两种重要因素。

(二)独特性

汉文佛经极富俗字异体,经见文字通借,其中颇有一些用字现象未见或少见于中土世俗文献,乃为佛经文本所特有,表现出明显的独特性。

{突}:㑌;{勉}:鯨;{磕}:搕;{糟}:馨;{驶}:溲。

碛砂藏本《经律异相》卷二三《孤独母女为王所纳出家悟道》:"王疑夫人恐欲自往,或恐㑌去。"

高丽藏本失译附北凉录《大爱道比丘尼经》卷下:"若有勇猛鯨戾女人,自观态欲,无离此患。"

高丽藏本《经律异相》卷五〇《六十四地狱举因示苦相》:"三十一日

搚山。以搚杀虮虱,后生短寿。"

高丽藏本西晋无罗叉译《放光般若经》卷一《摩诃般若波罗蜜放光品》:"三千大千国土其中大风起,吹须弥大山令如糠鬟。"

日本知恩院藏写本姚秦竺佛念译《菩萨处胎经》卷五《善权品》:"譬如众源陂池,五河溠流各各有名,悉归于海,便无本名。"

上引五例中"㥦""鯨""搚""鬟"分别是"突""勅""磕""糩"的异体;"溠"为"使"的加注义符异体字,"使"为"驶"的通假字。{突}{勅}{磕}{糩}{驶}五词的用字形式"㥦""鯨""搚""鬟""溠"均生僻罕见,未见于中土文献,显现了汉文佛经用字的独特性。

下面再举字面较为普通的两个例子。

{棚}:枰、閞。{棚}指楼阁,佛经屡见"棚阁"连文之例:

高丽藏本姚秦竺佛念译《十住断结经》卷三《童真品》:"其地柔软如天细衣,犹兜术天被服饮食宫殿室宅,园观浴池交路棚阁巍巍殊妙,其佛国土神德如是。"

高丽藏本三国吴支谦译《维摩诘经》卷二《菩萨行品》:"有以衣食、苑园、棚阁而作佛事。"

玄应《一切经音义》卷四《十住断结经》音义"棚阁"条:"连阁曰棚。"又卷八《维摩诘经》音义"棚阁"条:"《通俗文》:'连阁曰棚。'棚亦阁也,重屋复道者也。"

四部丛刊影明正德刊本《人物志·释争》:"是故君子之求胜也,以推让为利锐,以自修为棚橹。""橹"是望楼,"棚橹"同义连文。宋刻递修本《隋书·柳彧传》:"高棚跨路,广幕陵云,袨服靓妆,车马填噎。"明古今逸史本《乐府杂录·驱傩》:"其日大宴三五署官,其朝寮家皆上棚观之。"均中土文献之例。

{棚}还可写作"枰":

　　高丽藏本旧题失译附后汉录《大方便佛报恩经》卷六《优波离品》：
"如一比丘跳枰掷阁，以世世从猕猴中来。"①

　　资福藏本西晋竺法护译《等集众德三昧经》卷下："假使复在于闲居
行，若在枰阁重室作行，则亦处于游居。"

　　"枰"为"棚"的改声旁异体字。慧琳《一切经音义》卷十九《大哀经》
音义"棚阁"条："经从平作枰。"可见唐代{棚}即写作"枰"。

　　或写作"閛"：

　　资福藏本西晋竺法护译《普曜经》卷二《降神处胎品》："于时菩萨，
即坐首藏普德等集三昧定意，一切现大閛阁。"

　　圣语藏本东晋僧伽提婆译《中阿含经》卷五七《晡利多品箭毛经》：
"我或住高楼，或住閛阁。"

　　由于佛经屡以"枰"与"阁"连文，故而发生偏旁类化作用，以致"枰"
改从"门（門）"作"閛"。玄应《一切经音义》卷四《十住断结经》音义"棚
阁"条："经文作閛。"又卷十一《中阿含经》音义"棚阁"条："经文作閛。"
可见玄应所见本{棚}即写作"閛"。

　　{棚}写作"枰"或"閛"未见于中土文献，应是佛经独用的书写形式。

　　{绐}：怠、殆。表欺骗义的{绐}的书写形式，除了本用形式"绐"外，
还可以通作"给"，这在中土文献和佛经中均有其例，兹不赘举；不过在
汉文佛经中，它还可写作"怠"和"殆"。

　　高丽藏本旧题后汉支谶译《无量清净平等觉经》卷四："转相欺怠，
调作好恶，得其财物，归给妻子。"

　　高丽藏本失译附西晋录《太子和休经菩萨》："所语皆至诚，不欺怠

---

　　① 玄应《一切经音义》卷四《大方便报恩经》音义"跳枰"条："皮兵反。《埤苍》：'枰，榻
也。'谓独坐板床也。"将"枰"理解为所坐之床榻，非是。

人，用是故，所语诚信，人闻者皆欢喜。"

高丽藏本南朝梁宝唱编《经律异相》卷四七引《鹿子经》："宁就说信死，终不欺<u>殆</u>生。"

"诒"与"怠""殆"同属《广韵·海韵》徒亥切，音同通假。｛诒｝的"怠""殆"两种通假用字形式似未见于中土文献，为佛经所独有。

（三）时代性

汉文佛经时代跨度大，版本众多，不同版本的不同用字有时恰好体现了时代差异，因此考察佛经用字可以探明文本用字的时代性。

｛爺｝：耶、爺；｛娘｝：孃、娘。

赵城金藏本隋阇那崛多译《佛本行集经》卷十三《常饰纳妃品上》："<u>阿耶</u>今者何故不乐忧愁而坐？……<u>阿耶</u>必定须语女知，不得藏隐。……<u>阿耶</u>莫愁！……事理虽然，<u>阿耶</u>但且放女宽恣，我当自嫁。"又卷十五《道见病人品》："或复唱言：'呜呼<u>阿孃</u>！'或复称言：'呜呼<u>阿耶</u>！'"又卷十九《车匿等还品》："时彼宫中诸婇女等，各各啼哭而口唱言：'呜呼<u>阿耶</u>！'"又卷五八《婆提唎迦等品中》："尔时，童子摩尼娄陀诣父母边，白言：'<u>耶</u>！<u>孃</u>！我欲舍家于如来边求请出家，愿垂许我于如来边而出家也。'"

诸例中的"耶"，高丽藏再雕本均作"爺"；"孃"，明代径山藏本作"娘"。

表示父亲的｛爺｝在晋唐时期写作"耶"，王羲之书帖中表父亲义的｛爺｝屡作"耶"，《宋书·王景文传》所记载的"耶耶乎文哉"也是六朝时｛爺｝写作"耶"的明证。赵城金藏是开宝藏的覆刻本，而开宝藏"乃根据益州所存的某一部写本藏经雕印而成"[①]。据此，金藏作"耶"应是保存

---

① 方广锠：《关于〈开宝藏〉刊刻的几个问题——写在〈开宝遗珍〉出版之际》，《法音》，2011 第 1 期。

了晋唐佛经用字之旧[①]。

{爺}写作“爺”是晚出之事。据张涌泉《说“爺”道“孃”》的研究，“五代前后确已出现‘爺’字”“但写法还不固定”，直到“宋代前后已然流行”[②]。

高丽藏分为初雕本和再雕本，虽然也号称开宝藏的覆刻本，但从再雕本的实际情况来看，与开宝藏已有一定差别，已经不是严格意义的覆刻本了。就本例而言，再雕本作“爺”（初雕本未存于世），就是以宋代行用之字改换早先之“耶”[③]。“耶”和“爺”这两种用字形式有年代先后之异。

表示母亲的{孃}和表示少女的{娘}原先分别写作“孃”和“娘”，二字分用划然。但大约从晚唐五代开始，{孃}也用“娘”字来记录[④]；到了宋元以后，以“娘”记{孃}就更为普遍了[⑤]。明清以后，{孃}的实际用字，大概就是“娘”行“孃”废了。上引金藏本《佛本行集经》作“孃”，乃是沿用晋唐用字；明代径山藏本作“娘”，则改用当时流行之字，{孃}的“孃”“娘”两种用字形式存在鲜明的时代性。

{燺}：燺、烤。

资福藏本旧题失译附秦录《别译杂阿含经》卷九：“譬如二大力士，捉彼羸瘦极患之人，向火燺炙，我患身体，烦热苦痛，亦复如是。”

“燺”，元代普宁藏本作“烤”。表示烤炙的{燺}原写作“熇”，“俗加

① 今存开宝藏中恰好有《佛本行集经》卷十九（见《开宝遗珍》），字亦作“耶”，由此可见金藏应是严格覆刻开宝藏，以“耶”记{爺}保留了中古用字的原貌。

② 张涌泉：《说“爺”道“孃”》，《中国语文》，2016 年第 1 期。

③ 高丽藏再雕本改变用字尚有多处，值得关注。

④ {娘}用“孃”字来记录已见于南北朝，参见毛远明《汉魏六朝碑刻异体字典》（北京：中华书局，2014 年）“孃”字条。

⑤ 张涌泉：《说“爺”道“孃”》，《中国语文》，2016 年第 1 期。

木"则作"燺";后来写作"烤"。上例中宋代资福藏本作"燺"是使用"古字",元代普宁藏本写作"烤"则用"今字"。"烤"字的产生年代迄无定论,朱炜《"熿"、"烤"音义考》指出"烤"字最早见于《红楼梦》《朴通事新释谚解》《重刊老乞大谚解》《帝京岁时纪胜》等清代文献①。今据普宁藏作"烤",则至晚元代已有其字。"燺""烤"是{燺}在不同时代的两种用字形式。

三、有助于考释佛经词语的含义

汉文佛经词语的用字形式多样,除了本用形式外,还可使用通假字、异体字、分化字、讹混字等诸多形式。考察汉文佛经用字,由辨字而明词,有助于考释词语的含义。

(一)发明词义

高丽藏本后秦鸠摩罗什译《灯指因缘经》:"身体尪羸,饥渴消削,眼目押陷。"

此例中"押"字虽然字面普通,但含义并不明晰;不过既然与"陷"连文,其义大概也和陷下有关,形容眼目之状。

汉文佛经中{凹}的用字情况,可以为发明"押"的含义提供线索。{凹}本写作"宛",《说文·穴部》:"宛,污衺下也。""宛"又写作"窞",玄应《一切经音义》卷十一《正法念经》音义"恐凹"条:"《苍颉篇》作窞。"虽然玄应所据《苍颉篇》到底为汉初闾里书师所合之55章《苍颉篇》还是所谓的"三苍"已莫能明,但至少可以推断"窞"汉代即已出现。后又作

---

① 朱炜:《"熿"、"烤"音义考》,《语言研究》,2016 年第 3 期。。

"凹",慧琳《一切经音义》卷四九《大庄严论》音义"凹凸"条:"俗字……
正从穴［作］窊。"玄应《一切经音义》卷十八《立世阿毗昙论》音义"则凹"
条:"《字苑》:'凹,陷也。'"《字苑》,葛洪著。

从佛经用字来看,｛凹｝除了写作"窊""容""凹"以外,还可以写作
"寉""坤"。

高丽藏本《开元释教录》卷六:"佛牙可长三寸,围亦如之,色带黄
白,其牙端𡦼凸,若今印文。""𡦼"即"寉"。可洪《新集藏经音义随函录》
(下文简称《随函录》)卷二四《开元释教录》音义"寉凸"条:"上乌甲反,
下田结反。""寉凸"即凹凸。

高丽藏本元魏菩提留支译《大萨遮尼乾子所说经》卷三《王论品之
一》:"彼转轮王所有床宝,立能平正,安隐不动,不高不下、不广不狭、不
长不短、不坤不垤、不坚不软、不涩不滑,柔软得所。"[1]"坤",圣语藏、碛
砂藏、普宁藏、永乐南藏、径山藏、清藏及宫内厅旧宋本作"凹"[2]。又
"垤"即凸,比照前后"高—下""广—狭""长—短""坚—软""涩—滑"之
例,则"坤—垤"亦当反义相对。据此异文及对文例,"坤"即"凹"字[3]。
受"垤"之影响,故"寉"亦改从土作"坤"。可洪《随函录》卷六《大萨遮尼
乾子所说经》音义"不坤"条:"乌甲反,下也,𡦼(窊)也,正作凹、𡇢(圖)三
［二］形。"

由此反观高丽藏本《灯指因缘经》之"押"字,可明应即"坤"之讹
乱——"扌""土"形近多乱,因此所记录的就是｛凹｝。在经中表示眼睛
凹下,故得与"陷"连文。"押",资福藏、碛砂藏、普宁藏、永乐南藏、径山

---

①　"坤",大正藏本误作"坤"。

②　资福藏本作"埠",乃"坤"之讹。"甲""卑"形近易误,故从"甲"从"卑"字亦常相
讹混。

③　邓福禄、韩小荆《字典考正》(武汉:湖北人民出版社,2007年)指出"'坤'是'凹'字
的后起形声俗字,从土甲声"。

藏、清藏本作"瞴",宫内厅旧宋本作"剙"。《说文·目部》:"瞴,目陷也。"《集韵·洽韵》:"剙,陷也。""押"与"瞴""剙"音义相贯。

唐菩提流志译《一字佛顶轮王经》卷一《序品》:"密迹主有善男子,……鼻不匾匜,唇不骞缩,面不宎狭,体肤光润。""狭",资福藏、普宁藏、径山藏本作"翈"。慧琳《一切经音义》卷三五《一字顶轮王经》音义"宎翈"条:"下衔甲反。《考声》云:'水沟相著也。'从甲夹声。经作翈,鸟翈上小毛,非经义也。"慧琳将经文之"翈"改作"翈",但后者指"水沟相著",显然也"非经义"。今以为"宎狭""宎翈"之"狭""翈"可能均为记音字,所记录之词即{凹}。"面不宎狭"是说面部丰润,不凹陷。

高丽藏本西晋竺法护译《菩萨行五十缘身经》:"菩萨世世不坏人宅舍、常喜作舍。用是故,佛鞈金刚之力四方如山,无能害佛身者。"

"鞈"字罕用。《说文·革部》:"鞈,防汗也。"段玉裁注:"此当作所以防捍也。……《篇》《韵》皆曰防捍,是相传古本。捍亦作扞,故讹汗。"《玉篇·革部》:"鞈,囊也。"《字汇·革部》:"鞈,坚貌。"均不合经意。玄应《一切经音义》卷五《菩萨行五十缘身经》音义"佛塔"条:"经文从革作鞈,……囊也,亦防汗也。鞈非此义。"玄应以为"鞈"于经意不谐,故改作"塔"。

实际上,"鞈"在此经中记录了{佮}。《说文·人部》:"佮,合也。"《广韵·合韵》:"佮,併佮,聚也。"《玉篇·人部》:"佮,合取(聚)也。""佮""鞈"均在《广韵·合韵》古沓切,音同,故{佮}又假借"鞈"作记录形式。

据此,"鞈金刚之力"也就是聚金刚之力的意思,贴合经意。

(二)审断词义

高丽藏本西晋竺法护译《正法华经》卷二《应时品》:"假令得出,于地狱中便当堕于禽兽畜生,为狗、盅狐,其形燋悴。"

辛嶋静志《正法华经词典》"蛊狐（gǔhú）"条释作"a fox which bewitches，a jackal(?)"①，施以问号表示对此解释不是很有把握。据释语中的"bewitch"，《词典》编者是将"蛊"照字面义理解。

如果进一步考察佛经用字的话，可知佛经中"蛊狐"之"蛊"实际上应是{野}的一种书写形式，"野""蛊"音同通用。玄应《一切经音义》卷七《正法华经》音义"蛊狐"条："《声类》弋者反。书中多作野狐，此古字通用也。"慧琳《一切经音义》卷七八《经律异相》音义"野狐"条："经从虫作蛊。"可洪《随函录》卷三《般舟三昧经》音义"妖蛊"条："正作蛊。古经以为野狐字也。"又卷八《大法炬陀罗尼经》音义"蛊媚"条："古经野狐字多作蛊。"高丽藏本姚秦竺佛念译《出曜经》卷十四《利养品》："犹如野狐，昼夜伺求大便，畜兽粪除已自食讫，复自于此大便而去。""野"，资福藏本作"蛊"。既明"蛊"所记之词就是{野}，则"蛊"就不必依字面理解为"bewitch"。

高丽藏本《正法华经》卷二《应时品》："当知如来等觉有无央数仓库帑藏，以得自在，为诸黎庶现大法，化诸通<u>愍慧</u>，当作是知，当解此谊。"

辛嶋静志《正法华经词典》将"愍慧"释作"wisdom(of one，who is) compassionate(?)or penetrating wisdom"②，看来对于"愍"是指怜悯还是聪敏把握不定。

若察佛经用字，可知佛经中表聪慧义的{敏}可写作"愍"。

资福藏本《正法华经》卷四《往古品》："分别所兴，诸通<u>愍慧</u>，如诸菩萨，所当造行。"

高丽藏本西晋竺法护译《阿差末菩萨经》卷四："独能游步无能为

---

① 辛嶋静志：《正法华经词典》，东京：创价大学，1998年。
② 辛嶋静志：《正法华经词典》，东京：创价大学，1998年。

师,所行安谛而无瑕秽,以慧愍成一切众生,曰菩萨哀为不可尽。"

高丽藏本唐菩提流志译《大宝积经》卷一一九《胜鬘夫人会》:"慈晤聪愍,多闻智慧,若见如来,于甚深法速能解了无诸疑惑。"

资福藏本吴维祇难等译《法句经》卷上:"随正意行,开解清明,不为妬嫉,愍达善言。"

圣语藏本西晋竺法护译《贤劫经》卷一《问三昧品》:"今天中天,惟见愍念,性虽不愍,不敢重启垂哀宣布。"

径山藏本西晋竺法护译《文殊师利佛土严净经》卷上:"我等,世尊,愿皆奉行如佛训教,……愿使一切志[悉]行愍诲,以行自严去众秽操。"

"敏""愍"音同,{敏}写作"愍"显然是借用同音字。

由此可知,{敏}写作"愍"在佛经中是一种习见的用字情况,因而上引《正法华经》"化诸通愍慧"之"愍"记录{敏}确然无疑,那么它肯定指聪慧,无须依违于怜悯与聪敏二义。

四、有助于考辨词语的来源与产生时代

在汉语词汇史上,一个词语往往具有多种书写形式,这就给判断该词的来源与产生年代带来了麻烦和障碍。研究实践中出现误判词语时代性的情况,原因之一,就在于没有充分关注和重视词语的书写形式——仅就某一形式进行调查,而忽视了其他形式。全面测查佛经文本用字,则能充分了解汉语词语的书写形式,从而有助于探明其产生时代,也有助于为溯源或断代提供线索。

平山久雄《动词"喫"的来源》对汉语常用词{喫}的来源提出了新解。

平山久雄据《广韵·锡韵》"毄,攻也。《汉书》:攻苦毄淡",认为

"'攻苦翳淡'里'攻''翳'二字都表示饮食的行为,是由'击打'义衍生的一种代动用法。'攻'字有各种引申义,如'治理''加工''研习''驯服'等等,这些用法所共通的因素可归纳为'对某种难以对付的对象施加特等功力,使之顺服'。那么,'攻苦'就有可能解做'把苦涩难吃的东西(如野草等)勉强吃下'。与此同样,'翳淡'也可解做'把淡薄(即没有咸味或非常稀薄)无味的东西勉强喫(喝)下'吧?'攻''翳'互文,二字都用做饮食义可算是相关语词的类同引申"①。

这一观点认为{喫}来源于{翳},并将其源头上溯至西汉,虽然颇具思致,但未举出任何实际用例,大抵限于悬想。汉文佛经中{喫}的用字可以为上述观点提供一些佐证。

圣语藏本隋阇那崛多译《佛本行集经》卷二○《观诸异道品》:"譬如有人得美饮食而和杂毒,谁乐欲<u>喫</u>?"

可洪《随函录》卷十四《佛本行集经》卷二○音义"欲翳"条:"音喫,啖也。"②

高丽藏本《佛本行集经》卷三二《二商奉食品下》:"我念往昔青色诸天将四石器来奉我等,白我等言:'此石器内,仁等!可用受食而<u>喫</u>。'"

可洪《随函录》卷十四《佛本行集经》卷三二音义"而翳"条:"音喫。"

圣语藏本、高丽藏本作"喫",可洪所见本作"翳"③;据《随函录》所录"音喫""啖也"之音义,可知"翳"就是记录{喫}。

高丽藏本《佛本行集经》卷二一《王使往还品下》:"譬如有人已得美食,食讫已后,吐变此食弃之于地,复欲还<u>喫</u>,可得以不?"

可洪《随函录》卷十四《佛本行集经》卷二一音义"还翳"条:"苦击

---

① 平山久雄:《动词"喫"的来源》,载《汉语语音史探索》,北京:北京大学出版社,2012年。
② "翳"即"翳"字,下文一律写作"翳"。
③ "翳"就是"翳"。

反。正作嘫、喫。”

高丽藏本作“喫”，可洪所见本作“毄”；还可写作“嘫”。

高丽藏本萧齐释昙景译《未曾有因缘经》卷下：“王勅忠臣办琉璃椀受三升许，诸宝椀中盛满好酒。我于众前先喫一椀。”

“喫”，《法苑珠林》卷九三引作“礊”，高丽藏本《诸经要集》卷十七引作“嘫”。玄应《一切经音义》卷五《未曾有因缘经》音义“先喫”条：“经文作嘫。”可洪《随函录》卷八《未曾有因缘经》音义“先毄”条：“正作嘫。”

高丽藏本作“喫”，唐初佛教类书引作“礊”或“嘫”，玄应所见本作“嘫”，可洪所见本作“毄”。

高丽藏本《法苑珠林》卷九一《破斋篇》颂曰：“专求美饮食，饱嘫无耻羞。”

资福藏本《法苑珠林》卷七四引《大集经》：“或有说言，我曾礊噉四方众僧华果饮食。”

这也是{喫}写作“嘫”“礊”之例。

圣语藏本旧题后汉支娄迦谶译《无量清净平等觉经》卷四：“饮食无极，𡃤酒嗜美，出入无有期度。”

玄应《一切经音义》卷八《无量清净平等觉经》音义“喫酒”条：“经文作𡃤。”可洪《随函录》卷二《无量清净平等觉经》音义“𡃤酒”条：“上苦击反。正作嘫、喫二形。”

高丽藏本三国吴支谦译《阿弥陀经》卷下：“饮食无极，喫酒嗜美，出入无有期度。”

可洪《随函录》卷二《阿弥陀经》音义“𡃤酒”条：“上苦擊(击)反。正作喫、嘫二形也。”

高丽藏本西晋竺法护译《修行地道经》卷三《地狱品》：“于是铁叶大地狱中，便自然生众狗，正黑或有白者，走来唤吼，欲擊罪人。”

"擊",资福藏本作"喫"。

可洪《随函录》卷二一《修行道地经》音义"欲瓾"条："音喫。"

"嚗""嚗""嗷""㘎""擊"也都是{喫}的用字形式。

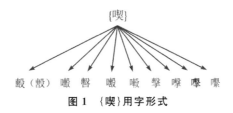

{喫}

瓾（瓾）　嗷　瞉　嚘　嗷　擊　嚗　㘎
图 1　{喫}用字形式

据以上材料可以进一步梳理{喫}的用字形式的关系：

1."瓾"在唐五代时期是{喫}的书写形式。

2.由于"瓾"记录{喫}，故又增置"口"旁，作"嗷""瞉""嚘"；"嗷"应是"嚘"或"嗷"的省写，而非"瓾"的构件移位。

3."擊"与"瓾"形音义联系紧密，也作为{喫}的书写形式；"嚗"是"擊"的衍生形式。

4."㘎"大概是"嚗"的讹混字。

这些用字形式可以统称"瓾"系列。在"瓾"系列中，"嗷"作为"喫"的异体被收入韵书。蒋斧藏本《唐韵·锡韵》："喫，喫食。或作嗷。"《广韵·锡韵》："喫，喫食。嗷，同上。"当本《唐韵》。

如果"瓾"系列中某个或某些形式是从佛经译成年代沿袭而来，那么它们出现的年代就相当古远了。比如《无量清净平等觉经》的译成年代不会晚于西晋，如果"嚗"是译成年代用字的传承，那么它应已早见于汉魏。如果这一假说能够成立，则"瓾"系列在汉唐间沿用不绝——这在一定程度上也可证明平山先生对"攻苦瓾淡"含义的推测是有事实依据的。

由于"喫""瓾"音同（苦擊切），{喫}的"瓾"系列用字，似乎只是假借同音字的结果；不过，这一现象实际上更可能揭示另一种情况，即"嶨"原来就是｛喫｝的本用形式。这一点如果成立的话，那么完全可以说明｛喫｝与｛嶨｝之间具有紧密的联系——｛喫｝很可能就是｛嶨｝衍生出来的一个词语，也就是说｛喫｝来源于｛嶨｝。

　　｛喫｝的"嶨"系列书写形式可能在唐五代以后就被"喫"彻底替换或覆盖了，后者成为唯一形式（后来又作"吃"）。这可能是文献进入刻本时代后对书写形式整饬调整的结果，其中当然有复杂的因素，还有待进一步探索。中土文献已经难以觅得"嶨"系列用字，而汉文佛经还存在不少实例，为探讨｛喫｝的来源提供了材料，具有宝贵的价值。

五、有助于解释文献异文的成因

　　汉文佛经中某些异文的形音义均无联系，其致异之由难明。这些呈现在眼下的异文的成因之所以费解，其实是由于这个异文集合在某个历史阶段曾存在着另一个成员，它可以沟通目前所见异文的双方，只不过时至目前，这个成员已经隐没于文本背后，从而造成系联中断，以致难以解释致异的原因。由此可见，要阐明异文的成因，必须凸显文本背后的"成员"，而一个词的不同用字可以为找寻这个"成员"提供线索。

　　高丽藏本西晋竺法护译《修行道地经》卷三《地狱品》："尔时遥见诸刺棘树，高四十里，刺长尺六，其刺比緻，自然火出。""緻"，元、明本作"锥"。

　　《说文·糸部》："緻，密也。""緻"合于经意，自然是原文；但"緻""锥"形音义均无联系，其致异之由难明。

　　若能把握、了解佛经用字，则有助于解释上述异文的成因。｛緻｝在汉文佛经中的用字，除了本用形式"緻"以外，还可写作"稚（糫、穉）"等：

　　日藏知恩院写本姚秦竺佛念译《菩萨处胎经》卷四《行定不定品》："孔毛三十七，密稚不疏漏。"

　　日藏宫内厅旧宋本后秦鸠摩罗什译《十住毘婆沙论》卷九《念佛品》："齿密稺相，离诸贪著。"

　　日藏石山寺写本后秦鸠摩罗什译《大智度论》卷三五《释习相应品》："所以不以余物为喻者，以此四物丛生稠稺、种类又多故。"

　　慧琳《一切经音义》卷二二引录慧苑《新译大方广佛花严经音义》"密緻"条："经本有作稚字者，此乃幼稚之字，深为谬矣也。"慧苑所见本作"稚"。可洪《随函录》卷十一《十住婆沙论》音义出"密稺"条，则所见写本作"稺"。可见唐五代时〔緻〕已习作"稚（稺、稺）"。

　　〔緻〕写作"稚"乃是假借同音字。

　　"緻—锥"致异的过程应是：（1）"緻"改变用字，写作"稚"；（2）"稚"又变作"锥"，其原因可能有二：一是不明"稚"乃是记录〔緻〕，以为有误，故而改为"锥"；二是"稚""锥"形近而讹。

　　很显然，在目前所见的"緻—锥"这一异文集合中，作为沟通异文两端"緻""锥"的另一个成员"稚"已经隐没在文本背后了，以致"緻—锥"致异的理据丧失。现在正是通过把握〔緻〕的用字，从而找到"稚"这一"桥梁"，补足残缺的文本图景，解释致异之由。

　　高丽藏本西晋竺法护译《贤劫经》卷二《诸度无极品》："道法玄妙，不可攀逮，无上正真，不可譬喻，一切菩萨比丘圣众诸尊神天皆来集会，一切渴仰饥虚于法，会来甚久。"

　　"渴"，宫本作"德"。"渴仰"是佛经习语，"德仰"不辞，"德"必为讹字；然"渴""德"何以构成异文，不易索解。

　　调查佛经用字，可见"德""得"通用之例甚多：

　　高丽藏本西晋竺法护译《贤劫经》卷五《十八不共品》："逮得一切众

德之行真正之法,是曰精进。"

"德",圣语藏本作"得"。

高丽藏本西晋竺法护译《文殊师利现宝藏经》卷下:"我等不用诸根,信得诸根为失义。"

"得",宫本作"德"。

据此可以假设与"渴"构成异文之"德"实即"得",但"渴""得"仍有差距;不过从中古写本的实际用字情况看,"得"往往写作异体"淂",S. 388《正名要录》著录"得淂",前者属于"古而典者",后者属于"今而要者","淂""渴"形近,完全可能相讹而构成异文。

因此,"渴—德"异文的形成过程应是:(1)"渴"形近讹作"淂"①;(2)传抄中"淂"又写作"得";(3)在进一步传抄中"得"又写作通用字"德"。图示如下:

渴──→[淂]──→[得]──→德

图 2 "渴—德"异文形成过程

在"渴—德"异文集合的形成过程中,"淂""得"这两个成员并未显现于现存文本,以致上述异文形成链发生了表面上的断裂和脱节,从而致异理据不明;现以文本用字情况(通用、异体)为线索,逆向补足形成链上缺失的环节,就能比较清晰地看到异文发生的全过程,解释其产生之由。

高丽藏本西晋竺法护译《修行道地经》卷四《行空品》:"设修行者有吾我想而不入空,则自克责:'吾衰无利用心罣碍,不顺空慧乐吾我想。'忧

---

① 匿名审稿专家指出从"渴"到"淂"缺乏证据,说服力比较低。审稿专家的意见很有道理,从现有材料看,"渴"讹作"淂"的例子确实罕见,但似乎也不能完全否认存在这种可能性,可以再做进一步调查。如《梁书》"千里悬得","得"《艺文类聚》作"渴"。

咸自勉,诱心至空,或诫其志,诱之向之,因至本无三界皆空,万物无常。"

后"诱"字,宫本作"恒"。"恒"字不合经意,为讹误殆无疑义;但"诱"与"恒"构成异文的原因,还须考索。"诱""恒"形音义俱远,直接致异的可能性微乎其微。

异文双方可能是字与字的关系,也可能是词与词的关系;而在后者中,又以同义词居多。如果从词际关系出发观察"诱—恒"异文,那么在"恒"所在的位置应是一个与{诱}同义之词,从佛经用词来看①,极可能就是{詶}。《说文·言部》:"詶,诱也。"

{詶}在佛经中的用字,除了本用形式"詶"以外,最常见的写法就是"恤":

高丽藏本后汉支谶译《遗日摩尼宝经》:"菩萨有四恶知识。何谓四? ……四者人求有学经者,持财物诱恤,不肯教人。"

高丽藏本旧题三国吴支谦译《菩萨本缘经》卷上《毘罗摩品》:"如是死法,非以亲近财货求赎软言诱恤而可得脱。"

高丽藏本西晋竺法护译《正法华经》卷四《往古品》:"诱恤勉励,使不恐惧。"

资福藏本西晋竺法护译《生经》卷一《鳖猕猴经》:"又嗔猕猴,诱恤我夫,数令出入。"

资福藏本西晋竺法护译《阿差末菩萨经》卷七:"善权方便知众生性,随以方便而诱恤之。"

高丽藏本西晋无罗叉译《放光般若经》卷十九《无形品》菩萨劝恤众生言:'诸贤者! 我长夜布施,今受其福……'

如果把握{詶}写作"恤"这一用字情况,那么目前所见之"恒"的来

---

① 佛经中常见"诱詶"并用,例多不举。

历就可以解释了:它应该就是"恤"的形近讹字。

"诱—恒"的致异过程应该是:(1){诱}改变用词,以同义词{詠}替换①;(2){詠}在传抄中改变用字,写作"恤";(3)在随后的传抄过程中"恤"因形近误作"恒"。

在"诱→詠→恤→恒"这一异文发生链中,我们可以看到,{詠}和恤这一字词映射组合,实际系联了异文链的两端:{詠}系联{诱},是词的变化;"恤"系联"恒",是字的变化。

六、有助于校订文本讹误

传抄、整理佛经中的不少错讹是受到文本用字影响而发生的——或由字形干扰而致误,或由不明用字而误改,因此充分了解和把握汉文佛经用字情况,对于校订佛经文本讹误,提高佛教文献整理质量,均大有助益。

(一)订正误字

佛经在流传过程中不可避免地会产生讹文误字,把握佛经用字,可资以明了致误之由,从而订正讹误。

高丽藏本西晋竺法护译《鸯掘摩经》:"恶鬼助祸,<u>耗乱</u>其心,瞋目喷咤,四顾远视,如鬼师子,如虎狼兽,跳腾驰踊,色貌可畏。"

高丽藏本失译《陀罗尼杂集》卷十:"彼毗沙门大天王于一切鬼神罗刹中最尊,勒令一切鬼神罗刹,便说是咒得咒大咒所行即疾,<u>耗乱</u>睡眠。"

---

① 高丽藏本和宫内厅藏旧宋本分属不同的版本系统,宫本系统之祖本或许本来即作"詠",因此{诱}同义替换为{詠}这一步也可能并未发生过。

按："耗"字无义，当为"挠"之误。表扰乱义之｛挠｝佛经中或写作"挍"，又因与"耗(耗)"形近而误。

(二)订正误校

某些佛教文献的整理者不明文本中的特殊用字，误以为错讹，遂依据相关材料校改，从校勘原则(底本不误者不必改)来讲，由于校订后之字违离底本原貌，实际上也属"误校"。探明佛经用字之例，有助于订正此类"误校"。

《法苑珠林》卷三八引《西域志》："佛告大众：汝等天人龙神等可将我爪甲，当细熟现。恐未来世中诸魔及外道别将相似物，换我真甲。汝若疑非者，当以金刚锤砧，以甲置铁砧上，以锤打击。"校注："'砧'字原作'钻'，据《高丽藏》本改。下同。"①

表示锻造时受锤的垫具的｛砧｝在佛经中用字多样，如可以写作"砧""磹""錎""鈂""枕"等，"砧"改形旁"石"为"金"作"钻"，同样也是｛砧｝的书写形式之一。

高丽藏本唐智升撰《开元释教录》卷二："乃置舍利于铁<u>钻</u>上，使力者击之，于是砧鍸俱陷，舍利无损。"②

大日本续藏经本南朝梁宝亮等集《大般涅槃经集解》卷十二："<u>钻</u>上之铁，可譬凡夫。"

据此，《珠林》底本之"钻"即"砧"字，不烦改字。

《法苑珠林》卷四二引《萨遮尼乾子经》："迷闷难觉寤，应时筹量食。"校注："'觉寤'二字原作'寤寤'，据《萨遮尼乾子经》改。"

---

① 《法苑珠林校注》以清道光年间常熟燕园蒋氏刻本为底本，据《校注·校注凡例》，是本"与《碛砂藏》本、《南藏》本、《嘉兴藏》本基本接近，互相校勘差异不大"。

② 此条本慧皎《高僧传》。"钻"，《高僧传》作"砧"。

按：表示醒觉、觉悟义的｛觉｝，佛经中可以写作"悎""寤"。前者不论，后者如慧琳《一切经音义》卷十一《大宝积经》音义"觉寤"条："经文从穴从中［忄］从告作寤，谬也。检一切字书及教字韵中并无此字，多是笔授或传写人随情妄作。"可洪《随函录》词目中也屡见"寤"字，可见唐五代写本佛经即习以"寤"记｛觉｝。

据此，《珠林》底本作"寤"，本即佛经用字，不必校改。

《法苑珠林》卷四八引《杂阿含经》："时有一士夫取彼藕根重负而去，尔时比丘为彼天神而说偈言：……拔根重负去，便是奸<u>狡</u>人。"校注："'狡'字原作'姣'，据《高丽藏》本改。"

高丽藏本南朝宋求那跋陀罗译《杂阿含经》卷二二："给孤独长者心即恐怖，身毛为竖，得无为人及非人，或奸姣人恐怖我耶？""姣"，圣本作"狡"。玄应《一切经音义》卷十一《杂阿含经》音义"奸狡"条："经文从女作姣。""姣"为"狡"的换旁异构，盖受上文"奸"之影响发生偏旁类化，改"犭"为"女"。这种受上下文影响发生偏旁类化是佛经用字中极为常见的现象。

据此，《珠林》底本之"姣"并非讹字，不必校改。

《法苑珠林》卷五六引《灯指经》："如眼上<u>翳</u>，不知所至。"校注："'翳'字原作'瞳'，据《高丽藏》本改。"

｛翳｝表示眼球上所生遮蔽视线的膜，在佛经中还可写作"瞖"，"翳"应该是"瞖"后起分化字。"瞖"改换声旁即作"瞳"。

圣语藏本东晋佛驮跋陀罗译《大方广佛华严经》卷五九《入法界品之十六》："譬如目<u>瞳</u>，见真净宝，谓为不净。"

资福藏本元魏般若流支译《正法念处经》卷六五《身念处品之二》："此微细虫若行眼中，眼则多病或令目坏，若入精中，眼生白<u>瞳</u>。"

慧琳《一切经音义》卷三《大般若波罗蜜多经》音义"瞖目"条："经作

瞖。"又卷八《大般若波罗蜜多经》音义"盲瞖"条："经从壹从目作瞖。"可见唐代写本佛经即用"瞖"字。

据此，《珠林》底本之"瞖"实即"瞖"字，因此无须校改。

《法苑珠林》卷五三"效瞤"条引《百喻经》："此人见王眼瞤，便効王瞤。"校注："'瞤'字原作'瞤'，据《百喻经》改。下同。"

《说文·目部》："瞤，目动也。"指眨眼皮、眼皮跳动。{瞤}在佛经中的用字比较多样，其中一种写法是"瞤"：

资福藏本旧题三国吴支谦译《菩萨本缘经》卷中："时菩萨妻在空林中，左目瞤动，心惊不乐，所采杂华寻即萎枯。"

高丽藏本唐义净译《金光明最胜王经》卷十《舍身品》："日无精光如覆蔽，目瞤乳动异常时。"

玄应《一切经音义》卷四《大方便报恩经》"瞤動"条："经文作瞤。"可见至晚唐初写本佛经即用"瞤"字。

由于"需"俗作"需"[1]，因此"瞤"或作"瞤"。

玄应《一切经音义》卷二十《菩萨本缘集》音义"瞤动"条："经文作瞤〔瞤〕。"慧琳《一切经音义》卷二九《金光明最胜王经》音义"目瞤"条："经从需作瞤。"可见唐代写本佛经亦用"瞤"。

据此，《珠林》底本之"瞤"同样并非误字。

(三)订正改(疑)而未确者

佛经文本的某些讹字是由特殊用字造成的，在校订时，若不明对应的用字的话，就会改而不中，无法还原文本(底本)的本貌。

《法苑珠林》卷三四引《增一阿含经》："第九念身者，谓专精念

---

[1]　《龙龛手镜·而部》："需，俗；需，正。"

身。……脓、血、脂、涎、髑髅、脑等。"校注："'涎'字原作'羡',据《高丽藏》本改。"

表示口水之{涎},佛经中除写作"涎""唌"以外,还可写作"潒"。

圣语藏本西晋竺法护译《修行本起经》卷一《五阴成败品》:"面色惶懅,眼䀫[䀮]为乱,身体委黄,口中潒出。"

高丽藏本后汉安世高译《道地经·五种成败章》:"亲属已还收发草䰄,若忼忾声满口不止,出悲语见爱念,若干种胞颐潒洟出,呼当奈何。"

高丽藏本西晋竺法护译《身观经》:"亦有剧,为亲己坏他,为从是不净出:从鼻中涕出;从口潒唾出;从腋下汗流出;从下孔处屎溺出,如是皆从身出剧。"

玄应《一切经音义》卷十一《增一阿含经》音义"脂潒"条:"经文作潒。"可知至晚唐初写本即用"潒"字。慧琳《一切经音义》卷四七《中论》音义"次出"条:"束昔[晳]从口作唌,贾谊[谊]从羡作潒。"又卷一〇〇《止观》音义"唌流"条:"诸儒随意竞作不同,束晳[晳]作唌,贾谊作潒,史籀大篆作㵞,从二水,最太古,不入时用。"由此观之,"潒"可能西汉即已行用。

明乎此,《珠林》底本之"羡"应即"潒"之坏,校作"涎"固不误,然不如校作"潒"近真。

《法苑珠林》卷五三引《十诵律》:"乃过去世,一河曲中有二獭,河中得大鲤鱼不能分,二獭守之。"校注:"'獭'字原作'狙',据《高丽藏》本改。下同。"

水獭之{獭}佛经中或作"獭",也可写作"狙":

圣语藏本姚秦佛陀耶舍共竺佛念等译《四分律》卷一《四波罗夷法之一》:"水处者,若藏金银七宝及诸衣被沉著水中,若水狙[狙]、若鱼、若鳖。"

资福藏本《四分律》卷三九《皮革揵度之余》:"时六群比丘坐高大床上,若独坐绳床、木床、象牙床、敷马皮、敷象皮、锦褥、杂色卧具、氍㲣、若狙[狚]毛用衬褥。"又卷五九《毘尼增一六之三》:"有五种皮不应用:师子皮、虎皮、豹皮、狙[狚]皮、猫皮,是为五。

玄应《一切经音义》卷十一《正法念经》音义"水獭"条:"经文作狙。"又卷十四《四分律》音义"水獭"条:"经文作狙。"又卷十五《十诵律》音义"獭皮"条:"律文作狙[狚]。"又卷十六《善见律》音义"狗獭"条:"律文多作狙。"又卷十八《立世阿毗昙论》音义"或獭"条:"论文作狙。"由此可见唐代写本佛经中〈獭〉写作"狙"是习见之事。"狙"是"獭"的换声旁异体字。

据此,如果必以《珠林》底本之"狙"为讹误的话,校作"獭"不如校作"狙"更加得实。

《法苑珠林》卷四六引《大集经》:"彼业因缘,于地狱中经无量劫,大猛火中,或烧或煮,或饮洋铜,或吞铁丸。"校注:"'洋'字各本同,疑应作'炀'或'烊'。"

表融化义的〈烊〉,佛经中屡作"洋"。"烊""洋"二字音同通用。

高丽藏本元魏般若流支译《正法念处经》卷七《地狱品之三》:"以热铁钳劈其粪门,洋热白镴内之令满,如是内烧。"又卷十四《地狱品之十》:"彼地狱人若得免离阎魔罗人,处处驰走,复入火聚,身体消洋,脚髀腰等在火聚中皆悉洋消,如生酥块,洋已复生。"

"洋"均读作"烊"。例多不烦备举。

由此可见,《珠林》底本之"洋"不误,不必疑。

西周金文字词关系影响因素探析[*]

汉语字词关系研究是汉语研究中的重要课题,近年来已渐渐成为学术研究的热点。众所周知,字与词之间不仅有简单的一对一的对应关系,还包括了一字多音义和一词用多字等比较复杂的对应关系。同时,字词关系还是一个动态的系统,会随着时空等各种因素的变化而产生差异。以往学术界对字词关系的影响因素讨论较少,本文准备以西周金文为例对此进行讨论。

就管见所及,影响西周金文字词关系的因素大概有六个,包括:一、因不同时代用字习惯差异造成的字词关系差异;二、用字规范与写手的选择对字词关系的影响;三、词的特指意义对字词关系的影响;四、词的社会意义对字词关系的影响;五、文字类化现象对字词关系的影响;六、因文字错讹造成的字词关系变化。下面我们分别举例说明。

一、因不同时代用字习惯差异造成的字词关系差异

不同时代的文献所呈现出来的字词关系是不尽相同的:有时候同一个字可以表示不同的词,如"蜃"字,在商代甲骨文中表示{晨},但在

---

* 本文源于田炜:《西周金文字词关系研究》,上海:上海古籍出版社,2016年。编入本集时增加题目并改订了部分文字。

西周金文中则表示﹛农﹜；反过来看，同一个词当然也可以用不同的字表示，如﹛朝﹜，在甲骨文中用"朝"字表示，西周金文则惯用"淖（潮）"字表示。时代不同的西周金文所呈现出来的字词关系也存在一些差异。例如西周早期金文只用"或"字表示﹛国﹜，西周中期金文开始兼用"国"字表示﹛国﹜，西周晚期金文则兼用"邦"字表示﹛国﹜。这体现出用字习惯的历时变化。可见，不同时代用字习惯的差异是造成字词关系差异的一个重要因素。关于这一点，我们有详细的说明，这里就不再赘述了。①

二、用字规范与写手的选择对字词关系的影响

影响字词关系的因素十分复杂。总的说来，西周金文所反映出来的字词关系是当时的用字习惯（或者说是用字规范）与写手个人用字习惯共同作用的结果。前面我们主要是从语言、文字发展的内因（异体字、同形字、文字假借、文字分化、语义发展等）着眼，对西周金文字词关系中的一些现象进行了举例说明。但内因只是为这些现象提供了理论上的根据，具体例子的出现与否实际上取决于当时的用字规范。用字规范的形成，既存在着约定俗成的因素，也存在着人为规定的因素。写手在用字规范允许的范围内可以相对自由地对用字做出选择，因此用字规范与写手的选择对字词关系有重要的影响作用。

（一）不同写手的用字选择对字词关系的影响

我们先看西周早期的鬲簋铭文。《首阳吉金》23号著录了一件西周早期的鬲簋，器、盖有内容相同的铭文。现将铭文拓本揭出，以资比较：

---

① 田炜：《西周金文字词关系研究》，上海：上海古籍出版社，2016年，第244—291页。

图 1　器铭（左）和盖铭（右）

对比器、盖二铭，我们不难发现二者在书法和字词关系上都存在着显著差异。下面我们把器、盖二铭中一些存在明显差异的字列出，以资比较：

表 1　器铭和盖铭中差异明显的字

	器铭	盖铭
隹/唯		
令		
周		
马		
宝		
隌		

　　酉从书法上看,器铭和盖铭"令""马""宝""隫"等字的写法存在明显不同,此外如"隹(包括"唯"字所从之"隹")""初""史""乍"诸字在笔画的写法、形态和笔势上都有差异。从此即可判断这两件铭文很可能出自不同的写手之手。从字词关系上看,器铭和盖铭分别用"唯""隹"二字表示{唯},用"周""丹"二字表示{周},这种差异反映了不同写手对用字的不同选择。

　　我们再来看看西周中期的采隻簋铭文。就目前所见,采隻簋共有甲、乙两件,其中甲簋有盖,器、盖同铭,乙簋盖已佚,器铭内容与甲簋相同。张懋镕先生曾撰文对采隻簋铭文进行考释,并发表了甲簋盖和乙簋器两篇铭文的拓本。[①] 后来,《铭图集成》发表了采隻簋全部三篇铭文的拓本。[②] 下面我们先将三件拓本揭出,以资研讨:

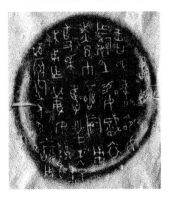

图2　甲簋:盖铭(左)和器铭(右)

　　① 张懋镕、王勇:《采获簋小考》,《上海文博论丛》,2009年第3期,第92—94页。
　　② 吴镇烽:《商周青铜器铭文暨图像集成(第11卷)》,上海:上海古籍出版社,2012年,第116—119页。

图 3 乙簋：器铭

从字词关系的角度看，甲簋的盖铭与两件器铭有较大的差异，两件器铭则比较一致。从书法看，甲簋盖铭字体结构宽博、疏朗，两件器铭字体结构相对显得紧凑，明显是不同写手所书。下面我们将三件铭文中比较有代表性的字用表格列出，以资比较：

表 2 铭文中比较有代表性的字

	甲簋盖	甲簋器	乙簋器
戠			
赤			
市			
旗			

	甲簋盖	甲簋器	乙簋器
对			
义			
簋			
宝			

　　"散""赤"二字在三件铭文中的构造都是相同的,但偏旁的写法则有不同,其中甲簋盖铭独具特色,而两件器铭则较为一致。在字词关系上,甲簋盖铭与两件器铭也存在差异。甲簋盖铭用"巾"字表示〔韍〕、"旗"字表示〔旗〕、"塁"字表示〔对〕、"羕"字表示〔义〕、"殷"字表示〔簋〕、"齏"字表示〔宝〕,两件器铭则用"市"字表示〔韍〕、"旅"字表示〔旗〕、"敎"字表示〔对〕、"义"字表示〔义〕、"殷"字表示〔簋〕、"宝"字表示〔宝〕。从甲簋盖铭与两件器铭的用字差异我们可以看出不同写手的用字选择对字词关系的影响。

　　西周晚期的元年师放簋铭文也存在类似情况。元年师放簋铭文共有 7 件,我们只把《集成》4279 号器、盖二铭揭出比较:

图 4　4279.1 盖铭(左)和 4279.2 器铭(右)

这两件铭文必定出于不同写手之手:盖铭笔画较粗,书法风格比较质朴,行款排列比较随意;器铭笔画较细,行款疏朗,排列整饬,书法风格严谨、秀丽。这两件铭文不仅在书法上存在差异,在用字方面也存在一些差异:

表 3　盖铭和器铭中的用字差异

	盖铭	器铭
〔减〕	减(图)	臧(图)
〔苑/县〕	还(图)	远(图)
〔扬〕	甽(图)	昜(图)
〔命/令〕	命(图)	令(图)
〔万〕	迈(图)	蒍(图)

从西周早期的鸯觯铭文,到西周中期的采隻簋铭文,再到西周晚期的元年师放簋铭文,都能看到一人之器的铭文分由不同写手书写以及不同写手用字习惯存在差异的情况。

有的词在西周金文中既可以用同一个字表示,也可以用不同的字表示,不同的写手常常会有不同的选择。我们在第四章第二节讨论过"耂""老""考""丂""哮""绔""孝"诸字与{老}、{考}、{孝}等词的对应关系,并用图表示如下:

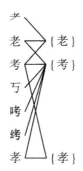

图 5　字词对应关系图

如图所示,"老""考""丂""孝"诸字在西周金文中都可以表示{考},此外"老""考"二字又均可以表示{老},"考""孝"二字又均可以表示{孝}。在不同的铭文中,这些相关字和词的对应关系有时候是不一样的:

1.毁(簋)甘×(其)用春(侑),亦引唯考(孝),韯敏(肆)毋友(有)弗𬤥(顺),是用蘷(寿)老。(《集成》2724 毛公旅鼎·西周早期)

2.……用敢卿(飨)考(孝)皇丂(考)。(《集成》746—752、《新收》1147、《首阳吉金》32 仲枏父鬲·西周中期)

3.晋医(侯)僰马既为𪔅(宝)盂,则乍(作)障(尊)壶,用障(尊)于宗室,用高(享)用考(孝),用𤺺(祈)耆(寿)老,子子孙孙其迈(万)年永是

宝(宝)用。(《新收》888 晋侯僰马壶、902 晋侯僰马壶盖·西周晚期)

4.不(丕)显朕皇考，克召明(明)氒(厥)心，帅用氒(厥)先且(祖)考政德，高(享)辟先王，逑(?)①卸(御)于氒(厥)辟，不敢象(惰)②，虔夙(夙)夕，敬氒(厥)死(尸)事。天子巠(经)朕先且(祖)服，多易(锡)逑休，令灛阆(司)三(四)方吴(虞)嗇(林)。逑敢对天子不(丕)显鲁休甗(扬)，用乍(作)朕皇考龏(恭)叔(叔)龢钟，鎗鎗恩恩，雤鑰=(雝雝)，用追孝卲(昭)各(格)喜侃笄(前)文人。(《新收》772—774 逑钟·西周晚期)

例 1、3 用"考"字表示{孝}，用"老"字表示{老}；例 2 用"考"字表示{孝}，用"丂"字表示{考}；例 4 用"考"字表示{考}，用"孝"字表示"孝"。在这些例子中，{老}、{考}、{孝}等词是用不同的字表示的。西周晚期的丼人妾钟铭文云：

颖盅(淑)文且(祖)、皇考……妾不敢弗帅用文且(祖)、皇考穆穆秉遴(德)……用追考=(孝、喜?)③侃笄(前)文人……(《集成》109＋110、111＋112 丼人妾钟·西周晚期)

---

①　陈剑：《据郭店简释读西周金文一例》，《北京大学中国古文献研究中心集刊》第 2 辑，北京：北京燕山出版社，2001 年，第 378—396 页。

②　陈剑：《金文"象"字考释》，载《甲骨金文考释论集》，北京：线装书局，2007 年，第 243—272 页。

③　"考"下的重文符号前人多失察。张亚初先生注意到这个重文符号，将《集成》110、112 号的这段文字分别释写为"用追考(孝)、侃喜前文人""用追考(孝)考(孝)侃前文人"，见张亚初：《殷周金文集成引得》，北京：中华书局，2001 年。110 号"考"字下有重文符号，"侃"字下没有"喜"字，张氏的释文明显有错误。112 号释文既说"追孝"又说"孝侃"，两个"孝"的意义并没有什么差别，颇涉重复，也很可疑。我们怀疑这段话很可能应该读为"用追孝、喜侃前文人"。上古音"喜"字属晓母之部，"孝"字属晓母幽部，"考"字属溪母幽部，声母同属喉牙音，韵部之、幽旁转，三字的古音是相近的。而且"喜侃前文人"一辞在西周钟铭中屡见，是当时的套语，因此从文例上来看，读"考"为"喜"也是合适的。不过，"喜"字在西周金文中很常见，鲜有借用其他字的例子，铭文中的"考"字是否当读为"喜"仍有待进一步研究。

　　不同于上面所举的例子,在钟铭中⟨考⟩、⟨孝⟩这两个词都是用"考"字表示的。我们在第四章第一节谈到"事""史"二字与⟨事⟩、⟨史⟩、⟨使⟩等词的对应关系时指出,在西周金文中"事""史"二字都可以表示⟨事⟩、⟨史⟩、⟨使⟩等词,不过不同的铭文用字情况是有差异的。西周早期的中甗和叔簋铭文都用"史"字表示⟨使⟩,但同属西周早期的小臣守簋铭文则用"事"字表示⟨使⟩;西周中期的生史簋和师酉鼎铭文都用"事"字兼表⟨使⟩和⟨事⟩,同属西周中期的虎簋盖铭文却用"史"字表示⟨事⟩。我们在第四章第一节中还讨论过,在西周金文中"且""取"二字均可以表示⟨祖⟩、⟨诅⟩这两个词,但在西周早期的邓小仲方鼎和西周中期的史墙盘铭文中,"且""取"二字的用法是有区别的。我们先看邓小仲方鼎铭文:

　　鄧(邓)小中(仲)只(获),又(有)復(得),弗敢取(诅),用乍(作)朕(厥)文且(祖)宝牆隃鼎(尊),用隃(尊)朕(厥)畐(福)于宗(?)宫。(《新收》1828 邓小仲方鼎·西周早期)

　　邓小仲方鼎铭文用"且"字表示⟨祖⟩,用"取"字表示⟨诅⟩。《集成》10176 号史墙盘铭文情况与之类似。盘铭中"高祖""剌祖""亚祖"之⟨祖⟩作"且",而"弗敢诅"之⟨诅⟩作"取"。这反映的也是写手的用字选择对字词关系的影响。可见不同写手对于字词关系有不同选择是客观存在的现象。类似的情况还有不少,这里就不一一列举了。

(二)同一写手用字的复杂性对字词关系的影响

　　一方面,不同写手对用字的不同选择会使得字词关系出现变化;另一方面,即便是同一个写手对用字的选择也不是一成不变的,这就是同一写手用字的复杂性。上文提到的同铭一词用多字现象,就是同一写手用字复杂性的表现之一。下面我们试再举两个例子。

　　西周晚期师寰簋存二器一盖,皆有铭文,收录于《集成》4313、4314号。下面我们把这三篇铭文揭出,以资比较:

图 6　4313.1(左)4313.2(中)4314(右)铭文

　　从整体上看,这三篇铭文所反映的字词关系是比较一致的:

表 4　铭文比较一致的字词关系

	4313.1	4313.2	4314	其他西周金文①
〔帛〕	(貟)	(貟)	(貟)	(帛曡,《集成》4331 伯簋) (貟,《集成》10174 兮甲盘)
〔国〕	(邲)	(邲)	(邲)	(或,《集成》4341 班簋) (国,《集成》5419 彔戟尊)
〔寰〕人名	(寰) (寰②)	(寰) (寰)	(寰) (寰)	(寰,《集成》10172 寰盘)

---

　① 在这里我们会把其他西周金文数据中表示某个词的所有字列出,每个字只选1例。
　② 此字为"寰"字之省,下边似"蚰",是"衣"字下部之变体。

续表

	4313.1	4313.2	4314	其他西周金文
{执}	（埶）	（埶）	（埶）	（执，《集成》2779 师同鼎） （鞑，《集成》2835 多友鼎）
{沮}	（且）	（且）	（且）	（且，《首阳吉金》39 应侯簋盖） （取，《集成》10175 史墙盘）

此外，三篇铭文都用"事"表示"工吏"之{吏}、用"放"表示{事}，这也是一致的。但同时也存在一些差异：

表5　铭文有些差异的字词关系

	4313.1	4313.2	4314
{厥/厥/厥}			
{莱}	（杦）	（嶚）	（嶚）
{奭}	（樊）	（樊）	（奭）
{万}	（万）	（徦—迈）	（徦—迈）

从整体书法风格来看，4313.1 与 4313.2 比较接近，4314 则比较简率，但三篇铭文中还是有一些字的写法是很接近的：

表 6　铭文相近的字的写法

	4313.1	4313.2	4314
㝎			
博			
众			
肇			
眉			
羾	①		
叕			
驱			

在此表列出的字当中，有些字的写法是很特别的。例如"肇"字"戈""聿"二旁连在一起写；"眉"字所从之"自"讹作"爪"形；"叕""驱"二字左旁有所简省，写法也很有特色。因此，我们认为这三篇铭文应该是同一写手抄写的，{㝎/㝵/㝩}、{莱}、{樊}、{万}等词用字的差异反映的正是同一写手用字的复杂性。

《新收》852—856 号著录了五件晋侯对盨及其铭文。从铭文的内容来看可以分为两组：第一组包括 852—854 以及 856 号；第二组是 855号。下面我们把这两组铭文揭出（第一组选取 852 号为例），以资比较：

----

①　4313.1 与 4313.2"羾"字写法完全相同，不过其形体却难以解释，参照 4313, 𦥑字似乎是误析叩字的"卩"旁而来的，叩字"卩"旁上部与𦥑字右旁的写法是比较相似的。

图 7　第一组的器铭(左)和盖铭(右)

图 8　第二组的器铭(左)和盖铭(右)

这两组铭文所反映出来的字词关系存在着一些差异:第一组用"隹"字表示{唯}、"宝"字表示{宝}、"须"字表示{盨};第二组用"唯"字表示{唯}、"窜"字表示{宝}、"頪"字表示{盨}。但这两组铭文也有很多相似之处,例如两组铭文"须"字的写法虽有小异,但大体的写法是很相近的,其中"页"旁的写法具有比较明显的相同特征;又如"正月初吉"诸字,无论书法还是笔势都十分相近;第一组"唯"字所从之"隹"写法与第二组"隹"字的写法也十分相近。因此,这两组铭文很可能是同一写手所书。同一写手所书写的铭文字词关系存在差异,说明同一写手的用字选择也不是固定的。

三、词的特指意义对字词关系的影响

裘锡圭先生曾经指出商代甲骨文"在指大牢的时候通常写作'牢',在指小牢的时候通常写作'宰'。因为古代以牛为大牢,羊为小牢",把这种现象称为"字形随语言环境变化的现象"。[①] 刘钊先生把这种现象称为"随文改字",举出"牡"字为例。刘先生指出,在商代甲骨文中"牡"字可以写作牜、牜、牜,分别特指"公牛"之{牡}、"公羊"之{牡}和"公豕"之{牡}。[②] 庞朴先生也曾经指出,在战国文字中一些从心之字是着意表示一种心态、德行,例如楚简文字用"悳"字表示{勇},表示的是一种在心态和德行上的"勇"。[③] 陈斯鹏先生认为这是为一个词的语境义专

---

　　① 裘锡圭:《史墙盘铭解释》,《文物》,1978年第3期,第36—37页。

　　② 刘钊:《古文字构形学》,福建人民出版社,2006年,第64—67页。

　　③ 庞朴:《郢燕书说——郭店楚简中山三器心旁文字试说》,载武汉大学中国文化研究院编:《郭店楚简国际学术研讨会论文集》,武汉:湖北人民出版社,2000年,第37—42页。

门造出的新字。① 为了把这种现象与下文谈到的"文字类化"区别开来,我们把这种现象称为"词的特指意义对字词关系的影响"。这种情况也见于西周金文。下面我们试举两例说明。

(一)醼—{扰}

西周康王时器大盂鼎铭文云:

在雩卸(御)事,叔酉(酒)无敢醮,有髭(柴)羣井(丞)祀无敢醼(扰),古(故)天异临子,灋(废)保先王,匐有三(四)方。(《集成》2837 大盂鼎·西周早期)

"醼"字本作🦴,孙诒让最先把此字隶定为"醼",然未识其义。② 于省吾、郭沫若、陈梦家、唐兰、李学勤等先生进而读"醼"为"扰"③,陈梦家先生引《尚书·酒诰》"唯祀德将无醉"来解释鼎铭中的"有髭(柴)羣(丞)祀无敢醼(扰)"④,李学勤先生又指出鼎铭中的"醼(扰)"乃醉乱之意,⑤诸说皆可从。因此"醼"字实为"醉酒扰乱的专字"⑥,故从酉作。

(二)鞃—{索}

西周中期恭王时的九年卫鼎铭文云:

———————

① 陈斯鹏:《楚系简帛中字形与音义关系研究》,北京:中国社会科学出版社,2011年,第 300 页。

② 孙诒让:《古籀余论》,1929 年刻本,3·46 下—3·47 上。

③ 于省吾:《双剑誃吉金文选》,北京:大业印刷局,1932 年,上 2·2;郭沫若:《两周金文辞大系考释》,东京:文求堂书店,1935 年,34 页;陈梦家:《西周铜器断代(三)》,《考古学报》,1956 年第 1 期,第 96 页;唐兰:《西周青铜器铭文分代史征》,北京:中华书局,1986 年,第 174 页;李学勤:《大盂鼎新论》,《郑州大学学报(哲学社会科学版)》,1985 年第 3 期,第 52 页。

④ 陈梦家:《西周铜器断代(三)》,《考古学报》,1956 年第 1 期,第 96 页。

⑤ 李学勤:《大盂鼎新论》,《郑州大学学报(哲学社会科学版)》,1985 年第 3 期,52 页。

⑥ 唐兰:《西周青铜器铭文分代史征》,北京:中华书局,1986 年,174 页。

矩取眚(省)车：軎(?)枲葡(靮)、虎冟、帛襘(盖)①、画轉、爻(鞭)、币(席)鞃(索)、帛繺(缮)乘、金麀(镳)錬(鞭)。(《集成》2831 九年卫鼎·西周中期)

唐兰先生指出："鞃字从革，当是皮做的绳索。"②这也是用字形反映词的特指意义的例子。

四、词的社会意义对字词关系的影响

英国的语言学家里奇(G. Leech)在《语义学》(*Semantics*)中提出词是有社会意义的。③ 词的社会意义是指由于社会的因素而产生的词义。中国古代称皇帝为"上"，称黄河为"河"，这些都是因为社会的因素而产生的词义。有时候一个词出现了新的社会意义，或原有的社会意义发生转变，也会对字词关系产生影响。我们曾经谈过西周金文既用"文""武""卲"又用"玟""珷""琊"表示"文王"之{文}、"武王"之{武}和"昭王"之{昭}。作为王称的{文}、{武}、{昭}最初必然是取义于词的理性意义，但被用为王称以后衍生出了社会意义，相应地又出现了专门的记录形式"玟""珷""琊"。因此，"玟""珷""琊"三字是受到了词的社会意义影响而出现的，换而言之，"玟—{文}，珷—{武}，琊—{昭}"这三组字词关系是专为表示王称而产生的。下面我们再举两个例子。

---

① 裘锡圭：《释蚩》，载常宗豪主编：《古文字学论集(初编)》，香港：香港中文大学中国文化研究所、吴多泰中国语文研究中心，1983 年，第 226—227 页。

② 唐兰：《陕西省岐山县董家村新出西周重要铜器铭辞的译文和注释》，《文物》，1976年第 5 期，第 57 页。

③ 蒋绍愚先生在《古汉语词汇纲要》中对里奇的说法也有介绍，见蒋绍愚：《古汉语词汇纲要》，北京：北京大学出版社，1989 年，第 35—36 页。

(一)童一{东}

西周中期恭王时的标准器史墙盘铭文云：

䌛(讯)圉武王，遹征四方，达(挞)殷畯(畯—俊)民，永不巩(巩)，狄(逖)虘、彭，伐尸(夷)、童(东)。(《集成》10175 史墙盘·西周中期)

裘锡圭先生对盘铭中的"尸童"有过解释：

"尸童"应该读为"夷、东"。东指处于殷之东方的东国。童是古代的一种奴隶名称。东国之人多依附殷人而与周人为敌，盘铭把"东"写成"童"，可能是有意的。[1]

由于"东国"之{东}被赋予了奴隶这一层社会意义，所以盘铭借用本来表示"奴隶"之义、读音又与"东"相近的"童"字来表示"东国"之{东}。这也是由于社会意义的影响而造成字词关系变化的一个例子。

(二)土、徒一{土/徒}

西周金文屡见职官"司徒"，如：

1.䢔(司)徒单白(伯)内(入)右趩(扬)。(《集成》4294、4295 扬簋·西周中期)

2.晋䢔(司)徒白(伯)䣙父乍(作)周姬宝隣(尊)鼎，甘(其)万年永宝用。(《集成》2597 伯䣙父鼎·西周晚期)

或作"司土"，如：

3.䢔(司)土䢔乍(作)䢍(厥)万(考)宝隣(尊)彝。(《集成》3696、3697 䢔土䢔簋·西周早期)

4.……命女(汝)乍(作)䢔(司)土，……(《通鉴》5264、5265 采隻簋·

---

① 裘锡圭:《史墙盘铭解释》,《文物》,1978 年第 3 期,第 26 页。

西周中期)

5. 嗣(司)土南宫乎乍(作)大鑰(林)龢钟，……(《集成》181 南宫乎
钟·西周晚期)

我们对"司土""司徒"的分布进行了考察，结果如下：

表7 "司土""司徒"在不同时期金文的分布

	西周早期	西周中期	西周晚期	不明确
司土	5	12	17	4
司徒	0	3	4	0

西周早期金文只作"司土"，西周中、晚期金文则兼作"司土"与"司
徒"。整体而言，"司土"有 38 例，而"司徒"只有 7 例①。就西周金文而
言，未见"司土"用例数量下降或"司徒"用例数量上升的趋势。

清代学者吴大澂认为：

　　三代设官皆质言之司土、司马、司工为三卿，司土掌土地人民，
司马掌戎马，司工掌营造工作。周末文字日趋繁缛，"土"字加辵为
"徒"，以司徒掌徒役、徒众犹可言也……②

杨树达先生对此有不同的看法：

　　司徒者，《白虎通·封公侯篇》云："司徒主人，不言人，言徒者，
徒，众也，重民众。"郑君《周礼目录》云："名徒，主众徒。"《书·周

---

① 《集成》10322 西周中期永盂铭文"徒"写作"𧗔"。
② 吴大澂撰：《字说》，光绪十二年(1886)自刻本，第 20 页。

官》伪孔《传》云："主徒众，教以礼义。"《国语·周语》云："司徒协
旅。"韦注云："司徒掌合师旅之众。"按诸说并释徒为徒众，窃谓非
其义也。夫用徒众者莫过于军旅，其次莫过于营造。果如诸说，司
徒之称当属夏官、冬官，何以属之与徒众不相涉之地官乎！今考
《周礼·大司徒》以天下土地之图周知九州岛之地域广轮之数，辨
其山林川泽邱陵坟衍原隰之名物，而辨其邦国都鄙之数，制其畿疆
而沟封之。又以土会之法辨五地之物生，以土宜之法辨十有二土
之名物，以土均之法辨五物九等，制天下之地征，以土圭之法测土
深，正日景，以求地中，又分地职，奠地守，制地贡，而颁职事焉，以
为地法而待政令。然则司徒之职以土地为主，《周礼》以大司徒属
地官，非无故也。《说文》徒从土声，窃谓司徒即司土，非徒众之
谓也。①

杨先生又认为吴大澂"既谓司土掌土地矣，又于司徒掌徒役、徒众
之说信而不疑"乃是"进退失据"。张亚初、刘雨两位先生对这一问题提
出了不同于前面两种说法的新解释：

　　嗣土是一种古老的写法，土之作徒单纯是同音假借字，还是另
有一定的思想意识内涵，这个问题是应该引起我们的重视的。司
土，注重的是物，是土；而司徒，注重的则是人，是徒众。这恐怕不
是单纯文本通假的问题。……
　　……
　　……司徒简单说来就是农官。金文作嗣土，嗣徒都是主农之

---

① 　杨树达：《积微居小学述林》，北京：中国科学院，1954 年，第 242—243 页。

意。司土就是管理土地,司徒就是管理在土地上从事劳作的农业生产者。……

　　……《周礼》就说:"大军旅大田役以旗致万民而治其徒庶之政令"。《左传·昭公二十二年》传:"司徒丑以王师败绩于前城"。这说明司徒有组织农夫从征的职责。[①]

　　张、刘两位先生的意见是很有启发性的。从西周金文看,司徒的职责主要包括管理土地和农林渔牧。由于民众与土地以及农业生产是分不开的,所以《周礼·地官·大司徒》谓大司徒"掌建邦之土地之图与其人民之数,以佐王安扰邦国"。职官"司徒"在记录形式上的变化,反映的大概是社会对司徒职能认识的一种变化。

五、文字类化现象对字词关系的影响

　　一般说来,影响用字的因素主要是这个字所表示的词或语素的意义和读音,但也有例外。刘钊先生曾经指出:

　　类化又称"同化",是指文字在发展演变中,受所处的具体语言环境和受同一文字系统内部其他文字的影响,同时也受自身形体的影响,在构形和形体上相应地有所改变的现象。……
　　……
　　在典籍中,有许多字受上下文的影响,从而类化改写偏旁,以趋同于上下文,这一点与上引古文字中的情况极为相似。……

---

　　①　张亚初、刘雨:《西周金文官制研究》,北京:中华书局,1986年,第8—9页。

在金文中,这种类化的现象也时常可见,如:

华母壶:华母自作齍簋(引者按:此例"荐"字不从皿,末字为"盟"字而非"簋"字)。

今甲盘:母敢不出其貯其责。

师簋(引者按:当是师奮簋):戈戲戚。

扬簋:易女赤肺市(引者按:"市"乃"市"之误)。

耆客簋:耆客乍朕文考日辛宝隣毁。

不騏簋:厰允广伐。

宕伐厰允。

师兢鼎:赤巿朱横(引者按:当是"赤市朱横")。

大克鼎:宐静于猷,盟哲氒德。

陈貯簋:韠盟褪神。

孟鼎:伐戚方。

梁伯戈:印魁方□□攻旁。

魁父卣:魁父乍旅彝。

散氏盘:湿田啻田。①

　　这种"类化"现象很值得注意。② 要确定文字是否受到上下文文字的影响而出现"类化",应该排除异体字、文字假借、由于语义引申而造成的文字分化等情况,还应该确认这个字形在其他条件下是不会出现的。如上列引文中大克鼎铭文用"盟"字表示"淑善"之{淑},相同的用法也见于卯簋、井人妄钟等铭文,大概不是受到"宐"字的类化而产生的

　　① 刘钊:《古文字构形学》,福州:福建人民出版社,2006年,第95—100页。
　　② 关于"受同一文字系统内部其他文字的影响"而产生的同化现象,唐兰先生也曾讨论过,见唐兰:《中国文字学》,上海:上海古籍出版社,2001年,第115—116页。

新字；又如“禵”字从示乃是为了增强表义作用，在古文字中屡见，大概也不是因类化而产生的新字。刘先生认为造成“类化”的原因有两个：一是受所处的具体语言环境的影响；二是受同一文字系统内部其他文字的影响。前者常常会使字词关系出现变化。受到上下文文字形体和意义的影响而产生的“类化”实际上是一种特殊的文字分化现象，上引刘文所举的“𣐺市”之“𣐺”和“戣戚”之“戣”都是典型的例子。在这两个例子中，“𣐺”“戣”二字受到了“市”“戚”二字形体和意义的双重影响而增益了“市”旁和“戈”旁。这种文字类化现象裘锡圭先生在讨论商代甲骨文“焚羌、焚尪”之“焚”、[①]“登𠙹”之“登”、“逐豕、逐鹿、逐兔、逐隹”之“逐”时皆有论及。[②] 关于“𨾴”即“逐”字异体的观点，张桂光先生也曾指出。[③] 这种现象与上文谈到的因为词的特指意义而导致的字形变化都属于字形随语言环境变化的现象，文字学者一般以“专字”“专用字”或“专造字”混言之。实际上这两种现象的性质是有差异的：为了表示词的特指意义而导致的字形变化，其本质是因词义变化导致的字形变化；文字类化则是受到上下文其他文字形体和意义的影响而产生的特殊文字现象，被类化的字所表示的词意义并没有发生显著的、具有区别意义的变化。下面我们再举数例说明。

---

① 裘锡圭：《说卜辞的焚巫尪与作土龙》，载胡厚宣主编：《甲骨文与殷商史》，上海：上海古籍出版社，1983年，第21—32页。

② 裘锡圭：《史墙盘铭解释》，《文物》，1978年第3期；《从文字学角度看殷墟甲骨文的复杂性》，《中国学研究》第10辑，首尔：韩国淑明女子大学校中国学研究所，1996年，第143—145页；《说卜辞的焚巫尪与作土龙》，载胡厚宣主编：《甲骨文与殷商史》，上海：上海古籍出版社，1983年，第21—32页；《读〈安阳新出土的牛胛骨及其刻辞〉》，《考古》，1972年第5期。

③ 张桂光：《古文字义近形旁通用条件的探讨》，《古文字研究》第19辑，北京：中华书局，1992年，第592—593页；《古文字考释十四则》，载张永山主编：《胡厚宣先生纪念文集》，北京：科学出版社，1998年，第214页。

(一)鈗—{衡}

西周中期的弭伯师耤簋铭文云：

……易(锡)女(汝)玄衣、鲞屯(纯)、鉢市金鈗(衡)、赤舄……(《集成》4257 弭伯师耤簋·西周中期)

西周金文一般用"黄""亢"二字表示"轵衡"之{衡}，簋铭却用"鈗"字表示{衡}，这在西周金文中是仅见的。"鈗"字之所以从金是受到了"金衡"之"金"字形和意义的影响，故增益"金"旁。用"鈗"字表示的{衡}与一般用"黄""亢"二字表示的{衡}意义是相同的。簋铭中的"鉢市"，即大克鼎、师嫠簋铭文中的"叔市"，"鉢"字从金可能也是受到了"金"字的类化。

(二)鋪、鏍—{林}

西周金文中屡见"林钟"一词，{林}本来是"众多"的意思。如果仅从{林}这个语素的意义看，"林钟"的{林}没有理由用从金的"鋪""鏍"二字来表示。"鋪""鏍"二字是受到了{钟}这个语素的意义及其书写形式的影响而分化出来表示"林钟"之{林}的。

(三)鋒—{驿}

西周早期的亢鼎铭文云：

亚宾亢鋒(驿)金二匀(钧)。(《新收》1439 亢鼎·西周早期)

鼎铭中的"鋒"字写作𤼵，从𣎴、从羊。𣎴在西周金文中屡见，即"匀""金"等字所从，是金属块的象形。为了区分像金属块之形的𣎴与"夨"字，我们把𤼵字隶定为"鋒"。马承源先生读"鋒"为"驿"，与"金二钧"分为二物,解释为红色的牛,①非是。李家浩和黄锡全两位先生均以"鋚金"为红铜,甚是。但两位先生对 🔲 字左旁两点的作用仍有不同看法:李先生认为 🔲 乃受"金"字同化作用而增,强调的是受到"金"字形体的影响而产生的类化;黄先生则认为 🔲 字的两点是为了表示铭文中的"驿"乃指铜的颜色,强调的是受到"金"(⟨金⟩)的意义影响而产生的类化。其实这两种说法并非截然对立。🔲 是金属块的象形,自然可以表示与金属相关的意义,因此更准确地说,"鋚"字是受到了"金"字形体和意义的双重影响而形成的。

六、因文字错讹造成的字词关系变化

文字错讹的情况在文献中很常见,西周金文当然也不例外。有时候文字会因错讹而不能成字;有时候则会把一个字讹成形体相近的另一个字,这就会造成字词关系出现临时的"变异"。例如西周早期昭王时的蠥簋铭文把"伐"字错写成"戍"字,变成了用"戍"字表示⟨伐⟩,这就是字词关系的临时变易。又如西周晚期的单伯昊生钟铭文把"先王"错写成了"之王",导致字词关系出现了临时的变化。再如西周中期的殷簋铭文云"士戍厷殷立中廷","厷"是"右"字之误,西周晚期的三年师兑簋铭文有"右彦"一词,陈剑先生指出"右"乃"厷"字之误②,"右""厷"二

---

① 马承源:《亢鼎铭文——西周早期用贝币交易玉器的记录》,《上海博物馆集刊》第8期,上海:上海书画出版社,2000年,第123页;李家浩:《谈春成侯盉与少府盉的铭文及其容量》,《华学》第5辑,广州:中山大学出版社,2001年,第159页;黄锡全:《西周货币史料的重要发现——亢鼎铭文的再研究》,《中国钱币论文集》第4辑,北京:中国金融出版社,2002年,第56页。
② 陈剑:《释西周金文中的"厷"字》,载《甲骨金文考释论集》,北京:线装书局,2007年,第234—242页。

字互讹也导致了字词关系出现变化。这些例子我们在第二章、第三章、第四章的相关部分已经有所讨论，我们在这里再举几个例子。

（一）乇—｛有｝；又—｛厥｝

在两周金文中，"又""乇"二字常常相混，唐钰明先生论之甚详：

秦公及王姬钟："余夙夕虔敬朕祀，以受多福，克明彐心"，"彐心"或释"有心"，或释"有惥"，义均难恰。实际上彐是亻字之讹：

（1）邿叔之白□□罕彐吉金（邿叔钟）

（2）仲再乍彐宝彝（仲再簋）

（3）今敢斟彐众（师袁簋盖）今敢斟亻众（师袁簋器）

（4）休王易效父金三，用乍彐宝尊彝（效父簋二）；休王易效父金三，用乍亻宝尊彝（效父簋一）

上述通例，尤其是例（3）（4）异文的铁证，可以说明"克明彐心"当释"克明亻心"（意犹"能明其心"）。师望鼎有"穆穆克明亻心"，癲钟有"不显皇且、亚且、文考，克明亻心"，为其左证。亻既可讹为彐，则亦可讹为亻，例如：

（5）唯十亻三月既望，辰在壬午（县改簋）

（6）克垂厉，入土眔亻嗣（克罍）克垂厉，入土眔彐嗣（克盉）

例（6）"乇嗣"不合文例，而"又嗣"（亦即"有司"）则是金文恒语（如燮有嗣再鼎同作"彐嗣"）。师询簋"皇天亡斁，临保我亻周"，"亻周"学者常释为"乇周"，根据毛公鼎"皇天无斁，临保我有周"相比勘，师询簋亻字亦当系彐字之讹，所谓"亻周"宜释"又周"亦即"有周"。①

----

① 唐钰明：《异文在释读铜器铭文中的作用》，《中山大学学报（社会科学版）》，1996年第3期，第87页。

　　除了唐文中举到的例子以外，仍有一些"又""屮"混用的例子被忽视了。我们先看一个把"又"字误写为"屮"的例子。西周晚期史颂鼎和史颂簋铭文云：

　　佳（唯）三年五月丁子（巳），王才（在）宗周，令史颂儥穌（苏）遳友、里君、百生（姓），帅鬴敎（盨）于成周，休，<u>又</u>（有）成事。（《集成》2787、2788 史颂鼎·西周晚期）

　　佳（唯）三年五月丁子（巳），王才（在）宗周，令史颂儥穌（苏）遳友、里君、百生（姓），帅鬴盨于成周，休，<u>又</u>（有）成事。（《集成》4230、4232、4233、4235 史颂簋，4231、4234 史颂簋盖·西周晚期）

　　铭文中"有成事"一语也见于传世典籍。《礼记·哀公问》："有成事，然后治其雕镂、文章、黼黻以嗣。"孔疏："'有成事'者，谓有上三事行于民，有成功之事，故云'有成事'，则上事天地、辨君臣、别男女等之事。"《哀公问》中的这句话也见于《大戴礼记·哀公问孔子》，孔广森补注："成事，行之有成也。"这里的"有成事"与大、小戴《礼记》中的"有成事"同义。西周晚期的多友鼎铭文也有"有成事"一语：

　　公親（亲）曰多友曰："余肇（肇）事（使）女（汝），休，不眡（逆），<u>又</u>（有）戌〈成〉事，多禽（擒）。……"（《集成》2835 多友鼎·西周晚期）

　　西周晚期的师害簋铭文云：

　　……呂（以）召（绍）其辟，休，<u>屮</u>成旅（事）。（《集成》4116、4117 师害簋·西周晚期）

　　对比史颂鼎、簋和多友鼎铭文可知师害簋铭文中的"屮"应该是"又"字之误。

　　"屮"字误写作"又"的例子除了唐文提到的仲冉簋、效父簋、师寰簋诸铭以外，还见于鼻作又母辛鬲铭文：

　　鼻入（纳）簟于女子，用乍（作）<u>又</u>（屮）母辛陴（尊）彝。（《集成》688

鼒作又母辛鼎・西周早期）

西周早期的利簋铭文说：

辛未，王才（在）𤰲（管）𠂤（师），易（锡）又事利金，用乍（作）旜公宝障（尊）彝。（《集成》4131 利簋・西周早期）

簋铭说武王赏赐"金"给"又事利"。"又事"，唐兰、张政烺两位先生读为"有司"[①]，于省吾先生读为"右吏"[②]，徐中舒先生读为"有事"[③]，赵诚、黄盛璋两位先生读为"右史"。[④] 西周金文屡见"有司"一词，"司"均作"𤔲"或"𤔲"，其例甚伙，未见有用"事"字表示｛司｝之例；于先生读为"右吏"，又以小盂鼎铭文的"三左三右"为证，但"右吏""左吏"的说法不见于传世典籍，在出土文献中也找不到佐证；徐先生读为"有事"，认为是指利"参与岁祭之事"，说甚迂曲。目前支持右史说的学者比较多，大概就是考虑到这些因素。然而右史说也不是毫无问题的。西周金文中关于史官的记载很多，除了利簋铭文以外并未见左、右史之称。根据《逸周书・史记》记载，西周穆王时有左史戎人。既然有左史，则当时也应该有右史。这是目前所见最早的有关左、右史的记载。春秋以后《左传》《国语》《礼记》《周礼》诸书有关左、右史的记载渐多，然皆晚出。在出土的商代文字数据中也未见左、右史的记载。此外，我们在第四章第一节对西周金文中所有"事"字的用例进行过考察、统计，西周金文用"史"字表示｛史｝的用例多达 200 余例，而用"事"字表示｛史｝的用例只有 1 例，见于西周中期的趩觯铭文（《集成》6516）；而西周早期金文"大史"凡 15 见、"内史"1 见，皆用"史"字表示｛史｝。换而言之，目前尚未

① 唐兰：《西周时代最早的一件铜器利簋铭文解释》，《文物》，1977 年第 8 期，第 9 页；张政烺：《〈利簋〉释文》，《考古》，1978 年第 1 期，第 59 页。
② 于省吾：《利簋铭文考释》，《文物》，1977 年第 8 期，第 12 页。
③ 锺凤年等：《关于利簋铭文考释的讨论》，《文物》，1978 年第 6 期，第 79 页。
④ 锺凤年等：《关于利簋铭文考释的讨论》，《文物》，1978 年第 6 期，第 81—82 页。

找到西周早期金文用"事"字表示{史}的可靠例子。即便就西周金文整体而言,用"事"字表示{史}也是很特殊的用法,利簋铭文的"又事"是否能读作"右史"是可以商榷的。今据西周金文"厀""又"二字常常相混之例,疑"又事"是"厀事"之误,"事""吏"一字分化,"厀事"即"厥吏"。"厥吏"一辞屡见于出土的西周文字数据。西周早期的麦盉和麦方彝铭文云:

井(邢)厌(侯)光厀(厥)**事(吏)**麦,酺于麦寯(宫)。(《集成》9451 麦盉·西周早期)

才(在)八月乙亥,庠(辟)井(邢)厌(侯)光厀(厥)正**事(吏)**,酺于麦寯(宫),易(锡)金,……(《集成》9893 麦方彝·西周早期)

郭沫若先生读麦盉铭文的"厀事"为"厥吏",又在考释麦方彝铭文时说:"'光厀正吏'谓宠荣其臣属也,古人言正,犹今人言官长。"①其说可从。《周甲》H31:2 云:

唯(?)衣(?)鸡(?)子来降,甘(其)执,罙厀(厥)**事(吏)**。②

这里的"厥吏"和麦盉、麦方彝铭文中的"厥吏""厥正吏"同义。传世典籍无"厥吏"而有"其吏",如:

故成汤之时,有谷生于庭,昏而生,比旦而大拱。**其吏**请卜其故。(《吕氏春秋·季夏纪·制乐》)

乡老及乡大夫帅**其吏**与其众寡,以礼礼宾之。(《周礼·地官·乡

---

① 郭沫若:《两周金文辞大系考释》,东京:文求堂书店,1935 年,第 42 页。
② 此片甲骨已粉化无存,兹录出陈全方、徐锡台两位先生摹本:

(陈全方摹本)   (徐锡台摹本)

大夫》)

岁终,则会其党政,帅<u>其吏</u>而致事。(《周礼·地官·党正》)

三岁大比,则帅<u>其吏</u>而兴氓,明其有功者,属其地治者。(《周礼·地官·遂师》)

这些材料中的"其吏"都可以与周原甲骨文和西周金文中的"厥吏"相参照。

(二)年一{季}

我们在上文讨论了"同一写手用字的复杂性对字词关系的影响"。我们主要是从写手对字词关系的主观选择的角度来谈这个问题的。此外,偶然的笔误也会导致同一写手笔下的文字出现字词关系的差异。我们在第三章第四节中提到《集成》3769 号西周中期的乎簋盖铭中的"姞氏"器铭误作"娟氏",就是这样的例子。《集成》4225 号西周晚期的无虡簋器、盖均有铭文:

图 9　盖铭(左)和器铭(右)

　　两篇铭文书法风格相同,但盖铭误把人名"鳌季"写作了"鳌年"。这与乎簋铭文的情况相似。应该指出的是,这两篇铭文的行款完全相同,连字距的宽窄、章法布局都很相似,下面我们把三个比较明显的地方揭出:

表8　两篇铭文行款完全相同的三处

行数	4225.1 盖铭	4225.2 器铭
第1—2行		
第5行		
第6—7行		

　　此外,两篇铭文中有些字的写法比较特别且高度一致:

表9　两篇铭文写法高度一致的字

字例	4225.1 盖铭	4225.2 器铭
正		

字例	4225.1 盖铭	4225.2 器铭
寅		
征		
南		
尸		
无		
马		
匹		
且		

即便是同一写手分写的两篇铭文恐怕也难得如此一致,颇疑器、盖两篇铭文是根据同一份底稿分制二范而来。如果这种推测不误的话,那么出错的就不是写手而是制范的工匠了。

论汉语词汇语法化与用字变化的互动关系[*]

李运富　孙倩

汉语词汇语法化"通常指语言中意义实在的词转化为无实在意义、表语法功能的成分这样一种过程或现象,中国传统的语言学称之为'实词虚化'"。^① 宽泛一点理解,意义实在的实词演变为意义较虚的实词,或者意义较虚的虚词进一步演变为意义更虚的虚词,应该也可以看作语法化现象。西方语言学界很少论及字形对语法化所起的作用,这大概是由表音文字的特点所决定的。汉语词汇语法化使词语的词汇意义不断磨损,语法意义逐渐增强。据江蓝生、戴昭铭、李小军等研究^②,语法化同时会导致语音弱化、分化、强化,进而派生出大量新词,而汉语字词关系的理想状态总是希望"一音义对应一字形"、字形与音义之间是有理据的,音义的变化会打破记录字形与词语的大致像似性,推动用字的重新选择、改造、调整等。所以音变、义变与形变之间的影响并非是

　＊　本文原载《北京师范大学学报(社会科学版)》,2020 年第 2 期。本集做了大量压缩。项目基金:国家社会科学基金重大项目"'古今字'资料库建设及相关专题研究"(13&ZD1269),河南省高校哲学社会科学创新团队"汉字理论与汉字史"(2018-CXTD-03)。

　①　沈家煊:《"语法化"研究综观》,《外语教学与研究》,1994 年第 4 期。语法化包括实词虚化为语法成分的过程(词汇的虚化),也包括短语或词组凝结成单词的过程(短语的词汇化),本文主要讨论词汇的虚化。

　②　江蓝生:《语法化程度的语音表现》,载石峰、潘悟云编:《中国语言学的新拓展》,香港:香港城市大学出版社,1999 年;戴昭铭:《弱化、促化、虚化和语法化——吴方言中一种重要的演变现象》,《汉语学报》,2004 年第 2 期;李小军:《汉语语法化演变中的音变模式——附论音义互动关系》,《语言学论丛》第 51 辑,北京:商务印书馆,2015 年。

单向的,记录字形也参与了语法化的过程,语法化与用字变化二者可彼此互动。

一、汉语词汇语法化对用字变化的影响

汉字的构形是以词语的音义作为理据的,形与音义之间有着密切的联系,语法化引起的语义磨损、语音变化、语法功能的增强,使得字形与音义的关系日益疏离,从而推动记录字形的变化。词汇意义的减弱使记录字形的构件难以提示词义信息,书写时进行省减、变异,用字呈现音化、代号化的发展趋势,也为大量借字的行用创造条件。语法化引起词语的语音变化,尤其是语音弱化,字形为更好提示当时的读音,出现了用字的系列调整。语法化同时使词语的语法意义得到增强,由一个范畴进入另一个范畴,通过强化字形的表义成分,适应语法功能的变化,也使词语倾向于优选能提示语法意义的字形。字形将语法化的成果固化下来,反过来,通过用字的演变可以推断语法化完成的时代。

(一)语义磨损引起的用字变化

由实词或意义较实的虚词语法化而来的虚词,对源词具有较强的依附性,通常不另造专字记录,而是兼用源词本字记录。但语法化使词语的词汇意义不断磨损,与源词的意义联系越来越远,源词本字逐渐成为兼记虚词的代号,字形的表义成分日趋累赘,为求省便,用字者对虚词产生阶段的用字进行省减,从而引起记录字形的磨蚀。尤其是部分义音合体字的表义构件被省减,仅保留示音构件记录词语,从而推动虚词用字朝音化趋势演变。许多虚词的源词由借字记录,语法化也可能使这些词语的用字出现省减构件的情况，这更加使用字变成记音符号。

　　词汇意义的磨蚀淡化了字词的形义关联，为虚词大量借用音同音近字创造了条件，也使音同音近字久借不归，甚至行用开来。如汉语量词多数都由实词语法化而来，它们在成为量词之初多数保留着源词的语义特征，但随着词义泛化程度越来越高，称量对象范围的不断扩大，量词与源词本字之间的形义联系松脱，这就使量词对用字表义功能的要求没那么高。如量词〔页〕最初兼用源词本字"葉"或其异体"篥"，后改用"页"字。

　　通常来说，对汉字构形理据越熟悉，出现误写误用的可能越小；对汉字的构形理据越陌生，汉字分析、书写的主观性越强，出现变异的可能性便越大。由语法化派生出的新词意义日渐虚化、空灵，与源词本字、借字形义联系渐趋模糊，用字者无法重建虚词与字形的意义联系时，有的便通过变形音化强化字形的示音功能。如战国简牍将量词"两"字中间部分变形音化成"羊"等。

　　语法化后词汇意义高度空灵而难以据义构形，选用一个音同音近字记录词语无疑是最为经济便捷的用字方式。无论是省减赘余的表义构件、变形音化，还是假借音同音近字，都是与虚词词汇意义减弱的特点相适应的，所以整体而言，虚词的用字呈现明显的音化趋势。由词汇意义磨损引起的用字变化，反过来使词汇意义进一步削弱，加速语法化的进程。

（二）语音弱化引起的用字变化

　　语法化演变过程中常常伴随音变，包括语音弱化、分化、强化等不同情况，其中以语音弱化最为常见，如声韵调的缩减和脱落，都是朝着发音省力的趋势发展，虚化程度越深，离源词本字的读音越远，江蓝生、戴昭铭、李小军等学者对此都有论述。① 语法化之所以引起语音弱化，是因为语音形式与语义表达之间存在大致的像似性，语义磨损会导致该语言成分显著性下降，进而在口语中变得含糊，音系形式发生变化，如缩减或变为其他发音更省力的音系形式。汉字是记录汉语的书写符号，语法化引发字形与弱化语音间的不适切，因而语音的变化会推动词语用字的调整。

语音弱化有多种形式，包括变为其他音类、音系形式的减省、合音等类型。按照语音的正常演变规律，多数音类是不大可能变为完全不同的其他音类的，但这类现象存在于语法化引起的音变现象中，有的音类变化推动了用字的改换。语音弱化最常见的现象是音系形式的减省，包括声母、韵头或韵尾的缩减等，有的音系形式甚至弱化成零形式。合音也是语音弱化的表现形式之一，与音系形式省减掉音节的某些音素不同，合音是将本属两个语气词的音节融合成一个音节，为体现汉语一字对应一音节的用字规律，词语的用字也由两个字符改换成单个字符。如"胡不"合音写作"盍"，"了哟"合音作"喽"等。

值得说明的是，语法化引起的音变并不都会引起用字的变化，但如果词语的用字发生了变化，尤其是出现了新的记音字，就可以推论词语的读音很可能发生了变化。根据用字的变化，可以推断词汇语法化发生和完成的时代。这是因为语法化引起的音变，模糊了字词之间的固有对应关系，在仓促不知本字的情况下，借用口语中同音的字、专造反映弱化语音的字进行记录，这才导致了用字的变化。

---

① 江蓝生：《语法化程度的语音表现》，载石锋、潘悟云编：《中国语言学的新拓展》，香港：香港城市大学出版社，1999 年；戴昭铭：《弱化、促化、虚化和语法化——吴方言中一种重要的演变现象》，《汉语学报》，2004 年第 2 期；李小军：《虚词衍生过程中的语音弱化——以汉语语气词为例》，《语言科学》，2011 年第 4 期。

（三）语法意义增强引起的用字变化

语法化使词语词汇意义磨损的同时，也让它进入新的语法范畴，语法意义和语法功能得到增强。因此，通过各种手段分化或另造语法专字，凸显强化的语法意义，就是常见的现象了。字形的强化无疑使词语的语用功能从形式上得到固化，用字者通过字形便能推理词语的语法功能，也使词语的主观性得到增强。

汉语量词分为物量词（名量词）和动量词，它们多由实词语法化而来。刘世儒将物量词分为陪伴量词、称量量词以及介于二者之间的"陪伴·称量"量词，他指出陪伴词的作用只在陪伴名物，不是核算分量的，它是纯然的语法范畴，同实际称量的数量没有关系①。为适应物量词语法范畴的改变，称量对象较为专门的量词，它们的记录字形出现陪伴对象化的演变趋势，将量词的陪伴对象转化成记录字形的表义构件，这种改变使实词的语义信息部分消失，陪伴对象作为量词的语义要素得到固化。如量词｛艘｝的用字由"㢱"演变为"艘"等。

汉语词语有的词汇意义较为空灵，甚至纯粹作为显性的语气标记而存在，带有鲜明的语气意义和感情色彩。为凸显特殊的语用功能，从先秦起，就有为凸显词语语法意义而专造的新字，这些专用字多以"口、言、欠"等作为义符，如由代词语法化产生的助词｛夫｝多借用"夫"记录，唐宋增义符"言"造"詇"字。

有些记录语气词的专用字是经过非专用字的尝试后才产生的，说明用字形提示语法意义是制约虚词用字的优选原则。如对近代新生语气词的记录，有的在历史上曾使用过多种字形，但后来大都增加"口"旁

---

① 刘世儒：《魏晋南北朝量词研究》，北京：中华书局，1965年，第4—7页。

另造专字来记录。如由"罢"字本义"完结"语法化产生用于句末表商量、请求、推测的语气词｛吧｝等。

二、记录字形对汉语词汇语法化的反作用

汉字的发展演变受语言音义制约的同时,也有着自身独特的发展变化和使用规律,甚至如孙常叙所说:"(汉字)在一定条件下,有的可能对它所写的词起反作用,使词的音或义发生变化。"①人们在改换用字的过程中有意无意地也改变了字词的对应理据,从而可能推动词的音义发生变化,其中的有些变化可能促进或者促退词汇语法化。前面已经提到新造和使用虚词专用字可以强化和固化词汇语法化功能,这里不再赘述。

(一)字形讹误可能掩盖词汇语法化真相

文本传抄刊刻过程中发生书写变异或字形讹误是常见的现象。有的字形讹误导致甲字与乙字的形体混同,产生认读的错觉,原本属于甲字的记录职能顺势转移到乙字身上,逐渐沿误成习,积非成是,而通过乙字的形体结构很难看出与词语音义之间的理据关联,结果导致语符跟字符对应关系变得模糊,甚至掩盖词汇语法化真相,产生字词关系错觉。如语气词｛些｝的记录字形"告"讹变为"些",而"些"字构件的功能无法与语气词｛些｝的音义联系起来,所以后来对语气词｛些｝的语法化过程不太清楚,而把｛些｝看作独立的语气词,并就其来源做出各种猜测。

---

① 孙常叙:《古-汉语文学语言词汇概论》,上海:上海辞书出版社,2005 年,第 112 页。

(二)字形变异可能导致产生新的词汇语法化成分

记录字形对词汇语法化的反作用,可能还表现为通过字形的变异产生新词新义,也就是说变异字形和原形最初记录相同的词语,后来或改变变异字形的读音,使其区别原字形的记录职能,结果导致新词新义的产生。如量词{个}的产生就与字形变异有关,"介"在省减作"个"以后,"介"依旧存在量词的用法,但二者的读音开始分化,结果等于产生了新的量词{个}。

(三)字形变换可能导致语法化成分反向词汇化

已经语法化的成分由于使用者误解误用,可能导致字词关系的重新分析,有的语法化成分甚至会反向词汇化。这实际上可以看作用字对语法化的一种阻碍和促退。如"猗"本用作语气词,与"涟"不存在构词联系,但使用者可能对"猗"的语气词用法较为陌生,加上文字类化的作用,后来常常把"猗"写作"漪",于是误以为它与"涟"构成双音词{涟漪}表示水面微波,并重新分析出实词的用法。

三、研究词汇语法化应适当关注用字变化

汉字是记录汉语的书写符号,汉语的音义对记录形体具有决定作用,但汉语字词关系绝非简单的记录与被记录的关系,形体与音义之间也存在互动影响,这是汉字区别于表音文字的鲜明特点。因此,我们认为研究汉语词汇语法化演变需要结合汉语的实际情况,从汉语字词关系互动的角度重视字形在语法化演变中所起的实际作用,将"字形"作为影响汉语词汇语法化演变进程的重要因素,才能客观描述语法化的

演变历程,全面反映汉语词音义变化的实际情况。

　　汉语的记录字形与音义之间存在一定对应关系,当变化的音义与原记录字形出现某种不对应时,用字者会通过各种手段调整优化记录字形,使字形与音义呈现大致的像似性,字形的调整有的使词语意义进一步弱化,有的增强词语的语用功能,有的推动新词新义的派生分化,从而巩固语法化的成果,加速语法化的进程。记录字形提示的信息与变化音义间的不匹配,某种程度上推动着语法化演变不断深化。经语法化产生的词语,词义逐渐泛化,与源词的联系日益疏远,源词的用字也难以约束新词,加上新的虚词意义抽象空泛,故用字常变换,多假借、多省减,导致同词异字、同字异词现象大量存在,往往同一虚词对应多个记录字形、同一记录字形对应多个虚词,在共时平面和历时平面都出现大量异形或异词现象,加剧了汉语字词关系的复杂程度。

　　黄德宽指出:"因为汉字,汉语历史资料积累成为一个庞大的资源宝库;也因为汉字,汉语的研究变得极为复杂和困难,许多问题的研究极易走入歧途。因此,当代中国语言学理论体系的建构,应努力促进文字学与语言学研究的结合。"[①]词汇语法化与用字变化的互动现象,造成字词关系复杂,不仅给文本的准确释读带来某些障碍,也常使词汇语法化的研究陷入误区。如{吗}是现代汉语最重要的疑问语气词之一,对于它的来源和形音义的演变,经过吕叔湘、太田辰夫、王力、黄国营、江蓝生、孙锡信、吴福祥、钟兆华、刘子瑜、冯春田、曹广顺、杨永龙等学者的接力研究才算大体弄清楚。[②] 问题如此复杂,正是由于该词历时用字变化多端,字词关系纵横交织,致使其语法化过程不甚清晰。

　　①　黄德宽:《文字学与中国语言学理论体系的建构》,《汉字汉语研究》,2018 年第 2 期。
　　②　杨永龙:《句尾语气词"吗"的语法化过程》,《语言科学》,2003 年第 1 期。

　　通过以上论述可以看出,语法化给汉语字词关系带来深刻的影响,词汇语法化的实现既有词汇意义的磨损、语法意义的增强,也有语音弱化现象,更有字形的调整和变化,语音、语义、字形要素都曾参与语法化演变。因此,研究词汇语法化问题,不能局限于语言本身,还应该适当关注有关词语的用字变化,以及用字变化可能给语法化本身和语法化研究所带来的影响。

下　编

汉字职用现象研究

楚简"用字避复"刍议 [*]

刘志基

楚简文献中存在的"用字避复"现象,作为楚简的用字特点之一,每每会对简文的解读产生影响。就管见所及,此种现象尚未得到充分研究,故做初步讨论,以求抛砖引玉之效。

一、楚简"用字避复"界定

"避复"是个修辞概念,而本文所谓"用字避复",与传统修辞学的"避复"并非一事。郭焰坤先生以《诗经》等先秦文献为依据,将先秦文献中的"避复"归纳为四个种类,即词语避复、文字避复、错位避复、补足避复。^① 其中的"文字避复",被定义为"相对应处词未变而字变",可以归"用字避复"中的一个类属,而其他三种,其实都是通过使用不同的词来避复,与"用字避复"无关。试举一例说明两者颇为错综的关系:

（1）爱亲忘贤,仁而未义（𥁰）也。尊贤遗亲,义（𢘓）而未仁也。（郭店《唐虞之道》8—9）^②

上述简文中有两处避复,第一处:"忘贤"之"忘"和"遗亲"之"遗",其手段是在两个对应词组的对应位置使用同义而不同一的词,这属典

＊ 本文原载《古汉字研究》第 29 辑,北京:中华书局,2012 年。

① 郭焰坤:《先秦避复方式》,《修辞学习》,2004 年第 4 期,74—75 页。

型的传统修辞学避复,不属本文所谓"用字避复";第二处:"仁而未义"之"义"与"义而未仁"之"义",就词而言,前后两"义"无异,就字而言,前者(義)为"义",而后者(䍤)乃是充当"义"之声符的"我",其避复之手段,乃是同词而用异字。"同词异字"求变,可归属于本文所言"用字避复",但只是一个下位类别,因为楚简"用字避复"之大部分所用手段乃是同一个字使用不同的字形(其例后文多见),而"同字异形"类型的避复,又与郭氏将其归属于传统修辞避复之一的"文字避复"无关了。

综上,本文所谓楚简"用字避复"的具体内涵可以界定为:同一语境中的同一文献用字在重复书写时被刻意差异化的现象。避复是一种主观性行为,因而"刻意"是以上界定中一个重要关键词。然而,要确认两千多年前楚简书写者是否真的存有这种主观刻意显然并非易事,虽然研究表明殷商、西周的古文字材料中已有重见字书写时刻意求变的传统(详见后文),但想得到令人信服的判定,还是需要在楚简材料本身寻找能够证明刻意性的逻辑限定条件,故上述界定中另一重要关键词乃是"同一语境"。"同一语境"限定的合理性,立足于这样一个基本事实:每个文字书写者对每个文字都会形成自己的书写习惯,而在同一个书写过程中,因不存在时间推移或书写条件变换的因素,这种习惯不会发生改变,而这种改变如果发生了,自然就可视为一种刻意行为。当然,为保证判断的精确,还有必要进一步细化标准。

其一:同一话题(通常是同一句话,或呈对应性的两个及两个以上的分句)中的重见词形诸文字而有差异,则视为避复。这种判断的理由很明确:同一话题,尤具同一语境的性质。如:

(2)天下皆知美(芺)之为美(芺)也,恶已。(郭店《老子》甲 15)

这句话讨论美的问题,前一个"美"作"散",后一个"美"作"散",偏旁"攴"与"女"互换以生别异。再如:

(3)察(🔲)所知,察(🔲)所不知。(郭店《语丛一》85)

以上两个记"察"之字形旁"心"异写。

其二:同篇目中频繁出现的同一语言单位(如文言虚字、专名等)所呈现的文字差异视为避复。这个标准的依据同样很明确:从避复的角度来看,最多重复出现者,当然也就成为求变化的主体对象。郭店《语丛一》以"虗"写"然",凡 7 见,而竟有四种写法:🔲(28 简)、🔲(30 简两见)、🔲(67 简)、🔲(59/61/63 简)。专名作为特定事物的称名,在语言交际中当然是最需要清晰准确表达的,因此,当它们在篇幅有限的同篇楚简文献中多次出现而文字有异时,刻意避复就成了合理的解释。如《曹沫之阵》中的主角曹沫,其名亦被变化作多种形体:🔲(1/7/64 简)、🔲(13/20 简)、🔲(13/20/22 简)、🔲(5 简)。再如上博五《季庚子问于孔子》9 简中孔子大名"丘"两见:🔲和🔲,后者在前者构形之上增"土"旁;上博一《孔子诗论》中之《诗经》篇名诸如《葛覃》之"覃"作🔲、🔲(16 简),下部构件写法有异,《燕燕》之"燕"作🔲、🔲(16 简),《鹊巢》之"鹊"作🔲、🔲(10—11 简),鸟旁写法变化。

根据审慎原则,虽然满足上述条件却有如下情况者,亦不视为避复:

第一,意义有别。如:

(4)不忠则不信,弗🔲则亡复……🔲不足以沫众。(郭店《尊德义》33—35)

以上简文🔲、🔲二字或均释"勇",两"勇"前从"心"作,后从"戈"作。有学者认为,从"心"之"勇"和"忠"并称,都表示一种心态,故皆从"心"旁。而从"戈"之"勇"指勇猛的动作、行为。因而这是"使用两个不同意

符的勇字,用来区分所表达语义的微细差别"①。与之相类如:

(5)今之弍(弎)于直〔德〕者,未年不弍(弍)(郭店《唐虞之道》17—18)

简文中两个"弍"的写法有异。刘钊先生认为:弍(弎)读为"式",义为"效法";弍(弍)读为"忒",义为"差也"。② 此类情况,不能排除书写形式差异与简文意义差别有关,亦不视为避复。

第二,写手不一。研究表明,同一篇简文也有可能由多个写手书写而成。因此某些似有避复特征之字,虽出于同篇,但也有可能出自不同人的手笔,自然要排除在"避复"之外。如郭店《语丛三》中的"也",忽略一些细微差异后,至少也有这样几个形体:𢓊𢓊𢓊;其"而"字三见而竟有三个不同写法的形体:𠂤𠂤𠂤。但据学者研究,郭店《语丛三》的字迹有差异,并非同一写手完成书写③,更有把郭店《语丛三》的字迹分成四类者,而其四类恰可对应前文所举四个"也"字④,故其避复的性质不能成立。

第三,手写差异。楚简文是一种手写墨迹文字,即使同一写手在同一段文字的书写过程中刻意写几个完全相同字,最终也极可能会有所差异,这种非写手所能控制的手写差异当然与避复无关。据此,简文中如下情况一般不视为避复:

(6)故为政者,或(𢘓)论之,或(𢘓)兼之,或(𢘓)由中出,或(𢘓)设之外。(郭店《尊德义》30)

---

① 林素清:《楚简文字综论》,载钟柏生主编:《第三届国际汉学会议论文集文字学组:古文字与商周文明》,台北:"中研院"历史语言研究所,2002年,第149页。

② 刘钊:《郭店楚简校释》,福州:福建人民出版社,2003年,第156页。

③ 龙永芳:《关于郭店楚简〈语丛三〉分篇与重新编连的思考》,载荆门郭店楚简研究(国际)中心主编:《古墓新知》,香港:国际炎黄文化出版社,2003年,第261—277页。

④ 李松儒:《郭店楚简字迹研究》,吉林大学硕士学位论文,2006年,第61—62页。

　　此简中四个"或",相互之间明显的直观形态差异,虽然极有可能是写手故意为之的结果,但它们或可认为出于同一种写法,我们并不能找到一些硬指标来完全排除其单纯手写差异的可能。如学者指出的《成之闻之》简1"之"字出现四次而都有变化①等,亦不视为避复。那么,什么才是认定避复的"硬指标"呢?一是使用不同的字(通常是同音字),如(1)中的𫑛与𫒽;二是使用有写法差异的同一个字,这里所谓"写法差异",至少是可以造成异写字②的差异,如(2)中的𥁞和𥁞,作为其"最小的基础构件"的"心"一作🌙,一作🌙,完全是不同写法。当然异体字是更具"写法差异"的。

二、楚简"用字避复"类述

　　依据上述判别标准,笔者收集整理所得楚简"用字避复"例已逾数百③,限于篇幅,仅就"避复"之字的构形差异关系类型类述如次,每类例证不超过两条。为方便"用字避复"的相关讨论,分类不以今日文字学意义上的字际关系种类为准,而力图还原楚简写手当年朴素的文字形态求变之法。

---

　　① 横田恭三:《郭店楚简的书法风格特征》,载湖北省书画研究会、华中师范大学楚学研究所编:《全国楚简帛书法艺术研讨会暨作品展论文集》,武汉:湖北人民出版社,2009年,第9页。

　　② 本文之"异写"概念采用王宁《汉字构形学讲座》(上海:上海教育出版社,2001年,第80—86页)的界定,其要点为"不是结构要素、结构模式、结构分布的差异","是各结构要素之内部笔画上的差异,也就是书写属性的差异","异写字的形体差异,都是在汉字最小的基础构件内部产生的"。

　　③ 其中部分在2010年8月韩国庆星大学主办"汉语文字与文化国际学术研讨会暨21世纪汉字文化研究新模式——东西方方法论比较高级论坛"的会议论文《楚简文献"同字异书"现象刍议》中发表。

（一）增减偏旁

(7)皋莫重乎甚欲（欲），咎莫险乎欲（谷）得。（郭店《老子甲》5）

简文两"欲"，后者在前者的基础上减去"欠"旁。又如"爵"：

(8)夫为其君之故杀其身者，效禄爵（爵）者也。恒［称其君］之恶者，［远］禄爵（爵）者。（郭店《鲁穆公问子思》6—7）

爵在爵的基础上增加"竹"旁而成。

（二）改换偏旁

(9)美之，是乐（樂）杀人。夫乐（樂）［杀，不可］得志于天下。（郭店《老子》丙7）

两个"乐"前从"木"作后从"矢"作。

(10)气，容司（詞）也；志，心司（詞）也。（郭店《语丛一》52）

其中两个"司"字，从"攴"从"殳"互异。

（三）偏旁异写

虽不改换偏旁，却改变了字中某一偏旁的写法，同样可以别异重出之字。

(11)既（既）见君子，心不能悦。"亦既（既）见之，亦既（既）觏之，我心则悦。"（郭店《五行》10）

以上三"既"字右旁异写。

(12)铦功为上，弗美（美）也。美（美）之，是乐杀人。（郭店《老子》丙7）

以上两"美"右旁声符异写。

（四）方位变化

方向或正或反，位置或左或右，亦可形成同字之别：

(13)有昧＝(昧昧)其〈之〉不见，不〈而〉昭其甚(㘴)明，有泯＝(泯泯)之不达，而散其甚(㘴)^①彰。(上博六《用日》19)

以上两个"甚"字朝向互异。

(14)炙(㡒)鸡一箕……炙(㡩)鸡一箕。(《包山》257—258)

以上两个"炙"皆以"庶"字写，"火"旁或右或下。

（五）羡符异写

(15)不与智谋，是谓(㝃)自欺。早与智谋，是谓(㝃)重基。(郭店《语丛四》13—14)

以上两个"谓"皆以"胃"字写，不但"肉"上旁一似"西"而一似"目"，"肉"边羡符也或似两横，或如两捺。

(16)目而知之谓(㝃)之进之。喻而知之谓(㝃)之进之。譬而知之谓(㝃)之进之。(郭店《五行》47)

简文中三个"胃"字异写之羡符则或如两捺，或似两撇，或似两横。

（六）增减点画

古文字构形中一点一画或数点数画的增减寻常可见，故一般的点画增减，不当视为避复手段。而以下诸例，皆为点画增减于字形中之关键部位，因而呈现明显的避复意图：

---

① 整理者原释为"可"。据沈培《〈上博(六)〉字词浅释(七则)》(简帛网，2007年7月20日)改释。

(17)未尝见(🀫)贤人,谓之不明……见(🀫)贤人而不知其有德也,谓之不智。(郭店《五行》23—24)

简文中两个"见贤人"之"见",后者下部加一短画。

(18)名与身(🀫)孰亲?身(🀫)与货孰多?(郭店《老子》甲 35—36)

简文有两个"身"字,后一下部添加一横笔,以别前者。

(七)整字异形

对于独体字,既然无法在偏旁上做文章,只能别异整字。当然,整字之别,可以是不同的字,如:

(19)唯君子能好其(🀫)匹,小人岂能好其(🀫)匹。(郭店《缁衣》42)

两"其"分别以"其""亓"二字记。

(20)士象(🀫)大夫之位身不免,大夫象(🀫)邦君之位身不免,邦君象(🀫)天子之身不免。(上博六《天子建州》甲本 2—3)①

三"象"字构形各异。

(八)合文避复

(21)笑,喜(🀫)之薄(浅泽)也;乐,喜(🀫)之深泽也。(上博一《性自命出》22—23)

以上简文,除了两个记"喜"之字上部构件明显异写求变外,更有"浅泽""深泽"对言,"泽"字前后两见,避复的语境要求强烈。而写手的对策是,将"浅泽"写成合文的单字形式,以区别于按常例书写的"深泽"。

---

① 简文中"象""位""免"三字整理者释"为""立""字。据陈伟《〈天子建州〉校读》(简帛网,2007 年 7 月 13 日)改释。

三、楚简"用字避复"的特点

在文字传播、文献复制完全依赖手抄，而文字书写又有较大自由度的先秦时代，"用字避复"的手段被用于文章之美的营造乃是自然之事。故"用字避复"并非楚简专利。据研究，甲骨文、金文中都有同类情况。而楚简之"用字避复"，却有不同于时代更早的出土文献中同类现象的某些特征。

关于甲骨文的避复，李学勤先生有过专论①，所论卜辞避复均属"同字异形"类型。虽然李先生"揣想还可以找出一些例子"，但全文仅列举两例表明甲骨文此类情况相对少见。

商周金文之文字避复，则有徐宝贵先生专论②。该文分类列举了205 例铭文避复，数量较之甲骨文的增长无可怀疑。因而，金文文字避复较之甲骨文有了很大发展这个事实乃是显而易见的。

比较表明，楚简的文字避复，较之商周金文又有新的发展。鉴于两种材料中的文字避复都已频见，数量上的比较意义有限，我们不妨关注它们的具体避复方式的差异。徐文将金文用字避复分为"形体上的避复""偏旁上的避复""笔画上的避复""各种方法综合运用避复"和"以同音字替代避复"五类，而此五类依然可以归纳为前文所说的两个大类：前四类均属"同字异形避复"，最后一类则是"同词异字避复"。而就这两个大类各自所涵盖的实际避复用例来看，前一大类为 204，后一大类为 1。这一悬殊的比重差异表明，商周金文的文字避复手段大体上还

①　李学勤：《甲骨文同辞同字异构例》，《江汉考古》，2000 年第 1 期，第 30—32 页。
②　徐宝贵：《商周青铜器铭文避复研究》，《考古学报》，2002 年第 3 期，第 261—276。

是局限于"同字异形避复",而"同词异字避复"只是偶见的特例。显然，在楚简文献中，这种特例已经变成了常例。仅前文所举，就有（1）（2）（7）（8）（19）等例。

楚简用字避复较之金文更进一步的发展，当与上古文献种类的发展有关，由此而导致"用字避复"的又一特征：在不同文献种类中分布不平衡。李零先生把地下出土文献的"书"分为三种类型，第一是"纪念性"的铭刻文字，第二类是"记录性"的"书于竹帛"的"文书"，第三类是私人著述的"古书"。① 落实到前文言及的三种古文字类型，甲骨文虽属刻辞，但却更具有"记录性"；金文当然属于典型的"纪念性"铭刻文字；而楚简则涵盖"纪念性"以外的两类。根据我们已了解的出土文献避复状况，不难发现这样一种内在逻辑：记录性文献，偏重实用，相对忽略形式之美，故用字避复少见；纪念性文字，虽然内容较为程式化，但较重铭文形式美，所以避复有所发展；而古书类文献，或在思想上"盘根究底"，或在文采上"踵事增华"，更具美文性质的内容，要求更充分的避复手段与之呼应。这一判断，又可得到楚简所含两种文献类型的用字避复比较结果的支持。前文随机给出的用字避复例，虽然涵盖楚简的两种文献，古书类文献的绝对优势自可一目了然。而在"古书"中，尤具美文性质的种类，如郭店简的《语丛》，实际属于格言汇集性质，更是避复的大户，仅以郭店《语丛二》为例：

（22）情（䙴）生于性，礼生于情（䙴）。（1）

（23）严（䚓）生于礼，敬生于严（䚓）。（2）

（24）望（朢）生于敬，耻生于望（朢）。（3）

---

① 李零：《简帛古书与学术源流》，北京：生活·读书·新知三联书店，2008年，第42—55页。

(25)爱()生于性,亲生于爱()。(8)

(26)贪()生于欲,怀生于贪()。(13)

(27)讦()生于谖,忘生于讦()。(15—16)

(28)悦()生于化,好生于悦()。(21)

(29)易()生于子,硕〔肆〕生于易()。(23—24)

(30)胜()生于怒,惎生于胜()。(26)

(31)愠()生于性,忧生于愠()。(30)

(32)强()生于性,立生于强()。(34)

(33)弱()生于性,疑生于弱()。(36)

(34)华(),自安也。(43)/未有华()而忠者。(46)

(35)毋失吾图(),此图()得矣。(50)①

(36)有行而()不由,有由而()不行。(53—54)

以上诸例中属于“增减偏旁”者为(24)(30)(34),属“改换偏旁”者为(26)(28)(33),属“整字异形”者为(29)(36),属“方位变化”者为(27),余则均为“偏旁异写”。《语丛二》全篇仅区区300余字,含避复语句则达15,平均50字一见,其避复的频繁性已不输于后世最富修辞色彩的格律诗词了。

四、“用字避复”与楚简释读

“用字避复”在简文中表现为相同语言单位而有文字形态差异,故易引起误读。因此,这种用字现象的揭示,将有利于楚简的解读。首先

① “图”字之释,从白于蓝说。参见白于蓝:《释“”》,《中国文字研究》第14辑,郑州:大象出版社,2011年,第8—11页。

是有助于疑难字考释。

(37)凡学者⿰其心为难…⿰其心有伪也弗得之矣。（郭店《性自命出》36—37）

以上简文中前后两见的"其心"之前之字，后者（⿰）为"求"字无疑，而前者（⿰）较为怪异，裘锡圭先生曰："从字形看是隶字，但从文义看应是'求'字。求字之讹，当是抄写有误。"[①]但有些学者有不同意见，或以⿰为"罙"字而读"深"[②]，而更多学者以⿰即"隶"字，或以此"隶"字表"触及、达到"义[③]，或以此"隶"读为"肆"[④]。毫无疑问，不同意释⿰为"求"，主要还是因为这个字形不像"求"而更像其他字，"此字跟其他几处的'隶'字形大致相同，只不过左边象尾巴形的笔画写得较高、较短而已"[⑤]。而紧跟在它后面的那个确凿的"求（⿰）"，更容易否定其"求"字的身份。但据"用字避复"之例，⿰虽与⿰构形有异，但并不妨碍其为"求"字，故裘按正确，无须改释。又如：

(38)夏用戈，⿱不服也，爱而⿱之，虞夏之治也。（郭店《唐虞之道》13）

简文中的⿱和⿱，整理者均释"正"。何祖友先生曰："（⿱）释'正'恐不确。同简既有'正'字，作⿱，与⿱字形有别。……此字当释'疋'，读为'胥'。"[⑥]而⿱、⿱的构形差别很可能是用字避复所致。细审简文语

---

①　荆门市博物馆编：《郭店楚墓竹简》，北京：文物出版社，1998年，第183页。

②　李天虹：《郭店楚简文字杂释》，载武汉大学中国文化研究院编：《郭店楚简国际学术研讨会论文集》，武汉：湖北人民出版社，2000年，第98—99页。

③　陈伟：《〈郭店竹书〉别释》，武汉：湖北教育出版社，2002年，第195页。

④　沈培：《说郭店楚简中的"肆"》，载刘利民、周建设主编：《语言》第二卷，北京：首都师范大学出版社，2001年，第302页。

⑤　沈培：《说郭店楚简中的"肆"》，载刘利民、周建设主编：《语言》第二卷，北京：首都师范大学出版社，2001年，第314—315页。

⑥　何有祖：《楚简四则》，见简帛研究网"作者文库"。

境,🝔、🝕记录同一语言单位语义最为顺畅,改释🝔为"疋",反使文意曲迁。故何氏改释,似无必要。

"用字避复"现象的揭示,还有助于准确深入地解读某些不合常例的字词关系或字际关系。最近陈斯鹏先生系统讨论了楚系简帛中"由"这个词的记录字形问题,认为战国楚系简帛中"由"一词至少有五组 14 个记录字形。这一研究的意义,确如陈氏所言:"{由}的这些记录形式中,很多是传世文献所无的,值得重视。以出土文献为依据,对汉语常用词记录形式作细致的个案研究,有利于丰富汉语字词关系史的认识。"①然而,在陈氏所分析的"由"的对应字形中,就有与"用字避复"相关者,以这种关联为基础作进一步分析,或可获得某种新的认识。

(39)圣,智礼乐之所𩨒(由)生也。(郭店《五行》28)

(40)仁,义礼所𩨒(由)生也。(郭店《五行》31)

以上简文中记"由"之𩨒、𩨒,陈氏定为记"由"之第五组字形,隶定作"𩨒""𩨒"而释为"𩨒"字,其说有据而可从。唯留一疑问曰:"'𩨒'左上方较'𩨒'多出'大'形,用意尚不清楚。"②而以"用字避复"习惯例之,则"𩨒"多出"大"形,求变之意昭然。进而可知,第五组"由"的对应字形,之所以不止一个而能成"组",正与"避复"有关。

又如郭店《老子》丙 1 简:

(41)大上下知有之,其次(卲)亲誉之,其次(𩨒)畏之,其次(卲)侮之。

<hr>

① 陈斯鹏:《楚系简帛中的"由"》,《中山大学学报(社会科学版)》,2010 年第 6 期,第56—61 页。

② 陈斯鹏:《楚系简帛中的"由"》,《中山大学学报(社会科学版)》,2010 年第 6 期,第60 页。

上简三个记"次"之字,中间一个(🈐)多被释作"既(即'次')"①,据通行释文体例可知,如此标记,是以🈐为"既"字,但又是"即"的错写。为什么会这样解读呢? 释者虽未加说明,但原因一目了然:另外两个记"次"之字均为"即"字,故以"即"记"次"为《老子丙》写手通例,则🈐的出现,就只能解释为书写者写了别字。显然,据"用字避复"之例,这正是常见的"同词异字"求变。其实,即使另外两个同属"即"字的记"次"字形,左旁也写得很不一样,避复求变之态赫然,这更证明以"既(🈐)"记"次"并非误写,乃是变换了手法的另一种避复。

上述三个记"次"之字间颇为复杂的关系中实际已经包含了学者们每每提及的楚简错别字问题,而由"用字避复"之例观之,常可对这种所谓"错别字"给出另一角度的解读。先看别字:

(42)《大雅》云:白珪之砧(盾),尚可磨也,此言之砧(舌),不可为也。(郭店《缁衣》35)

对于以上简文中前一个"砧",李零曰:"'砧'原作'石',与下文'砧'字(从石从占)写法相似,当是误书。"②李先生的意思很明确,简文中的"石"是个别字,本应也写作"从石从占"。但我们很容易发现,前一个"砧(盾)"与后一个"砧(舌)",上部构件相同,下部构件相近,正合"用字避复"之常例,就算是"误书",也是出于避复的考虑,因而有了美学的理据,与一般意义的别字拉开了距离。或与之同例者如上博一《纮衣》之"欲":

(43)子曰:上人疑则百姓惑,下难知则君长欲(谷)……子曰:民以君为心,君以民为体,君好则民欲(㕣)之。(3—5)

① 荆门市博物馆编:《郭店楚墓竹简》,北京:文物出版社,1998 年,第 121 页;陈伟等:《楚地出土战国简册(十四种)》,北京:经济科学出版社,2009 年,第 156 页。

② 李零:《郭店楚简校读记(增订本)》,北京:北京大学出版社,2002 年,第 65 页。

郭店《五行》之"柬":

(44)不以小道害大道,柬(❀)也。(34—35)/不柬(❀),不行。(37)

再看错字:

前文所举(33)(郭店《语丛二》36 简)中前一"弱"以"㳡(❀)"写,后一"弱"用"伙(❀)"写。《说文》曰:"伙,没也,从水,从人。"典籍之"溺",用于写"弱",当属正常。而❀则不然,用以记"弱",既没有什么造字方面的理据可讲,又找不到通借方面的理由,而且此字在古文字材料中绝无仅有,与后世之"浥"字结构似同但有极大的偶合嫌疑,因此或以其为❀之讹体解之①。而据文字避复之例,我们有理由对这个讹体的产生做这样一种推测:❀与❀,只是"邑"旁与"人"旁的替换,而"邑"之下部为"卩",古文字中"卩"与"人"每形近难别,故❀之与❀,只是在书写中添加了个"口"以示差别而已。由此可见,楚简中某些被指为"错字"者,或许只是出于避复需要的随机新造字。不妨再举一例。

上博简《周易》50 简中"鸿渐"三见而变换其形,"渐"字作❀、❀、❀,声符或为"斳",或为"斩"。声符为"斩"自可不论,包山楚简"渐"字 6 见皆同此,而声符为"斳"者则又可令人大惑:此字古文字未见,《集韵》虽有"斳",而同"芹",足见在楚简时代,它也应是个毫无来由、不见于当时字集的字符,因为书写者认为需要与❀形成某种区别,❀、❀才得以面世。"鸿"作❀和❀,前者"鸟"旁保持鸟翅状,而后者下部类化为"糸"。遍检楚简鸟旁字凡 60 余见,同于前者频见,而同于后者无有,看来❀属随机新造的嫌疑是很难排除了。郭店《五行》之"智"或为同例:

(45)不仁,思不能精。不智(❀),思不能长。不仁不智(❀),未见君子,忧心不能惙惙。(9—10)

①　荆门市博物馆编:《郭店楚墓竹简》,北京:文物出版社,1998 年,第 150 页。

　　仅就管见所及,释读上可与"用字避复"发生关联的文字还有不少,上文所举仅为发凡示例而已。同时需要说明的是,以上诸字的讨论,意在简单证明"用字避复"在文字释读中的有用性,或者说只是打算从避复的角度给相关文字的解读提供一种新思路,故无关于避复的讨论一概略去,因此就释读讨论本身而言多不完善,更不敢自视定论。有些问题,有待今后专文讨论。

字用学视角下汉字专字职用问题新探[*]

字用学视角下汉字专字职用问题新探[*]

张　为

一

专字是专为表示某一专义而造的字。如专门表示"女孩子"的"嫁"、专门表示"财物丢失"的"貣"（郭店简）就是专字。此外，专门创造出来表示某种特殊寓意的字，如过年家门口贴的"倒福字"、武周时期武则天创制的用于表示深远政治寓意的新字"𡆪""𡕑"等均可以看作专字。相比于一般汉字，专字所表示的意义往往是临时产生的具体义、特指义或一般汉字无法体现的"言外之意"，不具有概括性和普适性。

用传统的"形音义三要素"观点来看，专字不是一个完整的"形音义"结合体，因此算不上一个绝对独立的汉字，难以与相对应的原字符[①]截然分开。这是因为，虽然专字被创造出来表示一个特定的专义，但在语言中实际上并没有产生与之完全对应的"专词"。唐兰先生说："一个字的音和义虽然和字形有关，但在本质上，它们是属于语言的。"[②]既然语言中没有与专字完全对应的词，专字的"音"和"义"就无

---

[*]　本文原载《励耘语言学刊》，2016年第3期。得到林志强先生指导，谨致谢忱。

[①]　这里所说的"原字符"，指的是在某一专字出现之前，用于表示该专字意义的那个通用汉字。虽然"原字符"所表示的意义一般比较宽泛概括，不如专字那样具有专指性，但它是专字出现之前最适合用于表示该意义的字。

[②]　唐兰：《中国文字学》，上海：上海古籍出版社，2005年，第5页。

从谈起。加之专字的字形多由对应的原字符改造而得,因此如果非要从"形""音""义"三方面去推求,专字与对应的原字符终究有着难以梳理清楚的复杂关系。这就是为什么在以往的研究中,许多专为体现某一专义而造的字被不加分别地以某字的异体字视之,甚至被当作错别字处理。即便有学者认识到某个专字具有专指某义的专用性质,也往往是从原字符的角度出发将其解释为"某字因文义而类化"或"某字受上下文语境影响,添改部件成为专字"等等。专字在汉字体系当中的这种尴尬地位,实际上成了专字研究的一大掣肘。

从语言的经济性考虑,书写者愿意弃简单易识的通用字不用,颇费巧思地另造新字,绝不会是毫无目的的造字游戏,必定是原有字符所承载的意义不足以满足书写者的使用需求,才促使其大费周章地创制专字。所以专字必定有一般通行汉字所不具备的功能。如果能够客观地看待专字"形音义三要素"的缺失,肯定专字在汉字体系当中的独立地位,或许能给专字问题的研究提供一个全新的视角。

李运富先生提出的"汉字学三平面理论",特别是其中的"汉字职用学"理论,虽然是针对整个汉字体系而提出的宏观理论,但对于汉字专字的研究也具有非比寻常的指导性意义。李运富先生认为,传统的"形音义三要素说"有其天然的理论缺陷,"把语言的'音、义'当作文字学的内容,显然不符合现代语言与文字属于不同符号系统的认识,据此难以构建起科学的汉字学理论体系,因为文字的'形'与语言的'音''义'根本不在同一层面,不具有鼎立或并列的逻辑关系"。① 在否定传统"三要素"说的同时,他提出了从外形、结构和职用三个不同角度来认识汉

---

① 李运富:《"汉字学三平面理论"申论》,《北京师范大学学报(社会科学版)》,2016年第 3 期。

字的研究方法,即"汉字学三平面理论"。而在这三个平面当中,又将"汉字职用学"(简称"字用学")作为研究的重点。

"字用学"的研究内容主要是"从记录职能的角度,研究字用涵义的'字',主要指怎样用汉字来记录汉语,包括记录单位、记录方式、使用属性、字词对应关系、同功能字际关系等等"。①"汉字的'职用'还有超语符的,也就是可以不记录语言层面的音义,而直接通过汉字形体的离散变异、排序组合等手段实现表情达意的功能。"②这就将文字研究从"字音""字义"的桎梏中彻底解放出来,专注于文字职用功能的讨论。

汉字专字的研究与"汉字学三平面理论"特别是其中的"字用学"理论有着天然的契合。专字的研究不应在传统的形音义上反复推求,真正值得探讨的是专字记录"专义"的职用和实现其功能的手段。因此专字问题的讨论应该主要集中在以下两个方面:一、专字相比于一般汉字,有什么特殊的职用和功能;二、专字的此种职用功能通过什么方法来实现。

二

前面我们提到过,专字存在的必要性在于原有字符所承载的意义不足以满足书写者的使用需求。从我们收集整理的专字来看,与之对应的原字符表意上的"不足"主要体现在两个方面:一、原有字符所表示的意义太过宽泛,不能够贴合文本临时产生的具体语境义;二、原有字

---

① 李运富:《"汉字学三平面理论"申论》,《北京师范大学学报(社会科学版)》,2016年第3期。

② 李运富:《汉字语用学论纲》,《励耘学刊(语言卷)》第1辑,北京:学苑出版社,2005年。

符所表示的字义无法穷尽书写者所要表达的意思。

即便是一套高度成熟的文字系统,也不可能记录语言和思维的全部内容。这种不足对于系统中原有的文字而言是一种职能上的缺失,而对于因之被创造出来的专字而言则是职责之所在。要理解这层关系,我们不妨拿国家机构体系来打个比方:为了对国家进行有效的管理,国家的各个机构要进行明确的分工,合理设置不同的部门来承担各项职能。高效的政府要力求职能划分的合理性,但再完善的职能分工也不可能面面俱到。日常事务中,总会有一些难以被准确清晰地划归到某一部门的日常职能范围内。首先,对于一些临时产生的具体事务而言,相关部门的职责范围往往相对宽泛,不具有较强的针对性;其次,对于一些新形势下产生的特殊重要事务而言,单一部门的职能范围往往也很难完全覆盖。面对这样的情况,政府往往会通过设立"专门工作组"的方式来予以解决。这些专门工作组在国家机构体系中没有独立的地位(通常隶属于某一部门或由多个部门抽调人员共同组成),一般也不会存在过长的时间,但其在国家事务管理中的重要性自不待言。

文字系统中现有的文字就如同国家机构的常备部门,它们在各自系统中的地位是相对独立稳定的。国家部门的地位受法律的明文保护,而文字系统中的现有文字则多为字书词典所收录。而专字在整个文字体系中的职用与专门工作组在国家机构体系中的职能也非常类似。表示随文义而临时产生的具体义以及通行文字无法承载的"言外之意"是专字的主要职用。专字在现有文字体系当中虽然不具有绝对独立的地位,在形音义上难以与原有字符截然分开,但从职用上看,它们增强了原有字符表意的针对性,有效弥补了现有文字体系表意上的不足,具有极其重要的作用。

　　例如，上博简中有一个字，字形写作"𤳳"，应该隶定为"閏"。从隶定后的字形看，似乎是"闰"的异体字。但如果释为"闰"，则与上下文"化为玉门"的文意不符。① 李零先生认为，《竹书纪年》有"桀立玉门"之说，因此"閏"当是"玉门"的专字，此说可从。② 从字用的角度来说，在汉字体系当中，一般用"门"字来表示与"建筑物的出入口"相关的意义。但"门"字可以泛指不同材质、形状的所有门，因而具体到"玉门"这一特殊的概念，"门"字的职用就显得过于宽泛。如果用字者觉得"玉门"这一概念十分重要，就可能创造出一个专字"閏"来行使专表"玉门"的职用。"閏"字就属于加强原有字符表意的针对性，专指某一具体概念的专字。

　　历史上非常著名的人名专字"曌"则属于专为体现通行文字无法承载的"言外之意"而造的专字。李运富、何余华在《汉字超语符功能论析》一文中对"曌"字做过专门的分析。他们认为，武则天本姓武名照，但"武则天想让世人知道，女人跟男人一样能当皇帝，君临天下的不应该只是男人，于是把记录自己名字的'照'字改造为'曌'，以体现她的这种深刻意图：日月当空照，日代表阳，象征男人，月代表阴，象征女人，日月（男女）地位是平等的"。③ 因此可以说专字"曌"字所承担的职用是表示原来的"照"字所无法承载的"男女平等，一样能君临天下"的深远政治寓意。

─────────────

　　①　滕壬生：《楚系简帛文字编》，武汉：湖北教育出版社，2008年，第992页。
　　②　马承源主编：《上海博物馆藏战国楚竹书（二）》，上海：上海古籍出版社，2002年，第279页。
　　③　李运富、何余华：《汉字超语符功能论析》，载杨荣祥、胡敕瑞主编：《源远流长：汉字国际学术研讨会暨AEARU第三届汉字文化研讨会论文集》，北京：北京大学出版社，2017年。

三

　　专字要实现其表示专义的职能必然需要一定的手段。作为专为表示某一专义而造的字,专字实现职能的手段实际上也就是其造字的方法。因所表示专义类型的不同,专字造字的方法也有差异。

　　陈伟武先生在《新出楚系竹简中的专用字综议》一文中以新出楚系竹简的专字为讨论对象,介绍了楚简专字构形的两种主要手段:增益形符和改易形符。① 从我们收集整理的各个时期汉字专字的情况来看,为表示随文义产生的临时义、具体义而造的专字也多通过这两种手段形成。

　　表示随文义产生的临时义、具体义的专字之所以会出现,主要是因为原有字符所表示的意义过于宽泛概括,不足以表示具体文句中的特指意义。新产生的专字所添改的形符,所起的作用是限制表意范围,指向特定的对象。

　　例如,楚简中有两个专字"緝"和"韛",专门表示丝织品材质的帽子和皮革材质的帽子,字形分别作"🀄"和"🀄"②。楚简中用"冒"来表示"帽子"义,字形作"🀄"。"緝"和"韛"是在表示"帽子"的"冒"上分别添加表示帽子材质的"糸"和"韦"构成的专字,这是属于增添形符形成的专字。从职能上看,楚简中"冒"被用来泛指一切帽子。表示丝织品材

――――――――――

　　① 陈伟武:《新出楚系竹简中的专用字综议》,载《愈愚斋磨牙集:古文字与汉语史研究丛稿》,上海:中西书局,2014年,第232页。

　　② 李运富:《"汉字学三平面理论"申论》,《北京师范大学学报(社会科学版)》,2016年第3期。

质和皮革材质的帽子虽然也在"冒"字的表意职能范围内，但"冒"无法做到专指某种材质。如果在具体文义当中，帽子的材质对于书写者来说特别重要，那就通过创制专字来表示。专字"絸"和"韀"的职能就是弥补"冒"字表意过于宽泛的不足，特指某种材质的帽子。

再如，敦煌文献中有一个专字"圳"，见于《开蒙要训》"崖崩岸圳"。[①]"圳"为"倒"的专字，"倒"字《说文》释为"仆也，从人到声"。后来引申出"倾倒""垮台"等意义。因为在具体文句"崖崩岸倒"中指的是"土石崩塌"，故此将"倒"字之"亻"改换成了"土"，成为专表"土石倒塌"的专字。这属于改换部件形成的专字。从职能上看，同样弥补了"倒"字表意过于宽泛的不足。

增益或改换形符是表示具体义、临时义专字的主要造字方法。但面对临时产生的专义，究竟选择增益还是改换的方式来形成专字，却不是完全任意的。我们认为，究竟采用两种方式中的哪一种来形成专字，与原字符的职能有一定关系。

从汉字记录语素或词的角度看，作为除专字以外最适合表示专字意义的字，原字符所记录的语词必定有某一个义项足以概括性地涵盖专字意义。而原字符的字形与该语词的音义联系，对专字究竟采用何种方式构成有很大影响。李运富先生在《汉字学新论》中指出，"某字形之所以能够记录某语词，是因为该字形与该语词之间具有特定的音义联系，……字形跟语词的联系不可能是全面的，而通常只跟其中的某一个义项发生联系。……我们把跟字形有密切联系的义项叫作本义，本义所在的语词叫作该字的本词。相应地，这个字能够反映这个语词的某一个义项、跟某一个义项有直接的联系，我们也就把这个字当作这个

---

① 黄征：《敦煌俗字典》，上海：上海教育出版社，2005年，第78页。

语词的本字"。①

　　我们发现,同样作为某个语词的本字,如果原字符的字形与该语词的联系完全是意义上的,则比较可能通过"增添形符"的方式形成专字;如果原字符的字形与该语词既有意义上的联系,又有语音上的联系,则比较可能通过"改易形符"的方式形成专字;而如果原字符的字形与该语词的意义完全没有联系,仅仅是因为音同或音近而被借用,则更可能通过增添形符的方式形成专字。

　　如前面所举的例子,楚简中用"冒"字表示"帽子"义。"冒"字的字形像"帽子"之形,与词语"帽"有意义上的直接联系,则专字"緝"和"韬"乃是通过增添形符的方式形成。又如"井"字的字形与语词"井"之间的联系完全是意义上的,则在其基础上形成的专字"羁"(专表陷阱)、"渎"(专表水井)乃采用增添形符的方式形成。再如,楚简中的专字"輚"是表示"车乘"的专字。"乘"本像"人在树上"之形,引申而为"乘坐",进而引申出"座驾"之意。虽然"乘"字的造意与语词"乘"的"实义"已经有一定距离,但语词"乘"的实际义项与"乘"字的造意依然密切相关,"乘"字的字形与语词"乘"的联系完全是意义上的,故而专字"輚"采用了增添形符的方式构成。

　　同样是前面提到的例子,专表"女孩子"的"姟"字对应的原字符"孩"字的字形与语词"孩"的联系既有意义上的(表示"未成年人",故从"子"),又有语音上的("亥"声),因而专字"姟"字采用"改换形符"的方式形成。再如,"酸"字从"酉","夋"声,与语词"酸"既有意义上的联系,又有语音上的联系。因此用于表示"肌肉酸痛"的专字"痠"通过改换形符形成。

---

① 李运富:《汉字学新论》,北京:北京师范大学出版社,2012年,第194页。

原字符的字形与所表示的语词完全没有联系,仅仅因为音同音近而被借用的,形成专字多采用增添形符的方式。地名专字是最典型的例子。用作地名的字多因音同或音近而被借用,如"庐山"之"庐"、"齐国"之"齐"、"殷郊"之"殷"等等。在其基础上形成的专字,如专表"庐山"的"𪩘"、专表地名"齐"的专字"䣌"、专表"殷邑"的专字"䣖"等等①,都是在原字符的基础上通过增添形符形成。

四

为表示随具体语境产生的临时义、特殊义而造的专字主要通过增添和改易形符的方式形成,这是因为在此类专字被创制出来之前,早已存在相应的通用字来承担表示相关意义的职能。从一般的字用要求来看,这些通用字的表意基本上是清晰的。再加之文本语境的限制和说明,具体的所指实际上不会出现过大的偏差。因此就算所要表示的意义确实需要创造专字来进行特指,也只需要在原字形的基础上添改一些部件来进行限制说明即可。

而对于专为表示通用字无法承载的"言外之意"而造的专字而言,情况就有所不同。如果说前一种专字的出现是因为原有字符的表意职能过于强大,需要限制缩减,那此种专字的出现则是因为原有字符表意上的"无能"。从我们所整理的专字来看,这种"无能"主要体现在两个方面:一是所要表示的意义需要多个字符组合表示;二是所要表示的意义存乎语言之外,无法用语言符号来表达。在第一种情况中,由于一个

① "𪩘"字出自敦煌文献,详见黄征:《敦煌俗字典》,上海:上海教育出版社,2005年,第254页;"䣌""䣖"均为楚简专字,详见滕壬生:《楚系简帛文字编》,武汉:湖北教育出版社,2008年,第630、635页。

意义需要多个字符来组合表示,因此催生了一批依靠多个字符拼合而成的专字。最典型的代表就是合文形成的专字。而第二种情况中,所要表示的意义已经超出了字符的表达功能,且这种"言外之意"极度丰富多彩,因此催生了形形色色依靠特殊手段形成的专字。

(一)表示多字符组合意义的专字

随着汉语的发展,语言中真正能够用单个字符来表示的概念已经越来越少。大部分的概念都需要至少两个甚至更多的字符来组合表示。这对于单个汉字的职能提出了极大的挑战。也给汉字文献的书写增加了不小的负担。在印刷术尚未普及的古代,如果同一个多字符的概念在文本中反复出现,书写者往往会出于节省工作量的目的,将这一占用了多个字符的概念采用合文的形式书写。这种情况,在甲骨文献、战国文献甚至是后来的敦煌文献中都屡见不鲜。

较多采用合文形式进行书写的,是一些重要的人名、术语和专门概念。一开始,这些合文虽然将多个字符压缩到一个字符大小的空间中书写,但还是能看出明显不同于单一字符的特点,有的甚至会添加合文符号。但随着合文形式的使用日渐频繁,合文符号开始丢失,合文中字符的间距逐渐缩小,字符的独立性慢慢丢失,有的甚至出现了位置上的叠置和笔画上的简省混同,合文最终融合成了一个字,于是彻底成为一个专门表示人名、术语或某一专门概念的专字。

例如,古人用"四马"这个词组表示"一乘马"的概念。段玉裁《说文解字注》解释说"四马为一乘"。但在楚简文字当中,由于"四马"这一概念太过常用,因此长期以合文的形式书写,字形作"𢒉"。[①] 时间长了,合

---

　　① 滕壬生:《楚系简帛文字编》,武汉:湖北教育出版社,2008年,第1272页。

文符号渐渐脱落,合文被写成了一个字,形成专指"四马一乘"的专字"驷"。

　　再如,敦煌文献中有一个"艹"字,系专门表示"菩萨"的专字。敦煌文献《御注金刚般若波罗蜜经宣演卷上》:"又依功德施艹论云:'佛所说法,咸归二谛:一者俗谛,二者真谛。'"①"艹"字的出现首先是因为"菩萨"这个概念在佛经当中太过常用,而"菩""萨"二字通常成对出现,因此逐渐被书写者采用合文的形式书写。后为了节省工作量,书写者对合文中的"菩""萨"二字分别做了简省,各自保留一个"艹"头,形成了专表"菩萨"义的专字"艹"。

（二）表示"言外之意"的专字

　　在很多时候,一个字所体现的专义并不存乎语义当中,而更多地体现在语言之外。李运富、何余华在《汉字超语符功能论析》②一文中所谈的"汉字超语符功能"对于我们所讨论的问题具有非常重要的启示意义。

　　李运富等先生认为,汉字不仅仅具有语符功能,实际上还具有超语符的功能。这里的"超语符",指的是在使用状态下的具体语言环境中,表达了某些超出语言中对应符号的内容。③ 这种超语符的意义,实际上就相当于我们所说的"言外之意"。按照李运富等先生的观点,每一

---

　　①　黄征:《敦煌俗字典》,上海:上海教育出版社,2005年,第309页。

　　②　李运富、何余华:《汉字超语符功能论析》,载杨荣祥、胡敕瑞主编:《源远流长:汉字国际学术研讨会暨AEARU第三届汉字文化研讨会论文集》,北京:北京大学出版社,2017年。

　　③　李运富、何余华:《汉字超语符功能论析》,载杨荣祥、胡敕瑞主编:《源远流长:汉字国际学术研讨会暨AEARU第三届汉字文化研讨会论文集》,北京:北京大学出版社,2017年。

个汉字都有可能被用来表达某些超出语言中对应符号的意义。这种"超语符"意义既有可能通过汉字的构件传递出来,也可能利用汉字的外形来表达。

结合我们所讨论的问题,每一个汉字都有可能带上语符意义之外的"言外之意"。如果为了表达这种超乎语言之外的意义而做出形体上的改变,形成有别于原有字符的新字,则可以视为产生了体现此种言外之意的专字。

从我们所收集的专字来看,这种表示"言外之意"的专字不在少数。比较典型的如一些故意缺笔或改形造成的避讳字、通过变换形体或完全重造形成的寓意字均可以视为此类专字。

1. 因避讳形成的专字

避讳是中国古代社会的一种特殊文化现象,避讳字是避讳行为的直接产物。一般认为,关于避讳行为的心理学解释是源于某种"认为人名与人自身存在着某种神秘联系"的原始思维。出于这种对于神秘联系的恐惧,有权势的人会通过禁止他人书写(或直呼)自己名字的方法来躲避灾祸。久而久之,这种行为成为一种习惯,逐渐演变成了象征统治者尊崇地位的标志。

形成避讳字的方法主要有三种:缺笔、换字、改形。其中缺笔和改形均引起字符形体的改变,从而形成了新字。由此产生的新字不但在特定的历史时期承担原字符本来的职能,还体现了帝王的无上权威以及臣民对帝王尊崇地位的敬畏,因此带有比较强烈的专义。

例如,敦煌文献中有专为避唐太宗李世民讳,通过缺笔形成的专字"叚"(取代"民"字)、通过改形形成的专字"云"(取代"世"字)等等,均在特定时期承担了原字符的表意职能,并体现着"对帝王无上权威的尊崇和敬畏"的专义。

2.为体现某种特殊寓意而造的专字

为体现某种寓意而变换原字符形体或完全重造形成的专字也有很多。将传统的"福"字旋转 180 度形成的新字"𥋓",除了能够承担"福"字的表意职能外,还专门体现了一种特殊的寓意——福到了,因此可以视为专为体现吉祥寓意而通过变换形体形成的专字。以前的寻人启事中,故意将"人"字写作"丫",用来寓意"人找到了",同样可以看作是变化形体以体现美好寓意的专字。

武周新字中的"恖"字,由"一""忠"二字拼合而成。"一"代表"从一而终、矢志不渝";"忠"是对臣下职责和义务的最高要求:对君主要绝对忠诚、永不背叛,处理政务要忠于职守、矢志不渝。造字者用完全重造的"恖"字取代了原有字符"臣"字,"恖"字在语言层面取代了"臣"字的表意职能,并且体现了武则天深远的政治寓意,可以看作专为体现特殊寓意而重新创造的专字。

此外,武则天将自己的年号用字"证""圣"改为"𤽷""𡫽",其中"𤽷"字由"永""主""人""王"四字组成,寓意武则天能够长久地统治天下,帝业永祚;"𡫽"字则由"长""正"("𤕫"即"正"字,同样是武周时期的新字)"主"三部分组成,也同样寓意武则天能够成为天下永远的"正主"。"𤽷""𡫽"二字不但取代了"证""圣"的语用职能,还体现着武则天的深远寓意,同样是新造的专字。

五

以往我们用传统的眼光来观察汉字专字,或许没有认识到专字的全部价值。当我们从"汉字职用"的角度进行考察的时候,才充分认识到专字在整个汉字体系中的重要性。

从功能上看,专字在汉字体系中所扮演的角色类似于"专门工作组"在国家机构体系中所扮演的角色。专门工作组的设立有效弥补了常规部门职能上的不足,专字的创制也有效弥补了一般汉字表意职能的缺陷。一般汉字无法有效指称的具体、特殊对象可以利用专字来指称;一般汉字无法承载的特殊意义也可以通过创造专字的方式来体现。某种意义上说,专字就如同现行文字体系的"补丁",一切现行文字体系无法覆盖的范围,都可以通过创造专字的方式来予以补足。

一套文字体系再成熟、再完善,都不可能全方位地指称世间的所有对象,承载人们需要表达的一切意义。用专字来弥补现行文字职用上的不足,相比于长篇累牍地说明解释,不失为一种经济而高效的方法。为了使专字能够有效地承担自己的职能,造字者在造字过程中可以说是煞费苦心。许许多多专字的字形都凝聚着造字者的巧思。当我们抛开传统"形音义三要素"的研究方法,客观地看待专字并承认专字的职用以后,可研究的内容实际上还有很多。

简帛文献用字研究[*]

王贵元

出土简帛文献,主要为战国、秦汉、三国时期抄写的文献,由于这一时期正处于古今汉字转换阶段,汉字的构形与使用都变化剧烈,加之都是个人手写体,所以简帛文献的用字异常复杂,这为全面研究汉字本有的用字面貌提供了有利条件。研究表明,后代文献中存在的许多新增字,包括所谓俗字、讹字等,直至现代汉字中的许多字形,都是战国秦汉汉字转换时期字形使用中的功能分工、重组形成的。对简帛文献的用字进行系统整理和研究,能够填补古今汉字发展史研究上的空白,不仅有助于理清汉字字形字用的发展轨迹,而且容易分析其演化的动因、机制和规律,而这些仅靠研究后代字形本身是无法解决的。

只有在系统整理和研究简帛文献用字的基础上,才能认清用字现象的性质和分类,从而在简帛文献释文和注释中做出细致明确的标注和说明,改变简帛文献整理中对用字只有粗略说明的现状。

简帛文献研究中用字的辨释是难点之一,但是用字再复杂,也应有规律可循,譬如哪个字与哪个字可以通用、哪个字与哪个字可以借用,都应该有固定的习惯。经过近些年的集中研究,积累了大量的研究成果,对简帛文献用字进行系统整理和研究的条件已经成熟。在现有研究成果的基础上,对简帛文献整体的用字进行系统整理和研究,集中反

* 本文原载《西北大学学报(哲学社会科学版)》,2008 年第 3 期。

映已有的用字资料和用字规律,今后大量的已经出土而未整理出版和以后出土的简帛文献的研究会顺利得多,也可避免重复考释,使简帛文献研究走上更高的台阶。

简帛文献用字的整理和研究,对于工具书的编撰有重要意义。据初步统计,仅郭店楚墓竹简中,形体结构不见于《汉语大字典》楷体字头的字就有 300 余①,而秦汉简帛文献中,通假字较传世古籍多六倍以上②。由于简帛文献用字情况复杂,现有的成果释读标注不完善,歧见误漏不少,且材料分散,所以工具书编撰难以直接引用,简帛文献用字的整理和研究可以为现有大型工具书的修订补充和新工具书的编撰提供系统资料。

所谓用字问题,包括两个层面:一是使用了多少个单字;二是怎样使用这些单字。第二个层面应是研究重点。

一、异体字

对于功能相同(字义相同)而形体构成不同的字,传统的称谓是异体字。由于这一概念产生于传世文献文字的研究,而传世文献皆是印制时代的文字,所以它的含义多是指功能相同而构件和结构不同的字,不含书写因素造成的字形差异。如王力先生主编《古代汉语》说:"异体字跟古今字的分别是:两个(或两个以上的)字的意义完全相同,在任何情况下都可以互相代替。"其异体字共分四类现象:

---

① 陈伟武:《郭店楚简中〈汉语大字典〉所无之字》,《中国文字研究》第 3 辑,南宁:广西教育出版社,2002 年。

② 钱玄:《秦汉帛书简牍中的通借字》,《南京师大学报》,1980 年第 3 期。

一、会意字与形声字之差。如"泪"是会意字，"涙"是形声字；"岩"是会意字，"巖"是形声字。

二、改换意义相近的意符。如从攴束声的"敕"，变成了从力束声的"勅"。从欠的"歎"，变成了从口的"嘆"。从糸的"绔"，变成了从衣的"袴"。

三、改换声音相近的声符。如"线"从戔得声，而"綫"却是从泉得声了。"袴"从夸得声，后来改成从库得声了。

四、变换各成分的位置。有的是改变声符和意符的位置，如"慚慙""和咊""鵝鵞䳿"等。有的只是改变了声符或意符的写法，如"花"又写作"蘤"。①

从以上分类可以看出，异体字的差别是构件和结构，上述分类中的一、二、三类都是异体之间构件产生了差异，如"泪"与"涙"是一从"目"一从"戾"、"嘆"与"歎"是一从"口"一从"欠"，至于结构则有的相同有的不同，所以三类用一句话概括就是构件不同。第四类则相反，构件相同，只是组合位置不同。1993 年，我在写博士论文《马王堆帛书汉字构形系统研究》的时候，发现出土文献字形普遍存在一种现象，即由于书写造成的结构与构件相同而形体不同的字形，如：

表 1　书写造成的不同字形

楷书	小篆	马王堆汉墓帛书字形
心		

---

① 王力主编：《古代汉语（修订本）》第一册，北京：中华书局，1981 年，第 171 页。

续表

楷书	小篆	马王堆汉墓帛书字形
是		
走		

　　马王堆汉墓帛书同一字形的这种形体差异显然也属于一字异体，但就字形构件和结构来说，没有差异，如"是"的所有变化形体都是"日"和"正"上下组合而成，"走"的所有形体仍是"夭"和"止"上下组合，这与传统的异体字所含现象是不同的，即不是构件和结构的变化。因此，在研究出土手写文献时就有了传统的"异体字"术语不能涵盖所有异形现象的感觉。为避免混淆，在王宁先生指导下，我的博士论文中没有用"异体字"这一术语，而改用"异写字"和"异构字"两个术语，用"异写字"指上述因书写原因造成一字异体，而用"异构字"指传统的异体字所含的现象，即构件和结构存在差异的异体。所以，"异写字"和"异构字"概念的产生源于出土文献字形的研究，如果我们不是弃旧用新，而是和传统的"异体字"概念衔接起来，就须对其内涵重新界定，或者说为其增加新的内涵，这可以用下层分类的方式完成。

　　字形构件相同而构件组合位置不同的形体，即上述王力先生异体字的第四类字形现象，在当今学术界存在争议，有的学者归入异写字，有的学者归入异构字，在我的博士论文中是归入异构字的[①]。当时的

---

　　① 王贵元:《马王堆帛书汉字构形系统研究》，南宁:广西教育出版社,1999年,第16页。

考虑是异写字是指构件和结构完全相同的同一字形,由于书写的原因形成的不同形体,就像现在的同一个楷体字在不同人的笔下形态不同一样,其核心是笔画的变化,并不涉及构件和结构。而构件组合位置的变化属于结构变化,非是笔画变化。归入异写字的原因主要是这类形体构意没有发生变化,与书写形成的异体性质相同,而与异构字构意发生变化性质不同。这一分歧的核心是对异构字之"异构"的理解,如果把"异构"理解为构意的不同,那么上述构件位置变换的形体自然不能归入异构字,因为它构意没有发生变化。但如果把"异构"理解为构件和结构,那么,构件位置不同属于结构不同,自然可以归入异构字。归入异写字的最大问题是异写字就不能用"笔画层次上的形体差异"来定义,因为构件组合位置的变换并不属于笔画层次上的变化,而笔画层次变化这一核心和具有普遍性的标志对异写字的解释和理解而言,极为便利。其次,属于异写的位置变换的两个形体各自都会有自己的笔画变化形体,比如"和"有笔画层次上的差异形体,"咊"也有自己笔画层次上的差异形体,"和"与"咊"的差异和它们各自笔画变化形体的差异不在一个层次上。归入异构字的问题是构件位置的变换只是字形表面结构的变化,与异构字的其他类别不仅表面结构不同,而且构意发生变化不同。因此,解决这一问题的最好办法是把这类现象独立为一类,可定名为"异位字","异位"指构件组字的位置不同。异位字主要存在于古文字系统的早期阶段,后代字形系统中也有少量存在。我们可以推想,造字之时同一个字最早造的只能是一个字形,那么在其后出现的异位形体都应是书写造成的,所以异位字也属于书写原因形成的一字异体。这样因书写原因造成的异体字可分为异写字和异位字两类。

1.异写字

异写字是由书写原因造成的同一字形在笔画层次上的差异形体。异写字有如下特征:

(1)形体差异表现在笔画层面上,主要是笔画位置、笔画长短、笔画曲直、笔画增省、笔画分合等的变化。

(2)异写字是手抄文献文字的基本现象,在甲骨文、金文中即很普遍,简帛文献、后代纸质手写文献尤为突出,但是在印制时代文献的文字中,异写现象已不多见。

(3)同一个单字形体,不同的人书写,会写出不同的样式,形成同一字形的异写形体,这种异写形体的存在是临时性的、个体性的。但是在战国晚期开始的汉字新字形系统建立和发展阶段,异写形体虽仍然是发源于个人书写,但大多数是受字形系统发展趋向支配的书写变化,它反映的是整个字形系统的发展变化,具有一定的规律性,不是临时存在,而是会长期延续并最终取代原有字形。

(4)汉字书体的演变,特别是后期书体如隶书、行书、楷书等的演变,基本上都属于异写的变化,应该着重从笔画这一层面比较分析。

2.异位字

异位字是同一单字由书写原因造成的构件组合位置不同的差异形体,可细分为构件错位和构件换位两种。

(1)构件错位

汉字构件有层级的划分,直接组成整字的构件为直接构件,也称一级构件。一级构件有的也是合体,组成一级构件的构件称二级构件,若二级构件也是合体,其构件称三级构件。构件错位是指因书写原因造成的构件组合位置的错乱。

表 2 构件错位的字形

楷书	小篆	马王堆帛书
葆	（篆）	（帛） （帛）
巍	（篆）	（帛） （帛）
聖	（篆）	（帛） （帛）
制	（篆）	（帛） （帛）
命	（篆）	（帛） （帛）

"葆",第一个形体从"艸"从"保",为正常结构,第二个形体"艸"右移与"呆"组合,变为左右结构形体,造成错位。"巍",《说文》依据小篆形体解释为"从嵬,委声",从马王堆帛书第一个形体看应是从山魏声,第二个形体"山"右移与"鬼"组合,造成错位。"聖",第一个形体符合早期字形,左部原本是人形之上突出耳朵,为独体,与"口"左右组合,第二个形体变成了上下组合。"制"本是"从刀从未"左右结构形体,上表第二个形体"未"断为上下两部分,成了上下组合形体。"命"本是"从口从令",上表第二个形体割裂了"令"旁。

构件错位破坏了汉字形体的构意,是隶书之后汉字形体符号化的过度表现,具有临时性,错位形体往往会在字形系统发展和调整中被淘汰。

(2)构件换位

构件换位是指直接构件位置的变换。

表3 　构件换位的字形

楷书	小篆	马王堆帛书
好		
惑		
猶		
姤		

构件换位是字形的表面变化,不影响字形构意。

文献句例如马王堆帛书《战国纵横家书》:"然臣亦见其必可也。猶夤不知变事以功(攻)宋也。"①马王堆帛书《五行》:"简之为言也猷贺(加),大而罕者。"②"猶"与"猷"为构件"犬""酋"位置变换的异位字。马王堆帛书《四度》:"守怨之本,养乱之亚。"③马王堆帛书《老子》甲本:"故必贵而以贱为本,必高矣而以下为亚。"④马王堆帛书《老子》乙本:"故必贵以贱为本,必高矣而以下为坛。"⑤亚、坛皆"基"的异体字,一为上下结构,一为左右结构。马王堆帛书《老子》甲本:"少则得,多则惑。"⑥马王

---

① 《马王堆汉墓帛书》整理小组编:《马王堆汉墓帛书(叁)》,北京:文物出版社,1978年,第61页。

② 国家文物局古文献研究室编:《马王堆汉墓帛书(壹)》,北京:文物出版社,1980年,第18页。

③ 国家文物局古文献研究室编:《马王堆汉墓帛书(壹)》,北京:文物出版社,1980年,第52页。

④ 国家文物局古文献研究室编:《马王堆汉墓帛书(壹)》,北京:文物出版社,1980年,第3页。

⑤ 国家文物局古文献研究室编:《马王堆汉墓帛书(壹)》,北京:文物出版社,1980年,第69页。

⑥ 国家文物局古文献研究室编:《马王堆汉墓帛书(壹)》,北京:文物出版社,1980年,第12页。

堆帛书《道原》："无好无亚(恶),上用□□而民不麋(迷)惐。"①惐、惐为异位字。马王堆帛书《老子》甲本："故大道废,案有仁义。"②马王堆帛书《顺道》:"慎桉其众,以隋(随)天地之从。"③"案""桉"为异位字。

3.异构字

是指功能相同的同一字形因构件不同而形成的异体。所谓功能相同,即字形表示的音义相同。

(1)构形方式相同

表4　构型方式相同的异构字

楷书	小篆	马王堆帛书	
损	損	𢿘	損
殴	毆	國	毆
眇	眇	眇	眇
攻	攻	攻	攻
毂	轂	轂	轂
贤	賢	賢	賢

---

① 国家文物局古文献研究室编:《马王堆汉墓帛书(壹)》,北京:文物出版社,1980年,第87页。

② 国家文物局古文献研究室编:《马王堆汉墓帛书(壹)》,北京:文物出版社,1980年,第11页。

③ 国家文物局古文献研究室编:《马王堆汉墓帛书(壹)》,北京:文物出版社,1980年,第79页。

文献句例如马王堆帛书《老子》甲本："而民生生，勋皆之死地之十有三。"①马王堆帛书《四度》："勋静不时胃（谓）之逆，生杀不当胃（谓）之暴。"②银雀山汉墓竹简《王兵》："勋如雷神（电），起如蛰（飞）鸟。"③勋，皆"動"之异构字，《集韵·董韵》："動，或作勋。"④二字为声符互换，构形方式皆是形声组合。马王堆帛书《老子》甲本："受邦之询，是胃（谓）社稷之主。"⑤马王堆帛书《老子》乙本："受国之询，是胃（谓）社稷之主。"⑥询为诟之异构字，《说文·言部》："询，诟或从句。"⑦二字为声符互换。马王堆帛书《老子》乙本："戴营袙抱一，能毋离乎？"⑧传世本"袙"作"魄"。袙，从示白声；魄，从鬼白声。

（2）构形方式不同

表5　构形方式不同的异构字

楷书	小篆	马王堆帛书
骄	驕	驕 驕

①　国家文物局古文献研究室编：《马王堆汉墓帛书（壹）》，北京：文物出版社，1980年，第4页。
②　国家文物局古文献研究室编：《马王堆汉墓帛书（壹）》，北京：文物出版社，1980年，第51页。
③　银雀山汉墓竹简整理小组编：《银雀山汉墓竹简（壹）》，北京：文物出版社，1985年，第136页。
④　丁度等：《集韵》，上海：上海古籍出版社，1985年，第301页。
⑤　国家文物局古文献研究室编：《马王堆汉墓帛书（壹）》，北京：文物出版社，1980年，第7页。
⑥　国家文物局古文献研究室编：《马王堆汉墓帛书（壹）》，北京：文物出版社，1980年，第93页。
⑦　王贵元：《说文解字校笺》，上海：学林出版社，2002年，第106页。
⑧　国家文物局古文献研究室编：《马王堆汉墓帛书（壹）》，北京：文物出版社，1980年，第95页。

续表

楷书	小篆	马王堆帛书
道		
關		

　　文献句例如马王堆帛书《老子》甲本："贵富而骄自遗咎也。"①马王堆帛书《老子》乙本："贵富而骄,自遗咎也。"②马王堆帛书《五行》："[尊]而不骄,共(恭)也。"③"骄"为"骄"字异构字,前者为会意字,后者为形声字。马王堆帛书有"野"字,楚简皆作"埜",前者为形声字,后者为会意字。马王堆帛书《名理》："是必为福,非必为材。"④马王堆帛书《名理》："祸材废立,如竟(影)之隋(随)刑(形)。"⑤材为"灾"之异体,前者为形声字,后者为会意字。

　　(3)增加或减省构件

表6　增加或减省构件的异构字

楷书	小篆	马王堆帛书
卻		

---

①　国家文物局古文献研究室编:《马王堆汉墓帛书(壹)》,北京:文物出版社,1980年,第10页。

②　国家文物局古文献研究室编:《马王堆汉墓帛书(壹)》,北京:文物出版社,1980年,第18页。

③　国家文物局古文献研究室编:《马王堆汉墓帛书(壹)》,北京:文物出版社,1980年,第95页。

④　国家文物局古文献研究室编:《马王堆汉墓帛书(壹)》,北京:文物出版社,1980年,第58页。

⑤　国家文物局古文献研究室编:《马王堆汉墓帛书(壹)》,北京:文物出版社,1980年,第58页。

续表

楷书	小篆	马王堆帛书
殺	𣪊	𣪊 𣪊
爵	爵	爵 爵
楚	楚	楚 楚
屈	屈	屈 屈
懼	懼	懼 懼
悔	悔	悔 悔
瀍	瀍	瀍 瀍

　　文献句例如马王堆帛书《战国纵横家书》:"御军之日,无伐齐、外齐焉。"①御即"却"的增"彳"旁异构字。马王堆帛书《六分》:"朝主积甲士而正(征)不备(服)。"②马王堆帛书《称》:"朝者臣,名臣也。"③朝,乃"霸"字减省构件的异构字。马王堆帛书《老子》甲本:"德之贵也,夫莫之尉而恒自然也。"④尉,乃"爵"字减省构件的异构字。马王堆帛书《老

————————

　　① 《马王堆汉墓帛书》整理小组编:《马王堆汉墓帛书(叁)》,北京:文物出版社,1978年,第40页。

　　② 国家文物局古文献研究室编:《马王堆汉墓帛书(壹)》,北京:文物出版社,1980年,第50页。

　　③ 《马王堆汉墓帛书》整理小组编:《马王堆汉墓帛书(叁)》,北京:文物出版社,1978年,第81页。

　　④ 国家文物局古文献研究室编:《马王堆汉墓帛书(壹)》,北京:文物出版社,1980年,第4页。

子》甲本："天下之所恶,唯孤寡不橐,而王公以自名也。"①马王堆帛书《老子》乙本："夫是以侯王自胃(谓)孤寡不橐。"②橐,乃"榖"字减省构件的异构字。马王堆帛书《老子》甲本："终日号而不发,和之至也。"③发,乃"嗄"字减省构件的异构字。

异构字主要由构件替换、构件增省和构件重组形成。构件替换和构件增省大多是在历时过程中形成的,形体有先后关系。构件重组则大多与地域方言有关,如𰀃、𰀄即源于楚文字。

汉字在早期阶段,字形有围绕所表示的物象随意增加或减少部件的习惯,如:

表 7　调整部件的字形

字头	商代甲骨文			
牧	𭭃	𭭄	𭭅	𭭆
遘	𭭇	𭭈	𭭉	𭭊

这些多体随着字形系统的调整会逐渐单一化,但也有数形共同流传的情况。同时在字形发展过程中,随着形义关系的变化,有时也会对字形部件做出调整,有些是因字形表意功能退化而调整,有些是因字义发生了迁移而调整。即使形义关系未变,也会出现对字形构造新的理

----

① 国家文物局古文献研究室编:《马王堆汉墓帛书(壹)》,北京:文物出版社,1980年,第3页。
② 国家文物局古文献研究室编:《马王堆汉墓帛书(壹)》,北京:文物出版社,1980年,第81页。
③ 国家文物局古文献研究室编:《马王堆汉墓帛书(壹)》,北京:文物出版社,1980年,第4页。

解前提下的构件换用。当换用成为一种习惯,过度使用往往就会形成构件混用。当然构件混用有时是误写形成的。

4.误构字

误构字是指因形近而误写为其他构件且不能参与构意的同一字形的异体。如"扶"写作"状","扌"写作"爿"。"敨"写作"敨",左旁误为"麦"。"冠"写作"冦",构件"元"误为"示"等。

异写字和异位字都属于构意没有发生变化的异体,是书写异体;异构字和误构字都属于构件不同的异体,是构形异体。如此,异体字的分类如下图:

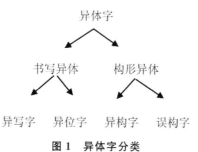

图1　异体字分类

异写字、异位字、异构字和误构字性质都属于同一词的不同书面形式,音义全同,所以在字典中应列为一个字条,异写字只列一个字头,异构字和异位字则应出二级字头,并在索引中出全部字头。

5.构件换用与构件混用的区别

构件换用是同一字形构件的有意调换,构件混用是同一字形构件的误用。构件换用形成的是异构字,构件混用形成的则是形混字。换用为改造,混用为讹误。构件换用和构件混用有时很难区别,因为是换用还是混用涉及创造者的主观意识,很难判断,我们只能从结果上做出分析。字形的改造大多是由于时代和字义有了发展,原有的字形表词功能渐趋弱化,为了更加准确和明显地表词而形成的。构件换用是为了更加准确地表义或表音而对构件进行替换,混用则是因形近和惯性造成的构件的误换,从结果看,其关键在于新的构件能不能参与构意。因此,构件换用和构件混用的区别标准是看替换后新构件是否能参与构意,能参与构意的为换用,不能参与构意的则为混用。如下表:

表8　"彳"与"人"替换的字例

楷书	小篆	马王堆帛书
徑	徑	徑徑
復	復	復復
德	德	德德
役	役	役役
備	備	備備
葆	葆	葆葆

《说文·彳部》:"径,步道也。从彳,巠声。"径的本义是步道,即行走之道,所以改从"人"是可以参与构意的,为构件换用。《说文·彳部》:"復,往来也。从彳,复声。"復的本义是返回,多指人的行为,所以改从"人"是可以参与构意的,为构件换用。《说文·彳部》:"德,升也。从彳,惪声。"升即登,后又多指人的品行,所以改从"人"是可以参与构

意的,为构件换用。《说文·殳部》:"役,戍边也。从殳,从彳。𠪳,古文役。从人。"戍边是巡行,故从表示道路的"彳",又是人的行为,故从"人"。《说文·人部》:"備,慎也。从人,葡声。"其本义是谨慎,构件替换为表道路的"彳",无法参与构意,为构件混用。《说文·艸部》:"葆,艸盛皃。从艸,保声。""保"是由大人背幼子的象形形体演化来的,"人"替换为"彳",无法参与构意,为构件混用。備与葆的构件替换都是因为"彳"与"亻"形近而又常换用的惯性造成的。

6.异写字增省与异构字增省的区分

单字形体增省形成的有时是异写字,有时是异构字,其区别的标准是看增省的是笔画还是构件,如果增省的是笔画为异写字,如果增省的是形位或形位组合体则是异构字。

形位是从形素中归纳出来的可区别构形功能的最小形体单位,它是汉字构形的基本元素。形素是依据汉字的组合特点,从汉字字符系统中离析出来的、具有独立构形功能的最小形体成分。如:

表 9　形位和形素示意表

形位	形素
〔心〕	

简帛文献中同一字形异体很多,如马王堆帛书璧、逆、箸、襲等字:

表 10　简帛文献中的同一字形异体

楷书	小篆	马王堆帛书
璧		

楷书	小篆	马王堆帛书
逆	𦎡	𦎡𦎡
箸	箸	箸箸
襲	襲	襲襲

璧字的构件"辛"笔画多少不同,"辛"是独体,其变化属于笔画的变化,因此,属于异写字的增省。逆字的"屰"笔画多少不同,也属于异写字的增省。箸的第二个形体"竹"旁省掉一半,但这一半不是一个独立的构件,也就是不是形位和形素,所以也属于笔画的增省,是异写字。襲字第二字形"衣"旁省掉上部笔画,也属于异写字。《说文·鬲部》:"融𩰾炊气上出也。从鬲,蟲省声。𧤷,籀文融。不省。"《说文·火部》:"𤈦𤈦火所伤也。从火,雥声。𤈦,或省。"融字省掉二"虫"和二"隹"都是形位,所以属于异构字。

7.构件形体演变与构件替换的区分

构件形体演变指构件形体在发展过程中产生的笔画层面的变化,构件替换指替换为不同的构件,前一种变化属于同一构件的变化,后一种变化属于不同构件间的变化。这两种情况有时是很难区分的,如"彳"变为"亻",是"彳"省掉一撇还是"彳"替换成了"亻"? 如果是前者,则"亻"为"彳"的省体,属于同一个构件;如果是后者,则是"彳"替换成了不同构件"亻"。又如:

伏:伏(居延新简 EPF16038)伏(居延新简 EPF22697)伏(居延新简 EPT65197)

居延新简"伏"字第一个字形从人从犬,第二和第三个字形右部形同"大",这一构件形体是"犬"的变体还是替换成了另外的构件"大"?再如:

是:是(居延新简 EPF22727)是(居延新简 EPF22030)

居延新简"是"字第一个字形从日从正,第二个字形从目从正,"目"这一形体是"日"多了一笔的变体还是替换成了另外的构件?

我们认为,这一问题的判断应当以能否参与构意作为标准,不能参与构意的为变体,能够参与构意的则为构件替换。如"伏",《说文·人部》:"伏,司也。从人,从犬。"若从"大",无法参与构意,故当定为犬的省体,非构件替换。"是",《说文·是部》:"是,直也。从日、正。""目"无法参与构意,故"目"是"日"多了一笔的变体。这样的标准我们认为是符合汉字形体发展和汉字书写实际的,从汉字形体发展看,字形的讹变是非常少见的,字形构件的变化大多是为了更加明确地表示词音或词义,因此新的构件必然能够参与构意。从书写的角度说,写者写"伏"时,"犬"写成"大"并非是有意要改写成大小的"大",而是无意间把"犬"误写成了"大",他写的仍是"犬"而非大小的"大",所以把这里的"大"当成"犬"的变体应是正确的。

二、同用字

同用字是指两个或两个以上的汉字,因为本义或引申义相同,在表示某些意义时具有相同的功能。如:

九五:井冽,寒泉食。(上三《周易 45》)

晋冬耆寒,小民亦惟日怨。(上一《缁衣 6》)

晋冬旨沧,小民亦惟日怨。(郭店《缁衣 10》)

闻之曰:行险致命,饥沧而毋敏。(上二《从甲 19》)

《说文·水部》:"沧,寒也。"《说文·宀部》:"寒,冻也。""沧"与"寒"具有共同的义项。

三、据音借用字

指意义上没有联系,仅因音同、音近或音转而借用的字。在部分情况下,"据音借用字"与常用名"假借字"同义,但"假借"一名,无论是从共时的今天,还是古今对比,所指多不相同。先说古今对比,最早为"假借"下定义并举例字的是东汉许慎的《说文解字》,《说文·叙》:"假借者,本无其字,依声托事,'令''长'是也。"①但《说文》的"假借"与我们现在所说的假借,有着本质的不同,这一点清人早已言明。但是现在为数不少的著述仍没有把二者区别开来,最明显的证明就是许多著述讲到《说文》"假借"时,会表达这样一个意思:《说文》为假借下的定义很好,但"令""长"两个例字举错了。实质上《说文》的"假借"是包括引申在内的,段玉裁《说文解字注》说得明白:"托者寄也,依傍同声而寄于此。则凡事物之无字者,皆得有所寄而有字。如汉人谓县令曰县长,县万户以上为令,减万户为长。令之本义发号也,长之本义久远也,县令、县长本无字,而由发号、久远之义引申展转而为之,是为假借。"②《说文》正文中对假借也多有阐发,如《说文·西部》:"西,鸟在巢上,象形。日在西方而鸟西,故因以为东西之西。栖,西或从木、妻。"③西字本义为鸟栖,因为太阳在西方时鸟栖,所以借用西字来表示东西的西。又如

---

① 王贵元:《说文解字校笺》,上海:学林出版社,2002年,第661页。
② 许慎撰、段玉裁注:《说文解字注》,上海:上海古籍出版社,1981年,第756页。
③ 王贵元:《说文解字校笺》,上海:学林出版社,2002年,第515页。

《说文·来部》:"来,周所受瑞麦来麰……天所来也,故为行来之来。"①
来字本义为瑞麦,因为瑞麦是天上来的,所以借用来字表示行来的来。
不管《说文》所言引申关系是否合理,就《说文》认为的事实看,"西""来"
与"令""长"一样都是由词义引申而借用字形,属于假借。那么,《说文》
为什么把引申也当作借用字形? 这与《说文》对汉字的本质认识有关。
《说文》与别的字典不同,一是有分析字形的内容,二是一般只列一个字
义。因为许慎认为汉字是依据词义构造字形的,字的形和义是统一的,
所以字形可以解释,而与字形相对应的字义也只能有一个。既然某一
字形是依据某一字义造的,那么这个字形就只是这个字义的字形,而当
这个字形表示其他字义时(不管与原有字义有无关联),就是其他字义
借用了这个字形,所以称其为假借。

近现代虽然也有人主张假借字与正字之间部分在意义上可以有联
系,但一般认为假借是意义上毫无联系、仅因音同音近而借用的字,所以
同是"假借"一名,在古,在今,在不同的著作中,含义并不相同。我们既不
应以今律古,认为《说文》有误,也不必完全依据古论。在理清"假借"一名
古今含义演化的前提下,应以怎样更好地分析汉字用字现象为原则,确
立其具体内容。我们认为,意义上有无关系反映了两种性质完全不同的
汉字用字关系,应予区分。据音借用字是字义上毫无关系、字音上具有
音同音近或音转关系的借用字。字形关系本不是据音借用字考虑的因
素,但有一类字形属于派生关系的现象,即甲字是在乙字字形基础上创
造的。一般是原无正字,借用某字为之,后在此字基础上增加或改换部
件,产生正字。如"胃"与"谓"。胃,《说文·肉部》:"胃,谷府也。"②后借

① 王贵元:《说文解字校笺》,上海:学林出版社,2002年,第79页。
② 王贵元:《说文解字校笺》,上海:学林出版社,2002年,第170页。

用为"谓",增"言"旁派生"谓"字,战国楚简尚未见"谓"字,皆用"胃",如郭店楚简《五行》:"目而知之胃之进之。"①郭店楚简《六德》:"何胃六德。"②郭店楚简《语丛四》:"是胃重基。"③睡虎地秦简、马王堆帛书"胃""谓"同用。另一种是本字借用为别的意义后,在原字基础上增加或改换部件,产生新的本字,如"常"与"裳"。"常"的本义是下衣,《说文·巾部》:"常,下帬也。"④马王堆三号汉墓遣策简四〇五:"缇襌便常一。"⑤睡虎地秦墓竹简《日书乙种》:"利以裁(制)衣常。"⑥又:"乘车、衣常、取妻,吉。"⑦"常"皆用本义,后借用为"恒常"等义,便改换义符派生"裳",当"常"不再表示衣服意义时,"常""裳"即成了据音借用字。

四、同源通用字

同源通用字是意义具有渊源关系、在读音上音同音近而通用的字。其实质是词义引申后派生新字,在一定时间内,新旧字通用。每个汉字一般都表示数个字义,这些字义概括地说包括本义、引申义和假借义三类,引申义是词义引申形成的,假借义是文字借用形成的。这是汉语节省书写符号,为减少书写和释读的困难而采取的方法。但是一字多义

---

① 荆门市博物馆编:《郭店楚墓竹简》,北京:文物出版社,1998年,第151页。

② 荆门市博物馆编:《郭店楚墓竹简》,北京:文物出版社,1998年,第187页。

③ 荆门市博物馆编:《郭店楚墓竹简》,北京:文物出版社,1998年,第217页。

④ 王贵元:《说文解字校笺》,上海:学林出版社,2002年,第319页。

⑤ 湖南省博物馆、湖南省文物考古研究所:《长沙马王堆二、三号汉墓》,北京:文物出版社,2004年,第73页。

⑥ 睡虎地秦墓竹简整理小组编:《睡虎地秦墓竹简》,北京:文物出版社,1990年,第232页。

⑦ 睡虎地秦墓竹简整理小组编:《睡虎地秦墓竹简》,北京:文物出版社,1990年,第238页。

如果尽情发展,也会增加辨识的难度,于是汉语又采取了派生新字来分担原字部分职能的方法,派生字就是在原字形基础上创制的分担原字字义的字。在原字形基础上创制新字,主要的方法是增加构件和改换构件。所以派生字和原字之间在形体上有渊源关系,在读音上是相同或相近。其中分担假借义的派生字与原字形成新的假借字关系,故归入据音借用字。同源通用字有一部分是由异写字和异构字经过表义功能的分配而发展来的,在前一阶段是异写字或异构字,到后一阶段可能就成了同源通用字。有形体关系的同源通用字的产生方式有如下几种:

1. 异写字职能分配

即把原本是一字异写的形体确立为不同字形来分担原本由一个字形表示的字义。如从马王堆帛书字形可以看出,"阵"本是"陈"的异写形体,后分担战阵义。①

2. 增加构件

"乔"与"愪"。乔,《说文·夭部》:"乔,高而曲也。"②引申为骄,郭店楚简"乔"字皆用为"骄",因骄为心理活动,后加"心"旁派生"愪",专门表示骄,包山楚简、曾侯乙墓竹简有此字。"我"与"義"。我,《说文·我部》:"我,施身自谓也。"③引申指仪容和仁义之"义",派生"義"。《说文·我部》:"義,己之威仪也。从我、羊。"④"我"也为声符。郭店楚简中表示仁义之"义"时二字互用,如《唐虞之道》:"爱亲忘贤,仁而未義

① 王贵元:《汉墓帛书字形辨析三则》,《中国语文》,1996年第4期。
② 王贵元:《说文解字校笺》,上海:学林出版社,2002年,第440页。
③ 王贵元:《说文解字校笺》,上海:学林出版社,2002年,第559页。
④ 王贵元:《说文解字校笺》,上海:学林出版社,2002年,第559页。

也;尊贤遗亲,我而未仁也。"①《语丛一》:"仁生于人,我生于道。"②《语丛三》:"不我而加诸己,弗受也。"③"我"皆用为"義",可见其派生关系。

3.改换构件

嘗,《说文·旨部》:"嘗,口味之也。从旨,尚声。"④本义为品尝,后引申指秋祭,《尔雅·释天》:"秋祭曰嘗。"郭璞注:"嘗,嘗新谷。"⑤《白虎通义·宗庙》:"秋曰嘗者,新谷熟,嘗之。"⑥后改义符"旨"为"示",派生"祟"字,表示秋祭。包山楚简、望山楚简、九店楚简皆用之。在郭店楚简中,"天常""大常"及表示"恒久"义皆用"祟"而不用"常",虽是假借,但也可能与字形从"示"有关。

五、同形字

同形字指功能不同而形体表面相同的字,同形字的形体仅是表面相同,其构形意图大多不同。同时期简帛文献的同形字大多是部分异写形体相同,完全的同形字不多。马王堆帛书《正乱》:"天仅而弗戒,天官地一也。"⑦又:"子勿言仅,交为之备。"⑧"仅"皆"佑"的异构字。"仅"

---

① 荆门市博物馆编:《郭店楚墓竹简》,北京:文物出版社,1998年,第157页。

② 荆门市博物馆编:《郭店楚墓竹简》,北京:文物出版社,1998年,第194页。

③ 荆门市博物馆编:《郭店楚墓竹简》,北京:文物出版社,1998年,第209页。

④ 王贵元:《说文解字校笺》,上海:学林出版社,2002年,第198页。

⑤ 周祖谟:《尔雅校笺》,南京:江苏教育出版社,1984年,第84页。

⑥ 《续修四库全书》编纂委员会编:《续修四库全书》1142册,上海:上海古籍出版社,2003年,第79页。

⑦ 国家文物局古文献研究室编:《马王堆汉墓帛书(壹)》,北京:文物出版社,1980年,第67页。

⑧ 国家文物局古文献研究室编:《马王堆汉墓帛书(壹)》,北京:文物出版社,1980年,第67页。

又是"付"字异体,《正字通·人部》:"仅,同付。"①马王堆帛书《老子》甲本:"执大象,[天下]住,住而不害,安平大。"②其中的"住"为"往"字变体,与义为停止的"住"成为同形字。秦汉文字"彳"旁多写作"亻",如"役"又写作"伇"、"徑"又写作"俓"等。

六、形近混用字

王引之《经义述闻·通说下》"形讹"条曰:"经典之字,往往形近而讹,仍之则义不可通,改之则怡然理顺。"③并举"夫与矢相似而误为矢""介字隶书与分相似而误为分""左与右相似而误为右"等 250 余条。当然王氏所举有一部分属于通用字的范畴,如"事"与"史"、"卿"与"乡"、"義"与"我"等。从理论上讲,形讹有些是偶然的,大部分则是由于两种原因形成的,一种是二字极易相混,故时常混淆,属于无意识的;另一种是相混已成习惯,索性混写,这是有意识的。李零先生说:"还有形讹,我们也不能统统以文化水平低或偶然疏忽解释。因为在楚简中有些'错字'是反复出现,其实是被当时的书写习惯和阅读习惯所认可,属于'积非成是''将错就错',变非法为合法的情况。它们和一般所说的'错字'还不太一样。"④讲的就是最后一种情况。后一种状况容易形成较为常见的现象,故值得按规律总结,定为"形近混用字"。但是,由于我们现在见到的只是简帛文献的一小部分,偶然与否有时不易区分,故都

---

① 四库全书存目丛书编纂委员会编:《四库全书存目丛书》经 197,济南:齐鲁书社,1997 年,第 79 页。

② 国家文物局古文献研究室编:《马王堆汉墓帛书(壹)》,北京:文物出版社,1980 年,第 13 页。

③ 王引之:《经义述闻》,南京:江苏古籍出版社,1985 年,第 778 页。

④ 李零:《郭店楚简校读记》,北京:北京大学出版社,2002 年,第 193 页。

应统一总结。传世文献由于在历代传抄或印制中的不断修正,形近混用现象不是太多,王引之所述经典用字的形讹,大多属于篆隶字形混用的遗留,所以他在"形讹"条最后说"寻文究理皆各有其本字,不通篆隶之体,不可得而更正也"。简帛文献中形近混用字是比较多的,如:包山楚简 236、239、243、245、247"毋又(有)柰","柰"皆"祟"误写。战国楚帛书"弌"写作"戈",构字中"弌"也多写作"戈"。① 郭店楚墓竹简《唐虞之道》"乃弌其孝""乃弌其臣""出弌兵革""今之弌于直者,未年不弌","弌"皆写作"戈"。张家山汉墓竹简《二年律令》:"夺其将爵一络。"② "络"当作"级"。又《算数书》:"丝练:以级丝求练。"③"级"当作"络"。

形近混用字有的是单向的,即只可甲用为乙;有的是双向的,即既可甲用为乙,也可乙用为甲。

用字问题需要考虑地域和时代因素,不同地域或不同时代或多或少地会有不同的用字习惯和用字规律,如郭店楚简"谷"字皆用为"欲",而"浴"字皆用为"谷"。后世文献"辅助"用"辅"字,而战国楚简借用"補"字。

① 李家浩:《著名中年语言学家自选集·李家浩卷》,合肥:安徽教育出版社,2002 年。
② 张家山二四七号汉墓竹简整理小组编著:《张家山汉墓竹简(二四七号墓)》,北京:文物出版社,2001 年,第 152 页。
③ 张家山二四七号汉墓竹简整理小组编著:《张家山汉墓竹简(二四七号墓)》,北京:文物出版社,2001 年,第 259 页。

张家山汉墓竹简用字习惯考察*

周朋升

引　言

　　用字习惯，又称用字方法，是指汉语中某一词选用哪一个或哪些汉字字形来表示的习惯。裘锡圭指出："用字习惯从古到今有不少变化……如果某种已经被后人遗忘的古代用字方法，在某种或某些古书中（通常只是在古书的某一或某些篇章甚至语句中）还保存着，就会给读这些古书的人造成很难克服的困难。"①因此，研究某一时代或某一批文献材料的用字习惯，是非常有必要的，也是非常有价值的。它能够提示某一时代汉字记录汉语的情况，不但能够帮助我们正确理解古书的内容，也能为研究汉字和汉语的发展历史提供证据。

　　很多学者对用字习惯进行过研究。裘锡圭专设一章讨论字形跟音义的错综关系，对传世古书中字与词的复杂对应关系进行了讨论②。陈斯鹏对楚系简帛的用字习惯进行了深入的研究③。周波对战国时代

---

　　*　本文原载《语言科学》，2014年第3期。

　　①　裘锡圭：《简帛古籍的用字方法是校读传世先秦秦汉古籍的重要据据》，载曹亦冰主编：《两岸古籍整理学术研讨会论文集》，南京：江苏古籍出版社，1998年，第524—528页。

　　②　裘锡圭：《文字学概要（修订本）》，北京：商务印书馆，2013年，第242—246页。

　　③　陈斯鹏：《楚系简帛中字形与音义关系研究》，北京：中国社会科学出版社，2011年。

各系文字的用字习惯进行了对比研究，同时附带讨论了秦汉文字的用字习惯[①]。田炜则对西周金文中字与词的对应关系进行了研究[②]。由此可见，学术界对先秦古文字用字习惯的研究比较广泛和深入，但是对汉代文字用字习惯的关注则比较少。有鉴于此，我们拟对汉代简牍文字的用字习惯进行研究，思路是先分别具体研究某一批文献的用字习惯，然后在此基础上概括出汉代文字用字习惯的总体情况，本文是对张家山汉简用字习惯的研究。

张家山汉简时代为西汉吕后二年（前186）或稍后，内容包括《历谱》《二年律令》《奏谳书》《脉书》《算数书》《盖庐》《引书》及遣策八种古文献资料，种类和数量都比较丰富。本文释文以张家山二四七号汉墓竹简整理小组[③]和彭浩等研究[④]为依据，并参考了时贤的一些论著（如刘钊[⑤]、黄锦前[⑥]、蔡万进[⑦]、何有祖[⑧]、周波[⑨]、郭永秉[⑩]等），为节省篇

[①] 周波：《战国时代各系文字间的用字差异现象研究》，北京：线装书局，2012年。

[②] 田炜：《西周金文字词关系的共时与历时考察》，《出土文献与古文字研究》第5辑，上海：上海古籍出版社，2013年，第162—215页。

[③] 张家山二四七号汉墓竹简整理小组编著：《张家山汉墓竹简（二四七号墓）：释文修订本》，北京：文物出版社，2006年。

[④] 彭浩、陈伟、工藤元男主编：《二年律令与奏谳书——张家山二四七号汉墓出土法律文献释读》，上海：上海古籍出版社，2007年。

[⑤] 刘钊：《〈张家山汉墓竹简〉释文注释商榷（一）》，《古籍整理研究学刊》，2003年第3期，第1—4页。

[⑥] 黄锦前：《张家山汉简〈二年律令〉之〈置吏律〉、〈户律〉、〈效律〉、〈傅律〉、〈置后律〉、〈爵律〉校释》，武汉大学硕士学位论文，2005年。

[⑦] 蔡万进：《张家山汉简〈奏谳书〉释文补正举隅》，《古籍整理研究学刊》，2006年第3期，第1—5页。

[⑧] 何有祖：《张家山汉简释文与注释商补》，http://www.jianbo.org/admin3/html/heyouzhu07.htm，2006年。

[⑨] 周波：《〈读张家山汉简二年律令〉札记》，《古籍整理研究学刊》，2007年第2期，第53—56，84页。

[⑩] 郭永秉：《张家山汉简〈二年律令〉释文校读记》，http://www.gwz.fudan.edu.cn/SrcShow.asp? Src_ID＝390，2008年。

幅,一般不一一注明。

　　张家山汉简用字习惯总体上比较规范,体现了汉字记录汉语的准确性和稳定性。但有些词的用字情况比较复杂,有的词使用了古体字,有的词使用了一个甚至多个假借字,一个字形又可以表示多个词,字与词形成了复杂的对应关系,这是本文关注的重点。下面从字与词的对应关系、词与字的对应关系、字与词的双向对应关系三个方面来阐述张家山汉简的用字习惯。

一、字与词的对应关系

　　字与词的对应关系是以字为观察点,考察某一字形记录了语言里的哪个或哪些词,可以分为一字表示一个词、一字表示两个词或多个词两种情况。

(一)一字表示一个词

1.用本字表示某词

　　裘锡圭说:"用来表示自己的本义或引申义的字,对假借来表示这一意义的字而言就是本字。从词的角度来看,把一个词作为本义或引申义来表示的字,对这个词的假借字而言就是这个词的本字。"①某词使用的本字从形体上可以分为两种情况:

　　(1)用字形体古今一致,即某词的用字形体古今没有发生变化。在张家山汉简中绝大多数的词使用本字来表示,如常见的"手""鼻""旦""坐"等,这与其他出土文献材料以及现代的用字情况相同。

---

　　①　裘锡圭:《文字学概要(修订本)》,北京:商务印书馆,2013 年,第 175 页。

（2）用字形体古今不一致，即某词的用字形体古今发生了变化。造成古今不一致的原因有二：一是张家山汉简中使用了一些新产生的或前代就已存在的异体字；二是使用了一些古本字，这些字到现在已经被淘汰不用了。

A.用新产生的或前代就已存在的异体字表示某词。异体字是彼此音义相同而书写形式不同的字。对于该词来说，当时人使用哪个异体都是一样的，并没有阅读上的障碍。不过有些异体经过历时的演变已经被废掉不用，现在的人们已经不熟悉了，因而会造成阅读理解和研究上的障碍。裘锡圭根据结构上和形体上的差别，把狭义异体字分为八类①，我们借鉴其分类，并稍做调整，把张家山汉简中的异体字分为以下几类：a.不加偏旁的不同。如｛[叟]｝②用"傁"、｛[塚]｝用"冢"、｛[噪]｝用"臊"来表示。b.同为形声字而偏旁不同。又分两种情况：一是形旁不同，声旁相同。如｛[她]｝用"嫥"、｛[暖]｝用"煖"、｛[呕]｝用"欧"、｛[咳]｝用"欬"、｛[耗]｝用"秏"、｛[怀]｝用"褱"、｛[唇]｝用"脣"、｛[蛙]｝用"鼃"、｛[頦]｝用"婗"、｛[髋]｝用"膑"、｛[玺]｝用"壐"、｛[孳]｝用"孴"、｛[噎]｝用"饐"、｛[妖]｝用"訞"、｛[跪]｝用"趏"、｛[祸]｝用"謞"、｛[啜]｝用"欼"、｛[躁]｝用"趮"、｛[喉]｝用"膎"、｛[蠢]｝用"蚕"、｛[塞]｝用"塞"、｛[虎]｝用"匦"来表示。二是形旁相同，声旁不同。如｛[砭]｝用"砌"、｛[燧]｝用"隧"、｛[濮]｝用"濮"、｛[怨]｝用"惌"、｛[瀘]｝用"潭"、｛[痔]｝用"痦"来表示。c.偏旁相同但配置方式不同。如｛[槽]｝用"曹"、｛[群]｝用"羣"、｛[舅]｝用"勖"来表示。d.某些比较特殊的简体跟繁体的不同。如｛[麤]｝用"聰"、｛[癯]｝用"瘁"、｛[浸]｝用"滞"、｛[寝]｝用

____
① 裘锡圭：《文字学概要（修订本）》，北京：商务印书馆，2013年，第199—201页。
② 加大括号｛｝表示词，加方括号[]表示在张家山汉简中没有用例。下同。

"瘔"、{[繋]}用"繋"来表示。e.隶定方法不同形成的异体。如{[並]}用"竝"、{[拜]}用"捧"来表示。

B.使用古本字表示某词。使用古本字表示某词分以下几种情况：a.有些所谓古本字是正字，如"裒"与[袖]"。《说文·衣部》："裒，袂也。从衣采声。袖，俗裒从由。""裒"字今已不用，"袖"为当时的俗字。b.有些是更换形旁，到现在用字习惯上发生了变化，如"绔"与[袴]"。《说文·糸部》："绔，胫衣也。""袴"字用例见于《礼记·内则》："衣不帛襦袴。"《方言》卷四："齐鲁之间谓之襱，或谓之襱，关西谓之袴。"现在用"裤"字，用字与西汉初不同。类似的例子还有"灓"与[潎]"、"廄"与[厩]"、"穤"与[糯]"、"陜"与[狭]"等。c.有的是更换声旁，形成古今字的关系，如"稚"与[稚]"。《说文·禾部》："稚，幼禾也。从禾屖声。"d.有的是加偏旁后起的形声字，是为了分担古本字的某些义项，形成一字分化，两个字形在其他文献中都被使用着，只是其中的一个字形在张家山汉简中没有用例，仍然构成一对一的关系，如"韦"与[围]"。"韦"本义就是"围"，但典籍中多假借表示"皮韦"之{韦}，为明本义加注"口"旁遂分化出"围"字。类似的例子还有"印与[抑]"、"卬"与[仰]"、"段"与[锻]"、"希"与[稀]"等。

2.用假借字表示某词

用假借字表示某词，指的是某词固定地使用某假借字表示，而这个假借字也只固定地表示该词，形成一对一的关系。例如"肖"字本义是相貌相似，但在张家山汉简中固定地用作"消尽"之{消}，而"消尽"之{消}也固定地使用"肖"字表示，二者是一对一的关系。张家山汉简中用假借字表示某词的现象还有84组，见表1。

表1　一字固定表示假借词

假借字	词	假借字	词	假借字	词	假借字	词	假借字	词
荃	{绘}	臾	[謏]	佰	{陌}	波	{陂}	纍	{爨}
脾	{髀}	绳	[睸]	獮	{彀}	绪	{绗}	縏	{繁}
壤	{裹}	叔	[菽]	緜	{绵}	享	{桿}	炮	{庖}
筍	{荀}	谅	[掠]	僋	{憺}	晉	{潜}	鉢	{鹓}
蜚	{飞}	菑	[淄]	澶	{坻}	勢	{傲}	思	{斯}
介	{芥}	鶱	[骂]	蘍	{剽}	盝	{儒}	详	{佯}
骚	{瘙}	麇	[眉]	餽	{馈}	貆	{枢}	沺	{恤}
农	{脓}	颖	[颍]	纠	{朻}	淬	{碎}	秚	{坏}
眔	{迷}	厫	[瘦]	欤	{歟}	豫	{预}	胎	{郃}
岛	{瑶}	但	[掸]	箪	{弹}	臞	{惧}	嬾	{膝}
窬	{踰}	刚	[纲]	蔓	{曼}	墅	{漱}	卤	{房}
铤	{梃}	夸	[跨]	笺	{籖}	膜	{脢}	隋	{堕}
敖	{骜}	鰕	[滴]	綃	{缔}	胐	{頔}	絜	{洁}
鬲	{隔}	糒	[蘸]	樺	{锥}	绤	{襫}	喜	{禧}
傅	{区}	俞	[愈]	弱	{溺}	绎	{释}	疎	{梳}
蹳	{蹴}	兆	[跳]	艮	[眼]	狼	{垦}	厉	{疠}
彭彭	[膨膨]	西西	[洒洒]	堤堤	[偍偍]	愒愒	[喝喝]		

(二)一字表示两个或多个词

1.一字既表示母词,又表示分化词

词有本义和引申义,二者本是同一个词。如果词义引申太远,叫人很难把二者联系起来,这时本义和引申义就会分化为不同的词。本文把表示本义的词称为母词,把表示较远引申义的词称为分化词①。裘

---

① 王力主编:《古代汉语(校订重排版)》第三册,北京:中华书局,1999年,第98页。

锡圭把前者称为母字,把后者称为分化字①。张家山汉简中既有用母字和分化字分别表示母词和分化词的情况,也有仍用母字同时表示母词和分化词的情况,从而形成一个字表示两个或多个词的现象。例如取—{取}、{[娶]},受—{受}、{[授]},弟—{弟}、{[悌]},共—{共}、{[供]},庸—{庸}、{[佣]},顷—{顷}、{[倾]},见—{见}、{[现]},士—{士}、{[仕]},奉—{[捧]}、{奉},生—{生}、{[姓]},冣—{最}、{[聚]},张—{张}、{[胀]},等等。

2. 一字除表示母词或分化词外,还假借表示别的词

在张家山汉简中,一个字既表示母词又表示分化词从而形成一字表示多词的现象所占的比例并不多。大多数情况是一个字或者表示母词或者表示分化词,同时又音近假借表示另外一个或几个词,从而形成一字表示多词的现象。例如"环"字除表示母词"环绕"之{环}以外,又假借表示"归还"之{[还]}:"及除坐者赀,赀已入环(还)之"(《奏谳书》123)。类似的例子还有58组,见表2。

表2　一字同时表示母词(或分化词)和假借词表

字	表母词或分化词	假借表某词	字	表母词或分化词	假借表某词	字	表母词或分化词	假借表某词
谁	{谁}	{[推]}	浆	{浆}	{[蒋]}	央	{央}	{[鞅]}
风	{风}	{[讽]}	姊	{姊}	{[秭]}	沐	{沐}	{[楙]}
徽	{徽}	{[撽]}	玄	{玄}	{[駫]}	狸	{狸}	{[埋]}
仆	{仆}	{[服]}	唐	{唐}	{[溏]}	亥	{亥}	{[核]}
养	{养}	{[痒]}	肘	{肘}	{[疛]}	千	{千}	{[阡]}
谨	{谨}	{[菫]}	钱	{钱}	{[後]}	伐	{伐}	{[拔]}

续表

字	表母词或分化词	假借表某词	字	表母词或分化词	假借表某词	字	表母词或分化词	假借表某词
贲	{赏}	[资]	管	{管}	[脘]	定	{定}	[顶]
音	{音}	[瘖]	阑	{阑}	[烂]	以	{以}	[似]
间	{间}	[癎]	山	{山}	[疝]	雠	{雠}	[寿]
宿	{宿}	[缩]	空	{空}	[控]	積	積	[癪]
爱	{爱}	[媛]	比	{比}	[笔]	久	{久}	[灸]
篡	{篡}	[纂]	疏	{疏}	[糈]	信	{信}	[伸]
筭	{筭}	[算]	次	{次}	[恣]	卢	{卢}	[炉]
举	{举}	[誉]	被	{被}	[披]	坏	{坏}	[褢]
包	{包}	[疱]	罢	{罢}	[疲]	畀	{畀}	[痹]
采	{采}	[菜]	晨	{晨}	[振]	喜	{喜}	[禧]
奂	{奂}	[愌]	敬	{敬}	[警]	蹶	{蹶}	[瘷]
孰	[熟]	{孰}	县	[悬]	{县}	然	{燃}	{然}
要	[腰]	{邀}	乡	[飨]	{乡} [向]	夜	[腋]	{夜} [掖]
辟	{辟}	[避] [澼]						

3.一字假借表示另外两个或多个词

在张家山汉简中也存在这种情况,一个字既不用来表示母词也不用来表示分化词,而是假借表示两个或两个以上的别的词,从而形成一字表示多词的现象。这种情况比较少见。例如"蚤"的本义是"跳蚤"之{蚤},但在张家山汉简中没有表示跳蚤的用例,都用来假借表示"早晨"之[早]和"爪牙"之[爪]。类例的例子还有亶—[擅]、{袒},臧—[赃]、[藏],兹—[慈]、[滋],等等。

二、词与字的对应关系

　　词与字的对应关系是以词为观察点,考察某词使用了哪些字形来表示它,可以分为一词使用一个字形来表示、一词使用多个字形来表示两种情况。一词使用一个字形来表示与前文"一字表示一个词"属于同一种现象,只是观察角度不同而已,此不赘述。本节主要讨论一词使用多个字形来表示的情况。根据该词与字形之间的关系,可以分为一词使用多个异体本字、一词使用多个假借字(张家山汉简中没有这样的用例,故不讨论)和一词既用本字又用假借字三类。

(一)一词使用多个异体本字

　　一个词使用多个字来表示,这几个字之间是异体关系,且都是这个词的本字。例如在张家山汉简中,{诈}使用"诈""詐"这两个字来表示,它们是形符相同声符不同的异体字,都是"欺诈"之{诈}的本字。类似的例子还有{界}—"界""畍",{敝}—"敝""獘",{迁}—"迁""䙴",{軵}—"軵""軵",{饮}—"饮""歓",{系}—"系""係",{粝}—"粝""糲",{龙}—"龙""蠪",{锦}—"锦""綌",{阴}—"阴""险",{體}—"體""膭","咽"—"咽""胭",{陷}—"陷""臽",等等。这些异体字经过历时的演变,有的被后世继承下来,成为正字;有的逐渐被淘汰,一部分只保存在字典、辞书当中,一部分则淹没在历史长河当中,后世根本见不到它们的痕迹。

（二）一词既用本字又用假借字

一个词除使用本字来表示外，又使用假借字来表示。例如在张家山汉简中，{顾}使用"顾""雇"这两个字来表示，"顾"是本字，"雇"是假借字。类似的例子还有 28 组，见表 3：

表 3 一词既用本字又用假借字表

词	本字	假借字	词	本字	假借字	词	本字	假借字
{苟}	苟	荷	{摇}	摇	榣	{廉}	廉	谦
{扰}	扰	忧	{缴}	缴	缴	{枉}	枉	狂
{沂}	沂	枅	{脱}	脱	突	{枕}	枕	灟
{识}	识	职	{辞}	辞	辤	{增}	增	矰
{错}	错	昔	{遇}	遇	禺	{碎}	碎	淬
{分}	分	团	{方}	方	枋	{中}	中	衷
{退}	退	芮	{奇}	奇	畸	{觉}	觉	学
{肺}	肺	紴	{把}	把	杷	{元}	元	弦
{也}	也	殹	{圜}	圜	睘	{鮀}	鮀	肌
{偃}	偃	匽						

有时候一个词既使用本字表示，又使用不同的假借字表示。例如{钩}既用本字"钩"来表示，辞例为："折阴者，前一足，昔（错）手，俛而反钩之"（《引书》16）。又使用假借字"绚"来表示，辞例为："去卧而尻壁，举两股，两手绚（钩）两股而力引，极之，三而已"（《引书》76）。还使用假借字"枸"来表示，辞例为："中发弩、枸（钩）盾发弩"（《二年》445）。类似的例子还有{矢}——矢、秩、戻，{决}——决、央、陕等。

有时候一个词既使用多个异体本字表示，又使用假借字表示。例如{胸}用"胸""臅"和"匈"三个字来表示,其中"胸"和"臅"都是"{胸}"的本字,二者是异体关系,"匈"则是假借字。类似的例子还有{術}—術、述、术,{静}—静、靖、净,{漆}—漆、膝、桼等。

三、字与词的交叉对应使用现象

字与词的交叉对应使用现象,指某字形表示多词、某词用多个字形来表示,其中的字形与词又互相交叉使用,形成双向的复杂的多元对应关系的现象。这多是因为文字之间互相假借或是有的字形有多个异体,是用字不规范的表现。根据字形与词之间的关系可以分为两词之间形体互用和字与词交叉使用两种情况。

(一)两词之间形体互用

两词之间形体互用是指两个词除了使用自己的本用字形以外,又分别借用对方的字形来表示。例如{偿}除了用本字"偿"表示外,又借用"赏"字来表示;而{赏}除了用本字"赏"表示外,又借用"偿"字来表示;这样就形成了特殊的形体互用关系:赏、偿—{赏}、{偿}。这种情况在张家山汉简中一共有6组,另5组是:成、城—{成}、{城},攻、功—{攻}、{功},与、舆—{与}、{舆},即、节—{即}、{节},黄、广—{黄}、{广}。

(二)字与词交叉使用

这种情况比较复杂,属于一词对应多字形、一字形对应多词的复合形式。造成这种现象的原因是多方面的,有的因假借,有的因异体,有的因古今字,有的因书写讹误,等等。例如"贾"表示{贾},也表示{假}、

{价}、{固}，其中{固}也用"固"来表示，{假}也用"假"表示，"假"也表示{瘕}。这种情况很常见，说明张家山汉简具有用字不规范、假借现象比较突出的特点。类似的例子还有 87 组，见表 4：

表 4 字与词交叉使用对照表

用字	所表示词	交叉使用说明
著	{著}、{藷}	"箸"也表示{著}。
炊	{炊}、{吹}	"吹"也表示{欠}。
亟	{亟}、{极}	"极"也表示{极}。
益	{益}、{嗌}	"嗌"也表示{嗌}。
丈	{丈}、{杖}	"杖"也表示{仗}。
朱	{朱}、{铢}	{铢}也用"铢"表示。
脩	{脩}、{攸}	{攸}也用"攸"表示。
辑	{辑}、{领}	{领}也用"领"表示。
当	{当}、{堂}	{堂}也用"堂"表示。
善	{善}、{缮}	{缮}也用"缮"表示。
偕	{偕}、{皆}	{皆}也用"皆"表示。
府	{府}、{腐}	{腐}也用"腐"表示。
可	{可}、{何}	{何}也用"何"表示。
止	{止}、{趾}	{趾}也用"趾"表示。
救	{救}、{求}	{求}也用"求"表示。
征	{征}、{证}	{证}也用"证"表示。
盐	{盐}、{监}	{监}也用"监"表示。
问	{问}、{闻}	{闻}也用"闻"表示。
买	{买}、{卖}	{卖}也用"卖"表示。
留	{留}、{流}	{流}也用"流"表示。

续表

用字	所表示词	交叉使用说明
禹	〔禹〕、〔鱓〕	〔鱓〕也用"鱓"表示。
谋	〔谋〕、〔媒〕	〔谋〕也用"牧"表示。
婢	〔婢〕、〔臂〕	〔臂〕也用"臂"表示。
备	〔备〕、〔惫〕	〔备〕也用"犕"表示。
枳	〔枳〕、〔肢〕	"支"也表示〔支〕、〔肢〕。
驾	〔驾〕、〔加〕	"加"也表示〔加〕、〔痂〕。
拳	〔拳〕、〔卷〕	"卷"也表示〔卷〕、〔倦〕。
弩	〔弩〕、〔奴〕	"奴"也表示〔奴〕、〔袽〕。
柎	〔柎〕、〔跗〕	"胕"也表示〔胕〕、〔跗〕。
则	〔则〕、〔侧〕	〔侧〕也用"厕""瘦"表示。
毁	〔毁〕、〔毇〕	〔毁〕也用"敳""毇"表示。
颤	〔颤〕、〔顫〕	〔愿〕也用"愿""顫"表示。
奏	〔凑〕、〔媵〕	〔媵〕也用"走"表示,"走"也表示〔走〕。
挢	〔挢〕、〔矫〕	〔矫〕也用"桥"表示,"桥"也表示〔桥〕。
清	〔清〕、〔情〕	〔情〕又用"请"表示,"请"也表示〔请〕。
变	〔变〕、〔蛮〕	〔变〕也用"孪"表示,〔蛮〕也用"蛮"表示。
无	〔无〕、〔抚〕	〔无〕也用"毋"表示,〔抚〕也用"抚"表示。
安	〔安〕、〔按〕	〔按〕也用"案"表示,〔案〕也用"案""权"表示。
徐	〔徐〕、〔馀〕	〔馀〕也用"馀""餘"表示,"余"也表示〔余〕、〔徐〕。
吴	〔吴〕、〔误〕、〔偶〕	〔误〕也用"误"表示。
鞠	〔鞠〕、〔鞫〕、〔麴〕	〔鞫〕也用"鞫"表示。
靡	〔靡〕、〔摩〕、〔糜〕	〔摩〕也用"摩"表示。
直	〔直〕、〔值〕、〔置〕	〔置〕也用"置""值"表示。
虖	〔虖〕、〔呼〕、〔乎〕	〔呼〕也用"謼""嘑"表示。

续表

用字	所表示词	交叉使用说明
泰	〔泰〕、〔大〕、〔太〕	"大"也表示〔大〕、〔太〕、〔汰〕、〔泰〕。
常	〔常〕、〔裳〕、〔尚〕	"尚"也表示〔上〕、〔尚〕,〔上〕也用"上"表示。
责	〔责〕、〔积〕、〔债〕、〔渍〕	〔积〕也用"积"表示。
毅	〔毅〕、〔觳〕、〔悫〕、〔穀〕	〔悫〕也用"愨"表示,〔穀〕也用"穀"表示。
研、訮	〔研〕	"研"也表示〔砚〕。
詑、它	〔詑〕	"它"也表示〔它〕。
敛、潋	〔敛〕	"敛"也表示〔奁〕。
疾、齐	〔疾〕	"齐"也表示〔齐〕。
气、曁	〔气〕	"气"也表示〔饩〕。
粲、饗	〔餐〕	"粲"也表示〔粲〕。
厱、癏	〔厱〕	"厱"也表示〔厌〕。
设、埶	〔设〕	"埶"也表示〔势〕。
拇、母	〔拇〕	"母"也表示〔母〕。
籍、藉	〔籍〕	"耤"也表示〔藉〕。
伍、五	〔伍〕	"五"也表示〔五〕。
蘭、籲	〔钥〕	"籲"也表示〔籲〕。
毃、击	〔系〕	〔击〕也用"毃"表示。
数、娄	〔数〕	"部娄"表示〔瓵甄〕。
谈、炎	〔倓〕	"緂"也表示〔緂〕、〔炎〕。
纵、从	〔纵〕	"从"也表示〔从〕、〔蹤〕。
三、参	〔三〕	"参"也表示〔参〕、〔毵〕。
正、証	〔正〕	"正"也表示〔政〕、〔征〕。
傅、榑	〔傅〕	"傅"也表示〔附〕、〔搏〕。
簿、薄	〔簿〕	地名"薄道"用"薄"表示。

续表

用字	所表示词	交叉使用说明
偏、扁	{偏}	{徧}也用"偏""徧"表示。
殿、臋	{臋}	{殿}也用"殿""臀"表示。
踵、蹱	{踵}	{肿}也用"踵""穜""衝"表示。
卑、庳	{卑}	"卑"也表示{俾},"庳"也表示人名"庳"。
劾、刻	{劾}	{核}也用"劾""亥"表示,"亥"也表示{亥}。
落、格	{落}	{略}也用"略""格"表示,"落"也表示{胳}。
均、奠	{填}	"填"也表示{尘},{均}也用"均""钧"表示,{钧}也用"钧""鈴"表示。
杯、栝、棓	{杯}	"杯"也表示{棓}。
财、材、戋	{裁}	"财"也表示{财}。
挟、夹、跹	{挟}	"夹"也表示{夹}。
棺、掆、馆	{腕}	"棺"也表示{棺}。
小、少、宵	{小}	"少"也表示{少}。
露、潞、落	{露}	"潞"也表示地名{潞}。
答、治、苔	{答}	"治"也表示{治}、{苔}。
地、沱、坨	{地}	{池}用"池""沱"表示。
胸、沟、昫	{响}	"胸"也表示{胸}、{昫},{昫}也用"昫"表示。
贳、訾、资	{贳}	{资}也用"资""赏"表示,"赏"也表示{赏}。
勭、橦、墥	{动}	"童"也表示{童}、{动}、{瞳},"橦"也表承{衝}。
屯、顿、敦	{屯}	"敦"也表示{敦}、{顿},{顿}也用"揗"表示,{揗}、{循}又用"循""盾"表示。

结　语

　　根据以上的考察,可以得出以下几点结论。

　　(一)张家山汉简的用字总体上比较规范,绝大多数都是一对一的关系,且同传世文献的用字习惯有较强的一致性,体现了张家山汉简的用字业已比较成熟和稳定。

　　(二)张家山汉简的用字习惯也有一些不规范的现象,如假借字使用比较多、假借字与本字混用、不同词之间形体互用等,体现了张家山汉简的用字还有不成熟和不稳定的一面。

　　(三)张家山汉简所表现的用字习惯,跟同时代其他文献总体上是一致的,说明张家山汉简所反映的可能是共同语的用字习惯,而不是某一地域或某一方言的用字习惯。

楚简用字习惯与文献校读举例[*]

禤健聪

　　用字习惯是指人们记录语言时选择用哪一个字（形体）来记录哪一个词（音义）的习惯，此常因时代或地域不同而存在差异。裘锡圭先生谓："文字的用法，也就是人们用哪一个字来代表哪一个词的习惯，古今有不少变化。如果某种古代的用字方法已被遗忘，但在某种或某些传世古书里还保存着，就会给读古书的人造成麻烦。秦汉文字资料表现出来的当时人的用字习惯，有时与保存在传世古书里的已被遗忘的用字方法相合，可以帮助我们读通这些古书。"[①]此于战国文字资料而言，同样适用。本文梳理八例楚简用字习惯，并试对相关文献用字情况或字词释读提出意见，以就正于方家。

一

　　《说文》："葛，絺绤艸也。从艸、曷声。"楚简未见以"葛"记写{葛}之例，{葛}多记写作"蓁"。

---

　　* 本文曾在"出土文献与先秦经史国际学术研讨会"（香港大学，2015 年 10 月 16—17 日）上宣读，后刊于《简帛研究·2016·春夏卷》，桂林：广西师范大学出版社，2016 年。
　　① 裘锡圭：《考古发现的秦汉文字资料对于校读古籍的重要性》，《中国社会科学》，1980 年第 5 期；收入《裘锡圭学术文集·语言文字与古文献卷》，上海：复旦大学出版社，2012 年，第 372 页。

（1）困于蒤蕅。（上博三《周易》简43）

（2）野有蒤。（上博四《采风曲目》简1）

例（1）"蒤"对应今本《周易》困卦正作"葛"。例（2）"蒤"整理者原释"荥"①，董珊先生谓字"从'艸''索（或索）'"②。三体石经《春秋》僖公"葛"字古文作𧆛，与上述楚简"蒤"为一字之变。陈剑先生详细分析了"索"旁演变之迹，指出例（2）"蒤"读为{葛}最合适③。郭永秉、邬可晶先生进而认为，"蒤"当是"薊"之省，后者所从之"㓞"为{割}之初文，于字中作声符，新蔡简甲三263地名"薊丘"之"薊"，为不省"刀"旁之孑遗。④

上博七《郑子家丧》篇有句云：

（3）使子家利木三寸，疏索以纮，毋敢丁门而出，掩之城基。（甲本简5，乙本简5—6）

"疏索以纮"之"索"，与楚简一般"索"字写法无别，然古书中记述简陋的束棺缄绳常为"葛"，如：

（4）桐棺三寸，葛以缄之。（《墨子·节葬》）

（5）空木为椟，葛蕅为缄。（《说苑·反质》）

例（4）"桐棺三寸"与例（3）"利木三寸"表述正同，又《左传·哀公二年》："桐棺三寸，不设属辟，素车朴马，无入于兆，下卿之罚也。""无入于

---

①　马承源主编：《上海博物馆藏战国楚竹书（四）》，上海：上海古籍出版社，2004年，第165页。

②　董珊：《读〈上博藏战国楚竹书（四）〉杂记》，载《简帛文献考释论丛》，上海：上海古籍出版社，2014年，第63页。

③　陈剑：《上博竹书"葛"字小考》，《中国文字研究》第1辑，郑州：大象出版社，2007年，第68—70页。

④　郭永秉、邬可晶：《说"索"、"㓞"》，《出土文献》第3辑，上海：中西书局，2012年，第99—118页。

兆"亦与例(3)"掩之城基"相合,皆指不以礼葬以为惩罚。^①"葛藟"《周易》困卦孔颖达疏谓"引蔓缠绕之草",直接以藤葛为绒绳,正是简陋之征。由此可见,例(3)的"索"应视为"素"之讹省,所记写者,仍是{葛}。传世文献似亦有类似情况。如:

(6)孔子游于泰山,见荣声期行乎郕之野,鹿裘带索,鼓琴而歌。(《孔子家语·六本》)

(7)傅说被褐带索,庸筑乎傅岩。(《墨子·尚贤中》)

例(6)《列子·天瑞》所记略同,其中"鹿裘带索",向以为指粗劣衣物,然"索"多指绳索,以绳为带与衣物粗劣义不密合。窃以为此"索"实亦"素(葛)"之误,"带索"本作"带素",即以葛为带。葛带与鹿裘皆指丧服。《礼记·郊特牲》:"葛带、榛杖,丧杀也。"《礼记·檀弓上》:"鹿裘衡、长袪。"孔颖达疏:"鹿裘者,亦小祥后也,为冬时吉凶衣,里皆有裘。吉时则贵贱有异,丧时则同用大鹿皮为之,鹿色近白,与丧相宜也。"荣声期丧服而歌,正示其乐,所谓"能自宽"也。例(7)"被褐带索"亦见于《淮南子·齐俗训》,又作"衣褐带索",见《荀子·富国》《淮南子·道应训》,此"索"亦应是"素(葛)",指直接以葛藤为带。

今本《诗经·周南》"葛覃"之"葛",上博一《孔子诗论》篇作"蒿",或省作"萬"(简16)。裘锡圭先生认为"苖"是{害}的早期用字,而"害"与"禹"古音也相近^②,故可省作。{葛}记写作"蒿"若"萬",楚简暂仅见于《孔子诗论》篇。

---

① 复旦大学出土文献与古文字研究中心研究生读书会(葛亮执笔):《〈上博七·郑子家丧〉校读》,《出土文献与古文字研究》第3辑,上海:复旦大学出版社,2010年,第289页。

② 裘锡圭:《释"苖"》,《古文字论集》,北京:中华书局,1992年,第13页。

二

《说文》:"關,以木横持门户也。从门、𢇶声。"又:"患,忧也。从心、上贯吅,吅亦声。悶,古文从關省。𢠶,亦古文患。"楚文字{关}皆作"關"。

(1)王率宋公以城榆關,是武阳。秦人败晋师于洛阴,以为楚援。(清华二《系年》简126—127)

(2)《關雎》之改,《樛木》之时,《汉广》之智,《鹊巢》之归,《甘棠》之报,《绿衣》之思,《燕燕》之情。(上博一《孔子诗论》简10)

(3)田无蔡,宅不空,關市无赋。(上博二《容成氏》简18)

(4)四荒之内,是帝之關。(上博五《三德》简22)

(5)曰其罚时偿,其德刑宜利,如關枑不闭,而绳断失楔,互相不强,罔肯献言。(清华三《芮良夫毖》简22)

如例(2)之"關雎"即《诗经》篇名"关雎"。楚简以外,亦见于鄂君启舟节(《集成》12113)。"關"所从之"串",当是"毌"之异构,作声符。《说文》"患"下段注谓:"古毌多作串,《广韵》曰:'串,穿也。'亲串即亲毌。贯,习也。《大雅》:'串夷载路。'《传》曰:'串,习也。'盖其字本作毌,为惯、掼之叚借也。"上博八《命》篇简5云:"我不能聯壁而视听。""聯"从"串"声,于句中读为{贯},可证。《尔雅·释诂下》:"串,习也。"义近于{惯},当即{贯}之意义引申。由此可知,《说文》以为"患""吅亦声"不确,段玉裁注谓:"此八字乃浅人所改窜,古本当作'从心、毌声'四字,毌、贯古今字。古形横直无一定。如目字偏旁皆作𡈼。患字上从毌,或横之作申,而又析为二中之形,盖恐类于申也。"《说文》谓"患"字古文

"从關省",亦可说明"闎""患"的密切关系。

清华三《说命上》有句云：

(6)惟殷人得说于傅岩，厥俾绷弓，绅弢辟矢。（简1—2）

"弢"字从"弓""串"声，字书无载。整理者认为当读"關"，训为"引弓"。[①]《左传·昭公二十一年》："城怒而反之，将注，豹则关矣。"杜预注："注，傅矢；關，引弓。"古书又作"贯"，《史记·伍子胥列传》："伍胥贯弓执矢向使者，使者不敢进。"司马贞索隐："刘氏音贯为弯，又音古患反。贯谓满张弓。""關""贯"过去学者多以为当读"弯"，《集韵·删韵》："弯，《说文》：'持弓關矢也。'《左氏传》作關，或作贯。"《孟子·告子下》："有人于此，越人關弓而射之。"戴震以"户關之'關'为關弓之'關'"为音转[②]。《汉语大字典》亦以为"關""贯"通"弯"。[③]《说文》："弯，持弓关關也。从弓、繺声。"以"關矢"释"弯"，与例(6)"弢"后接"辟矢"同例。简文"绅"整理者读为"引"[④]，可从。则"弢"不当训为"引"，疑是指置矢于弓持满待发，以"弢"为本字。"弢""闎"皆从"串"得声，"串"又是"毌"之异构，故传世古书多以"關""贯"记写。

齐文字{关}多作"間"，如齐玺"行人間"（《玺汇》173）、左关鉨"左間之鉨"（《集成》10368）等。"關"即"間"之繁构，出土文献见睡虎地秦简等。《说文》以为"關"从"絭"声，"絭"实不成字，其"丝"旁应为"孫"旁之变，"孫"即{联}之表意初文，金文或从"车"，如长陵盉"有盖爾梁"（《集成》9452）、春成侯盉"盖柯爾环"（《新收》1484）。睡虎地秦简《为吏之

---

①　李学勤主编：《清华大学藏战国竹简（叁）》，上海：中西书局，2012年，第123页。

②　戴震：《论韵书中字义答秦尚书蕙田》，载《戴震文集》，北京：中华书局，1980年，第48页。

③　汉语大字典编辑委员会：《汉语大字典》，武汉：湖北辞书出版社，成都：四川辞书出版社1986—1990年，第3629、4318页。

④　李学勤主编：《清华大学藏战国竹简（叁）》，上海：中西书局，2012年，第122页。

道》"门户鬮钥"（简 9 叁），何琳仪先生谓："鬮，从门，孨声。疑關之异文。"①"孨"于"鬮（關）"字，当是兼表音义。岳麓秦简《数》篇｛关｝的用字或作🅱️（简 149 正），疑"絴"下所从之"廾"是"孨"下半笔画讹变而声化。《说文》训"絴"为"织绢从糸贯杼也"，似可移以释"孨"。

三

《说文》："盈，满器也。从皿、及。"用"盈"为｛盈｝出土文献见于秦石鼓文和睡虎地简。赵平安先生认为，"盈"所从之"及"为｛股｝的初文作🅰️（《合集》13670）者之变。② 上博三《周易》简 9"有孚汲缶"，"汲"对应今本《周易》作"盈"，是楚简所见唯一以从"及"之字记写｛盈｝之例。楚简帛｛盈｝多数记写作"浧"，又作"溋""䤤"。

（1）乃浧其志。（九店简 56・26）

（2）非稷之种，而可饮食。积浧天之下，而莫之能得。（上博六《用曰》简 8）

（3）一缺一浧。（郭店《太一生水》简 7）

（4）虽溋必虚。（上博五《三德》简 8）

（5）月则䤤绌。（楚帛书）

"浧"字《说文》无载，清华一《楚居》述楚先祖迁徙事，涉及楚都称"郢"的原因云："众不容于免，乃溃疆浧之陂而宇人焉，抵今曰郢。"（简8)此或与楚人用"浧"表示｛盈｝的用字习惯有关。例（1）李家浩先生谓：

---

① 何琳仪：《战国古文字典》，北京：中华书局，1998 年，第 1040 页。
② 赵平安：《关于"及"的形义来源》，《中国文字学报》第 2 辑，北京：商务印书馆，2008年；收入《新出简帛与古文字古文献研究》，北京：商务印书馆，2009 年，第 97—105 页。

"秦简《日书》甲种楚除阳日占辞作'乃盈志'。上古音'淫''盈'都是耕部喻母四等字，可以通用。"①"溋"累增"皿"旁，与"盈"结构原理同。"經"从"糸"，《说文》以为"縊"字或体，楚简中仍读为{盈}，清华二《系年》篇"欒經"（简 93），即史书所记之"栾盈"，《史记·晋世家》又作"栾逞"。"經"郭店《成之闻之》亦用为{逞}（简 35）。

用"淫"表示{盈}传世古书亦有其例：

（6）春采生，秋采蓏，夏处阴，冬处阳，此言圣人之动静、开阖、诎信、淫儒、取与之必因于时也。（《管子·宙合》）

王念孙《读书杂志》谓："淫当为逞，儒当为偄，皆字之误也。逞与盈同。偄与緛同。盈緛犹盈缩也。……盈缩与诎伸义相因也。"②由楚简用字可知，"淫"可径读{盈}，不必辗转求训。晋玺多见"呈志"（《玺汇》4517—4524 等），一般读为"逞志"，其实也可读为"盈志"，郭店《老子》甲简 10"不欲尚呈"，"呈"正读为{盈}。

四

《说文》："穜，埶也。从禾、童声。"又："種，先穜后埶也。从禾、重声。"依《说文》，"穜"的本义是种植之{种}，引申表示种子、种类之{种}，而"種"则是专指先种后熟的禾类。楚简种植之{种}（如下例 1）、种子之{种}（如下例 2）皆写作"穜"，或作"糧"。

（1）王子曰："畴何以为？"曰："以穜麻。"王子曰："何以麻为？"答曰："以为衣。"（上博六《平王与王子木》简 5→2）

---

① 湖北省文物考古研究所、北京大学中文系编：《九店楚简》，北京：中华书局，2000年，第 81 页。

② 王念孙：《读书杂志》，南京：江苏古籍出版社，2000 年，第 427 页。

（2）新都莫敖胜、新都丧夜公达为新都贷越异之黄金五镒以籴穜。（包山简 113）

（3）纣为无道，昏者百姓，至约诸侯，绝穜侮姓，土玉水酒，天将诛焉。（上博二《容成氏》简 53）

（4）非稷之穜，而可饮食。积盈天之下，而莫之能得。（上博六《用曰》简 8）

"禾""米"属义近形符可替换，"穜""糧"一字异体。秦至汉初出土文献{种}之用字多亦如是，皆以"童"为声。睡虎地秦简《日书》乙本："五穜忌日：丙及寅禾，甲及子麦，乙巳及丑黍，辰卯及戌菽，亥稻，不可以始穜、获、始尝，其岁或费食。"（46 贰—49 贰）马王堆汉墓帛书《经法·论》："动静不时，穜树失地之宜。"（55 上）《二三子问》："五穜不收。"（9 下）

今本《说文》中"穜"字用法多如此，如"播"字下谓"穜也"、"辈"字下谓"一曰：覆耕穜也"、"莳"下谓"更别穜"、"貉"字下谓"北方豸穜"等等，而诸例徐锴《说文解字系传》皆改作"種"。又《说文》释"鐘"谓"乐钟也。秋分之音，物穜成"，以"穜"与"鐘"同源。不过，今本《说文》也见以"種"记{种}，如"埶"下谓"種也。从坴、丮，持亟種之"、"类"下谓"種类相似，唯犬为甚"、"狄"下谓"赤狄，本犬種"等等。尤以"種"释"埶"为可疑，其与以"埶"释"穜"不相对应。

传世文献中"種""穜"二字的用法与《说文》正相反。{种}多作"種"，如种植义，《诗经·大雅·生民》："種之黄茂，实方实苞。"种子义，《书·吕刑》："稷降播種，农殖嘉谷。""穜"则指先种后熟的禾类，如《周礼·天官·内宰》："上春，诏王后帅六宫之人，而生穜稑之種，而献之于王。"郑玄注引郑司农云："先种后熟谓之穜，后种先熟谓之稑。"《周礼》之"穜稑"，今本《诗经·豳风·七月》作"重穆"，《说文》"稑"字下引作

"種稑"。由此看来,今本《说文》说解中以"種"记{种}之例,当为后世传抄所改。《说文》以"種"义为先种后熟的禾类,以"穜"义为种植,本是清晰分明的。

《说文》"穜"字下段玉裁注谓:"小篆'埶'为'穜',之用切。'種'为'先穜后埶',直容切。而隶书互易之,详张氏《五经文字》。種者以谷播于土,因之名谷可種者曰種。凡物可種者皆曰種,别其音之陇切。《生民》曰:種之黄茂。又曰:实種实襃。笺云:種生不杂也。""種"字下又谓:"此谓凡谷有如此者。《邶风》传曰:后埶曰重。《周礼·内宰》注郑司农云:先种后埶谓之穜。按毛《诗》作重,叚借字也。《周礼》作穜,转写以今字易之也。"《诗经·豳风·七月》"重穋"陆德明释文:"重,直容反,注同。先種后熟曰重,又作種,音同。《说文》云:禾边作重,是重穋之字;禾边作童,是穜蓺之字,今人乱之已久。"以出土文献验之,二说诚是。

五

《说文》:"輔,人颊车也。从车、甫声。"又:"酺,颊也。从面、甫声。"又:"俌,辅也。从人、甫声。读若抚。"以"輔"为颊酺,与"酺"同义,以"俌"为辅佐之{辅}。传世文献则主要以"輔"记写{辅}及{酺}。段玉裁谓:"谓人之俌,犹车之辅也。俌,见《尔雅·释诂》:'弼、棐、辅、比,俌也。'郭注云:'俌,犹辅也。'《广韵》曰:'俌,出《埤苍》。'盖辅专行而俌废矣。"然出土文献似未见表示{辅}的"俌"。[1] 楚文字{辅}记写作"楠""校"或"輔"。

（1）是以能楠万物之自然而弗敢为。（郭店《老子》丙简 13—14）

（2）外臣而居吾左右，不称贤，进何以屏楠我？（上博八《命》简 4）

（3）有其为人之［菉如］也，弗校不足。（上博一《性情论》简 38—39）

（4）既告汝元德之行，譬如主舟，辅余于险，齸余于济。（清华一《皇门》简 13）

（5）子产之辅：子羽、子剌、蔑明、卑登、富之厚、王子百。（清华三《良臣》简 10）

"楠"已见于春秋齐金文叔尸镈（《集成》276），《汗简》《古文四声韵》"辅"字古文亦或作"楠"。"校"当是"楠"之异体，"甫""父"同音，作声符可替换。"辅"字亦见于中山王方壶（《集成》9735），楚简迄今于清华简中凡 3 见（另一例见清华三《周公之琴舞》简 10）。此外，亦偶见假"甫"记｛辅｝。曾侯乙墓钟磬铭文"顝"字常见，字书以为"酺"字异体，学者多以为当读为辅助之｛辅｝。

作为车舆部件的｛辅｝，一般认为指车轮外旁增缚夹毂的两条直木，其功效为增强轮辐载重支力。《诗经·小雅·正月》孔颖达疏："此云'乃弃尔辅'，则辅是可解脱之物，盖如今人缚杖于辐，以防辅事也。"然则辅佐之｛辅｝为"辅"引申义。"辅""楠"异体，从"车"作者明其用，从"木"作者示其质。

《左传·僖公五年》引谚曰："辅车相依，唇亡齿寒。""辅车"之所指，长期聚讼纷纭。今本《周易》咸卦"咸其辅颊舌"及艮卦"艮其辅"，两"辅"字上博三《周易》皆作"頰"（简 27、49），马王堆帛书《周易》则作"股"，"頰""股"所记写的无疑是｛酺｝。陆德明《释文》谓"辅""虞作'酺'，云'耳目之间'"。故今本《周易》等是假"辅"记写｛酺｝，《说文》或即据此训"辅"为"人颊车"。清代以前故训将《左传·僖公五年》之"辅车"与《诗经·小雅·正月》之"辅""车"分开来解释，将《左传》之"辅"训为人的面部器官,当是可信的。"辅车相依"之"辅"与今本《周易》"辅"一样,记写的实为{䩉}。亦唯如此解,其与下句"唇亡齿寒"才密合无间。

关沮周家台秦简有《已齲方》:"见车,禹步三步,曰:'辅车车辅,某病齿齲,苟能令某齲已,令若毋见风雨。'即取车辖,毋令人见之及毋与人言。操归,匿屋中,令毋见,见复发。"(简 332—334)方中采用"禹步",显然是"禹""齲"音近相关。从藏匿车辖的行为看,所谓"辅车"即车的部件,方中提及,也是因为此辅车与牙床之"辅车"音近相关。

六

《说文》:"性,人之阳气,性善者也。从心、生声。"{性}本义是人的本性,概由{生}孳乳,故早期古文字当用"生"记写{性},马王堆帛书犹见之。"性"是后起分化字。楚简主要用"眚"记写{性}。

(1)圣人之眚与中人之眚,其生而未有非之。(郭店《成之闻之》简26)

(2)眚自命出,命自天降。(郭店《性自命出》简2—3)

(3)民眚固然:见其美,必欲返其本。(上博一《孔子诗论》简16)

(4)情生于眚,礼生于情。(郭店《语丛二》简1)

《古文四声韵》引《古孝经》"性"古文亦作"眚"。{姓}早期古文字记写作"生",楚文字多记写作"眚",恰与{性}的用字一致。《说文》:"眚,目病生翳也。从目、生声。"古文字"眚""省"为一字分化。古书多用"眚"为灾眚之{眚},楚简则多作"褋"。楚文字假"眚"记写{性}原因待考[①]。

---

　　①　金文{生}或记写作"青",如扬簋(《集成》4294)、散氏盘(《集成》10176)等,郭沫若认为"(青)实生之初文,象果实迸芽之形,后乃讹变而为从目、生声"。参见郭沫若:《卜辞通纂》,载《郭沫若全集·考古编》第二卷,北京:科学出版社,1983年,第507页。

　　上博二《昔者君老》篇原 3 号简有以下文句：

　　(5)君子曰：子眚盖喜于内，不见于外；喜于外，不见于内；慍于外，不见于内。内言不以出，外言不以入。

　　此简言"子"之行为，与《昔者君老》篇讲君与太子之事不密合，而与上博四《内礼》篇讲孝子的内容类似，两简字体亦基本一致，此简或当与《内礼》同篇。句中之"眚"，整理者读为"省"①，疑应读为"性"，"喜于内不见于外"云者，即"子"当具备之"性"。

　　郭店《性自命出》简 1"凡人虽有眚"，对应上博一《性情论》简 1 作"凡人虽有生"，论者多读此"眚"或"生"为{性}。唯两篇其他简文与楚简通常的用字习惯一样，{性}皆记写作"眚"，故冯胜君先生认为当把《性情论》的"生"读为本字，而不是依照《性自命出》读为"性"②，于义可讲通。不过，楚系文字的用字习惯是相对的，楚文字承商周古文字而来，与其他地域用字并存，不可避免地会有接触和交叉，所以用字习惯有时候只能作为释读判断的辅助标准。如前所述，{性}{姓}早期古文字皆记写作"生"，楚文字存在早期写法之孑遗，属正常情理。楚简就有少数用"生"记写{姓}的例子，如：

　　(6)蔡哀侯止之曰："以同生之故，必入。"(清华二《系年》简 23—24)

　　(7)子之史行，百生得其利。(上博九《史蒥问于夫子》简 11)

　　{性}的用字亦或如此。楚简"眚""生"有相通之例，如清华一《程寤》简 8"眚民不灾"，"眚"当读{生}；清华三《说命中》简 7"干戈生其身"，"生"当读{眚}。上博八《子道饿》简 1"家眚甚急"之"眚"，疑亦当

————————

　　①　马承源主编：《上海博物馆藏战国楚竹书(二)》，上海：上海古籍出版社，2002 年，第 244 页。
　　②　冯胜君：《〈性情论〉首句"凡人虽有生"新解》，《简帛》第 2 辑，上海：上海古籍出版社，2007 年，第 227—229 页。

读为{生}。① 此外,舅甥之{甥}楚简或作"生"(上博七《吴命》简 6),又作"眚"(上博八《志书乃言》简 5)。故《性自命出》与《性情论》"眚""生"异文同义仍是有可能的。

上博五《鲍叔牙与隰朋之谏》简 5"人之生三,食、色、🀄"②,"生"一般读为{性},李天虹先生则据上引冯胜君先生的用字分析如字读,"'人之生三',大意可能是说人生来有三件大事"。③ 将"人之生三"理解为"人生来有三件大事"在语法上是较难讲通的。上博五《竞建内之》与《鲍叔牙与隰朋之谏》应合为一篇④。此篇两种字体并存,用字情况比较复杂,原《竞》篇简 2、7、8 等均有字与原《鲍》篇的字体相合,似是原字漫灭而后补全者;然则原《鲍》篇或是后来补充进来的。两种字体存在用字差异,如{百姓}写作"百眚"(《鲍》简 5),又作"百生"(《竞》简 8);易牙之{易}既作"易""愓"(《鲍》6),又作"貳"(《竞》10)。此可以解释为不同书手用字习惯不同所致,不过,同一种字体下,{谏}既作"訐"(《鲍》简 5),又作"谏"(《鲍》简 9),则可见其有一定的随意性。从文义上看,本篇"人之生"当仍读为"人之性"。

① "家生"指家庭生计,《史记·扁鹊仓公列传》:"文王病时,臣意家贫,欲为人治病,诚恐吏以除拘臣意也,故移名数,左右不修家生,出行游国中,问善为方数者事之久矣,见事数师,悉受其要事,尽其方书意,及解论之。"

② 末字有不同释读意见,其上所从与上博一《缁衣》简 12"籲(籲)"字所从同,我们倾向于读为"娥"。

③ 李天虹:《〈鲍叔牙与隰朋之谏〉5—6 号简再读》,《简帛》第 2 辑,上海:上海古籍出版社,2007 年,第 280—284 页。

① 陈剑:《谈谈〈上博(五)〉的竹简分篇、拼合与编联问题》,载《战国竹书论集》,上海:上海古籍出版社,2013 年,第 168—173 页。

七

《说文》："節，竹约也。从竹、即声。"楚简{节}多记写作"節"，又或假"即"为之。

（1）☐风也，乱節而哀声。曹之丧，其必此乎？（上博五《弟子问》简 4）

（2）体其宜而節文之，理其情而出入之。（上博一《性情论》简 10）

（3）体其宜而即文之，理其情而出入之。（郭店《性自命出》简 17—18）

（4）《雨无正》《即南山》皆言上之衰也，王公耻之。（上博一《孔子诗论》简 8）

（5）制法即刑，恒民趨败。（上博六《用曰》简 14）

例（2）（3）为异文，{节}一作"節"，一作"即"。例（4）"即南山"即今本《诗经》篇名"節南山"。例（5）同篇另有表{节}之"節"字，如"心目及言，是善败之经，三節之未得，豫命乃萦"（简 1），与"即"似有记写名词或动词用法之别。

郭店《成之闻之》篇有如下文句：

（6）故君子不贵庶物，而贵与民有同也。智而比即，则民欲其智之遂也；富而分贱，则民欲其富之大也；贵而能让，则民欲其贵之上也。（简 16—18）

"比即"裘锡圭先生疑读为"比次"①。类似的文句亦见于上博五《君子为礼》篇：

---

① 荆门市博物馆编：《郭店楚墓竹简》，北京：文物出版社，1998 年，第 169 页，注 18"裘按"。

（7）夫子：智而忩信，斯人欲其☒也；贵而能让，斯人欲其［贵］贵也；富而☒。（简4→9下）

"贵也"上一字据简影实从"贝"，似仍是"贵"字，"贵贵"与例（6）"贵之上"意义相近。又"信"上一字原缺释，谛审简影，上实从"比"，下似从"心"，字可隶定为"忩"，读为｛比｝，或即"比"字异体。"比信"与例（6）"比即"可对读，"即"当读为｛节｝。《集韵》："节，信也。"《周礼·地官·掌节》："掌节，掌守邦节而辨其用，以辅王命。"符节用以守信约，可引申为诚信。是｛节｝与｛信｝皆有诚信义。"比"可训为"合"，《礼记·射义》："其容体比于礼，其节比于乐。"然则"比信"或"比节"意即合于信义。智者多谋，其反则是擅用权谋；智者不欺，方能"与民有同"。

八

《说文》："禁，吉凶之忌也。从示、林声。"用"禁"记写｛禁｝出土文献见于睡虎地秦简，楚简｛禁｝记写作"钦"。

（1）今薪蒸使虞守之；泽梁使鲛守之；山林使衡守之。举邦为钦，约挟诸关，缚缨诸市。（上博六《竞公疟》简8）

（2）伊尹既已受命，乃执兵钦暴。（上博二《容成氏》简37）

（3）或迪而教之，能能，贱不肖而远之，则民知钦矣。如进者劝行，退者知钦，则其于教也不远矣。（上博八《颜渊问于孔子》简7→9）

《说文》："钦，欠皃。从欠、金声。"楚简"钦"有时用同"噤/唫"：

（4）毋钦毋呿，声之疾徐。（上博五《君子为礼》简6）

《说文》："噤，口闭也。"《吕览·重言》："君呿而不唫，所言者莒也。"高诱注："呿，开；唫，闭。""金""禁"古音相同，"捡"《说文》或体作"撠"。楚简之"钦"或可视为"噤/唫"的异体，用"钦"表示｛禁｝或由此而来。

《战国策·赵策一》"韩乃西师以禁秦国"，"禁"字马王堆帛书《战国纵横家书》苏秦献书赵王章正作"唫"（233行）。《说文》"裣"字下段玉裁注谓："凡金声、今声之字皆有禁制之义。"

义为承尊之器的{禁}，楚简作"鈢"，如包山简266"二鈢"，"鈢"从"木""金"声。①

今本《周易》咸卦之"咸"，多训为感知、感化。《荀子·大略》："《易》之《咸》，见夫妇。夫妇之道，不可不正也，君臣父子之本也。咸，感也，以高下下，以男下女，柔上而刚下。"咸卦象传"山上有泽，咸。"孔颖达疏："泽性下流，能润于下；山体上承，能受其润。以山感泽，所以为咸。""咸"上博三《周易》和马王堆帛书《周易》皆作"钦"。其中上六"咸其辅颊舌"句，通常认为"辅""颊""舌"三事并列，然若此，则"辅""颊"所指重复。此句简本作"钦頌夹舌"（简27），帛书本作"钦其股陕舌"（61行），又"颊"陆德明《释文》谓"孟作'侠'。""夹""陕""侠"义近，似不能读为{颊}。疑此句本是"钦頌""夹舌"连举，则"钦"与"夹"义应相关。"钦"似可读为表按压、执持义之{捡/撵}，依简本，{捡/撵}的宾语分别为{拇}{腓}{脢}{䩖}。

　　① 李家浩：《包山226号简所记木器研究》，《国学研究》第二卷，北京：北京大学出版社，1994年；收入《著名中年语言学家自选集·李家浩卷》，合肥：安徽教育出版社，2002年，第234—235页。

郭店简与上博简《缁衣》篇用字比较*

张素凤

郭店一号楚墓发掘的竹简（以下简称"郭店简"）和上海博物馆所藏楚竹书（以下简称"上博简"）都有《缁衣》篇。两个简本《缁衣》篇内容大致相近，皆与传世本《礼记·缁衣》有所出入。本文运用汉字职用学理论对郭店简和上博简《缁衣》篇用字情况进行全面测查比较，并与传世用字进行对照，以期对战国时期楚国用字情况进行描写和分析。

根据两个简本《缁衣》篇用字是否相同可以分为以下两种情况：

一、用字相同

郭店简和上博简《缁衣》篇用字相同的情况非常多，我们这里只关注其中与传世用字不同的部分。根据字形是否与其音义相切合，这部分用字又可以分为本字和借字两类。

（一）出土《缁衣》篇用本字

出土《缁衣》篇所用之本字与传世用字进行对照，其字际关系分为以下四种：

---

* 本文原载《河北大学学报（哲学社会科学版）》，2018 年第 5 期。

1. 异构字关系

出土《缁衣》篇用字为本字,传世用字也是本字,二者之间是异构字关系。如:"轻绝贫贱而重绝富贵,则好仁不坚"中"轻"字在两个出土《缁衣》篇中作"翌",从羽巠声;"翌"与传世用字"轻"是异构字。"此言之玷,不可为也"中"玷"字在两个出土《缁衣》篇中作"砧"①(从石占声);"砧"与"玷"是异构字。"则忠敬不足而富贵已过也"中"富"字在两个出土《缁衣》篇中作"賹"(从贝畐声);"賹"与"富"是异构字。"民之蘁也"中"蘁"字在两个出土《缁衣》篇中作"蘁","蘁"构件是"绝"的古字,因此"蘁"与"蘁"是异构字。同样:

逃—过(则忠敬不足而富贵已过也。)

瞂—闻(故君子多闻,齐而守之。)

誩—诰(尹诰云;康诰云。)

愳—谋(故君不与小谋大。)

怀—背(信以结之,则民不背。)

晢—教(教此以失,民此以变。)

悬—仁(上好仁,则下之为仁也争先。)

寠—劳(卒劳百姓。)

惛—图(毋以小谋败大图。)

壐—禹(禹立三年,百姓以仁道。)

宰—卒(卒老百姓。)

旮—牙(君牙云。)

歛—敛(吾大夫恭且俭,瀜人不敛。)

以上各组字中,前边的字是出土《缁衣》篇用字,后边的字是传世文

①　"玷"的异构字"砧"与"砧板"的"砧"同形。

献用字,括号中的句子是该字出现的语境(下同)。这些出土《缁衣》用字与传世用字是异构字关系。

2.古本字与重造本字关系

出土《缁衣》篇用字为古本字,传世用字为重造本字。如:"故言则虑其所终"中"终"字,在两种出土《缁衣》篇中作"𣅈","𣅈"与甲骨文"ᐱ"、金文"ᐱ"、《说文》古文"ᐱ"一脉相承。"𣅈"是"终"的古本字。同样:

白—伯(好美如好缁衣,恶恶如恶巷伯。)

正—政(教之以政,齐之以刑。)

立—位(靖共尔位。)

惪—德(尹躬及汤咸有一德。)

豊—禮(尹长民者教之以德,齐之以礼。)

厶—私(私惠不怀德。)

𢇍—绝(轻绝贫贱而重绝富贵,则好仁不坚。)

以上各例中,横线前边的出土《缁衣》篇用字与甲骨文或西周金文构形一致,属于古本字,后边的传世用字属于重造本字。

3.本字与借字关系

出土《缁衣》篇用字为本字,传世用字是借字。如:"淑"的本义是"清澈","淑慎尔止"中"淑"义为"善",属于借用①;出土《缁衣》篇中作"唭"(从口叔声),②为本字。"唭"与"淑"是本字与借字的关系。同样:

————

① 《尔雅·释诂上》"淑,善也",郝懿行义疏"淑者,俶之叚音也"。

② "淑"在郭店楚简《五行》"淑人君子"中作"俶","俶"和"唭"都是本字,属于异构现象。

猒—厌①（我龟既厌，不我告猷。）

悉—爱②（悉以爱之，则民有亲。）

敓—夺③（此以生不可夺志，死不可夺名。）

前边的出土《缁衣》篇用字都是本字，后边的传世用字都是借字。

4. 同义字

出土《缁衣》篇用字和传世用字分别是不同语词的本字，因这些语词之间有共同义位，所以这两个字成为同义字。如：传世文献中"臣事君，言其所不能，不辞其所能"中"辞"在出土《缁衣》篇中作"訂"（即"词"），意思是"言说"。"辞"的本义是"讼辞"，"词"的本义是"语词"，它们都可引申为"言说"义，因此构成同义词。

（二）出土《缁衣》用字是借字

出土《缁衣》所用之字是不能与其音义相切合的借字。它与传世用字的关系可分为以下两种情况：

1. 借字与本字关系

出土《缁衣》篇所用之字是借字，而传世用字是本字。如："故长民者彰志以昭百姓"中"昭""姓"在出土《缁衣》篇中分别作"卲""眚"。根据《说文》，"卲"的本义是"高也"，"眚"的本义是"目病生翳也"（即一种

---

①　根据《说文》，"猒"的本义是"笮也"，即"压、倾覆"。段玉裁《说文解字注》："笮者，迫也。此义今人字作'壓'，乃古今字之殊。"徐灏《笺》："猒者，猒飫本字，引申为猒足、猒恶之义。俗以厌为猒恶，别制饜为餍飫、餍足。又从猒加土为覆壓字。"因此，表示"满足"义用"厌"是假借，本字当作"猒"。该词在两种出土《缁衣》篇中作"猷"，即"猒"的异写形式。

②　根据《说文》，"爱"的本义是"行皃"，用为"仁爱"义是假借。该词在两种出土《缁衣》篇中作"悉"，根据《说文》"悉，惠也"，段玉裁《说文解字注》"今假爱为悉而悉废矣。爱，行皃也，故从夂"。因此"悉"是本字。"悉"与"爱"是本字与借字的关系。

③　"夺"的本义是"丧失""脱落"，用为"强取"义是假借。

眼病),它们在这句话中分别用来表示"昭示"和"姓氏"义,属于同音借字;而传世用字"昭""姓"则是本字。同样:

妆—莊①(毋以卑御息庄后。)

皮—彼(彼求我则,如不我得。)

植—直(好是正直。)

甬—用(苗民非用灵,制以刑)

章—彰(有国者彰好彰恶以示民厚。)

折—制(制以刑,唯作五虐之刑日法。)

勿—物(君子言有物,行有格。)

帀—师(出入自尔师虞,庶言同。)

夋—允(允也君子,厥也大成。)

虔—吾(吾大夫恭且俭。)

以上各例中,前边的出土《缁衣》篇用字是借字,后边的传世用字是本字。

2.借字与借字关系

出土《缁衣》篇所用之字是借字,传世用字也是借字。如:"苟"的本义是草名,"人苟有言,必闻其声"中"苟"作连词是假借用法;出土《缁衣》篇中作"句",也是借字。"云"的本义是"云彩",在"诗云"中是"说"义,属于假借;出土《缁衣》篇中作"鼎"("员"的古字),也是借字。同样,"朋友攸摄,摄以威仪"中"攸"是借字,出土《缁衣》篇中作"卣",也是借字。

---

① 根据段玉裁《说文解字注》:"其说解当曰艸大也,从艸壮声……此形声兼会意字。莊训大,故莊训艸大。古书莊壯多通用。"

二、用字不同

两种出土《缁衣》所用之字不同可分为以下三种情况:均为本字;均为借字;一为本字,一为借字。

(一)均为本字

两种出土《缁衣》篇所用之字都是本字,其字际关系大多是异构字关系,也有少量是古本字与重造本字关系。

1.异构字关系

两个出土《缁衣》篇用字都与传世用字不同,且都是本字。如:"好美如好缁衣,恶恶如恶巷伯"中"巷"字,郭店简作"逬",上博简作"衕","逬"和"衕"均与传世用字不同,二者为异构本字关系。郭店简《缁衣》"人而无恒,不可为卜筮也"中"筮"字作"簭",上博简《缁衣》"龟筮犹弗知,而况于人乎"中"筮"字作"晝"。"簭"和"晝"均与传世用字不同,为异构本字关系。同样,

望:睧—奔(为上可望而知也。)

陈:迍—緷(君陈云。)

谨:懂—斁(则民慎于言而谨于行。)

美:散—頿(好美如好缁衣。)

纶:紝—縖(王言如丝,其出如纶。)

疑:悇—悇(则君不疑其臣。)

仇:㦬—䢃(执我仇仇,亦不我力。)

格:迬—陞(言有物,行有格。)

赖：賸—訍(一人有庆，万民赖之。)

磨：礳—磿(白珪之石，尚可磨也。)

宁：寍—盜(邦家之不宁也。)

服：放—艿(则民臧服而刑不屯。)

危：陒—峹(言不危行，行不危言。)

怀：褱—裹(私惠不怀德。)

从：韭—迬(从容有常。)

迵：傻—迩(此以迩者不惑。)

恒：䝾—丞(人而无恒)

虐：瘧—虖(唯作五虐之刑曰法。)

以上各例中，横线前边的是郭店楚简用字，后边的是上博简用字，它们都不同于传世用字，但都能与其音义相切合，即互为异构字。

有的字，郭店简与传世用字相同，上博简与传世用字不同。如："好美如好缁衣，恶恶如恶巷伯"中"好"字，郭店简作"好"，上博简作"𡚸"。"制以刑，唯作五虐之刑曰法"中"法(繁体作灋)"字，郭店简作"灋"，上博简作"佱"。"民以君为心，君以民为体"中"体(繁体作體)"字，郭店简作"體"，上博简作"僼"。同样：

友：友—習(故君子之友也有向，其恶也有方。)

志：志—旹(故君子多闻，齐而守之；多志，齐而亲之。)

長：長—倀[①](故长民者彰志以昭百姓。)

以上各例中，前边的郭店简用字与传世用字相同，后边的上博简用字与传世用字不同，它们是异构字关系。

有的字，上博简与传世用字相同，而郭店简与传世用字不同。如：

---

① "倀"与"为虎作伥"的"伥"的繁体字同形。

"故言则虑其所终"中"虑（繁体作慮）"字，郭店简作"慐"，上博简作
"慮"。"邦家之不宁也"中"家"字，郭店简作"豪"，上博简作"家"。"敬
尔威仪"中"威"字，郭店简作"恨"，上博简作"威"。两个简本所用之字
是异构本字关系。同样：

一：弌——一（淑人君子，其仪一也。）

功：恭——功（非其止之，共唯王功。）

留：畱——留（君子不自留焉。）

匹：駜——匹（唯君子能好其匹。）

以上两个简本所用之字是异构本字关系，其中郭店简与传世用字
不同，上博简与传世用字相同。

也有的两个异构字在两种出土文献中都使用。如："上人疑则百姓
惑"中"惑"字，郭店简作"賊"，上博简作"惑"；而"此以迩者不惑，而远者
不疑"中"惑"字，郭店简作"惑"，上博简作"賊"。

2.古本字与重造本字

两种出土《缁衣》篇所用之字，一个是古本字，另一个是重造本字，
且都与传世用字不同。如："仪刑文王，万邦作孚"中"作"，郭店简作
"乍"，上博简作"复"；"乍"是古本字，"复"是重造本字。有的重造本字
不只一个，"朋友攸摄，摄以威仪"中"仪"，两个简本都作"義"；而"仪刑
文王，万邦作孚"中"仪"，郭店简作"悬"，上博简作"悬"；"義"是古本字，
"悬""悬"是重造本字。上博简"有共德行，四国顺之"中"国"作"或"，郭
店简"谁秉国成，不自为正，卒老百姓"中"国"作"彧"，上博简"有国者彰
好彰恶以示民"中"国"作"郔"；"或"是古本字，"彧""郔"都是重造本字。
这些重造本字与传世用字是异构字关系。

（二）均为借字

两种出土《缁衣》篇用字不同，且都是同音借字。可以分为以下两种情况：

1.一个同于传世用字

"淑人君子，其仪一也"中"其"字，上博简作"丌"，郭店简作"其"①。《缁衣》"苟有车，必见其轼"中"必"字，上博简作"朼"，郭店简作"必"②；"仪刑文王，万邦作孚"中"萬"字，上博简作"墕"，郭店简作"萬"。两个简本用的都是借字，其中郭店简用字与传世用字相同。

2.都不同于传世用字

"恭以莅之""靖恭尔位"中"恭"字，郭店简都作"共"，上博简分别作"龍"和"鼻"。"共""龍""鼻"都是借字，都不同于传世本字"恭"。"恭以莅之"中"莅"字，郭店简作"位"，上博简作"立"。"位"和"立"都是借字，且不同于传世用字。同样：

士：事—使（毋以卑士息大夫卿士。）

虞：于—雩（出入自尔师虞，庶言同。）

岂：剀—敳（小人岂［岂］能好其匹。）

播：膰—區（播刑之迪。）

雖：唯—佳（人虽曰不利，吾弗信之矣。）

摄：娿—図（朋友攸摄，摄以威仪。）

廢：澹—廌（故心以体废。）

---

① "其"的本义是"簸箕"，用作代词，是假借用法。
② "必"的本义是"柲"，即兵器的柄。用作代词，是假借用法。

溶：俗—俱（日溶雨。）

且：虞—虘（吾大夫恭且俭。）

逑：栽—埶（君子好逑。）

悦：敓—兑（则民至行己以悦上。）

忒：紑—弋（则民情不忒。）

弊：敝—蔽（行则稽其所弊。）

爵：雀—峯（故上不可以势刑而轻爵。）

焉：么—安（君子不自留焉。）

刑：坓—型（教之以政，齐之以刑。）

靖：情—静（靖共尔位，好是正直。）

免：夋—穴"①（教之以政，齐之以刑，则民有免心。）

以上例句中，横线前边的字（郭店简用字）和后边的字（上博简用字）都是借字，且都与传世用字不同。需要说明的是，其中"爵""焉""刑"在两个简本中的用字是异构关系（"雀""安""型"与其异构字）。有的语词，在同一种出土文献中，兼用两种不同字形，如："大雅"的"雅"字，在两个简本中都既有写作"頨"的，又有写作"虽"的。这两个字都是"夏"的本字，因此都属于借音字。

此外，"为上可望而知也"中"知"郭店简作"智"；"精知，略而行之"中"知"上博简作"盐"。"盐"是"智"的异构字。"智"与"知"虽有同源关系，但用"智"承担"知"的职能也属于借用。

（三）有本字有借字

两个出土《缁衣》篇用字不同，一个是本字，一个是借字。

---

① 此字为"冕"的本字。

1.郭店简用本字,上博简用借字

郭店简用字是同于传世用字的本字,上博简用字是不同于传世用字的借字。如:"精知,略而行之"中"精",郭店简作"精",上博简借用"青"。"政之不行,教之不成"中"成",郭店简作"成",上博简作"城"。"臣不惑于君"中"惑",郭店简作"惑",上博简作"或"。"大夫卿士"中"卿",郭店简作"卿";上博简作"{6E}"①。郭店简用字都是与传世用字相同的本字,上博简都是借字。此外,"尹躬及汤咸有一德"中"汤"字,郭店简用字与传世用字相同,上博简借用"康"字。

两个简本用字都不同于传世用字,郭店简用本字,上博简用借字。如:"从容有常"中"容",两个简本用字都不同于传世用字:郭店简作本字"頌",上博简作借字"后"②。"好仁不坚"中"坚",郭店简作本字"臤",上博简作借字"臤";"故君子顾言而行以成其信"中"顾",郭店简用本字"贎",上博简用借字"夃"(寡)。同样:

稽:餡—旨(行则稽其所弊。)　　　争:秂—静(下之为仁也争先。)

瞻:覘—詹(赫赫师尹,民具尔瞻。)　朋:倗—塱(朋友攸摄。)

戮:惲—臬(服之不戮。)

迪:迶—古(播刑之迪。)

顺:惢—川(有共德行,四方顺之。)

欲:悇—谷(故君民者彰好以视民欲。)

等:侍—齿("为下可类而等也。)

俭:贛—酓(吾大夫恭且俭,嬮人不敛。)

向:{6E}—替(故君子之友也有向,其恶也有方。)

---

① 此字在郭店简中为"向"字。

② 根据《说文》"頌,兒也","頌"的本义就是容貌,因此是本字;而"容"的本义是"盛也",即"容纳",而"后"为"容"的异构字,因此"后"为借字。

以上用字都不同于传世用字,前边的郭店简用字是本字,后边的上博简用字是借字。

2.郭店简用借字,上博简用本字

郭店简用字是不同于传世用字的借字,上博简用字是同于传世用字的本字。如:《缁衣》"民情不忒"中"情",郭店简用借字"青",上博简用本字"情";郭店简中"毋以卑御息庄后"中"后"借用"句"字记录,上博简"毋以嬖御聶庄后"中"后"与传世用字相同。同样:

是:氏—是(靖共尔位,好是正直。)

正:贞—正(靖共尔位,好是正直。)

守:獸—守(故君子多闻,齐而守之。)

亡:芒—亡(君以民亡。)

贱:戔—贱(大人不亲其所贤,而信其所贱。)

前边的郭店简用字是与传世用字不同的借字,后边的上博简用字是与传世用字相同的本字。此外,"好美如好缁衣,恶恶如恶巷伯"中"恶",郭店简和上博简都借用"亚"字记录,而上博简中"有国者彰好彰恶以示民"中"恶"字已与传世用字相同。说明"恶"作为后起本字,在上博简产生的时代已经出现,这种情况可以看作"恶"字产生后在使用中的过渡现象。

郭店简用字是借字,上博简用字是本字,且都不同于传世用字。如:"则民至行己以悦上"中"己",郭店简作借字"旻",上博简作本字"㠯";"轻绝贫贱而重绝富贵则好仁不坚,而恶恶不著"中"著",郭店简作借字"紵",上博简作本字"豜";"缁衣"的"缁",郭店简作借字"兹",上博简作本字"紎"。这些简本用字都不同于传世用字。同样:

诗:寺—㞷(诗云)

示:旨—脂(人之好我,示我周行)

第:敵—鑿(苟有车,必见其第。)

展:厦—塦(允也君子,展也大成。)

亲:新—軍(大人不亲其所贤,而信其所贱。)

这些出土用字与传世用字都不同,前边的郭店简用字是借字,后边的上博简用字是本字。

小　结

以上分析的 141 组字中,上博简用本字 83 个,借字 57 个,此外,"恶"有"恶"和"亚"(借字)两种写法,本字比率为 59.2%;郭店楚简用本字 86 个,借字 55 个,本字比率为 61.0%;传世用本字 125 个,借字 16 个,本字比率为 88.7%。

在这 141 组字中,有 45 组在两种出土《缁衣》篇中用字相同,而不同于传世用字,其中 30 个属于本字,15 个属于借字,本字比率为 66.7%;有 96 组在两种出土《缁衣》篇中用字不同,其中 38 组都属于本字,24 组都属于借字,34 组一个本字一个借字,本字比率为 57.3%。具体情况见下表:

表 1　郭店简与上博简《缁衣》篇用字情况表

	上博简	郭店简	传世用字	郭店与上博用字相同	郭店与上博用字不同
本字	83.5	86	125	30	110
借字	57.5	55	16	15	82
本字比例	59.2%	61.0%	88.7%	66.7%	57.3%

从以上分析可以得出以下结论:

1. 文字异形现象十分严重。同是楚简的《缁衣》篇,用字差异如此之大,说明在当时"诸侯力政"的形势下,不仅各诸侯国"文字异形",同一个诸侯国内文字异形情况也十分严重。有的词有多个本字或借字,哪个字作为通用字没有统一规范,因此形成了同一个词语使用不同字来记录的现象。

2. 楚简本字比率明显低于传世本字比率。这可能因为当时楚国文字中好多语词还没有专用本字,或虽有本字但还没有完全通行,因此使用借音字的情况十分普遍。

3. 秦实行"书同文"是十分必要的,也是相当成功的。传世用字明显高于楚简用字的本字比率,说明"书同文"时选择的规范字大都是形义相切合的本字,这有效地保存了汉字形义切合的表意文字特点。

说"爺"道"娘"[*]

张涌泉

研究汉字的古今演变,要注意利用碑刻、写本等出土文献资料。宋以后的刻本文献经过后人的传抄翻刻,文字不断规范化和当代化,通常只能反映刊刻时代的用字面貌,而难以代表古书撰作时代的用字实际。在这篇短文中,我们就打算通过"耶"与"爺"、"孃"与"娘"二组字古今演变的讨论,对上述观点试做阐述。

一、"耶"与"爺"

《玉篇·父部》:"爺,以遮切,俗为父爺字。"宋郭茂倩编《乐府诗集》卷二五载北朝民歌《木兰诗》:"昨夜见军帖,可汗大点兵。军书十二卷,卷卷有爺名。阿爺无大儿,木兰无长兄。……且辞爺孃去,暮宿黄河边。不闻爺孃唤女声,但闻黄河流水鸣溅溅。"①《汉语大字典》《汉语大词典》等大型辞书多以上揭引例用作"爺"早见的例子。

———————————

* 本文原载《中国语文》,2016年第1期。为教育部人文社科重点研究基地重大项目《今训汇纂(隋唐五代卷下)》(11JJD40022)、国家社会科学基金重大项目"敦煌变文全集"(14ZDB095)、"汉字发展通史"(11&ZD126)阶段性成果。本文初稿完成后,曾寄请俞理明、汪维辉、王云路、张小艳诸先生指正,承蒙他们提出宝贵的修改意见,谨致谢忱。

① 郭茂倩编:《乐府诗集(傅增湘藏宋本)》,北京:人民文学出版社,2010年,第575—578页。又《四部丛刊》影印汲古阁本"爺孃"二字同。逯钦立《先秦汉魏晋南北朝诗》(北京:中华书局,1983年,第2160页)谓《木兰诗》乃唐人所作,并非北朝作品。

考指称父亲的"爺"古本作"邪"或"耶"。长沙走马楼吴简第 3069
号:"杨男弟使年十四细小随邪在武昌。"①晋王羲之"七日告期"帖:"吾
平平,但昨来念玄度,体中便不堪之。耶告。"又"十一月十三日告期等"
帖:"吾平平,比服寒食酒,如似为佳。力因王会稽,不一一。阿耶告
知。"②就是这一用法的"邪""耶"早见的例子。《宋书·王景文传》:"长
子绚,字长素。年七岁,读《论语》至'周监于二代',外祖何尚之戏之曰:
'耶耶乎文哉。'"③《太平广记》卷二四六"王绚"条(原注出《启颜录》)引
此事注云:"吴蜀之人呼父为耶。"《颜氏家训·文章》:"梁世费旭诗云:
'不知是耶非。'殷沄诗云:'飘颻云母舟。'简文曰:'旭既不识其父,沄又
飘颻其母。'"这两则记载都是利用了"耶"的父亲义所作的附会,可见称
父亲为"耶"乃六朝常语。敦煌写本斯 6537 号背《大唐新定吉凶书仪·
公移平阙式第三》:"高祖、曾祖、祖、翁婆、外族乔娘、兹(慈)颜、尊
亲……右前件家私书疏,准式并平阙。"伯 3211 号《王梵志诗·用钱索
新妇》:"儿替阿耶来,新妇替家母。"斯 4654 号《舜子变》:"去时只道壹
年,三载不归宅李(里)。儿逆阿耶长段(肠断),步琴悉(膝)上安智
(置)。"斯 133 号《秋胡小说》:"其母闻儿此语,不觉眼中流泪,唤言秋
胡:'汝且近前,听孃一句之语。外书云:父母在堂,子不得远游,游必有
方。况汝少小失阿耶,孤单养汝,成立汝身。今舍吾求学,更须审思。'"

---

①　长沙简牍博物馆等编著:《长沙走马楼三国吴简·竹简(叁)》,北京:文物出版社,
2008 年,第 294 页。例句中的"邪"字王子今在《走马楼竹简"邪""耶"称谓使用的早期实
证》(《文物》,2010 年第 5 期)中认为通"耶",即父。但陈顺成在《走马楼吴简中"邪"和"耶"
的用法》(《现代语文》,2012 年第 12 期)中认为此"邪"字不能确定是表示父亲的称谓词,而
可能是人名。此暂从前说。

②　张彦远:《法书要录》卷十,范祥雍点校,北京:人民美术出版社,1984 年,第 328、
330 页。

③　《论语·八佾》:"周监于二代,郁郁乎文哉。"绚父景文名或,"郁""或"古通用,绚避
父讳,不宜径读"郁"或"或",故何尚之戏读"郁郁"为形近而适可指称父亲的"耶耶"。

《敦煌资料》第一辑载《宋乾德二年(964)史氾三养男契》:"其男愿寿后收□(新)妇,渐渐长大,或不孝顺父孃,并及姊妹兄弟□,且娶(取)妻亲之言,不肯作于活之计,猥情是他愿寿亲生阿耶,并及兄弟姊妹招换(唤),不□上下,贪酒看肉,结般(伴)盗贼,他人更乃作□者,空身趁出。"①其中的"乑""耶"皆用同"爺"。敦煌写本大多抄于唐五代,可见以"耶"指称父亲唐至宋初依然。

那么"爺"字是什么时候产生的呢? 传本《玉篇》系唐宋人所广益,而非梁顾野王的原本,自然不能以之作为"爺"字产生于六朝的实证。日释空海(774—835)据原本《玉篇》改编的《篆隶万象名义·父部》仅收"父""爹""爸"三字,却未见"爺"字,可证原本《玉篇》应无"爺"字。而唐以前传世文献或出土文献中的古字,后人传抄翻刻时有改为今字的倾向,如敦煌写本斯 328 号《伍子胥变文》:"旷大劫来有何罪,如今孤负阿耶孃。"伯 2721 号《舜子变》:"(瞽叟)高声唤言舜子:'阿耶厅前枯井,三二年来[无]水。汝若淘井水出,不是儿于家了事?'"又云:"从此后阿耶两目不见,母即顽遇(愚),负薪诣市。"其中的"耶"字《敦煌变文集》皆录作"爺"②,是其例。又如《四部丛刊》影印日本翻宋大字本《白氏长庆集》卷五八《自嘲》诗:"持杯祝愿无他语,慎勿顽愚似汝爺。"其中的"爺"字文学古籍刊行社 1955 年影宋本《白氏长庆集》作"耶",作"爺"者当亦系出于刻者所改。前引《乐府诗集》所载《木兰诗》的"爺"字,大约也正是宋以后改刻的结果,章樵编《古文苑》(《四部丛刊》影宋刻本)卷九《木兰诗》载其字正作"耶"。章樵于前一"耶"字下注云:"耶,以遮切,今作爺,俗呼父为

　　① 中国科学院历史研究所资料室编:《敦煌资料》第 1 辑,北京:中华书局,1961 年,第 472 页。
　　② 《敦煌变文集新书》前后二例"耶"字亦误录作"爺",陈顺成在《亲属称谓词"耶"、"爺"的历时考察》(《古汉语研究》第 1 期,北京:商务印书馆,2013 年)中据以作为"爺"字"时代较早又较为可信的"文献用例,承袭其谬。

爷."清梁章钜《称谓录》卷一"子称父""耶"条云:"古人称父为'耶',只用
'耶'字,不用'爷'字。《木兰诗》'阿爷无大儿''卷卷有爷名',本当作'耶'
字,俗本改作'爷'字。杜子美《兵车行》'耶孃妻子走相送'注云:古乐府
'不闻耶孃哭子声'。即是引《木兰诗》,初不作'爷'可证。"①其说是也。

今考敦煌写本斯 3728 号背《故圆鉴大师二十四孝押座文》云:"佛道
孝为成佛本,事须行孝向爷孃。"其中的扫描字异本俄敦 1064＋俄敦 1699
＋俄敦 1700＋俄敦 1701＋俄敦 1702＋俄敦 1703＋俄敦 1704 号作"爷",
后者或即前者之变,前者即"耶"的增旁俗字,异本斯刻本 1 号、伯 3361
号正作正字"耶"。圆鉴卒于后周广顺元年(951),圆鉴文中的父爷字,
写本中出现了作"爷"作"耶"的异文,说明五代前后确已出现了"爷"字,
但这个字的写法当时还不固定,由"耶"向"爷"的转变大概尚未完成。

再看刻本文献。百衲本(宋刊元补本)《梁书·侯景列传》:"其左仆
射王伟请立七庙,景曰:'何谓为七庙?'伟曰:'天子祭七世祖考,故置七
庙。'并请七世之讳,敕太常具祭祀之礼。景曰:'前世吾不复忆,惟阿爷
名标。'"其中的"爷"字百衲本《南史》(元大德刻本)及宋刻本《太平御览》
卷一三二引《梁书》同。又《四部丛刊》影宋刻本《资治通鉴·玄宗天宝七
载》:"夏四月辛丑,左监门大将军知内侍省事高力士加骠骑大将军。力士
承恩岁久,中外畏之,太子亦呼之为兄,诸王公[主]呼之为翁,驸马辈直谓
之爷。"宋史炤《资治通鉴释文》:"之爷,以遮切,俗作爷字,父也。"②其中

---

①　《续修四库全书》编纂委员会编:《续修四库全书》影印清光绪乙亥至甲申(1875—
1884)刻本,第 1253 册,第 249 页。

②　友生秦桦林校按:《旧唐书》卷一八四《高力士传》:"肃宗在春宫,呼为二兄,诸王公
主皆呼'阿翁',驸马辈呼为'爷'。"盖即上揭《资治通鉴》引文所本。南宋毛晃增注、毛居正
重增《增修互注礼部韵略·麻韵》余遮切"耶"字下云:"又俗谓父曰耶,杜甫诗'见耶背面
啼'。又作爷,杜甫诗'爷孃妻子走相送'。唐驸马辈谓高力士为耶。重增。"据此,疑《资治
通鉴》"驸马辈直谓之爷"的"爷"字南宋人所见版本中或有作"耶"者,史炤释文所引"之爷"
亦当作"之耶",故注文称"耶"字"俗作爷字",方为通顺。

的"爺"字是否为所记时代文字的实录或唐宋史臣笔下的原貌,已不得而知,但从上揭刻本看,这个字宋代前后已然通行。又《四部丛刊》影印建德周氏景宋刻本《寒山子诗集·我见世间人》:"个个惜妻兒,爺孃不供养。"又宋刻本《经进东坡文集事略》卷五《和子瞻喜虎儿生》:"生男如狼犹恐尫,寅年生虎慰爺孃。"这些"爺"字是否为作者笔下的原貌也还可进一步研究,但也可证明宋代刻本中"爺"字已颇为常见,已有取"耶"而代之的趋势,章樵称之为"今作"字,不为无据。至于宋代乃至明清以后仍有作"耶"的①,则是正统文人坚持使用"正字"的结果。

附按:《篇海类编·人物类·父部》:"爺,余遮切,音耶,俗呼父为爺。杜甫诗:耶孃妻子走相送。通作耶。""耶"本为"邪"的讹俗字,后来分化为二字②;"爺"则为"耶"的后起增旁字,而与声音通假无关。郑珍辑、陈榘补《亲属记》卷上"爺"条云:"爺本止作邪……邪字隶作耶,因加父为爺。"③王鸣盛《十七史商榷》卷六十"耶耶"条云:"以父为耶,六朝及唐多有,其实古只作邪,讹为耶。……若于耶上又加父,则误中之误。"可参。"爺"字的产生,大约是受"爸""爹""䶄"一类字的影响。《广雅·释亲》:"翁、公、叟、爸、爹、䶄,父也。"汉字有形声化的倾向,"爸""爹""䶄"均为形声字,而"耶"指称父亲从字形本身无从体现,于是俚俗便比照"爸""爹""䶄"等字增旁作"爺",从而成为从父、耶声的形声字。《字汇补·父部》:"爺,古爺字。李登《正字千文》:爺爹爸父。""爺"字未见实际应用,大约是"邪"比照"耶"增旁作"爺"类推产生的,可以比勘。

---

① 如《四部丛刊》影印宋刊本《分门集注杜工部诗》卷十一《北征》诗:"平生所骄儿,颜色白胜雪,见耶背面啼,垢腻脚不袜。"是其例。

② 张涌泉:《字形的演变与用法的分工》,《古汉语研究》第 4 期,北京:商务印书馆,2008 年,第 26—29 页。

③ 《续修四库全书》编纂委员会编:《续修四库全书》影印清光绪丙戌(1886)恬兰吟馆刻本,第 110 册,第 589 页。

二、"孃"与"娘"

《玉篇·女部》："孃，女良切，母也。"又云："娘，女良切，少女之号。"《广韵·阳韵》女良切："孃，母称。"接云："娘，少女之号。"

关于"孃""娘"二字的异同，前贤多有讨论，但往往根据宋以后刻本文献立论，故结论多不可靠。如赵翼《陔余丛考》卷三八"娘子"条云："《韵会》：'娘字本少女之称。'北齐裴让之诮祖珽曰：'老马十岁，尚号骝驹；一奸耳顺，强称娘子。'可见娘为少女，自昔已然。……然呼母为娘，亦始于六朝。《木兰诗》：'不闻耶娘唤女声。'《南史·竟陵王子良传》：武帝为县令时，与子良母裴氏不谐，遣人送还都。子良年小，帝谓之曰：'汝何不读书？'子良曰：'娘今何处？何用读书！'《北史·韦世康传》：世康欲引退，与子弟书曰：'娘春秋已高，温清宜奉。'隋太子勇语卫王曰：'阿娘不与我一好妇，亦是可恨。'（泉按：太子勇语出《隋书·房陵王勇传》）阿娘谓母独孤后也。呼母为娘，则娘又为尊称矣。杜诗'爺娘妻子走相送'，亦谓母也。……盖俗称与古义往往有不相合者。"[1]郑珍辑、陈榘补《亲属记》卷一"孃"条云："孃与娘字虽同读女良切，《篇》《韵》'娘'训'少女之貌（号）'，而俗称母作娘。"其下亦引赵氏已举之《南史》《北史》《隋书》三例，结云"皆通用娘字，其相混盖久"。[2]《亲属记》此条有抄袭赵书的嫌疑。赵氏称"呼母为娘，亦始于六朝"，然其所据各书不

---

① 《续修四库全书》编纂委员会编：《续修四库全书》影印清乾隆五十六年（1791）湛贻堂刻本，第 1152 册，第 69—70 页。

② 《续修四库全书》编纂委员会编：《续修四库全书》影印清光绪丙戌（1886）悟兰吟馆刻本，第 110 册，第 591—592 页。

知何本,其所引"娘"字笔者所见《木兰诗》(人民文学出版社 2010 年影印国家图书馆藏宋刻本、《四部丛刊》影印汲古阁本《乐府诗集》和《四部丛刊》影印宋刻本《古文苑》本)、《南史》《北史》《隋书》(百衲本影印元大德刻本)、杜诗(《四部丛刊》影印宋刻本《分门集注杜工部诗》本)皆作"孃"。又如《汉语大字典》"娘"条义项二"母亲"下所引的第一个例证是《太平广记》卷九十九引《法苑珠林》:"母语女言:'汝还,努力为吾写经。'女云:'娘欲写何经?'"其中的"娘"字明谈恺刻本《太平广记》的确如此,但《中华大藏经》影印高丽藏本、碛砂藏本《法苑珠林》卷五七、《四部丛刊》影印明径山寺本《法苑珠林》卷七一《债负篇》感应缘"唐雍州妇人陈氏"条皆作"孃"。虽然我们不能肯定上揭诸例作"孃"就一定是古书的原貌,但足以说明刻本文献传抄翻刻时存在用字当代化的倾向,不能成为古书撰作时代用字的可靠证据。而近年报刊上刊发的一些关于"孃""娘"异同的论文①,却多以刻本文献为立足点,自然无法得出正确的结论。

不但宋以后刻本文献不足为据,即便出土文献今人的校录本,也不完全可靠。如《敦煌愿文集》录武周久视元年(700)《大般涅槃经邓守珊题记愿文》:"愿守珊父子平安到家,共娘及弟并妻子等相见,报佛慈恩。"其中的"娘"字《敦煌愿文集》校为"孃",又出校记云:"娘,为'孃'之同音借字。唐代'孃''娘'二字分用,敦煌写本一般亦不相乱。"②查写本原卷甘博 29 号,其中的"娘"字原卷实作"孃"。又《敦煌变文集》卷二《秋胡变文》:"新妇启言阿婆:'儿若于[家]慈孝,天恩赐金,交将归舍,

---

① 俞理明:《"娘"字小考》,《汉语史学报》第 2 辑,上海:上海教育出版社,2002 年;关伟华:《"娘"、"爷"称谓考》,《南京师范大学文学院学报》,2008 年第 2 期;曾昭聪:《郑珍〈亲属记〉论略》,《贵州史史丛刊》,2011 年第 4 期。

② 黄征、吴伟编校:《敦煌愿文集》,长沙:岳麓书社,1995 年,第 896 页。

报娘乳哺之恩……'"①同卷《舜子变》："舜子闻道修仓,便知是后阿娘设计,调和一堆泥水,舜子又手启阿孃:'泥水生治不解,须得两个笠子。'"②同书卷七《故圆鉴大师二十四孝押座文》："男女病来声喘喘,父娘啼得泪汪汪。"③又云:"佛道孝为成佛本,事须行孝向耶娘。"④查上揭三篇的写本原卷斯133号、伯2721号、斯刻本1号及后一篇的异本伯3361号、斯3728号,所谓"娘"字各写卷实皆作"孃"。⑤又《敦煌歌辞总编》卷五《百岁篇·女人》："父娘怜似瑶台月,寻常不许出朱帘。"任半塘校云:"'娘'丙写'孃'。"按此篇任书据斯2947号、斯5549号、伯3821号、伯3168号四卷校录(任书分别称为甲、乙、丙、丁卷),例中的"娘"字甲、乙、丙、丁四卷实皆作"孃",初非仅丙卷为然。假如我们根据此类不忠实的出土文献的录文本来讨论字形演变问题,得出的结论自然也是不可靠的。陈亚芩把上揭录文有误的前四篇的用例作为讨论古代"孃""娘"混用的主要证据,并据前二篇推断"娘"用于母称的起始年代在七世纪中期,根基不固,建立于其上的结论自然也就难于采信了。所以我们要讨论"孃""娘"的渊源流变,还得主要从碑本、写本等出土文献的原本或原卷出发。

考"娘"字不见于《说文》;"孃"字《说文》释"烦扰也",乃"攘"的古字,亦与后世表母称的"孃"无关。⑥据原本《玉篇》改编的《篆隶万象名

① 王重民等编:《敦煌变文集》,北京:人民文学出版社,1957年,第159页。
② 王重明等编:《敦煌变文集》,北京:人民文学出版社,1957年,第131—132页。
③ 王重明等编:《敦煌变文集》,北京:人民文学出版社,1957年,第836页。
④ 王重明等编:《敦煌变文集》,北京:人民文学出版社,1957年,第838页。
⑤ 上揭《敦煌变文集》各篇的"娘"字,黄征与笔者合撰的《敦煌变文校注》(北京:中华书局,1997年)皆已改正作"孃"。陈亚芩《"娘"、"孃"二字的历史演变及相互关系》(《励耘学刊[语言卷]》第14辑,北京:学苑出版社,2012年)没有采用后书,却根据录文错误极多的《敦煌变文集》为据,失于采择。
⑥ 甲骨文等古文字有"娘""孃",但均用作女字,与本文讨论的字形无关。

义》亦无"娘"字;后者"孃"字释"乱,烦扰",乃承《说文》"孃"而来,则上揭今本《玉篇》关于"孃""娘"二字的音义很可能系唐宋人所广益。敦煌写本伯2011号唐王仁昫《刊谬补缺切韵·阳韵》:"孃,女良反,姥称。"又云:"娘,女号。"这可能是这二字较早被辞书所载录,《玉篇》《广韵》关于"孃""娘"的训释应该就是承《切韵》系韵书而来。《说文·女部》"孃"字下段玉裁注:"按《广韵》,孃女良切,母称;娘亦女良切,少女之号。唐人此二字分用画然,故耶孃字断无有作娘者。今人乃罕知之矣。"亦据以生发。但由于刻本文献"孃""娘"的使用情况颇为混乱,对段玉裁的说法人们将信将疑。那么唐代前后"孃""娘"的实际使用情况究竟如何呢?

查各类文献,隋以前"孃""娘"的用例不多。碑刻中仅有的少数几个例子均用于人名,如北魏神龟元年(518)《陈四娘造像记》有"陈四娘"的题字①、北齐天保元年(550)《王三娘造像记》有"清信女王三娘为子敬造送子观音像一区"的题字②,北周大象二年(580)《王氏女五娘造像题字》有"王氏女五娘为亡父母敬造象一区"的题字③,其中"四娘""三娘""五娘"的"娘"合于篇韵"少女之号"的用法。同一时期的传世刻本文献,如南朝梁徐陵编《玉台新咏》(《四部丛刊》影印明无锡孙氏活字本)卷五有范靖妇《戏绣娘》诗,卷六有徐悱《答唐娘七夕所穿针》诗,卷十有徐悱妇《摘同心栀子赠谢娘因附此诗》等;又郭茂倩编《乐府诗集》(《四部丛刊》影印汲古阁刻本)卷二四梁简文帝《紫骝马》诗小引引梁曲有"独柯不成树,独树不成林。念娘锦裲裆,恒长不忘心"

---

① 北京图书馆金石组编:《北京图书馆藏中国历代石刻拓本汇编》第四册,郑州:中州古籍出版社,1989年,第53页。

② 陆增祥:《八琼室金石补正》卷二十,北京:文物出版社,1985年,第118页。上揭二例陈亚苓已引。

③ 陆增祥:《八琼室金石补正》卷二三,北京:文物出版社,1985年,第147页。

诗,卷四四晋宋齐辞《子夜歌四十二首》之一有"见娘喜容媚,愿得结金兰"诗,凡此"娘"字亦与"少女"相关。前引裴让之诮祖珽语"强称娘子",盖本于《北齐书》及《北史》祖珽传,"娘子"也是指年轻女子而言。

隋前碑刻关于"孃"的用例,如人名"王市孃"①、"孃亲""孃容""玉孃""甄孃""幼孃"②等,其代表的音义还不太明确。同一时期传世刻本文献"孃"字则有与表母亲义相关的用例。如陶弘景《周氏冥通记》卷一"周传"条:"问子平何以来。答云:'姨孃气发,唤兄还,合药煮汤。'"③例中的"姨孃"同条下文称"姨母","姨孃"即"姨母"。"姨孃"的"孃"显然是由指称母亲的"孃"引申而来的。但同一时期文献并未见称母亲的"孃",而且《周氏冥通记》一书称"姨孃"者仅此一见,余均作"姨母"(凡 21 见)④,所以这个"姨孃"用例的可靠性还值得怀疑。又李善注本《文选》卷四十载南朝梁任昉《奏弹刘整》:"进责寅妻范奴苟奴,列:'孃去二月九日夜,失车栏、夹杖、龙牵,疑是整婢采音所偷。苟奴与郎逡往津阳门籴米,遇见采音在津阳门卖车栏、龙牵。……'"⑤其中的"孃"字日本古抄本(抄写年代约当中国北宋年间)《文选集注》同⑥,但六臣本(日本足利学校藏宋刊明州本、《四部丛刊》影印南宋建

---

① 北齐皇建二年(561)《许偶三十人等造像记》,载北京图书馆金石组编:《北京图书馆藏中国历代石刻拓本汇编》第七册,郑州:中州古籍出版社,1989 年,第 109 页。

② 北周建德元年(572)《李元海造像记》,载北京图书馆金石组编:《北京图书馆藏中国历代石刻拓本汇编》第八册,郑州:中州古籍出版社,1989 年,第 154 页。

③ 陶弘景:《周氏冥通记》,载王云五主编:《丛书集成初编》影印沈士龙、胡震亨校《秘册汇函》本,上海:商务印书馆,1936 年,第 6 页。

④ 汪维辉:《六世纪汉语词汇的南北差异》,《中国语文》,2007 年第 2 期,第 37—38 页。

⑤ 萧统:《文选》(影印清胡克家影摹南宋淳熙间尤袤刻本),北京:中华书局,1977 年,第 560 页。此据承蒙汪维辉教授提示。

⑥ 周勋初编选:《唐钞文选集注汇存》第二册,上海:上海古籍出版社,2000 年,第 391 页。

州刻本、韩国汉城大学图书馆奎章阁藏本)、五臣本(台北"国家图书馆"藏宋陈八郎刻本)皆作"娘"。"孃"或"娘"文中是苟奴对主母刘寅妻范氏的称呼,从词义引申的角度而言,"孃""娘"都可以引申指主母义。但同篇上文称母亲为"母","孃""母"分用,说明当时称母亲的"孃"也许还没有通行。例中的"孃"字或以六臣注本、五臣注本作"娘"为长。吐鲁番出土文书 72TAM169:26(b)之三《高昌书仪·脩兄姊书》:"即日耶婆万福,伏宁待(侍)省。分违转久,驰情日结。"又《与弟妹书》:"吾诸弊勿勿,及书。伏愿耶婆万福。"①"耶婆"均指父母。同墓中所出纪年文书起于建昌四年(558),止于延昌十六年(576),《高昌书仪》的抄写时间当不会晚于 576 年,属鞠氏高昌国时期。上揭书仪用"耶婆"而不用"耶孃",这从反面证明"耶孃"的"孃"也许当时并没有出现。

不过唐代初期已经出现了明确指称母亲的"孃"。如吐鲁番出土文书 67TAM78:27《唐残书牍》(同墓出土文书大多抄写于唐贞观年间)、64TAM24:31/1《唐□连家书》(约写于唐贞观二十年前后)均有这一意义的"孃"字②。72TAM152:31/1《唐海隆家书》(同墓出土有纪年文书最晚的为唐贞观十九年)多次出现"配醸"一词③,即"耶孃","配"为"耶"的形误字,"耴"为"耶"的常见俗字,"醸"又为"孃"涉上"配"的偏旁类化

---

　　① 中国文物研究所等编:《吐鲁番出土文书》图录本第壹册,北京:文物出版社,1992年,第 235 页。此二例承张小艳博士检示。

　　② 中国文物研究所等编:《吐鲁番出土文书》图录本第贰册,北京:文物出版社,1994年,第 69、176 页。

　　③ 中国文物研究所等编:《吐鲁番出土文书》图录本第贰册,北京:文物出版社,1994年,第 151 页。

字,可参。① 2004TAM396:14背《唐开元七年(719)洪奕家书》:"仲春顿热,不委婆婆、耶孃体内起居胜常?"②更其显例。

从上述六朝以至唐代前期的若干用例来看,当时"孃""娘"应该是分用的:"孃"指母亲,而"娘"则为"少女之号",或引申指妻子、主母等。③ 即使在唐代中后期,在较为正规的文本中,这二字分用的倾向仍十分明显。如下举敦煌写本书仪中的例子:

伯3442号唐·杜友晋《吉凶书仪·与妻父书》:"孟春犹寒,伏惟翁婆万福,府君夫人康豫,兄姊清宜,郎娘佳适。即此耶孃安和,某娘谓妻及名宁侍,男女等佳健。"又《与妇书》:"执别虽近,眷忆已深。春首犹寒,伏惟耶孃万福,府君夫人康豫,某娘清胜,男女等无恙。"

斯361号杜友晋《书仪镜·与妻父母书》:"孟春尚寒,伏惟丈人丈母尊体动止康豫。即此耶孃万福,厶及娘子蒙恩,男女等通善。"

伯3637号杜友晋《新定书仪镜·与姊夫书》:"春寒,惟动静兼胜。厶娘清吉,男女通善,即此耶孃万福。"

伯3849号杜友晋《新定书仪镜·吊女遭夫丧书》:"厶郎年未居高,

---

① 也许当时"孃"字出现不久,人们对这个字还比较陌生,所以才会出现把"孃"写作"醸"的错误。60TAM326:04/1(a),04/2(a)《唐总章元年(668)海墶与阿郎、阿婆家书》:"阿郎、阿婆:千万问信,儿进墶、汉墶、幢幢三人从发家已来,得平安好在不?次海墶千万再拜。"(《吐鲁番出土文书》图录本第贰册,第253页)64TAM5:40《唐李贺子上阿郎、阿婆书》:"手里更无物作信,共阿郎、阿婆作信,▨(贺)子大惭愧在。"(《吐鲁番出土文书》图录本第叁册,第201页;同墓出土的纪年文书有麟德、乾封、总章等年)其中的"阿郎、阿婆"指父母;作者称母亲为"阿婆",而不称"阿孃",也说明当时"孃"字还不通行。

② 荣新江等编:《新获吐鲁番出土文献》上册,北京:中华书局,2008年,第16页。

③ 72TAM184:9(b),11(b)《唐上娘娘书》(该件背面为《唐开元十二年残书牍》,正面书信的年代应大致相当):"▨▨都师李师上坐▨▨▨▨娘娘尊体如何?但忖……须▨▨一婢去,取娘子处分,早发▨(遣)▨▨▨▨使辞谨▨(附)。"(《吐鲁番出土文书》图录本第肆册,第132页)其中的"娘娘"疑与下文"娘子"同义,皆指主母而言;陈亚茹《"娘"、"孃"二字的历史演变及相互关系》(《励耘学刊[语言卷]》第14辑,北京:学苑出版社,2012年)以为指母亲,似不确。

谓保终吉；何期不祜，遭此凶衰。念汝孀居，男女孤露。抚视相对，哀痛奈何！……耶孃告厶娘。月日。耶孃有号任称白书，至厶所付厶娘省封。"

斯 5613 号晚唐佚名《吉凶书仪·妇人书题上翁婆状与父母同》："次第新妇再拜与父即不宣，某氏次弟娘再拜大君大家几前耶孃几前某新妇状封。"

杜友晋生活在开元、天宝时代，他的《吉凶书仪》大约成书于开元末，《书仪镜》是前者的简本，成书时间略晚①。书仪是人们写作书信的范本，其用字用词都比较注意规范。敦煌文献中有书仪写本一百多件，这些写本耶孃字大抵作"孃"，而罕见作"娘"的。尤其是上揭诸例既有"孃"字，又有"娘"字，二字分用明显："孃"指母亲；"娘"则用于某娘、次第娘（"某""次第"指排行，在实用文本中改为二、三等序数词）、娘子等，指妻子、女儿，第一例"某娘"下原卷小字注"谓妻"，是也。

在其他实用文本中也可见到"孃""娘"分用的例子。例如：

伯 3048 号《丑女缘起》："阿姊又道：'小娘子当时娉了，免得父孃烦恼。'"

斯 2204 号《董永变文》："娘子记（既）言再三问，一一具说莫分张：……慈耶得患先身故，后乃便至阿孃亡。"

中村 139 号句道兴《搜神记》"田昆崙"条："昆崙报天女曰：'娘子若索天衣者，终不可得矣。若非吾脱衫，与且盖形，得不？'"下文又云："昆崙共母作计，其房自外，更无牢处。唯只阿孃床脚下作孔，盛着中央，恒在头上卧之，岂更取得？"

斯 4654 号《舜子变》："舜有亲阿孃在堂，乐登夫人便是。乐登夫人染疾在床,三年不岂(起)。夫人唤言苦瘦(瞽叟):'妾有姑(孤)男姑(孤)女,流(留)在儿婿手顶(底),愿夫莫令边(鞭)耻。'苦嗽(瞽叟)报言娘子:'问疾病总有,夫人大须摄治!'"

"娘子"是对少女、妻子等的称呼,亦为妇女的通称,前例是姊姊称已出嫁的妹妹,次例是董永称路上碰到的仙女,再次例是田崑崙称已成为妻子的天女,后例是瞽叟称妻子乐登夫人,均由"少女之号"生发而来。例中亦"孃""娘"分用不相淆乱。由此可见,《刊谬补缺切韵》及《玉篇》《广韵》对此二字的训释是可信的;段玉裁谓"唐人此二字分用画然",确实应该是唐人正式用字的规范。

不过由于"孃""娘"读音相同,字义也有一定的关联,大约从晚唐五代开始,这二字出现了混用的情况。[①] 如下面的例子:

斯 2204 号《董永变文》:"董仲长年到七岁,街头由喜(游戏)道边傍。小儿行留被毁骂,尽道董仲没阿孃。遂走家中报慈父:'汝(奴)等因何没阿娘?'"

例中前说"阿孃",后说"阿娘","阿娘"即"阿孃"。该篇"阿孃"五见,"耶孃"六见,"娘子"(指仙女)三见,"孃""娘"大体分用;作"阿娘"者仅一见,或系偶然混用。

北 8300(玉 64)号《佛说孝顺子修行成佛经》:"太子遥见其母,狼傍下殿,走抱母头,捉臂啮指,称天大哭:'阿娘,由子五逆不孝,致使阿婆如许辛苦! 阿婆,阿婆!'"按本篇上文云:"太子叉手白王:'某甲非是犊子,某甲是旃陀罗颇黎国王太子。阿耶索其三妻,阿孃处在小限。两大夫人意欲杀我。我不违二母之意,变作犊子。今得王女,愧王无已。孃

---

① "孃""娘"从晚唐五代开始混用,参见张涌泉:《汉语俗字研究》,北京:商务印书馆,1995 年。

今在父母国,快成辛苦。……'"

该卷父孃字三见,二作"孃",一作"娘"。

伯2193号《目连缘起》:"目连见母哭乌呼,良久之间气不苏:自离左右经年岁,未审娘娘万福无? 在世每常修十善,将为生天往净方(土)。因甚自从亡没后,阿娘特地落三涂?"又云:"目连知是慈母,不觉雨泪向前。遂问阿孃:久居地狱,受苦多时,今乃得离阿鼻,深助孃孃。"

按"阿娘"即"阿孃","娘娘"即"孃孃"。本篇原卷"阿娘""娘娘"各四见,"阿孃"五见,"孃孃"一见,"孃"单用一见;且前部多用"娘"字,后部则皆用"孃"字。

斯2614号《大目乾连冥间救母变文》:"世尊报言:'……汝欲得见阿娘者,心行平等,次弟乞食,莫问贫富。行至大富长者家门前,有一黑狗出来,捉汝袈裟,衔着作人语,即是汝阿孃也。'目连蒙佛敕,遂即托钵持盂,寻觅阿孃。不问贫富坊巷,行衣(已)匝合,总不见阿娘。"又云:"目连引得阿娘往于王舍城中佛塔之前,七日七夜,转诵大乘经典,忏悔念戒。阿孃乘此功德,转却狗身,退却狗皮,挂于树上,还得女人身全具,人状圆满。"

此卷"阿娘""阿孃"先后杂出,而其异本伯2319号皆作"阿孃";所举六例斯3704号前后例"阿娘""阿孃"作"阿娘",中间四例"阿娘""阿孃"皆作"阿孃"。

伯2418号《父母恩重经讲经文》:"经云:阿娘怀子,十月之中,起座(坐)不安,如擎重担;饮食不下,如长病人。"

其中的"娘"字伯3919号《佛说父母恩重经》经本及北8672(河12)号《父母恩重经讲经文》引皆作"孃"。伯2418号《父母恩重经讲经文》父孃字凡23见,字皆作"娘";北8672号《父母恩重经讲经文》为残卷,父孃字四见,字皆作"孃";伯3919号《佛说父母恩重经》父孃字十见,字亦皆作"孃"。

斯 6274 号《十恩德》第三生子忘忧恩："说着弸（鼻）头疼，阿娘肠肚似力换（刀剜）。"斯 5601 号《十恩德》第九远行忆念恩："防秋去，住正（征）边，耶娘魂魄于先。"

其中的"娘"字斯 289 号皆作"孃"。

伯 3211 号《王梵志诗•一种同翁儿》："耶娘无偏颇，何须怨父母。"

其中的"娘"字斯 5641 号作"孃"。

斯 4685 号《沙州李丑儿与弟李奴子家书》："冬寒，敬惟伊州弟男李奴子尊体动止康吉。即此慈母阿娘、兄丑儿并及阿掃（嫂）男女合家蒙恩。尊体何似？伏惟以时善加保重，远城（诚）望也。昨者人使到来，具知弟奴子☑（总）得平善，不用远忧。今者慈母阿娘及兄丑儿病（並）是苦累，无人应接。"

其中"阿娘"先后二见，原卷皆小字旁注于"慈母"右下侧，"阿娘"即"慈母"也。

斯 8443 号 A—E《甲辰、丁未年（944—947?）李阇梨出便黄麻麦名目》："□通阿娘便黄麻一斗，至秋一斗五升。……庆富阿娘便黄麻二斗，至秋叁斗。"

斯 1156 号《季布诗咏》："丈夫既得高官职，如何忘却阿耶孃。"又云："甘脆由来总不供，抛却耶娘虚度世。"

其中的"孃""娘"伯 3645 号皆作"孃"。

上揭各卷大抵为晚唐五代间写本，例中"孃"或"娘"皆指母亲，按理应用"孃"字，但诸本或"孃""娘"先后杂出，或"孃"异本作"娘"，或皆用"娘"字，可见当时"孃""娘"确已开始混用。段玉裁称"唐人此二字分用画然，故耶孃字断无有作娘者"，此话过于绝对。

到了宋元以后，用"娘"作"孃"就更为普遍了。试以《四部丛刊》影印的宋元刻本为例:宋刻本魏了翁《鹤山先生大全文集》卷九四长短句《任隆庆之母正月十一日生,隆庆十三日生日》:"无边春色,试从汉谕堂边觅。儿前上寿孙扶掖,九十娘娘身是五朝客。"又《谒金门(次韵虞万州刚简以谒金门曲为叔母寿)》:"吐出心肠锦绣,问我阿娘依旧。娘亦祝君如柏寿。相看霜雪后。"又元至顺元年(1330)宗文堂刻本刘因《静修先生文集》卷十四《陶母剪发横披》:"剪发英明子可知,披图三叹泪双垂。阿娘襟量如陶母,争信痴儿到老痴。"元至正辛卯(1391)刻本《朝野新声太平乐府》卷八《锺继先》:"清晨倦把青鸾对,恨杀爷娘不争气。"皆其例。同一时期还出现了早期刻本的"孃"在后来的刻本变作"娘"的情况。如北京国家图书馆藏宋刻本《寒山子诗》"我有六兄弟":"阿爷恶见伊,阿孃嫌不悦。"其中的"孃"字与日本宫内厅书陵部藏宋本、《四部丛刊》二次印本影印建德周氏景宋刊本同,而韩国精神文化研究院藏朝鲜1574年覆刻元本、《四部丛刊》初次印本影印常熟瞿氏铁琴铜剑楼藏高丽刻本、明万历三十八年(1610)比丘明吾刻本、北京大学图书馆藏朝鲜刻本则皆作"娘",是其例。黄公绍、熊忠《古今韵会举要》正文不收"孃"字,仅于阳韵"娘"字条下云:"母称曰娘。通作孃。"所谓"通作"字,著者在卷首凡例中说:"古时字少,经史中多借用者,《史》《汉》此类尤多,今并于本字下收入,注云'通作'某、亦作某、又作某。"可见当时指称母亲的"娘"字喧宾夺主,已被视为"本字",而"孃"则被视作"通作"或体,在字头中消失了。元代的语言学家所知如此,也就无怪乎五百多年后段玉裁要说"今人乃罕知之矣"。

最后,我们附带讨论一下司马光《司马氏书仪》卷一的一段话:"古人谓父为阿郎,谓母为孃子,故刘岳《书仪》上父母书称阿郎、孃子。其后奴婢尊其主如父母,故亦谓之阿郎、孃子;以其主之宗族多,故更以行第加之。今人与妻之父母书,称其妻为几娘子,殊乱尊卑。名不正则言不顺,士君子宜有以易之。"①考"郎"本指青少年男子,引申为男子尊称,故唐代前后或称丈夫、主人为郎(偶或用指父亲),"阿郎"即"郎"的双音化。与"郎"相应的则为"娘","娘"由青少年女子引申指妻子、主母,其双音化则为"娘子"②。如敦煌写本斯 6551 号《佛说阿弥陀经讲经文》:"或为奴婢偿他力,衣饭何曾得具全。夜头早去阿郎嗔,日午斋时娘子打。"伯 3724 号《王梵志诗·奴富欺郎君》:"奴富欺郎君,婢有陵娘子。"斯 778 号《王梵志诗·撩乱失精神》:"妻是他人妻,儿被后翁使。奴事新郎君,婢逐后娘子。"例中的"阿郎""郎君"指男主人,而与其相对的"娘子"则皆指女主人。这一意义的"娘子"偶或写作"孃子"。③ 如伯 3047 号背《来俄斯难芝施入疏》:"发四箭。右件发为阿郎、孃子及为父母施入行像。"④此例"阿郎、孃子"与"父母"前后连言,显指主人、主母。又斯 2319 号《大目乾连冥间救母变文》:"朝闻长者念三宝,夜间孃子诵尊经。"例中"孃子"与"长者"相对,也是指女主人。这种用法的"孃子"仍应以作"娘子"为典正。后例其异本斯 2614 号正作"娘子"。司马光称这一意义的"娘子"宜作"孃子",恐属颠倒。同样,"以行第加之"的"孃"也应作"娘"。古书恒见大娘、二娘、三娘甚至十娘、二十娘之类的称呼,其序数系女孩幼时据宗族行第排定,出嫁则或改从丈夫排行,这

---

①　司马光:《司马氏书仪》,载王云五主编:《丛书集成初编》,上海:商务印书馆,1936年,第 14 页。

②　俞理明:《"娘"字小考》,《汉语史学报》第 2 辑,上海:上海教育出版社,2002 年。

③　《敦煌愿文集》据伯 3270 号载《儿郎伟》:"今夜旧岁未尽,明招(朝)便是新年。……家长持钥开锁,火急出帛缠盘。新妇驰骤厨舍,孃子钉豆(餖)牙盘。"其中的"孃子"《敦煌愿文集》校作"娘子"。陈亚苓《"娘""孃"二字的历史演变及相互关系》(《励耘学刊[语言卷]》第 14 辑,北京:学苑出版社,2012 年)释此"孃子"为"奴仆对主母的尊称"。查原卷,所谓"孃子"实作"孃孃"(下字原卷作"𠄌",为上"孃"字的重文省略符号)。"孃孃"系指母亲,原文是描写媳妇、母亲一起张罗年夜饭的情景。作"孃子"或"娘子"均不确。

④　此例承张小艳博士检示。

个"娘"义本"少女之号",也不宜写作"孃"。如前举伯3442号杜友晋《吉凶书仪·与妻父书》"即此耶孃安和,某娘谓妻及名宁侍"、伯3637号杜友晋《新定书仪镜·与姊夫书》:"厶娘清吉,男女通善,即此耶孃万福"句,"某娘""厶娘"的"娘"与"耶孃"的"孃"分用,绝不可改作"孃"。又如伯2646号张敖《新集吉凶书仪·夫与妻书》:"春景暄和,伏惟弟几娘子动止康和,儿女等各得佳健。"又伯2622号《新集吉凶书仪·妻亡告妻父母伯叔等》:"不图凶祸,厶娘丧逝,哀痛⊘⊘,不自胜任。苦痛深,苦痛深! 厶娘子盛年,素无积疾,何图以厶月日忽奄凶祸。"其中的"弟几娘子""厶娘子"即《司马氏书仪》所谓"称其妻为几娘子"的实例,后例前说"厶娘",后说"厶娘子","娘""娘子"指称妻子,即由"娘"之少女义引申而然,于义甚安。而司马光却斥为"殊乱尊卑",可谓颠倒甚矣。

进而言之,司马光谓古人称父母为阿郎、孃子,其称父为"阿郎",上文已有举证;而称母亲为"孃子"的,则唐代前后写本文献未见其例[①],其可靠性也很可怀疑。北6718号背《请僧为慈母娘子百晨(辰)追念疏》:"乾元寺请何僧正和尚、氾判官庆通:右今月十五日,就弊居奉为故慈母娘子百晨(辰)追念,⊘□(伏乞)依时早赴。谨疏。建[隆]元年(960)四月十三日哀子弟子内亲从都头守寿昌令□□"这个"娘子"与"慈母"连用,且出于"哀子"之口,确乎为母亲之称,但抄手写作"娘子"而不作"孃子",与司马光说有异。颇疑指称母亲的"孃子"本也应作"娘子",系由主母义引申而来。《司马氏书仪》所说古称母亲、主母的"孃

---

① 释良价《后寄北堂书》:"良价自离甘旨,杖锡南游,星霜已换于十秋,岐(歧)路俄经于万里。伏惟孃子收心慕道,摄意归空,休怀离别之情,莫作倚门之望。"(《大正藏》第四十七册《筠州洞山悟本禅师语录》,第516页)这是唐代之前传世文献仅见的作"孃子"的用例。但此例业经后人传刻,不能排除宋以后传刻者用字"当代化"的可能性。

子",作者原本可能也只作"娘子",由于这种意义的"娘子"与指称少女、妻子义的"娘子"字面完全相同,故司马光斥为"殊乱尊卑"。后来传刻者不明其意,把前两种意义的"娘子"臆改作"孃子",既歪曲了作者的本意,更不符合古人的用字实际,于是原文也就不可解了。拙见如此,不知读者以为然否?

说"买""卖" [*]

陈斯鹏

一

在人类的经济活动中,买和卖是一对最为基本的概念。相应地,语言中的{买}和{卖}也是有关经济活动的最基本的语词。本文准备对早期汉语中{买}和{卖}及其书写形式做一个简单的叙述,以期增进对这一对基本语词的了解。

"买"(買)字已见于殷代甲骨文。今据《甲骨文字编》移录字形如下:

🜨《合》10976 正　　　🜨《合》11433　　　🜨《花》098

🜨《合》11434　　　🜨《合》29420　　　🜨《合》21185

字由"网""贝"二部件组成,以上"网"下"贝"为常,偶或倒之;"网"旁或繁或简。关于"买"字的结构分析,古来即存在分歧。大徐本《说文·贝部》云:"买,市也。从网、贝。《孟子》曰:登垄断而网市利。"小徐本则作"从网、贝声"。一以为会意,一以为形声。清代治《说文》诸家各有取舍,而严可均等主张调和之,分析为"从网、贝,贝亦声"。何琳仪先生则云:"从贝,从网,会聚敛财物之意。网亦声(买、网均属明纽)。"

───────────────

* 本文曾于 2015 年 7 月在香港恒生管理学院"中国古代泉币与经贸国际学术研讨会"和 2015 年 8 月中国人民大学"中国文字学会第八届年会"上宣读,后刊《中国文字学报》第 7 辑,北京:商务印书馆,2017 年。

　　按,买卖的活动需要以货币为媒介,而"贝"则为早期实物货币的代表(《说文》贝字条:"古者货贝而宝龟,周而有泉,至秦废贝行钱。"),则"买"字从"贝"以取义应是很自然也很好理解的。所以将"贝"单纯理解为声符并不可取。其从"网",《说文》引《孟子》"网市利"来解释,亦即取"网取"之意,似可从。至于"网"与"贝"的会意关系,或理解为相互作用的,如商承祚先生云"象以网取贝之形",如此很难与买卖义联系起来;或者如上引何琳仪先生说,谓"会聚敛财物之意",则又必须将"贝"理解成泛指的财物,这样难免要掩盖掉买卖行为以货币为媒介的本质特性。所以,恐怕将"网"与"贝"理解成并行的会意关系较合理一些,也就是说,"买"之所以从"网"从"贝",是表示买卖既与货币有关,又与网取财物利益有关。至于"买"字是否属于会意兼形声,则尚可讨论。古音方面,"买"属明母支部,与帮母月部的"贝"和明母阳部的"网",似均不算十分密合。

　　甲骨文中"买"字的用法,姚孝遂先生认为"用为人名"。但根据我们的观察,实不排除用作买卖义者。例如:

　　(1)戊寅……丙乎雀买?

　　勿……雀买?（合 10976 正)

　　(2)……其买……(合 11433)

　　(3)……弗买……(合 21776)

　　(4)其买,叀又(有)馺?

　　叀又(有)馺?（花东 98)

　　例(1)"乎雀买"理解为呼令雀这个人去买东西,似无不可。例(2)(3)虽然属残辞,但从其可受副词"其""弗"修饰来看,应是一动词,而非人名,很可能也是用作买卖义。例(4)应是贞问买马得牡或得牝之事,"买"用为买卖义应该是比较明确的。

二

殷周金文中"买"字凡十余见,多数用为国族名或人名,如"车买"(集成 4874、5590、7048、8250、8251、9196,商晚),"买王"(集成 5252、7275、7276,西周早),伯买父(集成 949,西周早),勇叔买(集成 4129,西周晚),许公买(中原文物 2004-1,春秋晚)等。但两件近年新出的西周金文——西周早期的兂鼎和西周中期的任鼎,却有"买"用作买卖义的明确语境,而且其所涉及的经济活动信息相当丰富,是难得的早期经济史料。特将二篇铭文引录于下:

(5)𤉣乙未,公大(太)倸(保)买大珷于美亚,才(财)五十朋。公令(命)兂归美亚贝五十朋,吕(以)鬱䰧(鬯)、鹍艷、牛一。亚宾兂潷(骍)金二勹(钧)。兂对亚室,用乍(作)父己,夫册。(兂鼎,《上海博物馆集刊》8)

(6)齏隹(唯)王正月,王才(在)氐。任莤曆,事(使)献为(货)于王,则齏买。王事(使)孟联父莤曆,易(锡)脡、牲大牢,又䲹束、大齐(斠)、鬱䰧(鬯)。敢对扬天子休,用乍(作)毕(厥)皇文考父辛宝斝彝,其万亡(无)彊(疆),用各大神。奴。(任鼎,《中国历史文物》2004—2)

兂鼎铭文记载公太保向美亚买大珷,其价值为贝五十朋,买方公太保派遣兂去完成交接,不但交付贝五十朋,还额外致送郁、鹍、牛等礼物,而经手人兂也得到卖方美亚的宾赠骍金二钧。双方的买卖关系,交易物品及其价值,以及附带的赠品都叙述得非常清楚。从中不但可以看到以实物货币"贝"为媒介的成熟的商品交换形式以及西周早期具体的物价信息,而且透露出贵族阶层之间进行交易活动的礼仪。铭文中的"买"为买进之义,确切无疑。

任鼎记述任使人献货于王,由于身份地位的关系,所以名义上称"献",实质上却是卖。董珊先生认为早期的"货"指难得珍贵之物,而非一般的货品,并读"矞买"为"毕买",谓王毕买任所献之货。其说可从。王还通过孟联父加赠任脡、牲、鼍、大夥、鬱等物,情形与亢鼎相类似。唯未明记王买下任所献之货的具体价值,董珊先生认为是出于省略,当是。铭文中的"买"为买进之义,也是可以肯定的。

三

战国玺、陶文字中,"买"字多见,唯大抵用于人名,或者以独文出现,不足以讨论字义。

在目前所见的战国末年以前的实物文字资料中,还没有出现"卖"这个字,也还没有确认{卖}这个词。

在睡虎地秦墓竹简中,{买}和{卖}这两个词都记作"买"。"买"字凡 22 见,读{买}7 例,读{卖}15 例。例如:

(7)官有金钱者自为买脂、胶,毋(无)金钱者乃月为言脂、胶。(《秦律十八种》128)

(8)军人禀所=(所、所)过县百姓买其禀,赀二甲,入粟公。(《秦律杂抄》14)

(9)军人买(卖)仓禀=(禀禀)所及过县,赀戍二岁。(《秦律杂抄》12)

(10)某里士五(伍)甲缚诣男子丙,告曰:丙,甲臣,桥(骄)悍,不田作,不听甲令。谒买(卖)公,斩以为城旦,受贾(价)钱。(《封诊式》36—37)

(11)盗=(盗盗)人,买(卖)所盗,以买它物,皆畀其主。(《法律答问》23)

(12)有买(卖)及买殴,各婴其贾(价)。(《秦律十八种》69)

在已公布的岳麓书院藏秦简(壹、贰、叁)中,情况与睡虎地秦简类似。{买}和{卖}这两个词都使用"买"字形。"买"字共 29 见,其中读

{买}15 例,读{卖}14 例。兹引数例于下:

(13)以一钱买二物。(《数》499)

(14)居一岁,为识买室,贾(价)五千钱。(《为狱等状四种》116)

(15)齍亡,按取钱以补袍及买鞞刀?(同上 159)

(16)幸其肯以威貣(贷)学钱,即盗以买□衣被兵。(同上 227—228)

(17)芮买(卖)其分肆士五(伍)朵,地直(值)千。(同上 63)

(18)上即以芮为盗买(卖)公地,辠(罪)芮。(同上 84)

(19)号乘轺之澧阳,与去疾买铜锡〈锡〉冗募乐一男子所,载欲买(卖)。(同上 048)

"买"字究竟是表示买入抑或是卖出,需要根据具体的语境而定,一般是不难分辨的。不少情况下,像例(11)(12)(19),买入和卖出的概念配对出现,"买"字形分别对应{买}和{卖}两个词尤其易于确定。

而在另外一批秦简——里耶秦简中,出现了有别于上述两批材料的情况。不但出现了"卖"字,而且与"买"字分工明确,买入用"买",卖出用"卖"。我们调查《里耶秦简(壹)》,得"买"字 20 例,除 1 例作人名(8—537)外,其余均表买入义;"卖"字 12 例,全表卖出义。例如:

(20)前日言当为徒隶买衣及予吏益仆。(6—7)

(21)今日:恒以朔日上所买徒隶数。(8—154)

(22)买爵,卅二年戊寅出。(8—1112)

(23)徒隶牧畜死负剥卖课。(8—490)

(24)卖二斗取美钱卅,卖三斗⊘(8—771)

(25)卖牛及筋。(8—102)

(26)徒隶牧畜死负剥卖课。(8—490)

(27)卅五年六月戊午朔己巳,库建、佐殷出卖祠窞余彻酒二斗八升于□⊘(8—907)

（28）☐仓八人卖☐☐（8—2339）

据整理者介绍，里耶秦简为秦王政二十五年（前 222）至秦二世二年（前 208）的洞庭郡迁陵县的公文档案。大体上为秦统一后之物，其中秦"书同文字"政策的影响不容忽视。特别是编号 8—461 的木方，记录有数十条具体的"书同文字"的规定，尤其值得重视。陈侃理先生曾通过"吏"与"事"、"鼠"与"予"、"赏"与"偿"、"大"与"泰"、"者"与"诸"、"卿"与"乡"、"灋"与"废"等字组在里耶秦简中的分用情况，来证明秦"书同文字"政策的执行效果。"买"与"卖"的分用，同样是秦统一后新出现的用字现象。虽然 8—461 号木方未见此条例，但仍可推测此现象与"书同文字"政策有关。

而岳麓简《为狱等状四种》所涉及的案例大体上在秦王政二十六年之前，其中的用字现象保留许多秦统一前的习惯。睡虎地秦简虽然下葬时间在秦统一后，但其中多数篇章保留较早期用字习惯，抄写时间也应在秦统一前。具体的例子，上述陈侃理先生的研究中已多有涉及。兹再举一例。里耶木方中有一条："更詑曰谩。"而在岳麓简《为狱等状四种》（144 等）和睡虎地秦简（《封诊式》3、4 等）均用"詑"而不用"谩"。这样看来，岳麓秦简和睡虎地秦简中买入与卖出同记作"买"，也应该属于秦"书同文字"前的现象。

里耶秦简中这几个目前看来时代最早的"卖"字，其形如下：

（8—490）、、（8—771）（8—102）（8—907）

字从"出"从"买"甚明。大徐本《说文·出部》："卖，出物货也。从出、从买。"小徐本作"从出、买声"。但徐锴注又言："货精故出，则买之也，会意。"实相矛盾。或疑"声"字衍，应是。"买"字早出，"卖"字晚出，当是从"买"字衍生而来。"买"本可表买卖二义，亦犹"受"之表受授二义，属于所谓的施受同辞者。后来为了适应概念的分化以及相应的语词的分化，才开始考虑从字形上加以区别，于是在母体"买"的基础上增加一个明确意义取向的"出"而分化出"卖"字。而"卖"自然仍因"买"音，稍变其声调而已，故结构应分析作"从买、从出，买亦声"更为准确。陈伟武师曾指出："反义同词分化时，总是用后起字和变化了的语音表示施动方面的意义，而受动方面的意义则由原来的词形承担。如学、受、买等表受动，教、授、卖等表施动。从语音上讲，表受动的字保留入声或上声的读法，表施动的字多读为去声。"其说甚是。

　　从上述材料来看，"卖"字的创制，很可能即在秦代。而"买""卖"的分化也应可作为写本断代的一个依据。

四

　　"卖"字的产生以及"买""卖"的分用，使得原来"买"字的职务得到分化，字形记词功能更加明确，便于阅读和交流，具有十分积极的意义。所以，在秦亡之后，这样的分工仍被继承下来。在汉初的文字资料中，张家山汉简是出现｛买｝、｛卖｝较多的一批。其中｛买｝30 例均用"买"字记录。例如：

　　（29）为吏及宦皇帝，得买舍室。（《二年律令》320）

　　（30）有赎买其亲者，以为庶人，勿得奴婢。（同上 436）

　　（31）相国、御史请郎骑家在关外，骑马节（即）死，得买马关中人一匹以补。（同上 513）

　　｛卖｝30 例，27 例用"卖"字表示，例如：

　　（32）贩卖缯布幅不盈二尺二寸者，没入之。（《二年律令》258）

　　（33）县官器敝不可缮者，卖之。（同上 435）

　　（34）点得媚，占数复婢媚，卖禄所。（《奏谳书》10）

（35）今有糲、粺十斗，卖得十三钱，问糲、粺各几何。（《算数书》135）

另有 3 例记作"买"：

（36）毛买〈卖〉牛一，质，疑盗，谒论。毛改曰：十月中与谋曰：南门外有纵牛，其一黑牝，类扰易〈易〉捕也。到十一月复谋，卽识捕而纵，讲且践更，讲谓毛勉独捕牛，买〈卖〉，分讲钱。到十二月巳〈已〉嘉平，毛独捕，牵买〈卖〉難而得，它如前。（《奏谳书》104—105）

可见，"买""卖"分化仍然是相当严格的，以"买"表｛卖｝只占极小的比例，而且只出现在同一篇文件中，应属于极个别写手的习惯，也体现了秦"书同文字"以前旧的用字习惯在汉初的一丝余响。类似的情况，在汉语字词关系史上时可见到，但这并不影响总的趋势。

"抓"的字词关系补说[*]

汪维辉

在中文世界里,字词关系十分复杂,^①最主要的是两类现象:(1)一字多词(同形字);(2)一词多形(异体字)。^② 具体情形极其错综纷繁,两类现象常常交织在一起,拔出萝卜带出泥,一个字、一个词往往会牵涉到多个相关的字和词。问题需要一个一个解决。解决的思路有两种:一是从字出发,主要是解决同形字的问题;二是从词出发,主要是解决一词异写的问题。^③ 本文取前一思路,对"抓"这个字形所涉及的字

---

　　* 本文原载《中国语文》,2020 年第 4 期。国家社科基金重大项目"汉语词汇通史"(14ZDB093)和教育部重点研究基地重大项目"汉语基本词汇历时演变研究"(16JJD740015)的阶段性成果。写作过程中承发生真大成、墙斯、王文香、许峻玮、邵珠君、叶雁鹏、张航、杨望龙、戴佳文、赵川莹等提供材料或意见,戴佳文贡献尤多。文章曾在"新时期的汉语研究与辞书编纂暨庆祝《辞书研究》创刊四十周年学术研讨会"(2019 年 6 月14—17 日,华东师范大学)上报告过,得到与会专家的指教,会后重庆大学的龚泽军先生还专门发来有价值的材料。谨此统致谢忱。感谢匿名审稿专家的中肯意见,文章修改时多有吸收。文中尚存问题概由作者负责。

　　① 相关的论述很多,可参见:吕叔湘:《汉语语法分析问题》"13 语素和汉字",北京:商务印书馆,1979 年,第 16 页;吕叔湘:《语文常谈》"3. 形、音、义",北京:生活·读书·新知三联书店,1980 年,第 24—38 页;李荣:《文字问题(修订本)》,北京:商务印书馆,2012年;裘锡圭:《文字学概要》一〇、一二部分,北京:商务印书馆,1990 年;蒋绍愚:《汉语历史词汇学概要》,北京:商务印书馆,2015 年,第 23—29 页;等等。

　　② 这里的"同形字"和"异体字"均取其广义。参见裘锡圭《文字学概要》一〇部分。

　　③ 刘君敬:《唐以后俗语词用字研究》(南京大学博士学位论文,2011 年)就是取的这一思路。

词关系作一梳理。李荣①、李崇兴②、汪维辉③、刘君敬④和孙玉文⑤对"抓"的字词关系已有所论列，但尚可补苴，故名曰"补说"。

在当代汉语里，"抓"的字词关系比较简单，它记录的就是{抓 zhuā}⑥这个词，一字对一词，不存在同形字问题；⑦可是历史上的情况却颇为复杂。下面按照时间顺序一一叙述。

一、读 zhāo、zhǎo、zhào，义为"搔"⑧

"抓"字《说文解字》未收，最早的辞书记录是《广雅·释诂二》："抓，搔也。"⑨隋曹宪《博雅音》"壮孝反"。王念孙疏证："《文选·枚乘〈谏吴王书〉》：'夫十围之木，始生如⑩蘖，足可搔而绝。'李善注引《庄子》逸篇云：'豫章初生，可抓而绝。'抓，亦搔也。"李善所引的《庄子》逸篇例，不见于今本《庄子》。

---

①　李荣：《文字问题（修订本）》，北京：商务印书馆，2012 年。
②　李崇兴：《说"同形字"》，《语言研究》，2006 年第 4 期。
③　汪维辉：《论词的时代性和地域性》，《语言研究》，2006 年第 2 期；又收入汪维辉：《汉语词汇史新探》，上海：上海人民出版社，2007 年。
④　刘君敬：《唐以后俗语词用字研究》，南京大学博士学位论文，2011 年。
⑤　孙玉文：《汉语变调构词考辨》，北京：商务印书馆，2015 年；孙玉文：《同形字举例》，《文献语言学》第 5 辑，北京：中华书局，2018 年。
⑥　{ }表示词（音义结合体）。下同。
⑦　记录{抓 zhuā}这个词的还有一个异体字"挝"，《现代汉语词典》"挝（撾）"字条："❷同'抓'（多见于早期白话）。"而"挝"又是一个同形字，另有一个音义：wō，老挝（Lǎowō），亚洲国名。
⑧　孙玉文：《汉语变调构词考辨》，北京：商务印书馆，2015 年；《同形字举例》，《文献语言学》第 5 辑，北京：中华书局，2018 年。
⑨　友生真大成指出：《慧琳音义》屡引《埤苍》"抓，掐也"，也是较早的记录。
⑩　按：今本《文选》作"而"，《汉书·枚乘传》作"如"，颜师古注："如蘖，言若蘖之生牙也。"作"如"是。

《广韵》和《集韵》"抓"字都有平、上、去声三读,声、韵皆同,唯调有别。[1] 详见表1:

表1 《广韵》《集韵》中的"抓"

	平声(肴/爻韵)	上声(巧韵)	去声(效韵)
《广韵》	侧交切。抓掐。	侧绞切。乱搔摕也。	侧教切。爪刺也。
《集韵》	庄交切。《博雅》:搔也。	侧绞切。《广雅》:搔也。	阻教切。搔也。

据《集韵》,三读意思相同,都是"搔也",其中两处引《广雅》(《博雅》)。《广韵》的释义则略有不同:平声云"抓掐","掐"与"搔"意思相近,"搔"是用指甲刮、挠,"掐"是用指甲刺、按;上声云"乱搔摕也","摕"(tāo)是"掐"(qiā)的形近误字或俗体,"搔掐"近义连文;去声云"爪刺也",《切韵》系韵书《笺注本切韵》(S. 6176v)、《王仁昫刊谬补缺切韵》(一、二)、《裴务齐正字本刊谬补缺切韵》及蒋斧旧藏本《唐韵》残卷都是如此,[2]可见《广韵》此条是承袭以往韵书而来。《篆隶万象名义》云:"掐,抓也。"《集韵》《类篇》并同。《宋本玉篇》:"掐,掐抓也。爪按曰掐。"《说文新附》:"掐,爪刺也。"(《字汇》《正字通》同)[3]既然"掐"可训"爪刺",所以"抓"也可以训为"爪刺"。[4] 如此看来,"抓"早期所记录的那个词的意思是"搔;掐;刮",有平、上、去声三读,折合成今音就是zhāo、zhǎo、zhào。

---

① 友生戴佳文指出:此格局已见于时代更早的王韵。检周祖谟《唐五代韵书集存》(北京:中华书局,1983年)所录敦煌本(P. 2011)及故宫博物院本《王仁昫刊谬补缺切韵》,平声肴韵"抓,掐(掐)"(370页),上声巧韵"侧交(按:当作"绞")反"下有三字:"爪,乩。""抓,刮。""叉,手足甲。"(394页)去声效韵"抓,侧教反,爪刺"(414页)。这应该是《切韵》系韵书一脉相承的结果。

② 孙玉文:《汉语变调构词考辨》,北京:商务印书馆,2015年,第1610页。

③ 另可参看《故训汇纂》"掐"条。

④ 此用友生张航说。

　　"抓"是"爪"的分化字,也可称为增旁俗字。"爪"《广韵》《集韵》均"侧绞切",今音 zhǎo[①];《集韵·效韵》又"阻教切"(动词义),今音 zhào。可见"抓"早期读效摄的音跟其古字(也是声符)"爪"的读音是吻合的。

　　我们相信义为"搔"的这个"抓"是唐代口语中实际使用着的一个"活词",而且应该读平声,因为唐诗中有下面这样的例子:

　　(1)杜诗韩集愁来读,似倩麻姑痒处抓[②]。天外凤凰谁得髓,无人解合续弦胶。(杜牧《读韩杜集》)

　　(2)烦心入夜醒,疾首带凉抓。(皮日休《新秋言怀寄鲁望三十韵》)与郊、巢、蛸、敲、颡、梢、髇、抄、鞘[③]、铇、胶、庖、肴、铙、爻、譊、嘲、胞、包、哮、崤、抛、交、茅、殽、攃、筲、教、胞押韵。

　　(3)才疏惟自补,技痒欲谁抓。(陆龟蒙《奉和袭美新秋言怀三十韵次韵》)押韵同上。

　　(4)霹雳划深龙旧攫,屈盘痕浅虎新抓。(姚合《天竺寺殿前立石》)与抛、坳、敲、交押韵。

　　《全唐诗》中"抓"字入韵的就这四首诗,无一例外都读平声。此外,孙玉文[④]指出:《玉篇》"抓"只注平声,《文选·枚乘〈谏吴王书〉》"手可擢而抓"李善注引《字林》"抓,壮交切",《玄应音义》卷十三"臊陷"注:"……经文作抓掐之掐,非体也。抓,侧交反。"《慧琳音义》卷十五"爪

---

　　① 读作 zhuǎ 是后起的口语音。《中原音韵》"爪"字还只收于萧豪韵上声(zhǎo),未收于家麻韵上声(zhuǎ)。

　　② 有异文作"搔"。

　　③ 这个"鞘"应读平声 shāo(《广韵》"所交切"),指鞭鞘,即拴在鞭子末端的细皮条。《晋书·苻坚载记下》"长鞘马鞭击左股",何超音义:"长鞘,所交反,马鞭头也。"与"刀剑套"义的"鞘"(《广韵》"私妙切",今音 qiào)是同形字关系。

　　④ 孙玉文:《汉语变调构词考辨》,北京:商务印书馆,2015年,第1611页。

齿"注："……经中加手作抓，误用也，乃是平声抓痒字也。"又卷五十七"抓捶"："上爪交反。《埤苍》云'爪，插①也'。《广雅》：'抓，搔也。'《古今正字》'刮搔也，从手，爪声也。'"注音也都是平声。孙玉文认为读平声可能是方言现象。从实际用例看，我认为读平声更可能是当时的通读音，直到现代汉语"抓痒"的"抓"还是读平声（韵母有变化，详下）。读上声和去声则可能是方言音。

敦煌写本《俗务要名林·手部》："抓侧交反。"这条记载虽然没有释义，但是可以推知"抓"是当时的口语词，而且读平声，因为《俗务要名林》可以看作是一本唐人编的当代汉语分类词汇集，所收都是日常生活中常用的词语。这个词在今天的宁波话里还保留着，宁波管挠痒痒的"不求人"（古称"爪杖"）叫"抓痒杷"，"抓"正是读"侧交切"（[tsɔ⁵³]），《宋本玉篇·手部》："抓，抓痒也。"正是此义。② 用宁波话来读上面唐诗中的"抓"字，音义完全吻合。不过在宁波话里这个"抓"已经不能单用，单用要说□[da²¹³]，这或许是层次较新的一个后起词，待考。北方话则叫"挠"（挠痒痒）③或"搔"（搔头皮，搔首弄姿），有些地方也说"扩"（kuǎi）。

唐代的《慧琳音义》有多处解释这个"抓"字，摘录如下：④

《玉篇》："抓，掐也，刮也。"爪之搔物曰抓。音庄狡反。⑤ （卷二十

---

① 按：当作"掐"。

② "抓"的这个音义在吴语里还广泛地保留着，如吴江话（戴佳文告知）和临安话（真大成告知）等。

③ 最早记录这个"挠"的是《集韵·爻韵》："挠，抓也。尼交切。"还有异体作"搇"。参看方圆：《〈集韵〉动词新词新义研究》，河北师范大学硕士学位论文，2015年，第37页。

④ 参考了《故训汇纂》"抓"条。已核对原书。

⑤ 承真大成告知：此例实际出自窥基的《妙法莲华经玄赞》。戴佳文指出：《宋本玉篇》作"侧交切，抓痒也"，与《慧琳音义》所录窥基直引《玉篇》此条有出入。"抓"字，原本《玉篇》残而未见。《篆隶万象名义》"抓，壮绞反。掐也，刮也，搔也"（参见吕浩：《〈篆隶万象名义〉校释》，上海：学林出版社，2007年，85页）疑"侧交切，抓痒也"系宋人所改。金代《新修絫音引证群籍玉篇》"抓，侧交切，抓痒也"与《宋本玉篇》同。

七"指爪"条)

《埤苍》"抓,掐也"。《说文》"抓,刮也。从手,爪声"①也。(卷三十四"指抓"条)

上爪交反。《埤苍》云"爪,插②也"。《广雅》:"抓,搔也。"《古今正字》"刮搔"也,从手,爪声也。(卷五十七"抓撞"条)

《故训汇纂》"抓"条所收的释义都是"搔;掐;刮"一类,没有相当于"抓住"义的,可见"抓"字早期不用来记录{抓 zhuā}这个词。

二、读 zhǎo,＝{爪}③

"抓"又可用作"爪牙"之"爪"的增旁俗字,时贤多已论及,这里略做补充。

目前所见最早的例子是北魏普泰元年(531)刻的《南阳太守张玄墓志》④,"爪牙"的"爪"写作"抓"。《故训汇纂》"抓"条 zhǎo 音下收录了《慧琳音义》的五条释义:

抓,手甲也。(卷三十四"指抓"注引《左传》⑤)|抓,亦作爪。(卷三十四"指抓"注)|《说文》作爪。指端为爪。(卷十二"抓掌"注)|抓掌,手也。(卷十二"抓掌"注)|抓,俗字也。正单作爪,象形字,古文作叉。

①　按:今本《说文》无此条。
②　按:当作"掐"。
③　孙玉文:《汉语变调构词考辨》,北京:商务印书馆,2015年;《同形字举例》,《文献语言学》第5辑,北京:中华书局,2018年。
④　清代避康熙帝玄烨名讳,称为《张黑女(hè rǔ)墓志》。
⑤　戴佳文云:今本《左传》无"抓,手甲也"。《慧琳音义》卷五十一"手爪"条《左传》云'以为腹心爪牙也'",检今本《左传》亦无。杜注有"以为己腹心爪牙"。《慧琳音义》可能是把杜预注误题作"《左传》"了。

（卷八十四"抓甲"注）

这说明慧琳看到的佛经"爪"常有增旁写作"抓"的,这一现象在敦煌写本佛经中也常见。[①] "抓"字又有讹变作"扴""拼"的。在传世本汉译佛经中也可看到同类现象,又可写作"枒""圿","圿"即"扴"的讹变,还有写作"折"的情况,"折"也是"扴"的讹变。[②]

三、读 zhǎo,义为"扎"

"抓"有"扎;束;缚;绑"义,音 zhǎo,字又写作"爪""找""挓",通行于宋元明时期,主要见于江淮官话和吴语背景的作品。此义除当代辞书有收录外(但注音有误),之前未见有人提及,汪维辉[③]已有详细讨论,这里不再重复,只补充几个"爪扎""爪缚""抓剳""找搭""拴抓""縂挓"连用的例子:

(5)水手道:"告郎中,方才小人去井上看验,约有三五十丈深浅。若只恁地下去,多不济事。须用<u>爪扎</u>辘轳,有急事时,叫得应。"委官道:"要用甚物件,好交一面速即办来。"水手道:"要<u>爪缚</u>辘轳架子,用三十丈索子,一个大竹箩,一个大铜铃,人夫二十名。若有急事便摇动铃响,上面好拽起来。"不多时都取办完备。水手<u>扎缚</u>了辘轳、铜铃、竹箩俱完了。(《三遂平妖传》第六回)[④]

----

①　参见张涌泉《〈敦煌文献语言辞典〉编纂刍议》,商务印书馆语言学出版基金第二次中青年语言学者论坛(2004 年 5 月,杭州)提交论文。

②　真大成:《汉译佛经异文所反映的"一词多形""一形多词"现象初探》,《文史》第 2 辑,北京:中华书局,2019 年。

③　汪维辉:《〈京本通俗小说〉系伪书的语言学证据》,《历史语言学研究》第 13 辑(庆祝蒋绍愚先生八秩华诞特辑),北京:商务印书馆,2019 年。

④　此例系友生赵川莹检示,谓"前后'爪扎''爪缚''扎缚'对举,其义甚明"。甚是。

（6）有时节软乌纱<u>抓剖</u>起钻天髻，干皂靴出落着簌地衣。（钟继先《南吕一枝花·自序丑斋》，元·杨朝英《朝野新声太平乐府》卷八）①

（7）后各署有差俱要色绫，若止张挂，至多数匹，动辄要百十余匹<u>找扎</u>。蚁等借银向机房现买呈缴，一经<u>找扎</u>，丝绥无用。（四川省档案馆编《清代巴县档案汇编·乾隆卷》"乾隆五十九年十月二十九日重庆府札"，档案出版社，1991年，32页）

（8）迅即选差健役，前往崇因寺<u>找搭</u>布棚及天花板、水红灯、桌椅、磁器、锅盆等项。（四川省档案馆编《清代巴县档案汇编·乾隆卷》"乾隆二十七年十一月十九日巴县牌文"，档案出版社，1991年，308页）

（9）除支各项外，约余银八十余两，作为考课卷价，并置买山长动用家俱，<u>找搭</u>凉棚、修补墙垣，并修补各处佃户房屋，以及开销春间抬借预支膏伙利息杂用之项。（四川大学历史系、四川省档案馆主编《清代乾嘉道巴县档案选编（上）》"道光二十年三月二十四日礼房吏书雷开垣、经书陈登科等禀"，四川大学出版社，1989年，46—47页）②

（10）我则待靠着水，偎着山，小小低低，急留圪剌，橡儿棒儿，<u>拴拴抓抓</u>，盖一座茅庐那幽哉。（脉望馆钞校本《豫江亭》第二折）

"拴抓"偶又写作"絟挞"，如：

（11）【一煞】把我蹄指甲要舒做晃窗，头上角要锯做解锥，瞅着领下须紧要<u>絟挞</u>笔。（元·杨朝英《朝野新声太平乐府》卷九曾褐夫《哨遍·羊诉冤》）

末句是说，看到羊的额下胡须紧，要把它扎束作毛笔。

以上这些例子都与"爪札""抓扎""找扎"一样，属于同义或近义连文。

四、读 zhǎo，＝{找}

明清文献中又用"抓"来记录"寻找"的{找}，时贤多有论述。[①] 李荣指出："小说'抓'字跟'挝'zhuā 字通用，又跟'找'zhǎo 字通用。"[②]他举了《金瓶梅词话》和《醒世恒言》中{找}写作"抓"的不少例子。这是目前所见最早明确指出"抓"与{找}的字词关系的研究。刘君敬对此也有讨论：

元代以后，"爪""抓"二字的读音发生分化。据《中原音韵》"爪"归入萧豪韵，韵母保持不变；"抓"则转入家麻韵。押韵材料可以证明这一点，如：

（1）子好交披上片驴皮受罪罚，他前世托生在京华，贪财心没命煞，他油铛内见财也去<u>抓</u>，富了他三五人，穷了他数万家。今世交受贫乏还报他。（《古今杂剧·看钱奴买冤家债主》"天下乐"，32 页上）

（2）那鞭却似一条玉莽生鳞角，便蚤半截乌龟去了牙<u>爪</u>。（《古今杂剧·尉迟恭三夺槊》"隔尾"，12 页上）

由此可以推知，当这一时期口语中出现新词{找}时，可以用来

[①] 李荣：《文字问题（修订本）》，北京：商务印书馆，2012 年；李崇兴：《说"同形字"》，《语言研究》，2006 年第 4 期；汪维辉：《论词的时代性和地域性》，《语言研究》，2006 年第 2 期，又收入汪维辉：《汉语词汇史新探》，上海：上海人民出版社，2007 年；刘君敬：《唐以后俗语词用字研究》，南京大学博士学位论文，2011 年；孙玉文：《汉语变调构词考辨》，北京：商务印书馆，2015；孙玉文：《同形字举例》，《文献语言学》第 5 辑，北京：中华书局，2018 年。

[②] 李荣：《文字问题（修订本）》，北京：商务印书馆，2012 年，第 71 页。

记录它的字只有"爪""沼"。"沼"因其形旁为"氵"而严重违背了提示意义的要求。可以说,如果不创造新字的话,那么记录{找}时非"爪"莫属。这样作动词的"爪"跟作名词指爪牙的"爪"同形,为了加以区分,于是给作动词的"爪"加形旁"扌"提示意义作"抓"。这样做的结果,"抓"字也是出现了同形形式,且读音各异。①

刘君敬认为记录{找}的"抓"是"爪"的增旁字,从文献使用情况来看,这是可能的。② 他还对明代部分通俗文献中记录{找}这个词的用字情况做了调查,归纳成下表:

表 2　明代通俗文献中{找}的用字情况

	三国演义	元曲选	金瓶梅	古今小说	醒世恒言	警世通言	拍案惊奇	二刻拍案惊奇	型世言
爪	2	4							
抓			14	6	5	5			3
找		1	20	1	1	2	6	3	5
扰							1	8	

可见在明代,"抓"曾经是记录{找}的习用字形,在"三言"、《型世言》和《金瓶梅词话》等通俗作品中颇为多见,清代以后才逐步被"找"取代。

---

① 刘君敬:《唐以后俗语词用字研究》,南京大学博士学位论文,2011 年。
② 孙玉文《同形字举例》(《文献语言学》第 5 辑,北京:中华书局,2018 年)认为:"读 zhǎo 的'抓',它的寻找义可能是抓挠、搔义发展出来的。"此为另一说。

五、读 zhuā,＝{抓}

　　李荣指出:"小说'抓'字跟'挝'zhuā 字通用。"[①]举了《金瓶梅词话》中{抓}写作"抓"和"挝"的一些例子,如:

　　金五九 9—10 这雪狮子(猫名)……猛然望下一跳,扑将官哥儿身上皆抓破了。……那猫还来赶着他要挝,被迎春打出外边去了。|金七三 17 耳躲上坠子……乞帐钩子抓下来了。……使他挝了些碳,[放]在火内。

　　在《醒世恒言》里则都写作"抓",如:

　　醒四[②] 27[张委的家人]也有被树枝抓 zhuā 面的。|醒二十 5 如今总是抓破脸了(比较金七四 18 用挝)

　　可见在记写{抓 zhuā}这个词时"抓"和"挝"是异体字。《汉语大字典》(简称《大字典》)和《汉语大词典》(简称《大词典》)"挝"条都收了用同"抓"一义,举的例子有:元郑廷玉《看钱奴》第一折:"那一片贪财心没乱煞,则他油锅内见钱也去挝。"《西游记》第四六回:"那大圣径至杀场里面,被刽子手挝住了,捆做一团。"《儒林外史》第十六回:"挝着了这一件,掉了那一件。"茅盾《虹》四:"昨晚上的感想又挝住了她的心。"

　　关于{抓 zhuā},还有三个问题需要讨论:它的音、义以及"抓""挝"的先后。下面分别论述。

---

　　①　李荣:《文字问题(修订本)》,北京:商务印书馆,2012 年,第 71 页。
　　②　引者按:下文误作"四七"。

（一）音

　　"抓"读作 zhuā 是较晚的事，不过至迟到元代已经有了，《中原音韵》两音两义分得清清楚楚：嘲、抓、啁（萧豪韵，平声阴，相当于今音 zhāo）；挝、抓、髽（家麻韵，平声阴，相当于今音 zhuā）。上文所引刘君敬举到的《古今杂剧·看钱奴买冤家债主》"天下乐"曲一例，"抓"与"罚、华、煞、家、他"押韵，也是口语音的真实反映。

　　孙玉文认为："此读显然跟侧交、侧绞、侧教诸读没有关系，它们的语音相差甚远。'抓'读 zhuā，不可能是侧交、侧绞、侧教诸读音变来，因此其来源需要另加考释。""在用手抓的意义上，zhāo 和 zhuā 记录的是两个同义词。我一向主张，辞书的编写和修订，必须将这种铁定的不同的词分开，不然会引起很多误会。辞书对'抓'的处理是其中的一个典型的例证。"①我认为更有可能是同一个词的音转，而不是"两个同义词""铁定的不同的词"。从 zhāo 到 zhuā 的音转，跟"爪"字从 zhǎo 音转为 zhuǎ 是同类的现象，②只不过具体的音转过程和机制还有待论证罢了。

（二）义

　　孙玉文③引用《元曲选》中写作"挝"和"抓"的例子甚多，并引臧晋叔《音释》都注作"庄瓜切"，这个音是对的，但是孙文把这些例子都视为

　　①　孙玉文：《同形字举例》，《文献语言学》第 5 辑，北京：中华书局，2018 年。
　　②　李荣《文字问题（修订本）》（北京：商务印书馆，2012 年，第 71 页）早已指出："小说'抓'字跟'挝'zhuā 字通用，又跟'找'zhāo 字通用。（'抓'有这两个用法，可能反映当时'爪'字已有 zhāo 和 zhuǎ 两音。）"
　　③　孙玉文：《同形字举例》，《文献语言学》第 5 辑，北京：中华书局，2018 年。

"抓住"义则不妥,其中有些其实是"搔挠"义,比如秦简夫《东堂老》第一折:"那一个出得他捆打挝揉。"①白仁甫《墙头马上》第三折:"想昨日被棘针都把衣服扯,将孩儿指尖儿都挝破也。"关汉卿《玉镜台》第三折:"今夜管洞房中抓了面皮。"孙仲章《勘头巾》第三折:"一百日以里,员外但有头疼脑热,抓破了小拇指头,也是小人认。"上文引李荣所举的《金瓶梅词话》五九回"扑将官哥儿身上皆抓破了。……那猫还来赶着他要挝"和《醒世恒言》卷四"也有被树枝抓面的"、卷二十"如今总是抓破脸了",也都是"搔挠"义。《现代汉语词典》"抓"条把它们分作两个义项:"❶手指聚拢,使物体固定在手中:一把～住丨他～起帽子就往外走。❷人用指甲或带齿的东西或动物用爪在物体上划过:～痒痒丨他手上被猫～破一块皮。"这是很正确的。

可见原来读作 zhāo、义为"搔"的这个词,元明以后的口语里也读作了 zhuā,可以写作"抓",也可以写作"挝"。也就是说,{抓 zhuā}这个词有两个义项,一为"抓住;抓取",二为"搔挠"。从来源上说,两者并非引申关系,只是元代以后原来音义都不同的两个词变得读音相同了,所以才用同一个字(抓、挝)来记写它们。

(三)"抓"和"挝"的先后

{抓 zhuā}有"抓"和"挝"两种写法,哪一种更早呢? 孙玉文说:"'挝'的笔划远比'抓'多,可以看作是今天'抓'的早期写法。"②这是合乎情理的推断,但是事实可能未必如此。根据初步的调查,应该是"抓"更早。"二典"(《汉语大字典》和《汉语大词典》)"挝"条用同"抓"义下所

---

① 《元曲选》中还有写作"挝挠"的,如:一壁厢冤家扯着,一壁厢恶如挝挠。做儿的不知好歹,做娘的不辨清浊。《金凤钗》第二折)"挝揉/挝挠"都是同义连文。

② 孙玉文:《同形字举例》,《文献语言学》第 5 辑,北京:中华书局,2018 年。

举的始见书证都是元郑廷玉《看钱奴》第一折："那一片贪财心没乱煞，则他油锅内见钱也去挝。"这是依据的明臧晋叔所编《元曲选》本，元刻本《古今杂剧·看钱奴买冤家债主》作"贪财心没命煞，他油铛内见财也去抓"，文字颇有出入，尤其是作"抓"而不作"挝"。可见元人写作"抓"，明人把它改成了"挝"。元刻本《岳孔目借铁拐李还魂》第四折："（末唱）我入门来推我一个脚梢天，这婆娘好歹也！歹！歹！劈面抓挠，勇（踊）身推抢，可甚么降阶接待！"《元刊杂剧三十种》中仅见这两例〔抓〕，都写作"抓"，一是"抓取"义，一是"搔挠"义；而"挝"则只见到一例，《关大王单刀会》第三折："战鼓才挝，斩了蔡阳，血溅在沙场上。"是用作"挝鼓"义，字就写作简体的"挝"，而非繁体"撾"。可见在《元刊杂剧三十种》中，"抓"和"挝"的分工是很明确的，"挝"不用来记写〔抓〕。

《元曲选》中写作"抓"和"挝"都很常见（详上文），这反映的是明代的用字情况。

六、"抓"与"爪"的关系

综上所述，"抓"在历史上是一个同形字，至少记录了五个不同的词，可以归纳为下表：

表 3　"抓"的字词关系对照表

形	序号	音	义	时代	或作	今作
抓	1	zhāo、zhǎo、zhào	搔	汉①—元	爪	抓②
	2	zhǎo(今又读 zhuǎ)	爪子	唐五代	爪、抓、柭、枛、垙、折	爪
	3	zhǎo	扎束	宋元明	爪、找、挝	？
	4	zhǎo	寻找	明清	爪、找、扰	找
	5	zhuā	抓取；抓挠	元以后	揸(？)③、挝、找(？)④	抓

说明："时代"指该音义写作"抓"的大致通行时间，"或作"是历史上曾经有过的异体写法。

由上表可见，"抓"与"爪"关系密切，在前四项中都曾经构成过异体关系。从来源上说，"抓"是"爪"的增旁分化字，两者的关系大致如下。

首先，"抓"这个字形大概产生于汉代，最初它是用来分化"爪"的"搔，掐"义的。当"搔，掐"讲的这个词，最初写作"爪"。《大字典》"爪"条：

❻抓；掐。《说文》："爪，覒也。"段玉裁注："覒，持也。"王筠释例："而以爪为持则似误。爪俗作抓，把搔其义也。"《古今韵会举要·巧韵》："爪，案《说文》，爪本为抓爪之爪，非手足甲也。"《难经·七十八难》："当刺之时，必先以左手厌按所针荥俞之处，弹而努之，爪而下之，其气之来如动脉之状。"唐柳宗元《种树郭橐驼传》："甚者爪其肤以验其生枯，摇其本以观其疏密，而木之性日以离矣。"……

---

①　承真大成和戴佳文告知：《慧琳音义》卷八十八"搔首"条引许慎注《淮南子》云："搔，抓也。"可见至晚汉代已有"抓"，虽然《说文》未收"抓"字。

②　元代以后音转为 zhuā。

③　孙玉文《同形字举例》(《文献语言学》第 5 辑，北京：中华书局，2018 年)认为："在五代时期，'揸'字有庄花切一读，可能是'抓'读 zhuā 的前身。"详细的论证请参看孙文。

④　戴佳文认为：{抓 zhuā}似乎还可写作"找"，明青心才人《金云翘传》第十八回："夫人道：'找起他头来，叫他看我是甚人。'军士吆喝一声，一把找起秀妈头发。"录以备考。

《大词典》"爪"条也有相应的释义与引例：

❻抓，搔。《百喻经·为熊所啮喻》："昔有父子与伴共行。其子入林，为熊所啮，爪坏身体。"……

孙玉文认为：

（抓）这三读跟读侧绞切的"爪"有关，是"爪"的滋生词。详细的讨论见拙作《汉语变调构词考辨》（下册）第1609—1611页，此不赘。这个音义的"抓"是个会意兼形声字。慧琳《一切经音义》卷五十七："抓捶，上爪交反……从手，爪声也。"其实"爪"还兼有意。①

可见最初大概是为了使表意更明确，人们在"爪"的基础上增加"扌"旁用以分化"爪"的"搔，掐"义，因为"爪"更常用的功能是记录名词"指爪"的"爪"。这是第一层关系。从汉代到元代，在记录动词"搔"义时"抓"和"爪"一直是一对异体字。

其次，在唐五代时期，"抓"又成为名词"指爪"之"爪"的异体字，多见于佛经。大概是因为"爪"字楷化以后象形性减弱，人们就给它加一个"扌"旁来提示意义。不过"抓"一身兼两职，终非长策，容易引起歧义，因为在一般人的语言文字意识里，加"扌"旁通常是默认作动词义的，所以宋代以后"抓"就不再用来记录名词义。

再次，宋元明时期，因为同音的缘故，"抓"又被用来记写"扎束"义的那个词（又写作"爪、找、挝"，都是记音字）。这个词后来消失了，"抓""爪"的这一用法也就完成了历史使命。

最后，明代有一个产生于北方的口语词{找}进入书面系统，开始时人们用同音字"爪"来记写，后来也是出于别义的原因，又用动词意味更强的"抓"字来记写。但是"抓"此时已经是一个多音多义字，更常用的

---

① 孙玉文：《同形字举例》，《文献语言学》第5辑，北京：中华书局，2018年。

是记录{抓 zhuā}这个词,于是人们又借用原本是"划船"的"划"的异体字的"找"来记录"寻找"的{找}。在经过一段时间的用字混乱之后,到清代最终定型于"找",一直沿用到今天。

七、辞书指瑕①

现在我们来看看,这么复杂的字词关系,"二典"这两部大型辞书"抓"字条是如何处理的。先引原文于下(篇幅所限,只节引与讨论相关的部分):

《大字典》:

zhuā《广韵》侧交切,平肴庄。又侧绞切,侧教切。❶人用指甲或带齿的东西或动物用爪在物体上划过。……唐杜牧《读韩杜集》:"杜诗韩诗②愁来读,似倩麻姑痒处抓。"又搯;用指甲刺入。……元关汉卿《玉镜台》第三折:"兀那老子,若近前来我抓了你那脸。"❷用手或爪取物。……汉枚乘《上书谏吴王》:"十围之木,始生而蘖,足可搔而绝,手可擢而抓。"唐孟郊《品松》:"抓擎拒古手,擘裂少室峰。"……❸握住;掌握。……❹逮捕;捉拿。……❺指特别注意,加强领导,努力做(某种工作)。……

《大词典》:

[zhuā《广韵》侧交切,平肴,庄。又侧绞切,上巧,庄。又侧教切,去效,庄。]❶搔,用指甲或带钩齿的东西在物体上划过。……元关汉卿《玉镜台》第三折:"兀那老子,若近前来我抓了你那脸。"❷用手、爪取物或握物。汉枚乘《上书谏吴王》:"夫十围之木,始生而蘖,足可搔而绝,

---

① 孙玉文:《同形字举例》,《文献语言学》第 5 辑,北京:中华书局,2018 年。
② 按:当作"集"。

手可攫而抓。"……❸掌握。……❹逮捕；捕捉。……❺谓匆忙寻找。……《老残游记》第十四回："抓着被褥就是被褥，抓着衣服就是衣服，全拿去塞城门缝子。"❻控制；吸引。……❼束；系。《西游记》①第五四回："且取一个大篾篓，把索子抓了，接长索头，扎起一个架子，把索抓在上面。"❽弹筝的动作。因近似以手抓物，故称。……❾配中药之称。……❿谓加强领导或特别注重去做某方面的事情。……

我认为"二典"存在五个方面的问题，下面一一讨论。

（一）注音

《大词典》"❺谓匆忙寻找"和"❼束；系"两个义项都注音为 zhuā，这是错误的，应该音 zhǎo。②《大字典》这两个义项都失收。

（二）立义

在义项设立方面，《大字典》共收 5 个义项，《大词典》则有 10 个义项，《大字典》的义项明显偏少，有许多遗漏，《大词典》多出来的 5 个义项"束；系""寻找""控制；吸引""弹筝的动作""配中药之称"都应该收列。另外"二典"的"爪""找"条均失收"束；系"义，也应补收。

《大词典》收列义项虽然较全，但犹有可补者。元明戏曲小说中多见下面一类"抓"字：

（12）则被这牡丹枝、蔷薇刺，将我这袖梢儿抓③尽。（《元曲选》张寿卿《谢金莲诗酒红梨花》第三折）

---

①　实为《水浒传》，《大词典》误题书名。此承友生赵川莹指出。

②　汪维辉《论词的时代性和地域性》（《语言研究》，2006 年第 2 期）、李崇兴《说"同形字"》（《语言研究》，2006 年第 4 期）、孙玉文《同形字举例》（《文献语言学》第 5 辑，北京：中华书局，2018 年）均已指出"寻找"义的"抓"应该音 zhǎo 而不是 zhuā。

③　臧晋叔《音释》："抓，庄瓜切。"

（13）不瞒父亲说，我日间放风筝，抓在梧桐树上。（《元曲选外编》关汉卿《钱大尹智勘绯衣梦》第二折）

（14）金莲蹴损牡丹芽，玉簪抓住荼蘼架。（《元曲选外编》王实甫《崔莺莺待月西厢记》第三本第三折）

（15）则在书房中倾倒个藤箱子，向箱子里面铺几张纸。放时节用意取包袱，休教藤刺儿抓住绵丝。（《元曲选外编》王实甫《崔莺莺待月西厢记》第五本第二折）

（16）贪慌忙棘针科①抓住战衣，杀败了一个小河西。（《元曲选外编》无名氏《狄青复夺衣袄车》第三折）

（17）原来是低枝抓住石榴裙！（明·张凤翼《灌园记》第二十一出）

（18）啐！那荼蘼架上抓住的不是那股钗儿么？（明·单本《蕉帕记》第九出）

这些"抓"字用《大词典》所列的 10 个义项去解释都不合适，应该单立一个义项——"钩；挂"，指植物的枝杈、棘刺等钩住东西或东西被植物的枝杈、棘刺等钩住。上文曾经引过李荣举到的《金瓶梅词话》第七十三回中的一个例子："耳躲上坠子……乞帐钩子抓下来了。"②"抓"字也是此义。

（三）释义

相当于"找"的"抓"字，《大词典》释作"谓匆忙寻找"，不确。③ 这是受了〈抓 zhuā〉的误导，也就是说，在今人的潜意识里，"抓"字对应的就

---

① 按："棘针科"即荆棘丛。
② 李荣：《文字问题（修订本）》，北京：商务印书馆，2012 年，第 71 页。
③ 汪维辉：《论词的时代性和地域性》，《语言研究》，2006 年第 2 期；孙玉文《同形字举例》，《文献语言学》第 5 辑，北京：中华书局，2018 年。

是｛抓 zhuā｝这个词,而不是｛找 zhǎo｝。而实际上这个"抓"就是"找",无所谓"匆忙"不"匆忙"。

(四)排序

一个多义词条目,各个义项的排列要有序,避免杂乱无章,这是现代辞书的一个基本要求。义项的排列通常是根据词义之间的关系,像"抓"这样只有实词义项的单音词,一般的排序原则是:先本义(或较早的意义),次引申义(由近及远),次假借义。但是由于"抓"在不同的历史时期记录了不同的词,所以考虑各个义项产生的先后顺序也很重要。由于《大字典》所收义项不全,这里以《大词典》为讨论对象。如果按照兼顾义项产生时代的原则,那么排列顺序应该是:❶搔;❷束;系;❸用手、爪取物或握物;❹逮捕;捕捉;❺寻找;❻掌握;❼控制;吸引;❽弹筝的动作;❾配中药之称;❿谓加强领导或特别注重去做某方面的事情。而《大词典》现在的排列顺序是:❶❸❹❺❼❷❽❾❿。需要调整。上文所增补的"钩;挂"一义可以放在❸用手、爪取物或握物"的后面,是其引申义。

(五)引例

"二典"引例的问题很多,主要有下面六条。

1.汉枚乘《上书谏吴王》:"夫十围之木,始生而①蘖,足可搔而绝,手可擢而抓。""二典"均据李善注本《文选》作"抓",②《王力古汉语字典》同,但指出:"《汉书·枚乘传》作'拔'。"《文选》作"抓",《汉书》作

---

① 当作"如",详上文。
② 孙玉文《同形字举例》(《文献语言学》第 5 辑,北京:中华书局,2018 年)谓"指用指甲把搔或掐"的"抓""在上古都能见到书证",所引即此例,实误。

"拔",究竟何者为是？我认为作"拔"是。王念孙早已对此做过精当的论析：

> 夫十围之木，始生而蘖，足可搔而绝，手可擢而抓。（今李善本如此。）念孙案："手可擢而抓"，"抓"本作"拔"，今作"抓"者，后人据李善注改之也。今案：李注云："《广雅》曰：'搔，抓也。'"此自释"搔"字之义，非释"抓"字之义。下又云："《字林》曰：'抓，壮交切。'"此是释注内"抓"字之音，与正文无涉。后人不察，而改"拔"为"抓"，谬矣。且"拔"与"蘖""绝"为韵，若改为"手可擢而抓"，则非但文不成义，且失其韵矣。五臣本及《枚乘传》《说苑》并作"手可擢而拔"。（六臣本注云："拔，善作抓。"则所见已是误本。）（清·王念孙《读书杂志·余编下·文选》"手可擢而抓"条）[1]

王念孙认为改"拔"为"抓""非但文不成义，且失其韵"，而且指出致误之由是后人误读李善注，这是完全正确的。"擢"是拔，"拔"是拔起，"手可擢而拔"文从字顺，改作"抓"文意就不通了。所以枚乘《上书谏吴王》中其实并没有出现"抓"字，不能用作"抓"的始见书证。"二典"和《王力古汉语字典》均属引例失察。

2.唐孟郊《品松》："抓挐拒古[2]手，擘裂少室峰。"《大字典》引作"❷用手或爪取物"义的书证。《大词典》"抓挐"条："以手取物。唐孟郊《品松》诗：'擘裂风雨狞，抓挐指爪脯。'"我认为"二典"对"抓"和"抓挐"的释义都值得商榷。"抓挐"一词仅在孟郊《品松》中出现过这么两次，而

---

[1] 本文初稿写就后，承友生戴佳文检示这条材料，特此鸣谢。

[2] "拒古"，当依《全唐诗》本作"巨灵"。

且这四句诗是连在一起的。这里是用的同一个典故,即河神巨灵用手足劈开华山的神话传说,《大词典》"巨灵"条:

❶神话传说中劈开华山的河神。《文选·张衡〈西京赋〉》:"缀以二华,巨灵赑屃,高掌远跖,以流河曲,厥迹犹存。"薛综注:"巨灵,河神也……古语云:此本一山当河,水过之而曲行,河之神以手擘开其上,足蹋离其下,中分为二,以通河流。手足之迹,于今尚在。"唐·李白《西岳云台歌送丹丘子》诗:"巨灵咆哮擘两山,洪波喷流射东海。"……

所谓"抓挐",并非"以手取物",而是指用手爪搔挠,所以说"抓挐指爪胏①",意思是"耸异千万重"的松枝就像巨灵抓(zhāo)挠的指爪那样直,如果是"抓取","指爪胏"就说不通了,因为"抓取"时指爪是完全弯曲的,不可能"胏"。这个"抓"还是"搔"义,音 zhāo,而不是〔抓 zhuā〕;②"挐"也不是"拿"的异体字,而是义同"搔",《说文·手部》:"挐,牵引也。从手,奴声。一曰巴也。"王筠《说文解字句读》注"一曰巴也"云:"元槧《韵会》引如此,'把'之烂文也。《豸部》:'豝,……一曰二岁能相把挐也。'"《说文》"豝"字条说解中"把挐"的"把"并非"握持"义(音 bǎ),而是"把搔"义(音 pá),③"把挐"也是同义连文。《故训汇纂》引《小学搜佚·字书》"挐,杷也",大概就是这个意思。《宋本玉篇·手部》:"挐,尼

_____

① "胏",《全唐诗》本注云:"同偪。均也,直也。"《大字典》"胏"条:"chōng《广韵》丑凶切,平钟彻。又余封切。同'偪'。均等;公平;齐整。《玉篇·肉部》:'胏,均也。'《广韵·钟韵》:'胏',同'偪'。《龙龛手鉴·肉部》:'胏,直也;均也。'唐孟郊《品松》:'擘裂风雨狞,抓挐指爪胏。'"书证只有孟郊诗一例。《王力古汉语字典》略同。可见所谓"指爪胏"就是指爪直。《大词典》则未收"胏"字。

② 《说文》:"爪,丮也。"段玉裁注:"丮,持也。"王筠释例:"而以爪为持则似误。爪俗作抓,把搔其义也。"王筠说得很对,动词"爪"(俗作"抓")最初并非"持"义,而是"把(pá)搔"义。

③ 《慧琳音义》卷七十九"搔痒"条引许慎注《淮南子》云:"搔,手指把搔也。"就是这个"把搔"。《大词典》"抓"条所引《聊斋志异·花姑子》"爬抓无所痛痒",写作"爬","爬抓"也是同义连文。

牙切。手挛也。""手挛"的"挛",应该也不是今天的"拿"。"挛"用同今"拿"字大约是元代的事,"二典"均首引扬雄《解嘲》"攫挛者亡,默默者存",并不可靠。上引姚合《天竺寺殿前立石》"霹雳划深龙旧攫,屈盘痕浅虎新抓"的诗句,"攫"和"抓"属同义对文,与"攫挛"是一样的意思,都指"抓(zhāo)挠",而非"抓(zhuā)取"。[①] 总之,孟郊诗的"抓挛"是同义连文,意思为搔挠,而不是抓取。

综合上面对 1、2 两例的辨析可知:"抓"字用作"抓取"的{抓zhuā},既非始见于汉代,枚乘《上书谏吴王》中的"抓"是个错字;也非始见于唐代,孟郊《品松》中的"抓挛"并非"抓取"义,而是"搔挠"义。据目前所掌握的材料看,它是元代才开始见诸文献的。

3.《大词典》"抓"❺谓匆忙寻找"义引《老残游记》第十四回:"抓着被褥就是被褥,抓着衣服就是衣服,全拿去塞城门缝子。"这是错误的。此例非"寻找"义,而是"抓住"义。《老残游记》里{找}早已写作"找"了,共有39 例,"抓"只表示{抓 zhuā},共见 10 例,两个字分得清清楚楚。

4.《大词典》"抓"条收了"束;系"义,这是对的,但只引了《水浒传》(《大词典》误作《西游记》)一条书证,略少,也略晚。

5. 关汉卿《玉镜台》第三折:"兀那老子,若近前来我抓了你那脸。"这个例子《大字典》放在"掐;用指甲刺入"义下,《大词典》则放在"搔"义下,《大词典》显然是对的,这就是今天"抓破脸皮"的"抓"。

6. 元郑廷玉《看钱奴》第一折:"那一片贪财心没乱煞,则他油锅内见钱也去挝。"上文已经指出,"二典"所引的这条书证,都是依据的《元曲选》本,元刻本《古今杂剧·看钱奴买冤家债主》作"抓"不作"挝"。"二典"径题"元",会误导读者,以为元代就写作"挝"。

---

① 关于"挛""挈"的音形义,需要另文讨论,这里就不展开了。

"赔"用字的历史变迁*

刘君敬

表示赔偿义时,现代汉语中的常用词是{赔}①。仅就词义而论,{赔}似无特别言说之处。但涉及记录它的用字时,{赔}则展示出了多样性,为前修时彦津津乐道。

明清学者杨慎、杨时伟、张自烈、梅膺祚、钱大昕、翟灏、沈家本等以及现当代学者有陈垣②、李荣③、张涌泉④、谭耀炬⑤、曾良⑥先后措意今天记录{赔}之用字"赔"的始见书证及其来源,并且指出其早期存在用字"陪""倍"。除"赔""陪""倍"外,是否还有其他记录{赔}的用字?使用不同的用字记录同一个词时,各时期的主导用字是什么?受语料规模的限制,前人对历史上相关语言事实掌握得还不充分,因而有不少地方还需要进一步澄清。以下分别从"备""赔"的关系、{赔}用字的时代特征以及"备"的来源三个方面对相关问题进行说明。

---

* 本文原载《中国文字研究》第 17 辑,上海:上海人民出版社,2013 年。收录本集时有所改动。

① 参考裘锡圭《文字学概要》(北京:商务印书馆,1988 年)的做法,{赔}表示"赔"这个词,下同。

② 陈垣:《校勘学释例》,北京:中华书局,1959 年。

③ 李荣:《文字问题》,北京:商务印书馆,1987 年。

④ 张涌泉:《汉语俗字研究》,长沙:岳麓书社,1995 年。

⑤ 谭耀炬:《"赔"字究竟始用于何时?》,《中国语文》,2002 年第 3 期。

⑥ 曾良:《明清通俗小说语汇研究》,南昌:江西教育出版社,2009 年。

一、"备(備)""赔"关系的再探讨

(一)杨慎的观点

一般认为,{赔}这个词的产生时代较晚,用字作"赔"更晚。最早关注这一问题的是明代学者杨慎(1488—1559)。《升庵集》卷六二"备音赔":"高欢立法:盗私家十备五,盗官物十备三。后周诏:侵盗仓廪虽经赦免,征备如法。备,偿补也,音裴。今作赔,音义同而赔字俗,从备为古。"这段话提供了两条信息:一是指出了"赔"字出现的时间下限,即最晚在明嘉靖时期(16世纪前期,即杨慎生活的时代)它已经在社会生活中广泛使用;二是揭示了"赔"的来源,指出"赔""备"音义相同,记录了同一个词。杨说被多次转引,影响很大。但所引"高欢立法"一条材料受到了质疑。清孙志祖《读书脞录》卷七"赔字":"北魏昭成帝立法令:盗官物一备五,私物一备十。事见《魏书·刑法志》及《通鉴》一百二十二卷。不闻北齐高欢时有此法。且盗私物十仅备五,官物则备三,不应立法宽纵至此。是赏盗也。疑升庵误。"我们调查后也发现,"高欢立法"这条材料是杨慎首次引用,此前文献中未见记载。杨说证据不足。

虽然证据有问题,但杨慎对"备""赔"关系的认定是否属实呢?由于二者的行用时代没有交集,仅就语义对应很难盖棺论定,因此有必要考察二者在语音方面的关系。

(二)"备"的早期用例

"备"表赔偿义未见于《说文》记载。《汉语大词典》首引《后汉书》用例。《后汉书·班超传》录班勇奏议:"会间者羌乱,西域复绝,北虏遂遣责诸国备其逋租,高其价直,严以期会。""备其逋租"即赔偿(此前)逃避了的租税。这意味着东汉时期的语言中已经使用"备"了。中古时期出现"备"的语料有《魏书》、后周诏书以及部分佛教文献。佛典中的例子往往出现在口语化程度很高的场合。如:

(1)师后典寺,大用僧物,通婬戏乐过度。众僧议逐。有真人曰:"且莫摈弃。虽用僧物,能多化度。"便止不逐。亲亲诣曰:"卿前弟子可往从乞,备众人物。"即到彼国,大得众宝,还倍偿僧。(后汉支娄迦谶译《杂譬喻经》)

(2)若作房阙无窗牖借用众僧材木足者,此应备还,馀材具亦如是。(萧齐僧伽跋陀罗译《善见律毗婆沙》卷十)

(3)我以从他贷五百钱用为供具;汝今从他借衣而著,忽复失去。我家贫短,以何备偿? 当作何计? (隋阇那崛多译《佛本行集经》卷四十)

可见,以"备"表赔偿义应为当时习语。入唐后,"备"可以出现在法律文书中,如《唐律疏议》卷三十"诸应输备":"备谓亡失官私器物各备偿。"

(三)讨论"备""陪"关系时涉及的问题

除"备"外,记录{赔}的早期用字主要是"陪"或"倍"。陈垣《校勘学释例》卷三"用后起字易元代字例":"赔字后起。元时赔偿之赔,均假作陪,或作倍。沈刻以为误,辄改为赔。"隋唐时期已经可以看到表赔偿义的"陪""倍"用例,以"陪"为多。隋唐佛教文献中常见,如隋灌顶、唐道宣、玄奘、义净、不空、输波迦罗、法藏等人的译经。可以说,自 7 世纪前期开始"陪"已经有较多使用。如:

(4)同学照禅师于南岳众中,苦行禅定最为第一。辄用众一撮盐作斋饮,所侵无几,不以为事。后行方等互见相起,计三年增长至数十斛。

急令陪备,仍卖衣资买盐偿众。此事非久,亦非传闻,亦以为规。(隋灌顶《国清百录》卷一"训知事人第七")

（5）又如烧村,火焰相续,谓如有一欲燎他村,持火烧他草室。少分,火焰相续,乃至总烧举村屋宇并成灰烬。村人擒获,捶挞令陪。彼自雪言:"我持少火烧少舍已,我火即灭。故我但应陪一握草。"(唐玄奘译《阿毗达摩顺正理论》卷三四)

（6）守寺之人被贼偷物,大众共议令守寺人陪所失物。时诸苾刍以缘白佛。佛曰:"汝等应知,凡授事人闭寺门时其有五别……若掌寺人存心守护五并不阙者,设令损失,并不应陪。"(唐义净译《根本说一切有部目得迦》卷十)

（7）汝等昼夜执持邪论诳惑世间,邪箭入心未能拔出,而作异见诡曲邪命……当堕阿毗无间地狱。从地狱出先作畜生驼驴猪狗,将命还他先世供养,累劫倍偿,无有休歇。(唐不空译《大乘瑜伽金刚性海曼殊室利千臂千钵大教王经》卷十)按,丽藏本作"倍偿",中华藏影金藏广胜寺本作"陪偿"。

晚唐五代的敦煌文献中也有很多"陪""倍"的用例。《敦煌变文校注·金刚丑女因缘》:"万计事须相就取,倍些房卧莫争论。"张涌泉注:"甲卷如此,乙、丁、戊卷皆作陪。赔补字古无专字,陪、备、倍等字皆可用。"

通过考察可知,"赔"的前身是"陪""倍"。据《广韵》,"陪""倍"同音,均属并母平声灰韵。"备"属并母去声至韵。声母相同,韵母、声调有所差别。可见,"备"与"陪""倍"表义相同但读音有异,若把它们看作同一个词恐有困难。此外,唐代出现了"陪备"连文的情形,如《唐律疏议》卷五:"若其非官本物,更以新物替之,虽复私自陪备,贸易之罪仍在。"又《资治通鉴》卷一二二《宋纪四》"盗官物一备五"胡三省注:"备,陪偿也。今人多云陪备。"①既然连文,则"陪""备"必然不是同一个词,否则就会出现动词重叠式。据此,在唐宋人眼中,"备""陪"不是同一词的不同用字,而是一组同义词。

"陪备"连文现象的分布比较集中,多见于律法、奏议等文献,往往用于比较正式的场合。唐宋时期比较接近实际口语的语料中很难见到。如:

(8)误放牛马之类践食田苗,或盖屋筑墙偶侵疆界,地主未得经官陈述,先且以理咨问犯人,犯人便须谢过陪备退还。若是不伏,便仰告官,罪必有归。(宋李元弼《作邑自箴》卷六"劝谕民庶牓")

如何看待"陪备"连文形式? 一方面,唐代以后,"备"单独使用的用例很少,只能以个别计。像玄奘、义净、不空等人的译经中看不到单用的"备","陪"的用例则是异常丰富。"备"一般是在"陪备""备偿"等词中作为一个构词语素出现。这种情况一直延续到元代,如徐元瑞《吏学指南》卷四"首过":"不准首,谓如奸盗伤人越关之类及于物不可备偿并先已事发者。"

另一方面,已知今天的口语中表示赔偿时多使用单音节形式,那么可以推测历史上同样如此。因此我们认为,连文形式的出现是因为当时人们不清楚"陪""备"二者的关系而将承古使用的"备"跟当时新出现的"陪"结合在一起的结果,不是口语现象。因此,口语语料中才难以发现"陪备"的用例。当记录{赔}的用字变为"赔"后,文献中又出现"赔备"连文。如:

(9)其法以十户为率,一户逃亡,九户赔备。逃者愈众,赔者愈苦。

---

① 严衍《资治通鉴补》(清光绪刻本)卷一二二将此二处"陪"字均改为"赔",是可见用字的当代化。

（明叶盛《水东日记》卷三八）

　　杨慎既没有注意到"备""赔"二者的声调差异，也没有注意到"陪备"连文的情况。因此他谓二者"音义同"是不合适的，虽然杨说影响很大。明杨时伟补笺《洪武正韵》[①]时用其说，在平声七灰"古音"下注"赔""备"时云："备音陪，义同而备字古。"这就给"备"字增加了一个平声的古音（实际不存在）。《字汇》贝部"赔"字注暗引杨慎语，无发明。明张自烈《正字通》于人部"备"字下既采杨慎语又引杨时伟语，云："《正韵笺》补收赔、备二字，备平声。旧注未详，存以俟考。俗用赔。"[②]杨说本不成立，到后来变成"未详"，逐步干扰了后人的判断。

　　有清一代，有关"赔"的问题成为语言、历史、法律界的研究热点。据不完全统计，有十多位学者谈及。大部分人看法跟杨慎接近。除钱大昕《恒言录》卷二指出"古人多用备字，或作陪"外，又有陆世仪《复社纪略》卷一、吴玉搢《别雅》卷一、张九钺《紫岘山人全集》外集卷四"备字"、翟灏《通俗编》卷二三"赔"、陆继辂《合肥学舍札记》卷十二"备"、薛允升《唐明律合编》卷四"给没赃物"、俞樾《茶香室续抄》卷十五"赔当作备"、蒋超伯《南漘楛语》卷七"古无赔字"、李慈铭《越缦堂读史札记》"《宋书》札记"、沈家本《历代刑法考·刑制总考三·北魏》"备"、杨钟羲《雪桥诗话三集》卷二等，看法大同小异。如薛允升云："《唐律》犹作备，今则俱作赔矣。"沈家本云："《疏议》有备偿之语，即今之赔偿也。"是亦将"备""赔"等同而未细究。

　　①　《四库全书总目》评价《正韵笺》时云："所收逸字不能究《广韵》《集韵》之源，仅据杨慎等之书，尤为疏略。所补笺亦皆转辗稗贩。"对其评价不高。
　　②　承张涌泉先生告知，所谓"旧注未详"是指《字汇》原书未详。谨致谢忱。

二、{赔}用字的时代性

（一）"赔"的始见书证

除前引陈垣观点外，李荣云："赔字是从陪字分化出来的。《水浒传》中多用陪字，少用赔字，《金瓶梅词话》赔字多起来了。"①其后，蒋绍愚引钱大昕《恒言录》的说法②；谭耀炬又进行了比较细致的研究，指出"赔"字产生于明宣宗宣德（1426）至明世宗嘉靖（1566）年间③。曾良则引用北宋苏轼《经进东坡文集事略》中的用例④。诸说早则上溯至宋，晚则至明，在对始见书证的认定方面彼此不一，因此有必要审察诸说的依据。

"赔"的出现是为了替换"陪""倍"。直至元代，人们仍以"陪""倍"记录{赔}。元明时期新用字"赔"是否已经出现呢？语料考察显示，直至明代中期，"陪"仍然习用。如明初朱元璋颁《大诰》系列（明洪武刻本）有"陪"字 15 例，无"赔"。朝鲜时代汉语教科书《训世评话》中有"陪"二例⑤，未见"赔"。为此，有必要扩大考察范围，从可靠的语料中去寻找"赔"的蛛丝马迹。

---

① 李荣：《文字问题》，北京：商务印书馆，1987 年。
② 蒋绍愚：《近代汉语研究概况》，北京：北京大学出版社，1994 年。
③ 谭耀炬："赔"字究竟始用于何时？，《中国语文》，2002 年第 3 期。
④ 曾良：《明清通俗小说语汇研究》，南昌：江西教育出版社，2009 年。今核四部丛刊本《经进东坡文集事略》，此"赔"字原书作"賠"，系引用《新唐书·苏颋传》为苏轼文章作注。
⑤ 见于《训世评话》第 57 则："吾父居官，因纲运欠折，鬻妻以为陪偿之计。"对应的译文是"要卖我陪偿官钱"。

(二)"陪""赔"的早期可靠书证

在辗转刊刻中,文献会出现"用字当代化"的现象(即类似于陈垣所说的沈刻本多改"陪"为"赔"的现象),因此那些宋元文献的明清刻本中所出现的"赔"都是靠不住的。我们应该使用可靠的"同时资料"作为证据。在这些语料中,目前看到的"赔"的最早用例见于16世纪初。如:

(10)有田必出租,赔偿之患息矣。(《(正德)建昌府志》卷六引"侍郎揭稽记",明正德刻本)按,据该书卷首序称"正德丙子年蒇事",即1516年修成。

当"赔"出现后,"陪""赔"大致的行用情况是怎样的呢?我们选择性质相同的《皇明诏令》《皇明诏制》二书进行对比。《皇明诏令》,明嘉靖十八年(1539)刻二十七年(1548)增修本,收入了龙凤、洪武至嘉靖前期历任皇帝颁布的诏令;《皇明诏制》,明崇祯七年(1634)刻本,收入了洪武至崇祯前期的诏令。二书在洪武至嘉靖间的内容重叠很多,且其中出现的"陪""赔"均指赔偿,因而具有可比性。分段统计结果如下表。

表1　《皇明诏令》《皇明诏制》二书中{赔}的用字数量对比

文献	时段	对应卷数	陪	赔
《皇明诏令》	洪武至正德(1368—1521)	1—18	3	80
	嘉靖前期(1522—1545)	19—21	5	23
《皇明诏制》	洪武至正德(1368—1521)	1—6	56	22
	嘉靖(1522—1566)	7、8	7	20
	隆庆至崇祯前期(1567—1630)	9、10	0	29

从表中表现出的整体趋势看,嘉靖时期趋势相近,"赔"多而"陪"少;嘉靖以前截然相反,《皇明诏令》多用"赔"而《皇明诏制》多用"陪";

隆庆以后则基本上用"赔"。作为一种严肃的文献,诏令的用字应该符合当时的规范。前文指出,明中期以前整个社会的习用字是"陪",因此洪武至正德这一段时间是不可能出现如此多的"赔"的。下面一则异文足以说明。

(11)其有洪武三十五年七月初一日以前拖欠一应钱粮、盐课、段匹、芦材、木植等项及军民所养马匹、牛羊等项倒死并欠孳生者,并免追赔。(《皇明诏令》卷四洪武三十五年《即位诏》)按,《皇明诏制》卷二收入该诏书,作"追陪"。

就来源而言,洪武三十五年的《即位诏》不可能既作"陪"又作"赔"。结合"陪"的行用时代来看,《皇明诏制》用"陪"反映的是诏书原貌,《皇明诏令》作"赔"则是刊刻时的改动,在刊刻时用"赔"意味着人们已经能够接受诏书中使用这样"俗"的一个字了。杨慎《升庵集》卷六二"古书俗书":"官府文移通用今字,吏胥下流市井米盐帐簿,则用省讹俗字。"刊刻《皇明诏令》时改"陪"为"赔",说明嘉靖前期的社会生活中"赔"字的地位有了很大提高,使用范围也有了很大扩展,已经不再仅仅作为俗字流行于市井,而是逐渐被整个社会接受。刊刻诏令尚且如此,这一时期的其他文献中出现"赔"也就不足为怪了。

三、"备(備)"之语源

(一)孙诒让的观点

目前能看到的"备"的最早书证见于东汉,那么此前有没有其他对应的词表赔偿义呢?除"偿"外,前人还揭出"负"。清孙诒让《札迻》卷七释《韩非子》"负其百金"时云:"宋之富贾有监止子者,与人争买百金之璞玉。因佯失而毁之,负其百金。(案,负其百金者,谓偿其值百金。负犹后世言陪也。……[负、陪声近字通。陪,今俗作赔。])"负"用于表赔偿,与同义的"备"关系密切。语音方面,"负"属并母之部上声;"备"属并母职部入声,"倍"同,属有韵尾系;"陪"属并母之部平声,属无韵尾系。之、职二部阴阳对转。

(二)来自出土文献的证据

除传世文献外,我们在出土的秦汉文献中也找到一批"负"表赔偿的用例,集中见于律令。在《睡虎地秦墓竹简》所收《秦律十八种》《效律》《法律答问》等书中,表示赔偿时"负""赏(偿)"并用,"负"有 9 例。《张家山汉墓竹简》(二四七号墓)所收西汉初年的《二年律令》部分,也有十余例"负"。约举数例如下:

(12)城旦春毁折瓦器、铁器、木器,为大车折辕(辕),辄治(笞)之。直(值)一钱,治(笞)十;直(值)廿钱以上,孰(熟)治(笞)之,出其器。弗辄治(笞),吏主者负其半。(《秦律十八种·司空》)

(13)今舍公官(馆),罐火燔其叚(假)乘车马,当负不当?当出之。(《法律答问》)

(14)船人渡人而流杀人,耐之;船啬夫、吏主者赎耐。其杀牛马及伤人,船人赎耐;船啬夫、吏赎罢(迁)。其败亡粟米它物,出其半,以半负船人。舳舻 负二,徒负一 ;其可纽載(系)而亡之,尽负之,舳舻亦负二,徒负一;罚船啬夫、吏金各四两。流杀伤人,杀马牛,有(又)亡粟米它物者,不负。(《二年律令·贼律》)

(15)□□□两,购、没入、负偿,各以其直(值)数负之。(《二年律令·具律》)

(16)县道官敢擅坏更官府寺舍者,罚金四两,以其费负之。(《二年

律令·徭律》)

律令作为国家颁布的文书,其用词用字都应该符合国家标准且在相对较长的一段时间内保持稳定。如果认定秦律中的"负"代表当时的语言,那么稍早的《韩非子》中的"负"之用例就可看作是战国晚期口语的实录。自秦律、汉律、《魏书·刑罚志》到《唐律》,我们可以看到在同一类文体中用词由"负"到"备"的继承及兴替,因此二者的关系不言自明。孙氏说"负犹后世言陪",就释义而言是说的通的。然而"负"的使用下限跟"陪"的使用上限之间相隔六七个世纪,这一时期文献中除"备"外没有其他与"负""倍"语义相当、读音相近的用词。如果假定"备"源自"负"且"陪"源自"备",那么{赔}的历史就会特别地清晰。

由于"负""备""陪"三者在语音上对应,把"负/备""备/陪"之间看作是同义异词还是同词异字或可继续讨论。我们认为,假如不拘泥于语音完全相同这一条件,"负""备""陪"是完全可以看作是记录{赔}的用字的。如此,源于先秦的"负"被"备"替换,"备"又为"陪""倍"替换,明代"陪"又为"赔"替换。"备"失去口语基础后在书面语中得以保留下来,唐人不明其关系故将之与"陪""倍"组合成双音节形式,也就出现了"陪备"连文。

结　语

根据前文分析,我们可以把记录{赔}的各个用字的始见时代及其更替关系呈现如下:

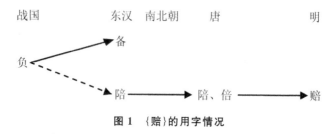

图1　{赔}的用字情况

　　作为口语中的常用词,{赔}在用字方面表现出了多样性和时代特征,这与它的"口语"属性关系密切。像{赔}这样特别"俗"的口语词往往具有不止一种用字/书写形式。各用字的兴替取决于它们是否很好地完成了表音/表义功能。

　　汪维辉指出:"同一个指称对象(或说义位)在不同时期用不同的词汇形式来表示。"①汪文中描述的同义(概念)异词现象与本文讨论涉及的同词异字现象在汉语发展史上反复出现。如果考察的语料时代可靠、版本可靠且达到一定规模,那么就能发现这些用词/用字的时代性;反之,若语料考察不密,则难以揭示其中蕴涵的时代性。

　　①　汪维辉:《东汉—隋常用词演变研究》,南京:南京大学出版社,2000年,第396页。

出土文献{树}的用字差异与断代价值论考*

何余华

天水放马滩秦简、里耶秦简、岳麓书院藏秦简、北京大学藏秦简等是近年来新出土或新发现的重要简牍材料,它们数量巨大,内容丰富,时代明确,未经后人改动,对于汉字理论与汉字发展史的研究具有重要价值。尤其是里耶秦简 8-461 号木方的发现,为我们重新审视秦"书同文字"政策提供了新的契机,让越来越多的学者认识到秦"书同文字"政策并不是单纯的统一文字政策,而是包括正字形、正用字和正用语三方面的语言文字规范政策,这也为阐释秦汉用字习惯的演变动因提供了新的思考维度。里耶秦简 8-461 号木方体现的"书同文字"政策的内容并不完整,秦"书同文字"政策很可能对其他词语的用字也有过规范。根据秦统一前后简牍资料用字习惯的规律性变化,我们或许可以发现更多与秦"书同文字"政策相关的语言文字现象。本文以时代可靠的出土文献作为测查范围,全面描写词语{树}的用字差异①,考察新用字对旧用字的替换过程,梳理{树}的字词纵横对应关系,进而揭示用字演变的规律与动因,分析有关结论的文本文物的断代价值,揭示秦"书同文字"政策对个体词语用字演变的深远影响。

---

* 本文原载《汉字汉语研究》,2019 年第 3 期。
① 为表述方便、明确字词的区别,本文以"{}"表示某词语,以与这个词的书写形式相区别和对应。

一、秦统一前{树}的用字面貌

(一)殷商时期的用字

汉语常用词{树}主要表示动词义"种植"和名词义"树木"。汪维辉根据传世文献的用例指出:"'树'早在先秦就可以作名词用,'树木'同义连文也常可见到。但从总体上看,表示'树木'的概念先秦以用'木'为常,在数量上'木'占绝对优势;在'树'的名词和动词(种植、树立)两个意义中,也以后者占多数。……名词'树'始见于春秋战国之交,在先秦汉语中就得到了相当的发展。……到了东汉中后期的翻译佛经中,表示'树木'的概念几乎已经是'树'的一统天下。"①从出土文献来看,表示动词义的{树}早在殷墟甲骨文中就已出现,记录字形作"权",较为完整的辞例如下:

(1)甲午卜,王其省权(树)于㮤,匕(比)☑往来亡戋(灾)。(《合集》27781 历无名间)

(2)[甲]子卜:王弗权(树)。(《合集》21905 圆体)

殷墟甲骨文从又从木之字,作"权"或"㮰"等形,张亚初释为"栘",王襄和白玉峥以为是"叙"的省写,姚孝遂疑为"叙",王献唐认为是"尌"字初文②。裘锡圭在王献唐的基础上申论甲骨文从又从木的"权"字是"尌"字初文,后来在"权"上加注"豆"声而成"叙(尌)"字,"叙(尌)""樹"实为一字③。殷墟甲骨文"权"或"㮰"等,像以手植木,正如裘锡圭指出

---

①　汪维辉:《东汉—隋常用词演变研究》,南京:南京大学出版社,2000 年,第 80—86 页。

②　于省吾主编:《甲骨文字诂林》,北京:中华书局,1996 年,第 1369—1370 页。

③　裘锡圭:《释"尌"》,《龙宇纯先生七秩晋五寿庆论文集》,台北:台湾学生书局,2002 年,第 189—194 页。

的："在古文字里,形声字一般由一个意符(形)和一个音符(声)组成。凡是形旁包含两个以上意符,可以当作会意字来看的形声字,其声旁绝大多数是追加的。也就是说,这种形声字的形旁通常是形声字的初文。"①上古"豆"和"叔(尌)"同属侯部,声母分属禅母和定母,二者声近韵同,裘先生将"权"看作"树"的初文,是非常合理的。殷墟甲骨文"权"字辞例较为完整的仅见于《合集》27781 和《合集》21905。例(1)中"省"为省视义,"权(树)"本为动词,语境中理解为"所树",指商王命人省视种植在槸地的树木,例(2)中"权(树)"用作动词,卜辞大意是说,贞问商王会不会参加仪式性的植树活动。

　　殷墟甲骨文出现地名用字"𫮃"(《合集》37487)、"𫮃"(《合集》36840)等,从力从木从豆(或豆声),季旭昇认为它们就是"尌"字,从力从木会种树之意,豆是声符②。西周金文出现"叔"字表示氏族名称,见西周中期尌仲盘"𫮃(叔)仲作盘"(《集成》10056)、西周晚期尌仲簋盖"𫮃(叔)仲作朕皇考桓仲肆彝尊簋"(《集成》04124)等。但由于字形的记词职能都是专名,难以判断本用是否与{树}有关。

(二)春秋战国时期的各系用字

　　春秋战国时期,{树}的用字呈现出明显的地域差异,秦系、楚系和齐晋两系的用字结构各不相同,而各系文字内部也存在用字差异。

　　1. 春秋战国秦系用字

　　春秋战国时期秦系文字{树}的用字主要见于石鼓文和睡虎地秦简。如:

---

① 裘锡圭:《古文字论集》,北京:中华书局,1992 年,第 3 页。
② 季旭昇:《说文新证》,台北:艺文印书馆,2014 年,第 399—400 页。

（3）□□鳌导，二日叡（树）□，□□五日。（春秋晚期·秦，石鼓《猎碣·作原》，《铭图》35 卷 440 页）

（4）吾□既止，嘉叡（树）则里，天子永宁。（春秋晚期·秦，石鼓《猎碣·吾水》，《铭图》35 卷 449 页）

（5）壹正月丑，二月戌，三月未，四月辰，五月丑，六月戌，七月未，八月辰，九月丑，十月戌，十一月未，十二月辰，毋有可为，筑室，坏；尌（树）木，死。（睡虎地《日书甲种》105 正）

（6）□□□□亥不可伐室中尌（尌—树）木。☑畜生，伐尌（树）木。（睡虎地《日书乙种》127—128）

春秋晚期石鼓文的用字"𣏒""𣏒"可隶作"叡"，由初文"权"累加声符"豆"而成，《说文》籀文"𣏒"与之相近。《字汇补·木部》"叡，古树字，《石鼓文》'嘉叡删里'"，据石鼓文的用字收录"叡"，但时代稍晚的睡虎地秦简的用字则作"𣏒"（尌），左部已经和"壴"难以分别，古文字构形"木"和"中"作义符可通用替换，"壴"上部所从可能也是类似情况。换言之，隶楷阶段的构件"壴"其实有两个不同的来源：一个是"鼓"的象形初文，林沄以为"壴"形象鼓上植羽之形①；另一个则是"树"的古字"叡"左旁所从的部分，最初应由义符木、声符豆组合而成。《说文·壴部》："壴，陈乐立而上见也。"许慎的释义当是误合以上两种不同来源字形的意义于一字而产生的。

（7）未不可以澍（树）木，木长，澍（树）者死。（睡虎地《日书甲种》124 正）

此外，睡虎地秦简见借用"澍"字记录{树}，"澍"和"树"的基本声符相同，故可通借，也见于岳麓秦简 317："而澍（树）不同，是吏不以田为

---

① 林沄：《豊豐辨》，《古文字研究》第 12 辑，北京：中华书局，1985 年。

事殹(也)。或者以澍(树)种时徭黔首而不顾其时,及令所谓春秋试射者,皆必以春秋闲时殹(也)。""澍"的用字习惯在西汉随州孔家坡的简牍中也出现过。《说文》将"树"和"尌"分立为两字,释义各不相同。《说文》:"樹,生植之总名。从木尌声。"《说文》:"尌,立也。从壴,从寸持之也。读若驻。"许慎将"树"和"尌"的记词职能有意加以分别,"樹"表示名词义{树木},"尌"表示动词义{树立},但这与秦汉文字的使用实际并不相符,"尌""樹"是记录同词的古今异体关系,并不存在字用分工的情况。

2. 春秋战国楚系用字

{树}的楚系用字最为复杂多样,不过处于社会习用地位的是"桓"字。如:

(8)举祷巫一全葅,虞(且)桓(树)保,逾之。(包山楚简 244)

(9)命攻解于斩木位,且徙其处而桓(树)之。(包山楚简 250)

(10)佳王元祀正月既生魄,太姒梦见商廷惟棘,乃小子发取周廷梓,桓(树)于厥外,咢松柏械柞。(清华一《程寤》1)

(11)呜呼,何警非朋,何戒非商,何用非桓=(树,树)因欲,不违材。(清华一《程寤》4—5)

(12)司查(树),是故谓之劳。(清华四《筮法、卦位》57)

(13)甘[思]及其人,敬爱其壴(树),其报厚矣。(上博一《孔子诗论》15)

(14)毋逐富,毋叻取(贤),毋向(尚)桓(树)。(上博三《彭祖》25—27)

(15)相乎棺查(树),桐且怡兮。(上博八《李颂》1)

(16)差=[嗟嗟]君子,观乎查(树)之容兮。(上博八《李颂》1 背)

(17)愿岁之启时,使吾查(树)秀兮。(上博八《李颂》2)

{树}在以上简文的用字作"𣏃"或"壴",隶作"桓"或"查",从木豆声，即"树"字异体。值得注意的是，包山楚简出现过"木质豆器"的专字"桓"，见包山266"四合桓（豆）""四皇桓（豆）"等。《说文·豆部》："桓，木豆谓之桓。"该字与楚简"树"字异体同形，可能正出于这样的原因，上博简⟨树⟩的用字改变置向作"查"，或增义符"攴"作"鼓"，以便区别不同记词职能。李家浩认为例（8）"虞桓"应读为"且树"，"且"是连词，"树"是动词，"保"是"树"的宾语，应该是名词，疑读为"葆"，句意为"向巫举祷用一全狙，并且为巫树立葆幢，左尹昭他的病就会痊愈"①。例（9）吴郁芳认为"渐木立"即断木立，是用砍伐的树木作神位，"徙其处而桓（树）之"为将"斩木位"移出树于他处之意②。例（10）意为将周廷的梓树移植到商廷，⟨树⟩仍表种植义。例（13）"敬爱其树"之"树"即甘棠。例（14）从季旭昇的释读意见③。上博八《李颂》的内容与《左传·昭公二年》"有嘉树焉，宣子誉之"表达的意思接近。

（18）田肥民则安，膡（瘇），民不鼓（树）。（上博五《季庚子问于孔子》18）

（19）［德］鼓（树）惠蓄，定保之巫。（上博六《用日》8）

（20）迩立师长，建鼓（树）之政。（上博六《用日》18）

（21）焉鼓（树）坐友三人，立友三人□。（上博八《命》10）

（22）奚故小雁暲鼓（树），问天孰高，与地孰远。（上博七《凡物流形》甲本11）

（23）凡相坦（埠）、鼓（树）邦（封）、作邑之道。（九店楚简《相宅》56·45）

---

① 李家浩：《包山卜筮简218—219号研究》，长沙：三国吴简暨百年来简帛发现与研究国际学术研讨会，2001年。
② 吴郁芳：《〈包山楚简〉卜祷简牍释读》，《考古与文物》，1996年第2期。
③ 季旭昇主编：《〈上海博物馆藏战国楚竹书（三）〉读本》，台北：万卷楼，2005年，第253页。

(24)帝以命益淒禹之火,午不可以橲＝(树木)。(九店楚简56・39下)

(25)临观元洋,嘉椺(树)芋(华)英。(春秋晚期,曾侯臧钟,《江汉考古》2014年4期34页)

以上是楚系简帛{树}的其他用字习惯,为突出栽种、树立的动作行为特征,例(18)和例(19)的用字增加义符"攴"作"鼓",例(20)"敱"所从之"言"可能是"豆"的讹变,整字本作"鼓"。例(21)和例(22)"敳"字可能是"鼓"字省减木旁的结果,也可能是假借"诛"字异体"敳"记录{树}。例(23)的"敳",宋华强认为"敳"读为"胚"或"头";曹锦炎认为"暲敳"读为"障树"。《礼记・郊特牲》:"台门而旅树。"郑玄注:"屏谓之树,树所以蔽行道。""障树"可以看作由两个义近字组合而成的同义复词。从楚系简帛的用字习惯和辞义顺畅来说,曹说似更合理①。例(24)的"橲"字从木喜声,与齐鲁文字、晋系文字的用字特点接近,反映出文本可能有受齐鲁或三晋文字的影响。此外,曾国铜器铭文出现以"椺"字记录{树}的现象,"椺"应是用字杂糅的结果,"嘉树"可与石鼓文"嘉树则里"、《左传・昭公二年》"有嘉树焉,宣子誉之"以及《楚辞・九章・橘颂》"后皇嘉树,橘徕服兮"等对读,将"椺"释作"鼓"并不准确②。

3.春秋战国其他系用字

春秋战国时期,"树"字在齐系文字中作"藝",如《陶文图录》3・280・1作"藝",3・280・2作"鞶",3・282・1作"藝"等。晋系文字作"櫙"(《考古学集刊》第5辑),隶作"櫃",与齐系文字"藝"属异体关系,两字可分析为从木豎声,"豎"即"豎"字省写,如包山简97"范竖"之"竖"

---

① 徐在国主编:《上博楚简文字声系(1—8)》,合肥:安徽大学出版社,2013年,第1025页。

② 黄锦前:《曾侯與编钟铭文读释》,《中国国家博物馆馆刊》,2017年第3期。

作"𥥀",新蔡简甲三393"竖"作"𥖅","竖"上古音属禅母侯部字,与定母侯部的"树"声近韵同,故可作"树"字异体的声符。可见,春秋战国时期{树}在齐晋两系的用字与秦系、楚系的用字形成鲜明的地域差异。

二、秦统一后{树}的用字面貌

从新出秦始皇统一后的简牍资料可知,{树}的用字习惯再次发生改变。如:

(26)☑□樹(树),赏赐事也。(周家台关沮秦简195)

(27)貳春乡樹(树)枝枸,卅四年。(里耶秦简8—1527正)

(28)登相(湘)山、屏山,其樹(树)木野美,望骆翠山以南樹(树)木□见亦美,其皆禁勿伐。(岳麓秦简《秦律令[贰]》1001—2)

(29)禁樹(树)木尽如禁苑樹(树)木,而令苍梧谨明为骆翠山以南所封刊。(岳麓秦简《秦律令[贰]》1104)

{树}在以上材料中的用字作"樹",在"尌"字基础上追加义符"木"。例(26)出土关沮秦简的周家台墓的年代在秦二世元年(前209)或更晚,例(27)里耶秦简整理者认为是秦王政二十五年至秦二世二年的洞庭郡迁陵县的公文档案①,也就是秦统一六国后的产物,这批竹简的用字无疑会受到秦"书同文字"政策的影响。例(28)和例(29)见于岳麓秦简《秦律(贰)》,这批材料也是秦代简,{树}在例(29)的两处用字均作"樹",例(28)两例字形作"𠂤""𠂤",左部已经残缺,整理者楷定作"樹",根据残缺的线条可以判定这种释读意见当是可靠的。{树}在秦统一前的文字材料中习用"尌"字,统一后的材料中则习用"樹"字,这恐怕并非

---

① 湖南省文物考古研究所编著:《里耶秦简(壹)》,北京:文物出版社,2012年。

偶然,我们怀疑⦃树⦄的用字变化是秦"书同文字"政策人为规范的结果,否则很难解释为何秦统一后,"樹"能够迅速抢占习用地位。陈侃理曾详细分析编号为8-461的里耶木方记录的十多条秦"书同文"对词语用字的规定①,陈斯鹏归纳的里耶秦简"买""卖"二字分用同样是秦统一后新出现的用字现象②,这些都可以旁证⦃树⦄的用字确实存在人为规范的可能。

张世超指出:"汉初无论是在字体上,还是在语言的书面形态上,都完全继承了秦代,致使许多后代世世沿用的书面语言规则,一直可以上溯到战国秦文字。汉儒整理和传抄先秦古书,往往根据当时的字体和书面形态进行改造,致使现在我们看到的先秦典籍中的语言书面形态,往往与秦系文字相同。"西汉初年开始,"樹"字成为记录⦃树⦄的社会习用字。如:

(30)古之葬者,厚裹之以薪,葬诸中野,不封不樹(树),葬〈丧〉期无数,后世耶人易之以棺椁,盖取诸《大过》也。(马王堆《系辞》37)

(31)《诗》曰:樹(树)德者莫如兹(滋),除怨者莫如尽。(马王堆《战国纵横家书》206)

(32)亓所樹(树)积强物也,半邦而霸,盈邦而王。(马王堆《明君》32/435)

(33)有樹(树)木皆产(生)于大海之阿。(马王堆《相马经》6B)

(34)盗侵巷术、谷巷、樹(树)巷及貑食之,罚金二两。(张家山《二年律令》245)

(35)国多冲风,折樹(树)木,坏大墙,为政者不易。(银雀山《阴阳

---

① 陈侃理:《里耶秦方与"书同文字"》,《文物》,2014年第9期。
② 陈斯鹏:《说"买""卖"》,《中国文字学报》第7辑,北京:商务印书馆,2016年。

时令、占侯为政不善之应》1937)

〔树〕在马王堆西汉简帛凡 24 见,以"樹"字记录多达 23 次,张家山汉简、银雀山汉简等也以"樹"字记录为常,可见汉初承袭了秦统一后的用字习惯,"樹"的主用地位持续到清末民初,后被简化字"树"所取代。〔树〕既可以表示"栽种""树立"的动词义,也可以表示"树木"的名词义。需要注意的是以下两则材料:

(36)栈历(枥)浚除,术尌(树)毋有。(岳麓秦简《为吏治官及黔首》1587)

(37)☑□当尌,数賫酤弗言,卒士不肃。(岳麓秦简《为吏治官及黔首》1582)

学界多倾向于岳麓秦简《为吏治官及黔首》是抄写于秦始皇统一后的文本,那么如何解释以上辞例中的"尌"呢?许道胜根据《为吏治官及黔首》简文中"民"与"黔首"并存的现象,指出《为吏》很可能形成于秦始皇二十六年(公元前 221)前后[1]。用字"尌"很有可能也正处于用字规范的过渡阶段,所以会出现据"书同文字"政策改字不彻底的现象,例(36)"术树"即道路两旁树木,例(37)辞例残缺。

三、出土文献〔树〕用字差异的断代价值

词语的用字习惯往往具有时代特征,能为研究文本生成、流传过程提供参照,也是文本文物断代的标杆。近年来北京大学收藏有一批秦简牍资料,可以根据〔树〕和其他词语的用字对它们的抄写时代做出大

---

① 许道胜:《岳麓秦简〈为吏治官及黔首〉的取材特色及相关问题》,《湖南大学学报(社会科学版)》,2011 年第 2 期。

致判断。

（38）今夫疾之发于百体之尌（樹）殹（也）。（北大秦简《鲁久次问数于陈起》04—143）

田炜根据北大秦简《鲁久次问数于陈起》用"者"字表示｛诸｝，用"吏"字表示｛事｝，用"鼠"字表示｛予｝，用"民"而不用"黔首"，认为其体现了战国晚期秦国抄本的特点①。该篇｛树｝的用字作"尌"，正反映了秦统一前的用字特征，也可为文本断代提供新的支撑材料。类似地，又如《秦印文字汇编》87"婴尌"之"尌"作"𡘊"，据｛樹｝用字的时代特征也可推论玺印的形成时代当在秦统一前。

此外，北大藏秦简牍资料中也出现了"樹"的用字习惯。如：

（39）牵闻之曰：朝樹（树）梣樟，夕楬其英。（北大秦简《公子从军》017）

（40）某愿乞媚道，即取其樹（树）下土，投小橐中。（北大秦简《杂祝方》M—006）

北大秦简《公子从军》｛树｝的用字作"樹"，据此可推断该篇的抄写年代应在秦统一以后，这也可以从其他用语方面找到材料支撑。里耶8-461正字木方有"曰产曰疾"的用语规范，张世超指出"曰产"即以"产"替换"生"②。北大秦简《公子从军》15"产为材士，死效黄土"，简 20"堂下有杞，冬产能能"等表达"活"义正用的是"产"。里耶 8-461 正字木方亦云"鼠如故，更予人"，意谓表"给予"义的用字当改"鼠"作"予"，这在《公子从军》10"公子弗肯□□以予人"中能够得到验证。以上都说明该篇抄写时代当在秦统一后。根据例（40）北大秦简《杂祝方》｛树｝的用字也作"樹"，也有理由推断它的抄写时代应在秦统一后。

---

　　① 田炜：《谈谈北京大学藏秦简〈鲁久次问数于陈起〉的一些抄写特点》，《中山大学学报（社会科学版）》，2016 年第 5 期。

　　② 张世超：《北京大学藏西汉竹书的文字学启示》，《古代文明》，2014 年第 4 期。

(41)□、畺(姜)、蜀焦(椒)、樹(茱)臾(萸)四物而当一物。(马王堆
《五十二病方》275)

关于马王堆帛书《五十二病方》的成书时代,学界历来存在争议,如
马继兴等认为大致成书于春秋战国时期,抄录于公元前 3 世纪,入土随
葬于公元前 168 年①;陈红梅认为大约成编于秦汉之际或汉代初年②。
文献的成书时代不能等同于抄写时代,就《五十二病方》借用"樹"字记
录"茱萸"的"茱",可以推测该书的抄写时代应在秦统一以后。其他辅
证材料,如里耶 8-461 正字木方云"以此为野",意谓将过去的异体"埜"
"壄"替换作"野",例如《五十二病方》99"煮鹿肉若野彘肉",237"取野兽
肉食者五物之毛等"等。《五十二病方》也习以"产"表"生"义,见该篇
96"同产三夫,为人不德",135"以鲜产鱼",358"一,产痂:先善以水洒,
而炙蛇膏令消"等。里耶 8-461 云"毋敢曰猪,曰彘",意谓将秦地方言
"彘"向全国推广,《五十二病方》"彘"的使用占绝对优势,偶见"猪"的用
例。里耶 8-461 亦云"卿如故,更乡",即规定"卿"只表示{卿},原来
"卿"字也可以表示的{乡}{向}都改由"乡"字记录,《五十二病方》所见
{向}几乎无一例外都作"乡"。

汉初简帛文献{树}的用字差异,可能也反映了文本的特殊来源和
抄写者的个人用字习惯。如:

(42)环其宅□□其门□【□□】以筑墙尌(树)之正室,必有詥。(马
王堆《阴阳五行》甲篇《室》003 上)

(43)樹(树)木当比隅,凶。樹(树)棘当户牖之间,必绝。(马王堆

---

　　① 马继兴、李学勤:《我国现已发现的最古医方——帛书〈五十二病方〉》,载马王堆汉
墓帛书整理小组编:《五十二病方》,北京:文物出版社,1979 年,第 179—195 页。
　　② 陈红梅:《帛书〈五十二病方〉成书年代新探》,《图书馆工作与研究》,2011 年第
10 期。

《阴阳五行》甲篇《室》009下）

（44）尌（树）茎稷粮。（阜阳汉简《仓颉篇》30）

（45）于是名东方而尌（树）之木，胃（谓）之青；名南方而尌（树）之火，谓之赤；名西方而树之金，胃（谓）之白；名北方而尌（树）之水，胃（谓）之黑；名中央而尌（树）之土，胃（谓）之黄。（孔家坡汉简《日书·岁》）

马王堆《阴阳五行》甲篇保留了大量战国楚文字的写法，与同出其他帛书书写风格有较明显的不同，李学勤推测抄手应当是生长于楚、不是很娴熟秦文字的人，《集成》的整理者认为《阴阳五行》甲篇的抄写时间最有可能在秦统一之后至楚汉之际①。也正因抄手对秦文字不很娴熟，所以例（42）"尌"与例（43）"樹"不同的用字习惯并存于同篇。此外，阜阳汉简《仓颉篇》、随州孔家坡汉墓简牍《日书》也都出现以"尌"字记录｛树｝的现象。这些文本的用字与当时社会习用字"樹"并不一致，反映的是春秋战国秦系的用字习惯，恐怕与这批文本的抄写来源有关。

｛树｝在秦统一前后的用字差异，将为研究更多简牍资料的抄写时代提供判断的依据。｛树｝和其他词语在不同文本间的用字差异也是考察先秦文献的流传过程以及今本文献形成的重要线索。立足于字词对应关系的时代性，系统研究文献的形成和抄写时代还存在广阔的研究空间。此外，秦"书同文字"政策对｛树｝用字的规范，并未见于里耶秦简8-461号木方，这也启发我们可能还存在更多词语用字演变是受"书同文字"政策影响出现的结果。我们通过对新出秦简牍资料内部用字差异的系统比较，可能会有更多新的发现，从而更加深入地认识秦"书同文字"政策包括的字用规范内涵。我们将在后续研究中另文讨论有关问题。

---

①　裘锡圭主编：《长沙马王堆汉墓简帛集成（伍）》，北京：中华书局，2014年，第66页。

汉字超语符的数目表达研究[*]

蒋志远

引　言

　　"语言和文字是两种不同的符号系统,后者唯一的存在理由是在于表现前者。"①尽管索绪尔还曾说明"我们的研究将只限于表音体系,特别是只限于今天使用的以希腊字母为原始型的体系"②,但还是有不少人相信汉字唯一存在的理由就是充当语符,记录汉语的音义。

　　不可否认,汉字的确有和汉语相适应的一面。当汉字在语符的层面上发挥交际作用时,它表达的所有信息都来源于自身记录的汉语音义。但是,汉字不属于表音文字,它不是汉语的翻版。古今使用者对汉字的理解和运用,并不一定就局限在语符层面。我们注意到,在很多特殊的场合,汉字可以超越语符的性质,在交际中独立表达数目信息。这种现象,我们称之为汉字超语符的数目表达。在这个超语符的层面上,汉字表达数目的理据来源不再是它记录的音义,而是形体结构的拆分重组、字形参数的映射转换以及特定文本的字序迁移等等。这种特殊的汉字使用现象在中、日等汉字文化圈国家有着久远的历史和广泛的

　　* 本文原载《湖南师范大学社会科学学报》,2020 年第 1 期。
　　① 索绪尔:《普通语言学教程》,高名凯译,北京:商务印书馆,1980 年,第 47、51 页。
　　② 索绪尔:《普通语言学教程》,高名凯译,北京:商务印书馆,1980 年,第 47、51 页。

群众基础,体现了使用者对汉字特性的独到理解。本文谨依照不同的理据来源,分类考察汉字超语符的数目表达现象。

一、以形体结构拆分重组为理据的数目表达

在语符的层面上,汉字一般要记录数词的音义才可表示数目。然而汉字是由部件组合而成的平面视觉符号,很多部件的形体都与数字相同、相似或者相关。这些暗含数目信息的部件,都可能成为汉字超语符数目表达的理据来源。人们可以对某类汉字中的这些部件作拆分、重组并加以重新分析,让这个汉字在超语符的层面表达和自身音义无关的的数目。

古人称女子十六岁为"破瓜"。这个典故源自晋人孙绰《碧玉歌》的诗句"碧玉破瓜时,郎为情颠倒"。尔后唐人李群玉在《醉后赠冯姬》一诗中亦云"桂形浅拂梁家黛,瓜字初分碧玉年"。如果单从语符的层面解读,"瓜"所承担的音义和数目十六毫无"瓜"葛,孙绰的"破瓜"和李群玉的"分瓜"更是令人费解。对此,清人翟灏在《通俗编·妇女》中解释道:"俗以女子破身为破瓜,非也。瓜字破之为二八字,言其二八十六耳。"① 从字形上看,六朝时"瓜"有异体字作𤓰(魏《上尊号碑》),其形体的确可以拆分成两个和数字"八"相似的结构,所以孙、李二位诗人特意用"破"和"分"提示读者将"瓜"的字形拆分重组,重新分析成两个"八"的叠加,让它表示十六。

在中国,部分高龄岁数有文雅的代称。其中见于《现代汉语词典(第7版)》的"米寿""白寿"和"茶寿",分别表示八十八、九十九和一百

---

① 徐珂:《清稗类钞》,北京:中华书局,1984年,第36页。

零八岁。然而这些词表达岁数的内在理据，很难从语符的角度充分解释。因为"米""白""茶"这几个字的音义和数目没有联系。其实，这几个汉字也是在超语符的层面，以形体结构拆分重组为理据表达数目："米"可分解成倒"八"与"十""八"；"白"应理解成"百"中除去"一"；"茶"上部能拆成两个"十"，中、下部又可拆出"八十八"，加起来正好是一百零八。

与此类似，日本"算贺"（给高龄老人祝寿）活动中代称年龄的汉字，也有超语符的数目表达的现象。日本关西大学玄幸子教授指出，日本"算贺"活动的兴起受到了中国的影响，早期使用的年龄代称与中国相同。而到了室町时代(1185—1573)，日本发展出了特有的寿龄代称①。在《日本国语大辞典（第二版）》中，除了有和中国相同的"米寿""白寿""茶寿"之外，还有表示七十七岁的"喜寿"、表示八十岁的"伞寿"、表示八十一岁的"半寿"、表示九十岁的"卒寿"、表示一百一十一岁的"皇寿"。据该辞典的解释，"喜"的草书"㐂"像"七""十""七"；"伞"的简体"仐"像"八"和"十"；"半"可分解成倒"八"与"十""一"；"卒"的简体"卆"像"九""十"；"皇"则是上部"百"减"一"加下部的"二""十"，合起来是一百一十一。

旧时某些密文隐语中表示数目的汉字，也以形体结构的拆分为理据来源。清代商界曾用"土""贝""乡""長""仨""耳""木""另""王"表示一至九②。这几个字本身并不记录相应的数词，但因为它们和大写数字局部形体相似或相关，所以都获得了表达数目的理据。如"贝"为"贰"字左下；"長"像"肆"字左旁；"耳"是"陆"字左部"阝"的俗称等等。

<hr>

① 玄幸子：《日本对俗体字的接受与应用——以年龄代称与算贺为例》，载《21世纪汉字汉语汉文化国际学术研讨会论文集》，湘潭：湖南科技大学，2019年，第69页。
② 彭幼航：《五光十色的数字隐语》，《广西广播电视大学学报》，2000年第3期，第58—61页。

值得注意的是,"仨"在语符的层面承担的音义和数词{三}有关,但因为它同时可以看作是"伍"的一部分,所以能在超语符的层面表示五。此外,清末玉器业曾使用"旦""竺""舂/清""罢/罗""悟/语""交""皂/化""未/翻""丸""田/章"分别表示一至十[①],因为"舂"的上部和"清"的右上部可拆分出像"三"的形体,"未"的下部以及"翻"字所从的"釆"下部都可拆分出一个"八"等等。而原国民政府中的"土木系"官员和土木建筑专业也没有关系,因为"土""木"都是在超语符的层面表达数目。前者可拆成"十""一",后者可拆成"十""八"。"土木系"指出身陈诚麾下"陆大十一期和十八军"[②]的官僚集团。

二、以字形参数映射转换为理据的数目表达

作为平面视觉符号,汉字形体本身还蕴含着笔画数、特征数等字形参数。这种潜在的数目信息资源,很早就得到了汉字使用者的开发。在需要时,人们可以让潜在的字形参数映射到交际的层面,转换成要表达的数目。因为这个数目直接来源于汉字形体,而不是汉字记录的音义,所以这也是汉字的超语符数目表达现象。

汉字的书写单位由线条发展到笔画之后,每个字形都有一定的笔画数。于是使用者可以在某些场合直接用字形表达这个数目信息。表达的方式,可以分为整字表数和积画表数两种类型。

整字表数,是指用一个完整的汉字,表达和它笔画总和相当的数目。在清末至民国时期的布匹行业中,曾流行用"主""丁""丈""心/中"

---

① 曲彦斌:《俚语隐语行话词典》,上海:上海辞书出版社,1996年,第9、27、105、121页。

② 郭汝瑰:《郭汝瑰回忆录》,成都:四川人民出版社,1987年,第171页。

"本/禾""竹/百""利/見""妾/金""孩/頁""唐/馬"分别表达一至十①。对于内行人来说,只需计算笔画,就能知道各字表达的数目;而外行人如果不懂数目表达的理据,只在语符的层面揣摩各字音义的话,只会一头雾水。以"百"为例,它在语符的层面固然可以记录数词{百},在超语符层面,它却因笔画数表示六。而或许是考虑到单画汉字过于浅白,设计者还特意借用和"丶"同音的"主"表示一,堪称双重加密。

积画表数,是指用笔画逐一累积构字的过程,表达零数的累加情况。相比欧美人在统计中需要借助卌𝍦⊠等划记符号(tally mark),汉字的使用者很早就有了积画表数的实践。著于 1657 年的日本古籍《算元记》中,就记载了商人"写'玉'字"统计财货的情况。这种思路,和今天中、日等国普遍流行的"写'正'字"统计法异曲同工。不难理解,在这种场合中,每写下"玉"或"正"的一笔,都反映着数据的累加,最终写成的每一个字形都表达数目五。而因为人们对整字形体有着心理预期,即便末尾那些不成字的零散笔画,也会被视为整字的特殊形式。就算是一横,人们也会把它理解成少四画的"玉"或"正",而绝不会把它当作语符而与汉字"一"混同。

图 1　商人"写'玉'字"统计财货

---

① 曲彦斌:《俚语隐语行话词典》,上海:上海辞书出版社,1996 年,第 9、27、105、121 页。

　　然而五画汉字数量众多,人们为什么会选中"玉"和"正"来积画表数? 而到了现代,为什么"写'玉'字"统计法又被淘汰了? 我们认为,这些现象背后或许蕴含着使用者的优选思路。首先,"玉""正"二字笔画分布相对均匀,书写不易粘连。其次,"玉""正"笔画无曲折、勾挑,书写快捷,稽核简单。相比"田"虽也有五画,但折笔书不但写费时,而且稽核时算作几画恐生争议。再次,"玉""正"在语符层面记录的音义不会干扰统计活动。"玉"不记数词,"正"虽可记录数词,表示十的四十次方①,但用例极少。相比"卌"虽也是五画,但它本身记录着数词,表示{四十},在稽核时难免误会。最后,"正""玉"记录的词义多与"公正""富贵"相关,带有积极的色彩,符合人们求吉利的文化需求。而在此之外,或许因为"正"的笔顺是横、竖两种方向对立的笔画从上到下交替书写,更利于划记、辨认,因此更受人们欢迎;而"玉"的点画笔幅太小,不易辨认,所以在统计活动中逐渐淡出了。

　　积画表数还有更加丰富的形式。《清稗类钞·时令类》记载:"宣宗御制词,有'亭前垂柳,珍重待春风'二句,句各九言,言各九画,其后双钩之,装潢成幅,曰《九九销寒图》……自冬至始,日填一画,凡八十一日而毕事。"②而胡适也曾在日记中提到:"故宫博物院中有人说,宫中发现了许多'庭③前垂柳珍重待春风'的九字牌,不解何意。"④从本质上看,《九九销寒图》的设计意图,就是用九个九画汉字来辅助日期统计。但特别的是,作者斟酌音义选出的九个字,恰好又能联成符合情境的佳

<hr>

① 《算经十书·孙子算经》云:"凡大数之法:万万曰亿,万万亿曰兆,万万兆曰京,万万京曰陔,万万陔曰秭,万万秭曰壤,万万壤曰沟,万万沟曰涧,万万涧曰正。"参见钱宝琮点校:《算经十书》,北京:中华书局,1963 年,第 282 页。
② 徐珂:《清稗类钞》,北京:中华书局,1984 年,第 36 页。
③ 胡适所引作"庭",与《清稗类钞》不同。但"庭"也是九画的汉字。
④ 胡适:《胡适日记全集》第六册,台北:联经出版事业公司,2004 年,第 625 页。

句。这种设计,使得汉字在语符层面具有的音义,烘托了它在超语符层面的数目表达。随着冬去春来,九个汉字的形体日渐完备,枯燥的"数九"记日仿佛有了小口啜佳酿一般的韵味。

除了笔画,汉字字形中某种特征的数量也可以成为超语符数目表达的理据。《通俗编·识余》记载,当时社会各界"各有市语,不相通用……故衣铺,一大,二土,三田,四東,五里,六春,七軒,八書,九藉……事事物物,悉有隐称,诚所谓惑乱听闻,无足采也"[1]。在这组"市语"中,每个汉字表达的数目,取决于"横笔"(包括横和横折)的多少。此外,旧时典当、古董等行业,还曾用"由""中/申""人""工""大""王""主""井""羊/全""非"加密一至十[2],这些汉字表达的数目,则取决于字形轮廓中笔画"端头"的数量,如"中"的长竖出两个"端头",所以表示二;"羊""全"轮廓有九个"端头",所以表示九等等。诚然,这些对"横笔""端头"的把握包含着人们对汉字的种种俗解,难登大雅之堂,但客观地看,这些字形特征都便于观察和掌握,并在实践中形成了一定的群众基础。这些超语符的数目表达现象,也都体现着使用者对汉字形体特点的深入观察和巧妙利用。

三、以特定文本字序迁移为理据的数目表达

汉字超语符的数目表达并不都以字形为理据来源。在某些场合,汉字表达的数目还可以是它在特定文本中位置序数的迁移。只要交际各方对文本的字序烂熟于胸,那么文本中的汉字便有可能用在其他语

---

[1]　徐珂:《清稗类钞》,北京:中华书局,1984 年,第 36 页。
[2]　曲彦斌:《俚语隐语行话词典》,上海:上海辞书出版社,1996 年,第 9、27、105、121 页。

境中,表达和自身音义无关的数目。

文书落款的日期数字对于逐字拍发的电报而言稍显冗长。因此民国当局曾规定,用当时文人耳熟能详的十二地支和《平水韵》韵目在电文中分别代署月、日,如表1①所示。

表1 民国电报月、日对应用字表

月份	一	二	三	四	五	六	七	八	九	十	十一	十二
	子	丑	寅	卯	辰	巳	午	未	申	酉	戌	亥
日期	一	二	三	四	五	六	七	八	九	十	十一	十二
	东	冬	江	支	微	鱼	虞	齐	佳	灰	真	文
	十三	十四	十五	十六	十七	十八	十九	二十	二十一	二十二	二十三	二十四
	元	寒	删	铣	篠	巧	皓	哿	马	养	梗	迥
	二十五	二十六	二十七	二十八	二十九	三十	三十一					
	有	寝	感	俭	艳	陷	世/引*					

不难发现,上述地支、韵目汉字本身并不记录相应的数词,它们在电文中表达的数目,完全是由特定文本的排序决定的。在这种背景下,一些出现在近代史名词中的地支、韵目汉字就不能从音义的角度解读,而要从超语符数目表达的角度领会。比如张学良《巧电》、汪精卫《艳电》中的"巧""艳"与{巧妙}或{艳媚}无关,指的是发报日期数十八和二十九;"灰日暴动""文夕大火""马日事变"中的"灰""文""马"也分别对应着事件的爆发日期数十、十二和二十一。此外,蒋介石邀请毛泽东赴重庆谈判的电报文末云"蒋中正未寒"的"未寒"也不是"尚未寒心",而是指八(月)十四(日)。值得一提的是,《平水韵》韵目排序最多只到去声第三十"陷",所以公历大月的第三十一日,人们便改用颇似"卅"下加

---

① 胡适:《胡适日记全集》第六册,台北:联经出版事业公司,2004年,第625页。

"一"的"世",或者形似"31"的"引"表示。这虽然也是超语符的数目表达,但理据属于前文提到的形体结构的拆分重组一类。另外,考虑到"陷"的词义带有失利、陷落等消极色彩,当时军事电报多改用"卅"表三十以求避凶。这种情况,就不属超语符的数目表达了。

与此类似的,还有清代到民国时期的典当业以《千字文》名句为素材,用"天""地""元""黄""宇""宙""洪""昌""日""月""盈""者""辰""宿""列""张""安""来"依次表示赎当期十八个月的序数[①]。和原版《千字文》相比,这个文本除了改"玄"为"元"避康熙帝讳外,还出于求吉利的考虑,把原文中带有亏损、萧条等消极色彩的"荒""仄""寒"换成了音近字"昌""者""安"。

除了地支、韵目、《千字文》等知名文本外,根据对象、场合的不同,字序迁移还可以依据更加个性化的文本。比如山东济南的老字号"瑞蚨祥",就曾将店内悬挂的五言对联"瑞蚨交近友,祥气招远财""汉泗淮汝济,恒衡代华嵩""恭从明聪睿,肃义哲目圣"[②]作为字序迁移的凭据。店内约定,每组对联中的汉字可依其次序表示一至十,店主将商品底价以上述汉字形式写在商品不显眼处,由店员掌握,对外保密。

结　论

通过前文的分析,我们得出以下结论:

首先,汉字可以在很多特殊的场合表达和它所记音义无关的数目。这种表达以汉字形体结构的拆分重组、字形参数的映射转换以及特定

---

① 何长华:《旧时商界的数字隐语》,《商业文化》,1997年第5期,第61—63页。

② 卢旦:《字号回忆久　匾额有春秋》,《大众日报》,2012年11月13日第11版。

文本的字序迁移为理据来源。因为信息表达处于超语符的层面,所以在没有创造新的字形、语音和语义的前提下,汉字的信息容量能够得到提升。

其次,汉字在语符和超语符两个不同的层面,可能表达不同的数目(比如"百"在超语符层面还可因其笔画数表六);即便同在超语符层面,一个字也可因不同理据表达不同数目(比如"中"因笔画数量可表示四,而又因"端头"数量可表示二)。使用者可根据交际需要,选择不同的超语符数目表达理据。

再次,汉字若用于超语符的数目表达,要遵循一定的优选机制。一方面,汉字的形体要利于交际各方辨识和区分;另一方面,汉字在语符层面记录的音义,要符合使用者近雅远俗、趋吉避凶的心理需求。

最后,汉字超语符的数目表达现象在中、日等汉字文化圈国家有着悠久的历史和广泛的群众基础。进一步挖掘和探讨这类现象,对于丰富和发展汉字学研究有着积极的意义。